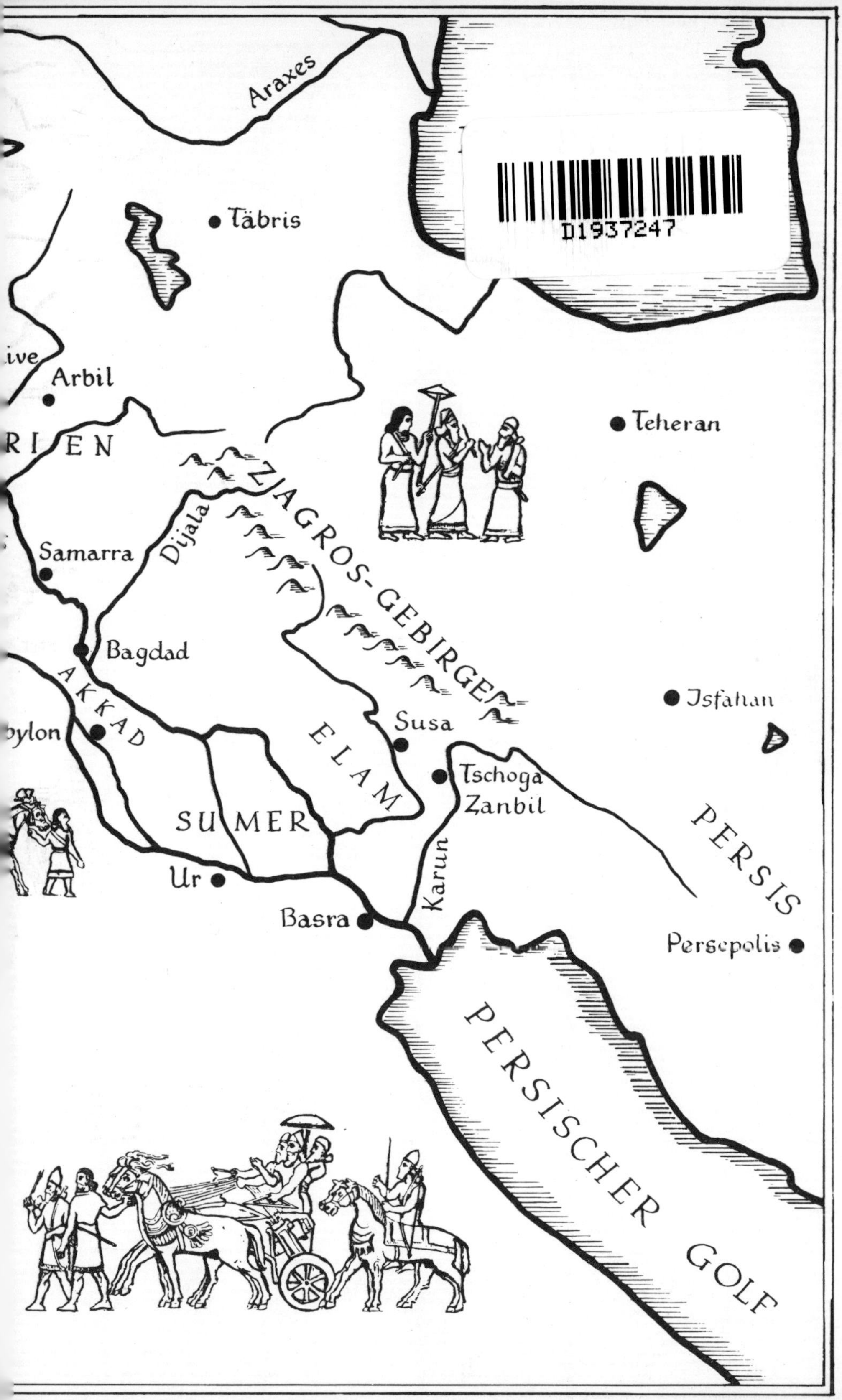

Araxes
Täbris
Arbil
Teheran
ZAGROS-GEBIRGE
Dijala
Samarra
Bagdad
AKKAD
Isfahan
Susa
ELAM
Tschoga
Zanbil
SUMER
PERSIS
Ur
Karun
Basra
Persepolis
PERSISCHER GOLF

ENTDECKUNGSREISEN IN DIE VERGANGENHEIT

Rudolf Fischer

Babylon

MIT 61 ILLUSTRATIONEN UND KARTEN

Thienemann
Edition Erdmann

VORWORT

Kein Ort der altmesopotamischen Geschichte ist noch heute so bekannt wie Babylon. Der Name weckt die Vorstellung einer prächtigen, blühenden Großstadt mit all ihren faszinierenden Aspekten, besonders auch den negativen: dem lasterhaften Lebenswandel, der auf der Kehrseite des prunkvollen Gehabes üppig gedeiht.

Den sagenhaften Schätzen der untergegangenen Weltstadt nachzuspüren lockte zahlreiche Abenteurer und Forscher verschiedener Veranlagung und unterschiedlichen Temperaments in den Vorderen Orient.

Beginnend mit den Beschreibungen der griechischen Historiker des Altertums, die dem neugierigen Publikum einer noch jungen Kultur von den erstaunlichen Wunderwerken des Orients erzählten, sind in diesem Buch die wichtigsten Berichte der vielen europäischen Besucher und jener Forscher gesammelt, die durch Ausgrabungen die sagenhaften, riesigen Bauten und die Schätze der versunkenen Weltstadt dem Boden zu entreißen versuchten.

Diese abendländischen Quellen – viele zum erstenmal ins Deutsche übersetzt – führen in die eintönigen, wiederholt von Räubern heimgesuchten Weiten Mesopotamiens und lassen den Leser an der Freude teilhaben, endlich das berühmteste Bauwerk Babels entdeckt zu haben. Doch wie oft stellte sich heraus, daß der gefundene Turm nicht der babylonische war, die Ruinen nicht die Überbleibsel des biblischen Babel darstellten.

Bis kurz vor 1900 waren die Grabungen an der richtigen Stelle nicht sehr ergiebig, denn die Reste der massigen Mauern lagen viel tiefer unter den gestaltlosen Hügeln verborgen, als man erwartete. Erst den hartnäckigen Bemühungen Robert Koldeweys war der entscheidende Erfolg beschieden: Aus den Tiefen der Schuttmassen, deren oberste Schichten man seit Jahrhunderten durchwühlt hatte, erstand das sagenumwobene Babylon in seiner gewaltigen Größe und seiner unvorstellbaren Farbigkeit wieder.

Daß nicht alle Besucher in diesem Buch zu Wort kommen können und daß die ausführlicheren Berichte nicht vollständig wiedergegeben sind, versteht sich bei der umfangreichen Literatur über diese alte Stätte Mesopotamiens von selbst.

Es ist anzunehmen, daß die hier vorgelegte Forschungs- und Entdeckungsgeschichte in einigen Jahren durch die Ergebnisse jüngerer Untersuchungen ergänzt werden kann.

Die Lage Babylons und des Paradieses nach Johann Herbinius (1678)

Situs,
CHOROGRAPHIA
et Flumina
PARADISI,
In Terra Canaan.
MARE INDICUM.
SINUS PERSICUS Arab. Alachdar, id ... re viride.
Samidace Ebr. Sabteca
Sabis
Arruza
Dadan
Ichtyophagi
Havilæi
Gerrhæi
Omanitæ
Jobabitæ. Ptol. Jobaritæ.
Almodad. Græc: Alumæotæ
FELIX
Insulæ Dioscoridis ubi aloë. dicitur Socotora.
Mosylon emp.
Aromata prom. et empor
CENI.
Cassanites
Ophir et Iesach.
CHAVILA
Mare RUBRUM
vulgo MARE RUBRUM
Chalzem id est Clisma.
ARABICUS
Mare Suph Arab.
Adulis insula Diodori
Obal
Astaboras flu. pro Nilo habitus.
Auxumitæ
ÆTHIOPIA sub Ægypto
Ebr. LUD.
THEBAIS
Berenices
Phylæ Ebr. Phul
Thebæ Ebr. No Amon
Syene
Sihor
Cataractæ
NILI Ancone
Æthiopiæ Siris
Regio Myrrhifera
Penetralia Austri. Job. 9. v. 9.
Astapus flu.
Nilus flu.
לודים
Panopolis
Sabæi
Gebanitæ
Mecca
Dikla
Sabæ

BABYLONS GROSSE ZEIT

1. Das Zweistromland

Zwei Ströme, Euphrat und Tigris, fließen zwischen dem zerklüfteten Zagros-Gebirge und der Syrischen Wüste gegen Südosten und münden in den Persischen Golf. Das Land zwischen diesen beiden Flüssen hat seiner Lage wegen den griechischen Namen ›Mesopotamien‹ erhalten. Der genauen Übersetzung ›Zwischenflußland‹ hat das Deutsche die Bezeichnung ›Zweistromland‹ vorgezogen. Der einheimische Name lautet heute: Irak.

Etwa von der Stelle an, wo Euphrat und Tigris auf eine kurze Strecke hin nahe beieinander fließen – ungefähr bei der Stadt Bagdad, der modernen Hauptstadt des Landes –, bildete sich einst im Laufe der Jahrtausende ein weites Alluvialland, eine Schwemmlandebene. Noch in geschichtlicher Zeit reichte der Persische Golf tiefer in den Kontinent hinein als heute; die beiden Wasserläufe flossen damals getrennt ins Meer, bildeten also noch nicht den vereinigten Strom, den Schatt el Arab.

Nach der berühmten Stadt wird seit den alten Griechen die mesopotamische Alluvialebene Babylonien genannt; den südlichen Teil faßt man, wenn von der altorientalischen Geschichte die Rede ist, mit dem Namen ›Sumer‹, den nördlichen mit dem Begriff ›Akkad‹ zusammen. Das Gebiet am obern Tigris, um den alten Ort Ninive und die heutige Stadt Mosul, heißt Assyrien.

Beide Flüsse pflegen periodisch, aber unberechenbarer als der Nil, das Gebiet an den Unterläufen zu überschwemmen. Der Euphrat, der träger dahinfließt als der ungestümere Tigris, verlagerte immer wieder seinen Lauf; in der frühen geschichtlichen Zeit floß er um einiges östlicher als heute. Durch Kanäle und weitere Bewässerungseinrichtungen vermochten die Bewohner die Sümpfe und das Schwemmland in fruchtbare Gärten zu verwandeln. Steppe und Wüste umgaben das reiche Ackerbaugebiet dieser regenarmen Zone. Gerste und Dattelpalmen waren – und sind bis heute – die Grundnahrungsmittel in dieser üppigen Oasenlandschaft. Doch fehlten Steine, Holz und Metalle; diese Rohstoffe konnten nur über den früh einsetzenden Handel beschafft werden. Einzig der Lehm des Alluvialbodens stand als Baumaterial und als Grundstoff für die Töpferei in Hülle und Fülle zur Verfügung.

2. Die Geschichte einer Weltstadt

Als Babylons Stern zu leuchten begann, gab es in Mesopotamien bereits seit mehreren Jahrhunderten mächtige und reiche Städte wie Ur, Uruk, Kisch und Lagasch. Um die Mitte des 4. vorchristlichen Jahrtausends waren die Sumerer im untern Schwemmland der Flüsse Tigris und Euphrat erschienen und hatten eine der frühesten Hochkulturen begründet. Es entstand ein reges städtisches Leben. Fürsten, Beamte und Priester regelten das wechselvolle Geschick des Zweistromlandes. Handelsbeziehungen reichten bis nach Indien, ans Mittelmeer und nach Ägypten. Eine der größten Errungenschaften jener Epoche war die Entwicklung einer Schrift, der sogenannten Keilschrift, die von etwa 3000 v. Chr. bis kurz nach der Zeitwende in Vorderasien verwendet wurde. In der reichen Literatur geben sich die Sumerer als die Schöpfer der meisten altorientalischen Ideen und Vorstellungen zu erkennen.

Aus Arabien wanderten immer wieder nomadisierende Völkerschaften semitischer Zunge in das fruchtbare Schwemmland ein. Diese unruhigen Elemente rissen oft die politische Macht an sich, übernahmen aber die kulturellen Einrichtungen der bezwungenen seßhaften Bevölkerung. Einer der bedeutendsten frühen semitischen Herrscher war Sargon von Akkad (um 2300 v. Chr.), der später zu einer legendären Gestalt wurde.

Erst nach einem sumerischen Zwischenspiel errang der zwar bereits seit sehr langer Zeit bestehende, aber bisher ziemlich unbedeutende Ort Babel um 2000 v. Chr. die Vorherrschaft über ganz Mesopotamien.

Volksetymologisch wurde der vorsumerische und vorakkadische, ungeklärte Name ›Babil(a)‹, den wir im Alten Testament in der Form ›Babel‹, bei den griechischen Schriftstellern in der Form ›Babylon‹ vorfinden, als semitische Bezeichnung ›Bab-ili‹ mit der Bedeutung ›Tor Gottes‹ verstanden.

Der berühmteste und wohl tatsächlich wichtigste König der sogenannten ersten Dynastie von Babylon war Hammurabi. Er regierte etwa von 1728 bis 1686. Bekannt ist die heute im Louvre stehende Basaltstele, die einen aufschlußreichen Gesetzestext enthält – den Codex Hammurabi – und den Herrscher in Gebetshaltung vor dem Sonnengott Schamasch zeigt. Schon unter den Vorgängern dieser Dynastie war Babylon ausgebaut und befestigt worden. Die Überreste dieser alten Stadt liegen heute leider unter dem Grundwasserspiegel und sind deswegen noch immer nahezu unerforscht. Unsere bescheidenen Kenntnisse über das damalige Babylon stammen zum größten Teil aus Urkunden anderer Orte.

Um 1531 eroberte der hethitische König Mursili I. von Kleinasien aus Babel und stürzte die Dynastie, der Hammurabi angehört hatte. Die Hethiter zogen

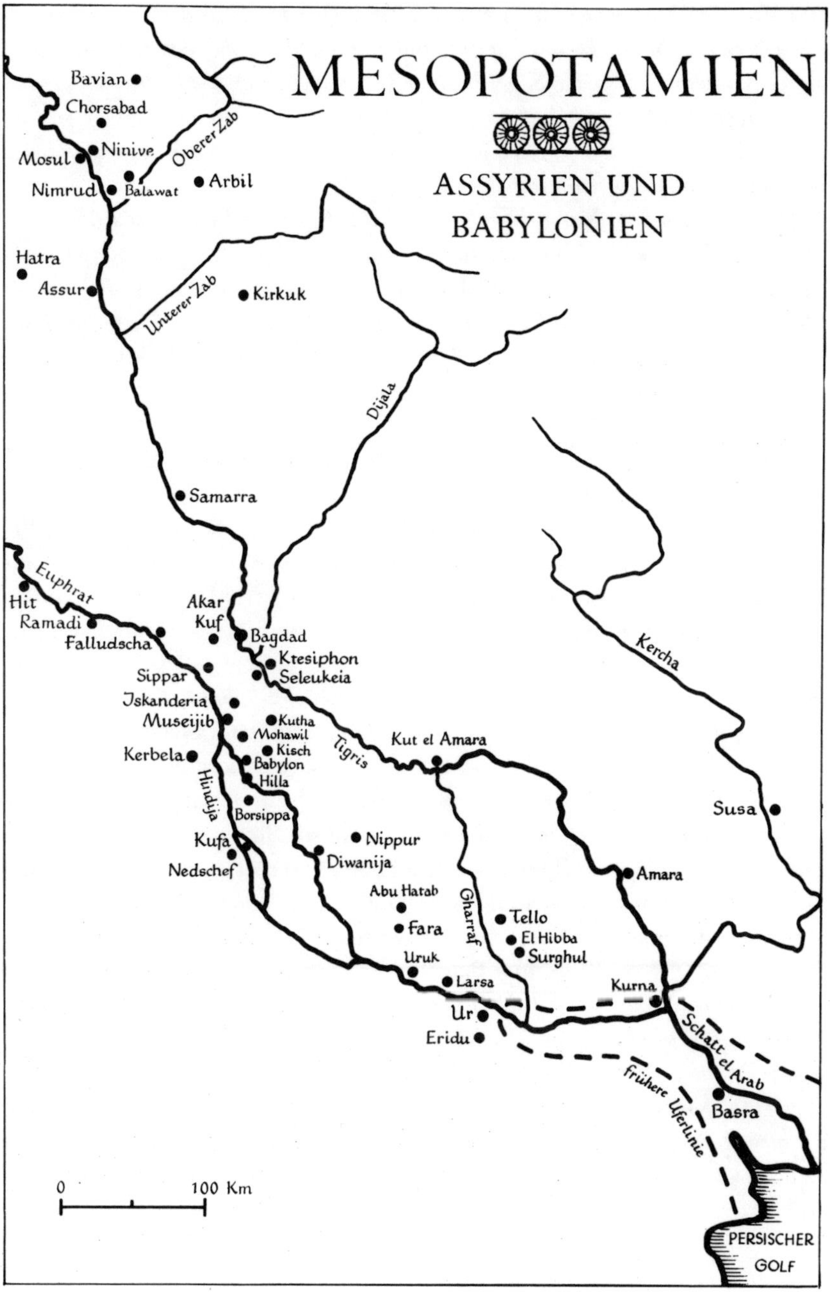

MESOPOTAMIEN
ASSYRIEN UND BABYLONIEN
Bavian
Chorsabad
Mosul
Ninive
Oberer Zab
Nimrud
Balawat
Arbil
Hatra
Assur
Unterer Zab
Kirkuk
Dijala
Samarra
Euphrat
Hit
Ramadi
Falludscha
Akar Kuf
Bagdad
Ktesiphon
Seleukeia
Sippar
Jskanderia
Museijib
Kutha
Mohawil
Kisch
Kerbela
Babylon
Hilla
Hindija
Borsippa
Tigris
Kut el Amara
Kercha
Susa
Kufa
Nedschef
Nippur
Diwanija
Amara
Abu Hatab
Fara
Gharraf
Tello
El Hibba
Surghul
Uruk
Larsa
Kurna
Ur
Eridu
Schatt el Arab
frühere Uferlinie
Basra
0
100 Km
PERSISCHER GOLF

sich jedoch nach Nordwesten zurück und überließen den Kassiten, einem westiranischen Bergvolk, die Herrschaft über Babylonien, d. h. über das von Bagdad bis an die Mündung reichende Zweistromland. Neben den im nördlichen Mesopotamien aufstrebenden und zeitweise nach Babylon ausgreifenden Assyrern war Babel unter den kassitischen Königen, die sich kulturell dem Vorgefundenen anpaßten, eine weitherum respektierte Macht.

Die Herrschaft der Kassiten endete um 1160 durch den Einfall der Elamer, die damals die Gesetzesstele Hammurabis in ihre Hauptstadt Susa mitnahmen, wo sie 1901 von französischen Archäologen gefunden wurde. Die Könige von Elam überließen jedoch die Stadt Babylon dem Fürsten Nebukadnezar I., der sogar die geraubte, aber für die Ausübung der Herrschaft in Babel unentbehrliche Statue des Stadtgottes Marduk wieder in den Heimattempel zurückführen konnte. Jedes Jahr mußte nämlich der König zur Bestätigung seiner Herrschaft während eines Zeremoniells die ›Hände des Bel‹ ergreifen; Bel (griechisch ›Belos‹, lateinisch ›Belus‹) heißt ›Herr‹ und war der volkstümliche Name des Gottes Marduk.

Seit 1100 lösten mehrmals ungleich lange Abschnitte einheimischen Königtums und assyrischer Fremdherrschaft einander ab. Mehr als einmal wurde die Stadt geplündert und verwüstet. In der griechischen Überlieferung ist die Gemahlin des assyrischen Königs Schamschi-Adad V. (824–810), Sammuramat (griechisch ›Semiramis‹), zu einer legendären Gestalt geworden; vielleicht war sie ursprünglich eine babylonische Prinzessin gewesen. Im Jahre 689 machte Sanherib schließlich Babel dem Erdboden gleich. Doch sein Nachfolger, Asarhaddon, ließ seit 681 die Stadt wieder aufbauen. Die religiös-kulturelle Ausstrahlung Babylons hatte ja Assyrien längst miteinbezogen; die ehrwürdige Stadt durfte nicht untergehen. Auch die nach Assur entführte Statue des Marduk wurde zurückgebracht. Asarhaddons Sohn Assurbanipal überließ seinem Bruder Schamasch-schum-ukin die Regierung in Babylon. Dieser erhob sich gegen die Oberherrschaft Assurbanipals; der Aufstand endete 648 mit dem Tod Schamasch-schum-ukins und der Eroberung Babels.

Nach einem weiteren Aufstand gegen Assyrien übernahm ein Fürst namens Nabupolassar die Macht in Babylon, verbündete sich mit dem medischen König Kyaxares und führte schließlich den Untergang Assyriens herbei; die Städte Assur und Ninive wurden gründlich zerstört (614 bzw. 612). Nabupolassar war der erste König der sogenannten chaldäischen Dynastie, trat das Erbe Assyriens an und legte den Grund für das mächtige neubabylonische Reich. Dieser tatkräftige Fürst stammte aus dem südlichen Mesopotamien, das vor allem aus schwer zugänglichen Sumpfgebieten besteht. Die dort lebenden Chaldäer waren ein Unterstamm der semitischen Aramäer.

Da ein Chaldäer, eben Nabupolassar, König von Babel geworden war und Babel sich zu einer Weltstadt entwickelt hatte, bezeichnete dieser Begriff bei den griechischen Schriftstellern allgemein die Babylonier und speziell dann die Priesterschaft babylonischer Städte, die dank ihrer Kenntnisse in Astronomie, Astrologie, Wahrsagekunst und Magie weitherum hohes Ansehen genoß.

Wie alle fremden Herrscher vorher – einschließlich der assyrischen – ließen der Chaldäer Nabupolassar und seine Nachfolger das altbabylonisch-sumerische Erbe auf sich einwirken. Unter Nebukadnezar II. (604–562), dem Sohn Nabupolassars, erreichte das babylonische Weltreich seine höchste Blüte; die Ägypter waren aus Syrien und Palästina vertrieben worden, doch kam es im Westen noch zu manchen Kriegen, in deren Verlauf Jerusalem zweimal erobert wurde (597 und 586).

Die Hauptstadt des Reiches bauten Nabupolassar und vor allem Nebukadnezar II. aufs prächtigste aus. Babel wurde die mächtigste Stadt des Nahen Ostens, deren Ruhm an den Reichsgrenzen nicht haltmachte. Handelsbeziehungen bestanden in dieser spätbabylonischen Zeit mit Dilmun (Bahrein), Ägypten und Ionien. Daß – abgesehen von Anregungen aus dem spätzeitlichen Ägypten – die junge griechische Kultur, die eben zu keimen begonnen hatte, sich über Kontakte mit Babylon auch von altorientalischem Erbe befruchten ließ, geht noch uns etwas an, denn die Kultur der alten Griechen bildet ja die Grundlage der Kultur Europas; und somit dürfte einerseits über Griechenland und Rom, andererseits natürlich über die Bibel – also über das Judentum und das Christentum – manches aus dem alten Orient bis in unsere heutige Zeit nachwirken; denken wir nur etwa an die Astronomie und an ihre Verwandte, die Astrologie: Aus Babylon kommen z. B. die Gleichsetzung der Planeten mit Göttern, die Bezeichnung verschiedener Sternbilder und die Ordnung der Bilder im Tierkreis. Anregend ist die Tatsache, daß viele berühmte Griechen zur Zeit der chaldäischen Dynastie lebten: unter andern der Astronom Thales von Milet, der als erster Philosoph der Griechen gilt, der athenische Staatsmann und Dichter Solon, später der Tyrann Peisistratos, ein eifriger Bauherr und Förderer der Künste, Dichter wie Alkaios, Sappho und Anakreon. Ein Zeitgenosse der Chaldäer war ferner Kroisos, der reiche König im kleinasiatischen Lydien.

Daß gegenüber dem jungen Griechentum die neubabylonischen Herrscher einer Spätzeit angehören, beweist unter anderm die Tatsache, daß die chaldäischen Könige eifrig darauf bedacht waren, an die alten Überlieferungen anzuknüpfen und sie zu bewahren. Sie bauten nicht nur fleißig in Babel selbst, sondern restaurierten in vielen andern Städten Babyloniens ältere, sogar sumerische Bauten, besonders die noch immer hochverehrten Heiligtümer des Landes. Nebukad-

nezar II. richtete – freilich aus religiösen Motiven – in seinem Hauptpalast das vielleicht früheste Kunstmuseum ein: Es standen dort Statuen aus sumerischer Zeit; in großer Zahl waren Beutestücke aus verschiedenen Kriegen zu sehen: neben Statuen vor allem Stelen und Platten mit Inschriften und Reliefs aus Assyrien; möglicherweise gehörte der Basaltlöwe, von dem wir noch öfter hören werden, ebenfalls zu den Schätzen des Museums.

Zu den großen Sammlern, Bauherren und Restauratoren auf dem neubabylonischen Thron zählt auch Nabonid (Nabonaid, 555–539), der letzte König dieser Dynastie, die nach Nebukadnezar durch die weniger kraftvollen, nur kurz regierenden Herrscher Awil-Marduk (Evilmerodach), Neriglissar und Labaschi-Marduk weitergeführt worden war.

Nabonid ließ sich eine Zeitlang in Babel durch seinen Sohn Belsazar vertreten und wurde 539 durch den Perserkönig Kyros entthront. Mit der kampflosen Übergabe der Stadt endet die politische Geschichte Babylons. Die Könige der Perser schufen das letzte altorientalische Reich, das alle früheren Kulturen des Orients von Ägypten und Kleinasien über Mesopotamien bis zum Indus und nach Transoxanien zusammenfaßte. Die persischen Herrscher respektierten die religiösen Vorstellungen und Gesellschaftsstrukturen der eroberten Völkerschaften. So führten Kyros und seine Nachfolger Kambyses, Dareios und Xerxes den Titel ›König von Babylon‹, und sie erneuerten oder bauten babylonische Tempel. Das Museum im Schloß wurde sorgsam betreut und erweitert. Aufstände gegen die Perser zogen jedoch strenge Strafmaßnahmen nach sich, in deren Verlauf auch die Statue des Bel zerstört wurde. Seither konnte niemand mehr ›König von Babylon‹ werden.

3. Babylons Wunder nach griechischen und römischen Berichten

Noch immer blühten Gewerbe und Handel in der Stadt Babylon. Die fruchtbare Umgebung war noch immer für ihre reichen Erträge bekannt. Aus dieser Zeit, als der beginnende Niedergang noch kaum sichtbar war, stammt unser ausführlichster und wertvollster Bericht über das Aussehen Babylons. Herodot, *der als Vater der Geschichtsschreibung gilt, aber noch von der älteren Tradition der griechischen Länderkunde herkommt, gibt im 5. Jahrhundert eine Beschreibung der Stadt, die ihm im Vergleich mit den kleinräumigen und bescheidenen griechischen Verhältnissen riesig und sehr reich erscheinen mußte. Der wissensdurstige Grieche beschrieb Mesopotamien wahrscheinlich aus eigener Anschauung. Die teilweise unrichtigen Maßangaben bei Herodot, der nicht mit der Meßlatte in der Hand fremde Länder bereiste, beruhen auf falsch verstandenen Hinweisen seiner einheimischen Führer (vgl. die Erklärung dazu im letzten Kapitel). Im ersten Buch seines Geschichtswerkes schreibt Herodot:*

Nachdem Kyros das ganze Festland Asiens in seine Hände gebracht hatte, griff er die Assyrer an. Assyrien hat viele gewaltige Städte; die berühmteste und mächtigste, seit Zerstörung von Ninos *(Ninive)* auch die Hauptstadt, war Babylon. Babylon ist folgendermaßen gebaut: Es liegt in einer weiten Ebene und bildet ein Viereck; jede Seite ist 120 Stadien *(1 Stadion: etwa 180 m)* lang. So beträgt der Gesamtumfang aller vier Seiten der Stadt 480 Stadien. Aber Babylon war nicht nur eine recht große, sondern auch die schönste Stadt unter allen, von denen wir wissen. Rings herum läuft zunächst ein tiefer, breiter, mit Wasser gefüllter Graben; dann folgt die Mauer, die fünfzig königlich persische Ellen breit und zweihundert hoch ist. Diese königlich persische Elle ist drei Finger breit länger als die gewöhnliche Elle.

Hier muß ich auch noch berichten, wie die aus dem Graben gehobene Erde verwendet und auf welche Weise die Mauer gebaut wurde. Gleich bei der Herstellung des Grabens formten sie die Erde, die sie aushoben, strichen eine genügende Zahl von Ziegeln und brannten sie in Ziegelöfen. Als Mörtel verwendeten sie dann heißes Erdpech, und in Zwischenräumen von je dreißig Ziegellagen steckten sie Rohrgeflechte zwischen die Steine.

Zuerst befestigten sie auf diese Weise die Grabenränder und bauten dann ebenso die Mauer auf. Oben auf der Mauer, an den beiden Rändern, errichteten sie einstöckige Türme, je zwei einander gegenüber. Zwischen den Türmen blieb soviel Raum, daß ein Viergespann hätte herumfahren können. Die Mauer hat im ganzen hundert Tore, die sämtlich aus Erz sind. Auch die Pfosten und Oberschwellen sind aus Erz.

Acht Tagereisen von Babylon liegt eine andere Stadt namens Is *(Hit)*. Dort fließt ein nicht großer Fluß, der ebenfalls den Namen Is führt und in den Euphrat mündet. Im Wasser dieses Flusses Is werden zahlreiche Klumpen Erdpech mitgeführt, und von da stammt das Erdpech, das für die Mauern von Babylon verwendet worden ist.

Das also war über den Mauerbau von Babylon zu sagen. Die Stadt selber zerfällt in zwei Teile. Mitten hindurch fließt nämlich der Strom, der den Namen Euphrat trägt und in Armenien entspringt, ein großer, tiefer, reißender Strom. Er mündet in das Rote Meer *(in den Persischen*

Golf). Auf beiden Seiten ist die Mauer bis an den Fluß geführt; von dort aus zieht sich an beiden Flußufern eine Ziegelsteinmauer entlang. Die Stadt selber hat durchweg dreistöckige und vierstöckige Häuser und wird von geradlinigen Straßen durchzogen, die teils in der Richtung des Stromes, teils quer auf den Fluß zu laufen. Jede dieser Querstraßen mündet in ein Tor in der Backsteinmauer längs des Flusses, so daß die Zahl dieser Tore gleich der der Querstraßen ist. Auch diese Tore waren aus Erz und führten an den Strom hinab.

Diese Außenmauern sind gleichsam der Panzer der Stadt. Innen läuft aber noch eine zweite Mauer herum, die nicht wesentlich schwächer, aber von geringerer Ausdehnung ist. In der Mitte jeder Stadthälfte steht ein gewaltiges Gebäude, in der einen der Königspalast, von einer hohen starken Mauer umgeben, in der anderen der Tempel des Zeus Belos mit ehernen Toren, der sich bis auf unsere Zeit erhalten hat. Der Tempelbezirk ist viereckig, jede Seite zwei Stadien lang. Mitten in diesem heiligen Bezirk ist ein fester Turm errichtet, ein Stadion lang und breit, und auf diesem Turm steht wiederum ein Turm und dann noch einer, im ganzen acht Türme übereinander. Alle diese Türme kann man ersteigen auf einer außen herumführenden Treppe. Auf mittlerer Höhe sind Ruhebänke angebracht, auf die sich der Hinaufsteigende setzen kann, um sich zu erholen. In dem höchsten Turm steht erst das eigentliche große Tempelhaus, und in dem Tempelhaus steht ein großes Ruhebett, mit schönen Decken belegt, und daneben ein goldener Tisch.

Kein Götterbild findet man dort aufgestellt, auch nächtigt kein Mensch in dem Tempel, bloß eine einzige aus Babylon stammende Frau, die sich der Gott unter allen Frauen des Landes erwählt, wie wenigstens die Chaldaier, die Priester dieses Gottes, behaupten.

Diese Priester erzählen auch – was mir jedoch nicht glaubhaft ist –, der Gott komme in Person in den Tempel und schlafe auf dem Ruhebett. Dasselbe erzählen die Ägypter in dem ägyptischen Theben. Auch dort schläft ein Weib im Tempel des Zeus von Theben. Es heißt, diese beiden Frauen hätten niemals mit einem sterblichen Manne Umgang. Ebenso wird übrigens auch in Patara in Lykien die Oberpriesterin des Gottes, wenn der Gott erscheint – das Orakel besteht dort nämlich nicht zu jeder Jahreszeit –, aber wenn der Gott erscheint, wird sie während der Nacht im Tempel eingeschlossen.

Im heiligen Bezirk in Babylon, unten, steht noch ein zweiter Tempel. Darin befindet sich ein großes, goldenes, sitzendes Bild des Zeus, und dabei steht ein großer goldener Tisch. Fußschemel und Stuhl sind ebenfalls von Gold. Wie die Chaldaier sagen, enthält das Ganze achthundert Talente Goldes *(1 babylonisches Talent: ca. 30 kg)*. Vor dem Tempel steht ein goldener Altar. Es ist noch ein anderer größerer Altar da, auf dem die ausgewachsenen Tiere geopfert werden. Auf dem goldenen Altar dürfen nämlich nur Tiere geopfert werden, die noch gesäugt werden. Auf dem anderen verbrennen die Chaldaier außerdem für tausend Talente Weihrauch jährlich, und zwar zur Zeit, wo sie das Fest dieses Gottes feiern. Zu der Zeit, von der wir sprechen, stand in dem heiligen Bezirk außerdem noch eine zwölf Ellen hohe Götterstatue aus lauterem Golde. Ich habe sie nicht gesehen, sondern berichte nur, was die Chaldaier erzählen. Auf diese Bildsäule hatte Dareios, der Sohn des Hystaspes, ein Auge geworfen, wagte aber nicht, sie zu entführen. Xerxes, Dareios' Sohn, dagegen entführte sie und ließ den Priester töten, der nicht dulden wollte, daß die Bildsäule von der Stelle bewegt wurde.

So reich ausgeschmückt ist dieser heilige Bezirk in Babylon, in dem sich auch noch viele kleinere Weihgeschenke befinden.

Viele Könige haben über Babylon geherrscht, über die ich in der Geschichte Assyriens berichten werde. Sie haben die Mauern gebaut und die Heiligtümer. Auch zwei Frauen sind darunter. Die ältere, die fünf Generationen vor der jüngeren regierte und Semiramis hieß, hat draußen in der Ebene wunderbare Dämme aufgeführt. Vorher pflegte der Strom die ganze Ebene zu überschwemmen.

Die zweite Königin, die Nitokris hieß, war noch weiser als die erste und hat Denkmäler hinterlassen, über die ich hier berichten will. Außerdem hat sie, als sie die Macht der Meder wachsen und beständig um sich greifen sah, als viele Städte von ihnen erobert wurden, darunter auch Ninos – hat sie alle nur denkbaren Verteidigungsmittel ergriffen. Zunächst änderte sie den Lauf des Euphrat, der mitten durch die Stadt fließt und bis dahin in gerader Richtung floß, und schuf ein Flußbett so voller Krümmungen, daß der Strom an einer Ortschaft Assyriens dreimal vorüberfließt. Diese Ortschaft, die der Euphrat dreimal berührt, heißt Arderikka. Noch heute kommt man, wenn man von unserem Meere aus nach Babylon reist und den Euphrat hinunterfährt, dreimal an dieser Ortschaft vorüber, und das im Verlauf von drei Tagen. Das war das eine Werk der Nitokris.

Ferner hat sie an beiden Flußufern Dämme aufgeschüttet, die eine ganz erstaunliche Größe und Höhe haben. Ferner ließ sie weit oberhalb von

Babylon ein Wasserbecken graben, nur wenig vom Fluß entfernt und so tief, bis überall das Grundwasser kam. Sie machte es so breit, daß es einen Umfang von vierhundertzwanzig Stadien hatte. Die hierbei ausgegrabene Erde verwendete sie für die Flußdämme. Als der Wasserbehälter fertig war, ließ sie Steine anfahren und zog eine Einfassungsmauer rings herum. Der Zweck dieser beiden Anlagen, des gekrümmten Flußbetts und dieses gegrabenen Sees, war, daß der Fluß infolge der vielen Biegungen langsamer fließen und der Flußweg nach Babylon durch viele Windungen gehen sollte und daß schließlich noch der weite Umweg um den See gemacht werden mußte. Diese Anlagen befanden sich nämlich in den Teilen des Reiches, wo der Zugang und der kürzeste Weg aus Medien war. Sie wollte vermeiden, daß die Meder durch den Handelsverkehr das Land genau kennenlernten.

So schützte sie Babylon auch durch Wasseranlagen. Dabei benutzte sie diese noch für einen anderen Zweck. Die Stadt bestand doch aus zwei Hälften, die durch den Fluß getrennt wurden. Wer in früheren Zeiten von dem einen Stadtteil zum andern hinüber wollte, mußte einen Kahn benutzen, was doch gewiß lästig war. Nitokris half auch hier. Als jener See gegraben war, benutzte sie ihn auch noch für folgendes denkwürdige Werk. Sie ließ sehr große Steine hauen, und als alles zum Bau fertig war, leitete sie das ganze Wasser des Stromes in jenes gegrabene Becken, und während das Becken sich füllte, trocknete das alte Strombett aus. Nun befestigte sie die Flußränder längs der Stadt und der durch die Tore an den Fluß führenden Treppen durch ein Mauerwerk aus Ziegelsteinen in derselben Weise wie die Stadtmauern, und ferner erbaute sie ungefähr in der Stadtmitte eine Brücke aus jenen gehauenen Steinen, die sie hatte ausgraben lassen, und verband die Steine durch Eisen und Blei. Während des Tages legte man dann Holzbalken quer hinüber, so daß die Bevölkerung von Babylon den Fluß überschreiten konnte. Des Nachts nahm man die Balken wieder fort, weil man verhindern wollte, daß die Leute nachts über den Fluß gingen und einander bestöhlen. Aus dem gefüllten See leitete sie nach Vollendung der Brücke den Euphrat wieder in sein altes Bett zurück. Der See wurde zum Sumpf, erfüllte also ganz den Zweck, den er sollte, und die Bürger hatten außerdem eine Brücke bekommen.

Dieselbe Königin täuschte dann auf folgende kluge Weise die Nachwelt. Sie ließ sich über dem belebtesten Tore der Stadt ihr Grabmal errichten – unmittelbar über dem Durchgang wurde es angebracht –, und in das Grabmal ließ sie folgende Worte einmeißeln:

»Wenn einer der Könige von Babylon, die nach mir kommen, in großer Geldnot ist, so möge er mein Grab öffnen und herausnehmen, soviel er mag. Ist er nicht in Not, so möge er es ja unberührt lassen und es aus keinem anderen Grunde öffnen.«

So blieb das Grab uneröffnet, bis das babylonische Reich an Dareios fiel. Dareios fand es unerträglich, daß ein solches Tor zu nichts nutze sein und daß er die Schätze unberührt lassen solle, die darin lägen und auf die die Inschrift gar noch hinweise. Er wollte nämlich, weil er unter der Leiche hätte hindurch müssen, nicht durch das Tor ziehen. So öffnete er denn das Grab, fand aber kein Geld, sondern bloß den Leichnam und folgende Inschrift:

»Wären deine Geldgier und dein Geiz nicht unersättlich, so würdest du keine Gräber öffnen.«

Das sind die Nachrichten über diese Königin.

Der Sohn dieser Frau war es, gegen den Kyros jetzt zu Felde zog... Die Babylonier zogen aus der Stadt heraus und traten ihm entgegen. Als er nahe an die Stadt heranrückte, kam es zum Kampfe. Die Babylonier unterlagen und wurden in die Stadt zurückgedrängt. Sie hatten jedoch, weil sie längst wußten, daß Kyros nicht Frieden hielt, und ihn ein Volk nach dem anderen angreifen sahen, Kornvorräte für viele Jahre in die Stadt geschafft. Die Belagerung machte ihnen daher keine Sorge, während Kyros in Bedrängnis geriet, weil es trotz der langen Zeit mit seinem Unternehmen gar nicht vorwärts gehen wollte.

Ob ihm nun ein anderer den Rat gab oder ob er selber darauf verfiel, wie er sich helfen könnte, genug, er führte folgenden Plan aus. Er stellte einen Teil seines Heeres dort auf, wo der Fluß in die Stadt hineinströmt, und den anderen Teil unterhalb der Stadt, wo der Fluß herausströmt. Dann gab er Befehl, sobald sie sähen, daß der Fluß gangbar würde, vom Flusse aus in die Stadt einzudringen. Nach diesen Anordnungen zog er selber mit dem kampfuntüchtigen Teil des Heeres davon. Er gelangte zu jenem See und tat nun mit dem Strom und dem See ungefähr dasselbe, was einst die Königin von Babylon getan hatte. Er leitete durch einen Graben den Fluß in den See ab, der eigentlich ein Sumpf war. So machte er, da das Wasser seitwärts floß, das Flußbett gangbar. Und durch das Flußbett drangen nun die Perser, die Kyros am Flußufer aufgestellt hatte, in Babylon ein; denn das Euphratwasser reichte ihnen jetzt höchstens bis zur Hälfte des Schenkels.

Wenn die Babylonier den Plan des Kyros vorher gewußt oder rechtzeitig bemerkt hätten, was im Gange war, so hätten sie die Perser nicht in die Stadt dringen lassen, sondern sie schmählich zusammengehauen. Sie hätten einfach alle nach dem Fluß gerichteten Tore verschlossen, wären auf die längs des Flusses errichteten Mauern gestiegen und hätten die Perser wie in einem Käfig gefangen. Aber nun waren die Perser ganz unvermutet in der Stadt. Weil Babylon so groß ist, wußten, wie man dort im Lande erzählt, die Leute inmitten der Stadt noch nichts vom Eindringen der Feinde, als die äußeren Stadtteile bereits in Feindeshand waren. Man feierte gerade ein Fest, tanzte noch und war guter Dinge, bis die Kunde endlich auch zu ihnen drang. – So wurde Babylon zum erstenmal erobert.

Es folgen Angaben über das Land um Babylon, über den Reichtum und die Sitten der Babylonier:

Wie groß das babylonische Reich ist, das kann ich an vielen Beispielen deutlich machen, namentlich zeigt es die folgende Betrachtung. Alles Land, das der persische Großkönig beherrscht, muß ihn und sein Heer außer den Abgaben auch noch mit Lebensmitteln versorgen. Vier von den zwölf Monaten des Jahres liefert das babylonische Land diese Lebensmittel, die übrigen acht Monate liefern sie die anderen Völker Asiens. Man sieht also, daß das assyrische Reich ein Drittel ganz Asiens einnimmt. Es ist bei weitem die reichste von allen persischen Provinzen – die Perser nennen sie Satrapien –, und Tritantaichmes, der Sohn des Artabazos, den der König zum Verwalter dieses Reichsteiles ernannte, hatte jeden Tag Einkünfte in Höhe einer vollen Artabe Silber. Die Artabe ist ein persisches Maß und faßt eine attische Medimne und drei attische Choiniken *(1 Artabe also etwa: 55 Pfund).* An eigenen Rossen hatte er außer den Kriegsrossen achthundert Zuchthengste und sechzehntausend Zuchtstuten. Jeder dieser Hengste belegte nämlich zwanzig Stuten. Außerdem hielt er indische Hunde in so großer Menge, daß vier große Dörfer in der Ebene von den anderen Abgaben befreit wurden, um die Lebensmittel für diese Hunde zu liefern. So reich war der Statthalter der Provinz Babylon.

Im Lande der Assyrer regnet es wenig; auf folgende Art bringt man das Korn zum Wachsen. Man bewässert es vom Fluß her, so daß es reift und gedeiht, doch nicht wie in Ägypten, wo man den Fluß über die Felder treten läßt, sondern indem man das Wasser mit der Hand und durch Schöpfwerke über die Felder hingießt. Ganz Babylonien ist wie Ägypten von Gräben durchzogen. Der größte dieser Gräben ist schiffbar; er hat südöstliche Richtung und verbindet den Euphrat mit dem anderen babylonischen Fluß, dem Tigris, an dem die Stadt Ninos *(Ninive)* lag. Kein Land der Erde, das wir kennen, eignet sich so gut zum Getreidebau wie Babylonien. Fruchtbäume wachsen dagegen gar nicht im Lande, nicht die Feige, nicht der Wein, nicht die Olive. Aber das Getreide gedeiht so vorzüglich, daß es zweihundertfältige Frucht trägt und im günstigsten Falle sogar dreihundertfältige *(in Galiläa damals z. B. sechzig- bis hundertfältige)*. Die Blätter des Weizens und der Gerste erreichen dort oft eine Breite von vier Fingern. Wie groß die Hirse- und Sesamstauden werden, will ich verschweigen, obwohl ich es weiß; denn wer nicht selber das babylonische Land besucht hat, der wird sicherlich schon meinen Bericht über das Getreide anzweifeln. Als Öl verwenden sie nur das, was sie aus Sesam bereiten.

Überall in der Ebene wachsen Palmen; die meisten tragen Früchte, aus denen feste Speisen, Wein und Honig *(Sirup)* bereitet werden...

Nun aber will ich von der größten Merkwürdigkeit erzählen, die das Land, abgesehen von der Hauptstadt selber, hat. Die Schiffe, in denen man den Strom hinunter nach Babylon fährt, sind kreisrund und ganz aus Leder *(die noch heute gebräuchlichen Guffas)*. In Armenien, dem Oberland von Assyrien, schneiden sie Schiffsrippen aus Weidenholz und umkleiden sie mit Häuten, wie man sie auf den Fußboden zu breiten pflegt. Sie verbreitern aber die Rippen nicht am Hinterteil und führen sie nicht eng zusammen am Vorderteil, sondern machen das Fahrzeug rund wie einen Schild, stopfen es dann innen mit Stroh aus und lassen es, nachdem es seine Ladung erhalten, den Strom hinuntertreiben. Meist besteht die Ladung aus Weinkrügen aus Phoinikien. Gelenkt wird das Fahrzeug durch zwei Steuerruder, die zwei Männer stehend handhaben. Der eine zieht das Ruder an sich, während der andere es von sich wegstößt. Man macht sehr große Fahrzeuge dieser Art und auch kleinere. Die größten tragen eine Ladung von fünftausend Talenten Gewicht. In jedem Fahrzeug wird ein lebender Esel mitgeführt, in größeren mehrere. Wenn sie dann in Babylon angelangt sind und ihre Ladung verkauft haben, versteigern sie auch die Schiffsrippen und alles Stroh, laden die Häute den Eseln auf und ziehen heimwärts nach Armenien. Stromauf zu fahren ist nämlich wegen der starken Strömung ganz unmöglich. Und deshalb macht man eben auch die Fahrzeuge nicht aus Holz, sondern aus Tierhäuten. Sind sie nun mit ihren Eseln wieder in Armenien angekommen, so bauen sie auf dieselbe Weise neue Fahrzeuge.

So ist es mit ihrer Schiffahrt. Was ihre Kleidung anbelangt, so besteht sie aus einem leinenen, bis zu den Füßen reichenden Leibrock, über den ein anderer, wollener Leibrock gezogen wird. Dann legt man noch einen kleinen weißen Mantel um. Ihre Schuhe haben eine eigentümliche Form und sind den groben boiotischen Schuhen ähnlich. Sie lassen das Haar wachsen, binden es zusammen und salben den ganzen Körper mit Myrrhen. Jeder trägt einen Siegelring und einen künstlich bearbeiteten Stock, in den Figuren eingeschnitzt sind: ein Apfel, eine Rose, eine Lilie, ein Adler oder dergleichen. Einen Stab ohne solches Merkzeichen zu tragen, ist nicht üblich. So viel über ihre äußere Erscheinung.

Von ihren Sitten ist folgendes zu sagen: ...

Die Toten werden in Honig *(gemeint ist eine Harzart)* gelegt, und die Trauergebräuche sind ähnlich wie die der Ägypter.

Wenn ein Babylonier mit seinem Weibe Gemeinschaft gepflogen hat, opfert er Räucherwerk und setzt sich davor, ebenso sein Weib. Ist dann der Tag angebrochen, so nehmen beide ein Bad. Vor diesem Bad dürfen sie kein Gefäß anrühren. Denselben Brauch haben die Ägypter.

Die häßlichste Sitte der Babylonier ist folgende. Jede Babylonierin muß sich einmal in ihrem Leben in den Tempel der Aphrodite begeben, dort niedersetzen und sich einem Manne aus der Fremde preisgeben. Viele Frauen, die sich nicht unter die Menge mischen wollen, weil sie reich und hochmütig sind, fahren in einem verdeckten Wagen zum Tempel; zahlreiche Dienerschaft begleitet sie. Die meisten Frauen dagegen machen es folgendermaßen. Sie sitzen in dem Heiligtum der Aphrodite und haben eine aus Stricken geflochtene Binde ums Haupt. Es sind viele zu gleicher Zeit da; die einen kommen, die anderen gehen. Geradlinige Gassen nach jeder Richtung ziehen sich durch die harrenden Frauen, und die fremden Männer schreiten hindurch und wählen sich eine aus. Hat sich eine Frau hier einmal niedergelassen, so darf sie nicht eher nach Hause zurückkehren, als bis einer der Fremden ihr Geld in den Schoß geworfen und sich draußen außerhalb des Heiligtums mit ihr vereinigt hat. Wenn er ihr das Geld zuwirft, braucht er nur die Worte zu sprechen: »Ich rufe dich zum Dienste der Göttin Mylitta.« Aphrodite heißt nämlich bei den Assyrern Mylitta.

Die Größe des Geldstücks ist beliebig. Sie weist es nicht zurück, weil sie es nicht darf; denn es ist heiliges Geld. Dem ersten, der es ihr zuwirft, folgt sie; keinen verwirft sie. Ist es vorüber, so geht sie nach Hause und ist der Pflicht gegen die Göttin ledig. Wenn du ihr nachher noch so viel bietest, du kannst sie nicht noch einmal gewinnen. Die Schönen und Wohlgewachsenen sind sehr schnell befreit; die Häßlichen müssen lange Zeit warten und gelangen nicht dazu, dem Brauch zu genügen. Drei, vier Jahre müssen manche im Tempel weilen. Auch auf Kypros herrscht hie und da eine ähnliche Sitte. *Herodot weiß offensichtlich um die tatsächlich in Babylon geübte sakrale Prostitution, aber es gab keine Vorschrift, wonach sich alle Babylonierinnen diesem Brauch zu unterziehen hatten.*

Soviel ist von den Sitten der Babylonier zu berichten. Drei babylonische Volksstämme leben ausschließlich von Fischen. Die gefangenen Fische werden an der Sonne gedörrt. Darauf bereitet man sie folgendermaßen zu: Man wirft sie in einen Mörser, zerstampft sie mit einer Keule und bewahrt sie in indischer Leinwand auf. Zum Essen knetet man sie dann entweder wie Brei oder bäckt sie wie Brot.

Im dritten Buch lesen wir: Während dieses Zuges der persischen Flotte gegen Samos machten die Babylonier einen Aufstand... Als Dareios das erfuhr, zog er mit seiner gesamten Kriegsmacht gegen Babylon und belagerte die Stadt. *Erst durch eine List gelang es den Persern, die Stadt einzunehmen.* Als aber Dareios der Verabredung gemäß einen Sturm rings auf die Stadt unternahm, da kam der ganze listige Plan des Zopyros an den Tag. Die Babylonier stiegen auf die Mauer und wehrten das heranstürmende Heer des Dareios ab; Zopyros aber öffnete das kissische und das belische Tor und ließ die Perser in die Stadt ein. Einige Babylonier sahen, was geschehen war, und flohen in das Heiligtum des Zeus Bel. Andere sahen nichts und blieben an ihrem Platze, bis auch sie den Verrat gewahr wurden. – So wurde Babylon zum zweitenmal erobert. Als Dareios Herr der Stadt war, schleifte er die Mauern und riß alle Tore ein. Beides hatte Kyros bei der ersten Eroberung Babylons nicht getan.

Ähnlich wie Herodot über die unmittelbar vorangehenden geschichtlichen Ereignisse erzählt, weisen auch die späteren griechischen und römischen Quellen auf die Geschichte Babylons hin, besonders auf das Ende der persischen Herrschaft und die Einbeziehung Mesopotamiens ins Reich Alexanders des Großen (331 v. Chr.). Der Eroberer, der im Vorderen Orient und in den Mittelmeerländern eine neue Epoche einleitete, wollte Babylon zur Hauptstadt seines orientalisch-makedonischen Reiches machen. Doch bevor Babel wiederaufleben und zum Mittelpunkt der Welt werden konnte, starb der erst 32jährige Alexander.

Unter der 200 Jahre dauernden Beherrschung durch die Nachfolger, die Seleukiden, sank die alte Stadt, in der jetzt auch Griechen und Makedonen wohnten, bald zu einem Provinzort herab. Seit 124 v. Chr. gehörte Mesopotamien zum Partherreich. Die Neugründungen Seleukeia und Ktesiphon ersetzten allmählich bis um die Zeitwende das sterbende Babel. Doch die Erinnerung an die alte Pracht ist wenigstens durch den Namen Babil, mit dem man einen der auffälligen Ruinenhügel bezeichnet, bis heute erhalten geblieben.

Die vier folgenden Schilderungen, die alle nach der Zeit Alexanders entstanden sind, stammen nicht direkt von Augenzeugen. Vieles ist ganz einfach von Herodot übernommen. Andere, z. T. recht genaue Angaben verdanken die Schriftsteller Leuten, die Babylon kannten, vor allem dem zeitweise am persischen Hofe lebenden Arzt Ktesias von Knidos (um 400 v. Chr.) und dem Belpriester Berossos von Babylon (um 300 v. Chr.).

Lassen wir zuerst einen Zeitgenossen Caesars, Diodoros *von Sizilien (lateinisch: Diodorus Siculus) erzählen! Im 2. Buch seiner Universalgeschichte heißt es:*

Semiramis, ehrgeizig, den Ruhm ihres königlichen Vorgängers zu überstrahlen, beschloß eine Stadt in Babylonien zu gründen. Sie ließ von allen Seiten Architekten und Techniker in der Anzahl von zwei Millionen kommen und ließ alle notwendigen Materialien vorbereiten. Sie umgab die neue Stadt, die mitten vom Euphrat durchflossen wird, mit einer Mauer von 360 Stadien im Umfang, verstärkt, nach Ktesias von Knidos, durch in Abständen aufgestellte große und starke Türme. Die Menge dieser Arbeiten war derartig, daß die Breite der Mauer für die Fahrt von 6 Wagen nebeneinander genügte, und ihre Höhe erscheint unglaublich. Nach dem Berichte des Kleitarchos und einiger anderer, die Alexander nach Asien gefolgt sind, hatte die Mauer eine Ausdehnung von 365 Stadien, welche die Zahl der Tage darstellen sollten. Die Mauer war mit gebrannten Ziegeln gebaut, die mit Asphalt bestrichen waren. Ihre Höhe betrug nach Ktesias 50 Orgyien *(rund 100 m)*, aber nach den jüngeren Geschichtsschreibern war sie nur 50 Ellen *(rund 25 m)*, und ihre Breite entsprach mehr als 2 Wagen mit Bespannung. Man sah hier 250 Türme von einer Höhe und Dicke, die der Mauermasse angemessen war. Man darf sich nicht wundern, daß die Anzahl der Türme, verglichen mit der Ausdehnung der Mauer, so klein war; denn an mehreren Stellen war die Stadt durch Sümpfe begrenzt, so daß die Natur die Befestigung durch Menschenhand unnötig machte. Zwischen den Häusern und der Ringmauer hatte man einen Zwischenraum von 2 Plethren *(rund 60 m)*.

Um die Ausführung der Arbeiten zu beschleunigen, hatte die Königin für jeden ihrer Freunde einen Zwischenraum von 1 Stadion bestimmt und lieferte ihnen die nötigen Materialien mit dem Befehl, ihre Aufgabe in einem Jahr zu vollenden. Während sie sich mit Eifer ihrer Arbeit widmeten, erbaute sie an der engsten Stelle des Flusses eine Brücke von 5 Stadien Länge, die auf Pfeilern ruhte, die in großer Tiefe eingelassen waren und in einem Zwischenraum von 12 Fuß einer vom andern entfernt standen. Die Steine waren mit Eisenklammern verbunden und die Verbindungen mit Blei ausgegossen. Die Seiten jedes Pfeilers gegenüber der Strömung des Flusses waren in Form von winkligen Vorsprüngen gebaut, die die Fluten teilten und ihr Ungestüm beseitigten und zur soliden Konstruktion viel beitrugen. Die Brücke war belegt mit Planken von Zedern- und Zypressenholz, die auf ungeheuren Palmholzbalken ruhten. Sie war 30 Fuß breit und nicht zum wenigsten eines der schönsten Bauwerke der Semiramis. Auf jeder Seite des Flusses schuf sie großartige Kais, fast ebenso breit wie die Mauern, in einer Ausdehnung von 160 Stadien. An jedem Ausgangspunkte der Brücke ließ sie einen Palast erbauen, von wo aus sie die ganze Stadt überblicken konnte. Die beiden Paläste waren, sozusagen, die Schlüssel der beiden wichtigsten Stadtviertel. Da der Euphrat, der Babylon durchschneidet, gegen Süden fließt, blickte einer dieser Paläste nach Osten, der andere nach Westen, und alle beide waren von großer Herrlichkeit. Der Palast nach der untergehenden Sonne hatte 60 Stadien im Umkreis. Er war mit schönen Mauern befestigt, sehr hoch und aus gebrannten Ziegeln gebaut. Innerhalb dieser Mauer war eine zweite Ringmauer, aus Lehmziegeln gefertigt, auf denen die Gestalten aller Arten von Tieren eingepreßt waren; diese Figuren waren mit einer solchen Kunst bemalt, daß sie zu leben schienen. Diese Ringmauer hatte 40 Stadien in der Länge. Ihre Dicke war 300 Ziegel und ihre Höhe, nach Ktesias, 50 Orgyien; die Höhe der Türme war 70 Orgyien. Endlich gab es innerhalb dieser zweiten Ringmauer noch eine dritte, die die Zitadelle *(Burg)* umgab, deren Durchmesser 20 Stadien betrug und die an Höhe die zweite Mauer noch überragte. Auf den Türmen und Mauern hatte man allerhand Arten von Tieren dargestellt, vollkommen in Farbe und Relief nachgebildet. Man sah hier eine Jagd auf verschiedene Tiere, die mehr als 4 Ellen Höhe besaßen. In dieser Jagd war Semiramis zu Pferde dargestellt, einen Speer auf einen Panther entsendend, bei ihr war Ninus, ihr Gatte, der mit einem Lanzenstoß einen Löwen traf. Man betrat die Burg durch ein dreifaches Tor; zwei von ihnen waren aus Erz und wurden durch eine Maschine geöffnet. Dieser Palast war an Ausdehnung und Schönheit dem auf der andern Flußseite gelegenen Palast bei weitem überlegen. Letzterer hatte nur eine Ringmauer aus gebrannten Ziegeln, 30 Stadien im Umkreis. An Stelle von Tierfiguren sah man hier die Erzstatuen des Ninus und der Semiramis, der Statthalter der Provinzen und die Statue des Zeus, den die Babylonier Belos nennen. Man bemerkte hier auch Darstellungen von Kämpfen und Jagden, reizvoll anzusehen.

Danach wählte sie den niedrigsten Ort in der Umgebung von Babylon aus, um hier ein viereckiges Bassin zu erbauen, von dem jede Seite 300 Stadien hatte. Dieses Reservoir war aus gebrannten Ziegeln und Asphalt gebaut, seine Tiefe betrug 35 Fuß. Sie ließ den Fluß ableiten, um ihn in das Bassin zu führen, und ließ eine unterirdische Galerie herstellen, die beide Paläste auf jedem Ufer des Flusses miteinander verband. Die Bogen dieser Galerie waren aus gebrannten Ziegeln konstruiert, ihre Dicke war 4 Ellen, mit heißem Asphalt ausgepicht. Die Wände der Galerie waren 20 Ziegel stark, 12 Fuß hoch, bis an den Scheitel des Bogens, und die Breite der Galerie betrug 15 Fuß. Dieses Werk wurde in 7 Tagen vollendet. Sie ließ den Fluß wieder in sein Bett eintreten, und so konnte man, vermittels des unterirdischen Ganges von einem Palast zum andern gelangen, ohne das Wasser zu überschreiten. Die beiden Ausgänge des Ganges wurden durch Türen verschlossen, die sich noch bis zur persischen Herrschaft erhalten haben.

Nachher erbaute Semiramis im Mittelpunkt der Stadt ein Heiligtum, dem Zeus geweiht, den die Babylonier Belos nennen, wie wir schon gesagt haben. Da die Geschichtsschreiber sich über dieses Monument nicht einig sind und da es im Verlaufe der Zeit in Trümmer gesunken ist, ist es unmöglich, hier eine genaue Beschreibung zu geben. Man nimmt jedoch an, daß es außerordentlich hoch gebaut war und daß die Chaldäer wegen seiner Höhe hier ihre astronomischen Arbeiten vollzogen, indem sie sorgfältig Auf- und Untergang der Gestirne beobachteten. Das ganze Gebäude war mit großer Kunstfertigkeit hergestellt, aus Asphalt und Ziegeln. Auf seiner Spitze befanden sich die Statuen des Zeus, der Hera und der Rhea, mit Goldüberzug bedeckt. Die Statue des Zeus stellte den Gott dar, aufrecht und in der Stellung des Gehens, und wog 1000 babylonische Talente *(ca. 30 000 kg)*. Die der Rhea, sitzend dargestellt auf einem goldenen Wagen, hatte dasselbe Gewicht wie die vorhergehende Statue. Auf ihren Knien ruhten zwei Löwen, und zu ihrer Seite waren gewaltige silberne Schlangen dargestellt, von denen jede 30 Talente wog. Die Statue der Hera, aufrecht dargestellt, wog 800 Talente; sie hielt in der Rechten eine Schlange am Kopfe und in der Linken ein edelsteingeschmücktes Zepter. Vor den 3 Statuen war ein goldener Tisch aufgestellt, 40 Fuß lang *(ca. 12 m),* 15 Fuß breit *(ca. 4,50 m),* 500 Talente schwer. Auf dem Tisch standen 2 Urnen im Gewicht von 30 Talenten. Es gab hier Räucherbecken in gleicher Anzahl, jedes im Gewicht von 300 Talenten, sowie 3 goldene Vasen, von denen die eine, dem Zeus geweiht, 1200 babylonische Talente wog und von den andern jede 600. Alle diese Schätze wurden später von den Perserkönigen geplündert. Was die königlichen Residenzen und die andern Gebäude betrifft, so verschwanden sie durch die Unbilden der Zeit und verfielen in Ruinen; heutzutage ist nur ein kleiner Teil von Babylon noch bewohnt. Der Rest des von den Mauern eingefaßten Raumes wird durch beackerte Felder ausgefüllt.

Es existierte in der Burg der sogenannte »hängende Garten«, ein Werk nicht der Semiramis, sondern eines späteren syrischen *(d. h. assyrischen)* Königs, der es zu Gefallen seiner Konkubine herstellen ließ. Man erzählt, daß diese Frau, von persischer Herkunft, die sich nach der Nähe der Berge sehnte, den König bewogen hatte, ihr durch künstliche Anpflanzung ihr Heimatland Persien wachzurufen. Dieser Garten, von viereckiger Form, hatte 4 Plethren auf jeder Seite. Man stieg hier durch Stufen auf Terrassen, die eine über die andre gesetzt waren, so daß das Ganze den Eindruck eines Amphitheaters hervorrief. Diese Terrassen oder Plattformen, auf die man stieg, waren von Säulen gestützt, die fortschreitend von Abstand zu Abstand sich höher erhoben und alle den Sockel der Anpflanzungen trugen. Die höchste Säule war 50 Ellen hoch, trug die Spitze des Gartens und erreichte dasselbe Niveau wie die Brüstungen der Umschließungsmauer. Die Mauern, solide und mit großen Kosten errichtet, waren 22 Fuß dick, und jeder Ausgang war 10 Fuß breit. Die Plattformen der Terrassen waren aus Steinblöcken konstruiert, deren Länge, die Vorsprünge eingeschlossen, 16 Fuß betrug, die Breite 4 Fuß. Auf diesen Blöcken lag eine Decke aus Schilf, vermischt mit viel Asphalt; auf jeder Lage ruhte eine doppelte Reihe von gebrannten Ziegeln, verbunden mit Gipsmörtel. Diese waren wiederum mit Bleiplatten bedeckt, um das Wasser zu hindern, in die künstlichen Substruktionen einzudringen. Darauf lag Erde ausgebreitet, genügend, um die Wurzeln der größten Bäume aufzunehmen. Dieser künstliche Boden war angefüllt mit Bäumen jeder Art, deren Anblick durch ihre Größe und ihren Reiz entzückte. Die Säulen, die sich nach und nach höher hoben, ließen durch ihre Zwischenräume das Licht bis in die zahlreichen und reichverzierten königlichen Gemächer dringen. Eine einzige dieser Säulen war hohl von ihrer Spitze bis zur Basis; sie enthielt hydraulische Maschinen, die vom Flusse eine große Menge Wasser heben konnten, ohne daß jemand von außen etwas davon sehen konnte. So war dieser Garten beschaffen, der, wie wir gesagt haben, später angelegt worden ist.

Ein Zeitgenosse des Kaisers Augustus, der Grieche STRABON *von Amaseia am Schwarzen Meer, berichtet im 16. Buch seiner ›Geographika‹:*

Babylon liegt gleichfalls in der Ebene, und seine Mauer hat einen Umfang von 365 Stadien und eine Dicke von 32 Fuß: Die Höhe zwischen den 50 Mauertürmen beträgt 50 Ellen, die der Türme 60; der Weg auf der Mauer hin ist so breit, daß Viergespanne leicht aneinander vorbeifahren können. Deshalb wird sowohl diese Mauer den 7 Wunderwerken zugerechnet, als auch der »hängende Garten«, welcher bei einer viereckigen Gestalt auf jeder Seite eine Länge von 4 Plethren *(etwa 120 m)* hat. Er wird von Schwibbogen bildenden Gewölben getragen, die, eines über dem anderen, auf würfelförmigen Pfeilern ruhen; diese Pfeiler aber sind hohl und mit Erde ausgefüllt, so daß sie die Wurzeln der größten Bäume fassen, und sowohl sie selbst als auch die Schwibbogen und Gewölbe sind aus gebrannten Ziegelsteinen und Erdpech aufgeführt. Das oberste Stockwerk hat treppenähnliche Aufgänge und neben denselben liegende Schraubenpumpen, vermittelst deren dazu angestellte Leute beständig das Wasser aus dem Euphrat in den Garten hinaufheben. Denn der 1 Stadion breite Strom fließt mitten durch die Stadt, und der Garten liegt am Strome. – Daselbst fand sich auch das jetzt vernichtete Grabmal des Bel, welches, wie man sagte, Xerxes zerstörte. Es war eine vierseitige Pyramide aus gebrannten Ziegelsteinen und 1 Stadion hoch, jede der Seiten war 1 Stadion lang. Alexander wollte sie wiederherstellen, aber das Unternehmen war groß und erforderte viel Zeit – denn schon die Abräumung des Schuttes war eine Arbeit von 2 Monaten für 10 000 Menschen –, so daß er das begonnene Werk nicht vollenden konnte; denn bald befielen den König seine Krankheit und der Tod; von den Späteren aber kümmerte sich niemand darum. Doch auch das übrige wurde vernachlässigt; denn einen Teil der Stadt zerstörten die Perser, einen anderen die Zeit und die Geringschätzung solcher Werke von seiten der Mazedonier, besonders seitdem Seleukos Nikator in der Nähe von Babylon, etwa 300 Stadien *(55 km)* davon, Seleukeia am Tigris erbaut hatte. Denn sowohl er als alle seine Nachfolger begünstigten diese Stadt und verlegten ihren Königssitz dahin; und so ist sie denn jetzt größer geworden als Babylon, dieses aber ist größtenteils verödet, so daß man kein Bedenken haben darf, auch von ihm zu sagen, was einer der Lustspieldichter von Megalopolis in Arkadien sagte: »Doch große Wüstenei ist jetzt die große Stadt.« Wegen des Mangels an Bauholz wird der Häuserbau mit Balken und Pfosten aus Palmenholz bewerkstelligt; um die Pfosten aber windet man aus Stroh gedrehte Seile, welche man hernach übertüncht und mit Farbe bestreicht, die Türen mit Erdpech. Auch diese sind hoch und alle Häuser des Holzmangels wegen überwölbt. Denn das Land ist größtenteils kahl und trägt, den Palmenbaum ausgenommen, bloß Strauchwerk; dieser aber wächst in Babylonien sehr häufig, häufig auch in Susis *(Elam)*, an der persischen Küste und in Karmanien *(im südöstlichen Iran)*. Dachziegel jedoch gebrauchen sie nicht; denn sie haben wenig Regen. Ähnlich sind auch die Einrichtungen in Susis und der Sitazene *(zwischen Babylon und Susa)*.

In Babylon war für die einheimischen Weisen, die sogenannten Chaldäer, welche sich meist mit der Sternkunde beschäftigen, ein Wohnplatz abgegrenzt. Einige maßen sich auch die Deutung der Gestirne in der Geburtsstunde an, werden jedoch von den übrigen nicht anerkannt. Auch gibt es ein gewisses Volk der Chaldäer und eine von ihnen bewohnte Landschaft Babyloniens, welche den Arabern und dem sogenannten »Persischen Meere« benachbart ist. Auch von den sternkundigen Chaldäern gibt es mehrere Arten; denn einige heißen Orchener *(Bewohner der Stadt Uruk)*, andere Borsippener *(Bewohner der Stadt Borsippa)* und so mehrere andere, die gleichsam in Schulen geteilt über dieselben Gegenstände verschiedene Lehren vortragen. Einiger dieser Männer gedenken auch die Mathematiker, wie des Kidenas *(Kidinnu)*, Naburianos und Sudinos; auch Seleukos von Seleukeia ist ein Chaldäer und mehrere andere namhafte Männer.

Borsippa ist eine heilige Stadt der Artemis und des Apollo, eine große Leinwandfabrik. In ihr findet sich eine Menge Fledermäuse *(Nykterides: Nachtvögel)* und viel größere als an anderen Orten. Sie werden zum Essen gefangen und eingesalzen.

Ergänzend zu Herodot heißt es bei Strabon über Babylonien und seine Produkte: Das Land wird von mehreren Flüssen durchflossen; die größten sind Euphrat und Tigris. Nach den indischen nehmen diese Flüsse im südlichen Teil Asiens den zweiten Platz ein. Sie sind landeinwärts schiffbar:

der Tigris bis Opis und das jetzige Seleukeia (Opis ist der Marktplatz der Orte ringsum), der Euphrat bis Babylon, über 3000 Stadien *(etwa 540 km)* weit...

Alexander kümmerte sich um die Kanäle. Denn der Euphrat erreicht seinen Höchststand zu Beginn des Sommers, nachdem er im Frühling zu steigen begonnen hat, wenn der Schnee in Armenien schmilzt. So bildet er zwangsläufig Seen und überschwemmt das Ackerland, wenn man das überfließende Wasser nicht in Gräben und Kanälen ableitet wie in Ägypten das Wasser des Nils. Deshalb entstanden die Kanäle. Aber es braucht auch später große zusätzliche Arbeit, um sie zu erhalten. Denn der Boden ist so tief, weich und nachgiebig, daß er leicht vom fließenden Wasser weggeschwemmt wird und die Ebenen bloßlegt und daß das Geschiebe die Kanäle leicht anfüllt und ihre Mündungen verstopft. So kommt es, daß das überfließende Wasser sich wiederum in die Ebenen in der Nähe des Meeres ergießt und Seen, Sümpfe und Schilfgebiete bildet. Aus dem Schilf flicht man allerlei Gefäße; die einen verpicht man mit Asphalt, so daß sie Wasser aufnehmen können, andere braucht man ohne einen solchen Überzug. Es werden auch Segel aus Schilf hergestellt, die Rohrmatten oder Weidengeflecht ähneln.

Es ist vielleicht unmöglich, ein solches Überfließen ganz zu verhindern; doch ist es die Aufgabe guter Herrscher, jede mögliche Hilfe zu gewähren. Sie besteht in folgendem: einerseits den größeren Teil der Überschwemmungen mit Dämmen, andererseits das Auffüllen, das der Schlamm bewirkt, durch Reinigen der Kanäle und Öffnen der Mündungen zu verhindern. Die Reinigung ist leicht; die Errichtung von Dämmen aber bedarf des Einsatzes vieler Hände. Denn weil der Boden nachgiebig und weich ist, vermag er das daraufgebrachte Material nicht zu tragen, sondern gibt nach, reißt auch den Boden weg und läßt bei der Mündung kaum einen Damm entstehen. Und es bedarf der Eile, um die Kanäle rasch zu schließen und zu verhindern, daß alles Wasser aus ihnen ausfließt. Wenn sie im Sommer nämlich austrocknen, trocknen sie den Fluß auch aus; wenn aber das Wasser im Fluß tief steht, kann er den Gräben nicht zur rechten Zeit das Wasser liefern, das das Land am meisten im Sommer benötigt, wenn es heiß und versengt ist. Es besteht kein Unterschied darin, ob das Getreide vom vielen Wasser überschwemmt wird oder infolge des Wassermangels verdurstet...

Die Palme liefert Speise, Wein, Essig, Honig und Mehl, zudem mancherlei geflochtene Sachen. Die Schmiede verwenden die Kerne anstelle von Kohlen. Wenn sie in Wasser eingelegt werden, kann man sie den Rindern und Schafen, die gemästet werden, verfüttern...

Babylonien bringt auch viel Asphalt hervor. *Strabon beschreibt die verschiedenen Arten dieses Produkts und seine Verwendung, vor allem im Bauwesen; die flüssige Form dient u. a. auch als Brennstoff in Lampen anstelle von Olivenöl.*

Ihr Kleidung besteht aus einer Tunika aus Leinen, die bis zu den Füßen reicht, einem wollenen Oberkleid und einem weißen Mantel; das Haar tragen die Babylonier lang; der Schuh gleicht einem Pantoffel.

In seiner Geschichte Alexanders des Großen schreibt Quintus Curtius Rufus *(wahrscheinlich 1. Jahrhundert n. Chr.):*

Im übrigen zogen die Schönheit der Stadt selbst und ihr Alter nicht nur des Königs, sondern auch aller übrigen Augen auf sich, und das mit Recht. Semiramis war ihre Gründerin, nicht, wie man zumeist glaubte, Belus, dessen Königsburg noch gezeigt wird. Die Mauer besteht aus Backsteinen und ist mit Erdpech gekittet; 32 Fuß ist sie breit; man sagt, zwei Viergespanne könnten darauf ungefährdet aneinander vorbeifahren. Sie erhebt sich in einer Höhe von 50 Ellen; ihre Türme sind 10 Fuß höher als die Mauer. Der Umfang des gesamten Werks beträgt 365 Stadien, und zwar soll der Bau eines jeden Stadions je einen Tag gedauert haben.

Die Häuser stoßen nicht unmittelbar an die Mauern, sondern liegen davon etwa um die Breite eines Morgens entfernt. Und man hat auch nicht die ganze Stadtfläche bebaut; nur 80 Stadien werden bewohnt, und die bebauten Flächen stoßen auch nicht aneinander: wahrscheinlich weil es sicherer schien, wenn man sie verteilte. Die übrigen Strecken benutzt man zur Landwirtschaft, um aus dem Grund und Boden der Stadt selbst Nahrung zu gewinnen, falls einmal eine fremde Macht hereinbricht und sie belagert.

Der Euphrat durchfließt die Stadt, von machtigen Ufermauern eingefaßt. Aber all diese großen Bauten umschließen die tiefen riesigen Sammelbecken, die man gegraben hat, um den reißenden Strom darin aufzufangen: Würde er doch, wenn er über die Dämme steigt, die Häuser der Stadt mit sich reißen, wären nicht die Stollenseen, die ihn aufnehmen sollen. Man hat sie aus Backstein gebaut und das ganze Werk mit Erdpech verkittet.

Eine Steinbrücke verbindet die beiden Stadtteile; auch sie zählt zu den Wunderwerken des Orients. Denn der Euphrat führt viel Schlamm mit sich, und als man diesen völlig herausbefördert hatte, um die Grundmauern errichten zu können, fand sich doch kaum Boden genug für das mächtige Werk: Sandmassen aber häuften sich nach und nach an und sammelten sich an den Felsen, die die Brücke tragen; sie verlangsamen so die Strömung, und nun bricht sich der gehemmte Fluß heftiger an der Brücke, als wenn er frei dahinzöge.

Auch eine Burg besitzt die Stadt, mit einem Umfang von zwanzig Stadien. Dreißig Fuß tief reichen die Grundmauern der Türme, die bis zu 80 Fuß aufragen. Über der Burg sind – als ein Wunder, von dem die griechischen Sagen zu erzählen wissen – die hängenden Gärten: Sie liegen in der Höhe der Mauerkrone und verdanken ihre Schönheit der Vielzahl schattenspendender, hochgewachsener Bäume.

Von Stein sind Pfeiler errichtet, die das Werk tragen, und über den Pfeilern breitet sich ein Boden aus starkem Quaderstein aus für die hoch aufgeworfene Erde, die darauf liegt, und auch für das Wasser, das diese feucht hält. Und derart mächtige Bäume trägt dieses Bauwerk, daß ihre Stämme acht Ellen dick und bis zu 50 Fuß hoch werden, ja sogar Früchte tragen, als nährte sie ihr Mutterboden. Und während sonst der Zahn der Zeit nicht nur Werke von Menschenhand zernagt, sondern im Laufe der Jahre sogar die der Natur selbst, steht dieses wuchtige Bauwerk mit all der Last so viel wurzelschlagender Bäume, ja eines ganzen Haines, noch in unangetasteter Dauer: Denn 20 Fuß breite Wandmauern tragen es, 11 Fuß voneinander entfernt, und schaut man von fern darauf hin, so glaubt man, natürliche Wälder ragten hier auf ihren Bergen auf. Ein König von Syrien *(Assyrien)*, der in Babylon herrschte, soll diesen Bau geschaffen haben – aus Liebe zu seiner Gattin, die aus Heimweh nach ihren Hainen und Wäldern den Gatten dazu bewog, inmitten des Flachlandes mit einem derartigen Bauwerk die anmutige Natur nachzuahmen.

Am Ende des 1. nachchristlichen Jahrhunderts gab der jüdische Historiker FLAVIUS JOSEPHUS *das griechisch geschriebene Werk ›Jüdische Altertümer‹ heraus. Über Nebukadnezar heißt es im 10. Buch:*

Als der König Nebukadnezar 43 Jahre regiert hatte, schied er aus dem Leben. Er war ein tatkräftiger Mann gewesen und hatte seine Vorgänger an Glück übertroffen. Seiner Taten gedenkt auch Berossos im dritten Buch seiner chaldäischen Geschichte mit folgenden Worten: Als Nabuchodonosor der Vater *(der eigentlich Nabupolassar heißt)* gehört hatte, daß der von ihm über Ägypten, Koelesyrien und Phoenizien gesetzte Statthalter abgefallen sei, übertrug er, weil er selbst den Strapazen nicht mehr gewachsen war, seinem noch jungen Sohn Nabuchodonosor *(Nebukadnezar)* den Oberbefehl über einen Teil des Heeres und sandte ihn zur Bekämpfung des abgefallenen Statthalters aus. Nabuchodonosor besiegte diesen in einer Schlacht und brachte dadurch die genannten Länder wieder unter seine Botmäßigkeit. Um diese Zeit befiel Nabuchodonosor den Vater eine Krankheit, und er starb zu Babylon nach einundzwanzigjähriger Regierung. Als Nabuchodonosor bald darauf den Tod seines Vaters vernahm, ordnete er die Angelegenheiten Ägyptens und der übrigen Länder, bestimmte näheres über die jüdischen, persischen, syrischen und ägyptischen Gefangenen, befahl einigen seiner Freunde, mit den Schwerbewaffneten und dem Troß nach Babylon zu marschieren, und begab sich selbst mit nur kleinem Gefolge durch die Wüste nach Babylon. Nachdem er nun von seinem Reiche, das der mächtige Fürst der Chaldäer für ihn verwaltet hatte, Besitz ergriffen hatte, siedelte er die Kriegsgefangenen nach deren Ankunft in den dazu geeigneten Landstrichen Babyloniens an, bedachte aus der Beute den Tempel des Bel und die anderen Götter reichlich und fügte zu der alten Stadt Babylon einen neuen Stadtteil hinzu, auch verhütete er die etwa von zukünftigen Belagerern der Stadt geplante Ableitung des Flusses dadurch, daß er nicht die innere, sondern auch die äußere Stadt mit je drei Mauern aus gebrannten Ziegeln umgab. Als er so Babylon befestigt und mit den prächtigen Toren versehen hatte, erbaute er einen mit der Königsburg seines Vaters zusammenhängenden Palast, dessen Höhe und glanzvolle Ausstattung zu beschreiben ich mir wohl ersparen kann. Doch darf nicht unerwähnt bleiben, daß dieser trotz seiner gewaltigen Ausdehnung schon in 15 Tagen vollendet war. Bei diesem Palast ließ er aus Steinen Anhöhen in Gestalt von Bergen errichten, die er mit allerlei Bäumen bepflanzen ließ. Ferner legte er einen sogenannten hängenden Garten an, weil seine Gattin, die aus Medien stammte, danach verlangte, da das bei ihr zu Hause üblich war.

Als der römische Kaiser Trajan gegen die Parther zu Felde zu, besuchte er, wie uns durch den griechischen Geschichtsschreiber Cassius Dio überliefert wird, im Jahre 116 n. Chr. die Stadt Babylon ihres Ruhmes und Alexanders wegen. Dem makedonischen Herrscher, der vielen griechischen und römischen Staatsmännern ein Vorbild war, brachte der Römer an dem Ort, wo er gestorben war, ein Totenopfer dar; als Zeugen der ruhmvollen Vergangenheit Babylons soll Trajan nur noch Schutthaufen, Steine und Ruinen vorgefunden haben.

4. Muslimische Autoren

224 n. Chr. vertrieben die Sassaniden, Fürsten aus der alten Landschaft Persis, die Parther vom persischen Thron. Babylon hatte dadurch zwar neue, tatkräftige Herren bekommen, aber das Schicksal der einstigen Weltstadt war längst besiegelt. Wir besitzen weder aus der Zeit der Parther noch aus der Zeit der Sassaniden Augenzeugenberichte über den fortgeschrittenen Zerfall Babylons.

Die Sassaniden hielten 642 dem Ansturm der muslimisch gewordenen Araber nicht stand. Im Orient blühte eine neue Kultur auf: die islamische. Das Machtzentrum des Islams verlagerte sich sehr bald aus dem Hedschas, der arabischen Gegend, in der die heiligen Städte Mekka und Medina liegen, nach Syrien – Hauptstadt war Damaskus – und später nach Mesopotamien, wo die Chalifen, die Nachfolger des Propheten Mohammed, nicht weit vom alten Babylon entfernt eine neue Hauptstadt gründeten: Bagdad.

Hervorragende Gelehrte faßten in jenen Jahrhunderten altarabische, altorientalische, persische und griechische Traditionen zu einer neuen, vom Koran geprägten Kultur zusamen. Erst jetzt gibt es wieder Hinweise auf das alte Babylon.

Der Gelehrte Ibn Haukal*, der im nordmesopotamischen Ort Nisibis zur Welt gekommen war und große Teile der islamischen Welt kannte, schrieb im 10. Jahrhundert:*

Babel war die Hauptstadt der Nachkommen Nimrods und der Pharaonen, der Mittelpunkt ihres Königreiches, der Sitz ihrer Herrlichkeit. Heute ist es ein kleines Dorf. Hier befinden sich die ältesten Gebäude des Iraks. Die Stadt wurde von den Kanaanäern gegründet: Sie war ihre Hauptstadt und die ihrer Nachfolger; die Ruinen ihrer Bauten bezeugen, daß sie im Altertum eine glanzvolle Metropole war.

In dieser kurzen Beschreibung, die andere muslimische Autoren später übernahmen, werden – entsprechend der geistigen Herkunft des Islams – biblische Angaben weitergegeben; Nimrod ist der sagenhafte, in der Völkertafel der Genesis (10,8–12) genannte Herrscher von Babylon, Uruk , Akkad und der Gründer von Ninive. Wenn Ibn Haukal die Kanaanäer, die vorisraelitische Bevölkerung im palästinisch-syrischen Raum, als die Gründer Babylons bezeichnet und kurz darauf Nimrod den Sohn des Kanaan nennt, müssen wir bedenken, daß die islamische Tradition die der Bibel entnommenen Angaben nicht fehlerfrei wiedergab. Ob Ibn Haukal oder schon ein früherer Autor die Kanaanäer vielleicht mit den Chaldäern verwechselt oder gleichgesetzt hat? Daß gar die Pharaonen in Babylon geherrscht haben sollen, zeigt uns, wie sehr diese berühmten Könige des Niltals in der volkstümlichen Überlieferung ihren einstigen Machtbereich hatten ausdehnen können. Auch anderswo werden alte Ruinen im Vorderen Orient, ohne daß eine historische Beziehung möglich ist, mit den Pharaonen verknüpft; in der Nabatäerstadt Petra heißt ein Gebäude ›das Schloß der Pharaonentochter‹.

Immerhin lehren Ibn Haukals Hinweise auf das Aussehen der alten Stätte, daß anstelle der einstigen Metropole nur ein kleines Dorf vorzufinden ist und daß von der früheren Pracht der Stadt nur Ruinen übriggeblieben sind; leider gibt der Autor keine genauere Beschreibung.

Viele muslimische Geographen, Historiker und Reiseschriftsteller erwähnen zwar die etwa 7 km flußabwärts gelegene Stadt Hilla, das alte Babel jedoch nicht. Selbst der weitgereiste Ibn Battuta, dem wir so viele Hinweise auf unzählige Orte von Spanien bis China, so viele wertvolle Angaben über Ostafrika und vor allem über Westafrika verdanken, läßt über den Platz Babel kein einziges Wort verlauten. Die Ruinen am Euphrat dürften also zu diesem Zeitpunkt endgültig ihre Großartigkeit eingebüßt haben, ganz im Gegensatz etwa zu denen der oft genannten Stadt Ktesiphon, die im Altertum als Winterresidenz der Parther und als Hauptstadt der Sassaniden eine der Nachfolgerinnen Babylons geworden war; Aufsehen erregte vor allem der gewaltige Ziegelsteinbogen des ehemaligen Palastes, der bei den Einheimischen ›Tak-i-Kisra‹ – ›Bogen des (sassanidischen Königs) Chosrau‹ – heißt.

5. Babels Ruf

Im Gegensatz zu der bereits recht erbärmlich wirkenden Stätte Babylons blieb die Lebenskraft des Namens ›Babel‹ voll erhalten. Das Wort weckte immer wieder lebhafte Gefühle und konkrete Vorstellungen. Denn an Babel wurde regelmäßig erinnert. Für die Juden nämlich ist dieser alte Ort die gottfeindliche Stadt, für die Christen die Mutter aller Hurerei und aller Greuel auf Erden. Im Alten Testament werden vor allem zwei Ereignisse beschrieben, die dem Namen ›Babel‹ seine Lebenskraft garantierten.

Da ist zunächst die Geschichte vom Turmbau zu Babel, von der Verwirrung und der Zerstreuung der Völker über die Erde (Genesis 11,1–9): eine sagenartige

Erzählung, die Juden und Christen gleichermaßen ergriff und bis zum heutigen Tag zu literarischer oder bildlicher Ausgestaltung angeregt hat. Von den unzähligen Bildern, die Helmut Minkowski 1960 in einem Buch gesammelt hat, sei nur das vielleicht berühmteste erwähnt: ›Der Turmbau zu Babel‹ von Pieter Brueghel (1563). Babylon wurde also zum Ort, an dem die Menschen in frevlerischem Hochmut ein Bauwerk zu errichten begannen, das bis zum Himmel reichen sollte.*

Als Jojakim, der König von Juda, seinem Oberherrn Nebukadnezar II. den Gehorsam aufgekündigt hatte, eroberte der mächtige chaldäische Herrscher 597 v. Chr. die Stadt Jerusalem, ließ Tempel und Palast plündern und deportierte einen Teil der Oberschicht nach Babel. Nebukadnezar setzte dann Zedekia als König über Juda ein. Aber auch Zedekia empörte sich gegen den Herrscher von Babel. Erneut erschienen chaldäische Truppen vor Jerusalem; sie nahmen 586 die Stadt ein, zündeten alle Häuser samt Palast und Tempel an, rissen die Stadtmauern nieder und deportierten einen weiteren Teil der Oberschicht nach Babel (2. Kön. 25,8–21): Es begann das babylonische Exil. Diese Zeit endete erst 538, als der persische König Kyros Babylon erobert hatte und den Leuten von Juda die Rückkehr erlaubte, was freilich nur ein Bruchteil der Exulanten nutzte. An den Ufern des Euphrat hatten sich immerhin die Verbannten in ihre religiöse und kulturelle Tradition vertieft und erst eigentlich das geschaffen, was dem Judentum sein Gepräge gab und sein Überleben bis in unsere Tage ermöglichte. Zahllose Stellen des Alten Testaments handeln vom Los der Verbannung; am bekanntesten ist der 137. Psalm:

An den Strömen Babels,
da saßen wir und weinten,
wenn wir Zions gedachten;
an die Weiden im Lande
hängten wir unsre Harfen.
Denn dort hießen uns singen,
die uns hinweggeführt,
hießen uns fröhlich sein unsre Peiniger:
»Singt uns eines von den Zionsliedern!«
Wie könnten wir des Herrn Lied singen
auf fremder Erde?

* s. im Literaturverzeichnis

Vergesse ich deiner, Jerusalem,
so soll meine Rechte verdorren!
Die Zunge soll mir am Gaumen kleben,
wenn ich dein nicht gedenke,
wenn ich nicht Jerusalem setze
über meine höchste Freude!
Vergiß, o Herr, den Söhnen Edoms nicht
den Tag Jerusalems,
die da sprachen: »Nieder, nieder mit ihr
bis auf den Grund!«
Tochter Babel, Verwüsterin!
Wohl dem, der dir vergilt,
was du uns getan!
Wohl dem, der deine Kindlein packt
und am Felsen zerschmettert!

In dieser Zeit und durch diese in die Heiligen Schriften aufgenommenen Klagelieder blieb am Namen ›Babel‹ für die Juden und später auch für die Christen unauslöschlich der Makel haften, eine ihrem Gott feindlich gesinnte Weltstadt gewesen zu sein. Auch die Propheten sprachen oft von Babel: Sie sagten den Untergang der verhaßten Stadt voraus; ein Beispiel soll genügen (Jeremia 51,37):

Babel wird ein Trümmerhaufen,
eine Behausung für die Schakale,
ein Ort des Entsetzens und des Spottes,
wo niemand wohnt.

Im Neuen Testament mündet die Empörung über den Ort der einstigen Verbannung in die berühmte Vision des Johannes (Offenbarung des Johannes 17,1–6; 18,1–9):

Dann kam einer der sieben Engel, welche die sieben Schalen trugen, und sagte zu mir: Komm, ich zeige dir das Strafgericht über die große Hure, die an den vielen Gewässern sitzt. Denn mit ihr haben die Könige der Erde Unzucht getrieben, und vom Wein ihrer Hurerei wurden die Bewohner der Erde betrunken. Der Geist ergriff mich, und der Engel entrückte mich in die Wüste. Dort sah ich eine Frau auf einem scharlachroten Tier sitzen, das über und über mit gotteslästerlichen Namen beschrieben war und sieben Köpfe und zehn Hörner hatte. Die Frau war in Purpur und Scharlach gekleidet und mit Gold, Edelsteinen und Perlen geschmückt. Sie hielt einen goldenen Becher in der Hand, der mit dem abscheulichen Schmutz ihrer Hurerei gefüllt war. Auf ihrer Stirn stand ein Name, ein geheimnisvoller Name: Babylon, die Große, die Mutter der Huren und aller Abscheulichkeiten der Erde. Und ich sah, daß die Frau betrunken war vom Blut der Heiligen und vom Blut der Zeugen Jesu...

Danach sah ich einen anderen Engel aus dem Himmel herabsteigen; er hatte große Macht, und die Erde leuchtete auf von seiner Herrlichkeit. Und er rief mit gewaltiger Stimme: Gefallen, gefallen ist Babylon, die Große! Zur Wohnung von Dämonen ist sie geworden, zur Behausung aller unreinen Geister und zum Schlupfwinkel aller unreinen und abscheulichen Vögel. Denn vom Zornwein ihrer Unzucht haben alle Völker getrunken, und die Könige der Erde haben mit ihr Unzucht getrieben. Durch die Fülle ihres Wohlstands sind die Kaufleute der Erde reich geworden.

Dann hörte ich eine andere Stimme vom Himmel her rufen: Verlaß die Stadt, mein Volk, damit du nicht mitschuldig wirst an ihren Sünden und von ihren Plagen mitgetroffen wirst. Denn ihre Sünden haben sich bis zum Himmel aufgetürmt, und Gott hat ihre Schandtaten nicht vergessen.

Zahlt ihr mit gleicher Münze heim, gebt ihr doppelt zurück, was sie getan hat. Mischt ihr den Becher, den sie gemischt hat, doppelt so stark. Im gleichen Maß, wie sie in Prunk und Luxus lebte, laßt sie Qual und Trauer erfahren. Sie dachte bei sich: Ich throne als Königin, ich bin keine Witwe und werde keine Trauer kennen.

Deshalb werden an einem einzigen Tag die Plagen über sie kommen, die für sie bestimmt sind: Tod, Trauer und Hunger. Und sie wird im Feuer verbrennen; denn stark ist der Herr, der Gott, der sie gerichtet hat.

Die Könige der Erde, die mit ihr gehurt und in Luxus gelebt haben, werden über sie weinen und klagen, wenn sie den Rauch der brennenden Stadt sehen.

Über die verschiedenen Auslegungen dieser Stelle kann hier nicht gesprochen werden.

Trotz oder vielleicht auch wegen des üblen Rufes, den die prächtige Weltstadt durch die in der Bibel so oft wiederholten Haßtiraden erhalten hatte, suchten nicht wenige Abendländer nach dem Ende des Altertums die nun tatsächlich verödete Stätte auf.

6. Begegnungen mit babylonischen Altertümern

Im 12. Jahrhundert bereisten zwei Juden aus Europa das Zweistromland: PETACHJA *aus Regensburg und* BENJAMIN VON TUDELA. *Der zweite, ein gebildeter Rabbi aus Navarra, wanderte von Spanien aus über Frankreich, Italien, Griechenland nach Mesopotamien, Arabien und Ägypten. Sein Hauptaugenmerk galt – vielleicht neben Handelsinteressen – den zahllosen jüdischen Gemeinschaften und ihrer Geschichte. Doch enthält sein Reisebericht auch andere wertvolle Angaben. So lesen wir:*

Von Bagdad sind es zwei Tagereisen bis nach Gazigan, dem alten Resen. Das ist eine große Stadt, in der etwa 5000 Juden leben. Mitten in der Stadt steht die große Synagoge von Rabbah *(einem berühmten Gelehrten)*... Von da ist es eine Tagesreise bis nach Babylon, dem Babel der Alten. Seine Ruinen haben einen Umfang von 30 Meilen. Die Ruinen des Palastes Nebukadnezars kann man dort noch immer sehen, aber die Leute fürchten sich der Schlangen und Skorpione wegen davor, sie zu betreten. In der Nähe, in einer Entfernung von einer Meile, wohnen 3000 Israeliten, die in der Synagoge des Hauses Daniels beten, das alt ist und von Daniel errichtet worden ist. Es ist aus gehauenen Steinen und Ziegeln gebaut. Zwischen der Synagoge und dem Palast Nebukadnezars ist der Ofen, in den Hananiah, Mischael und Azariah geworfen worden sind *(Daniel 3,1–97)*; die Stelle liegt in einem Tal, das allen bekannt ist.

Von da sind es fünf Parasangen *(1 Parasange: etwa 5,5 km)* bis nach Hilla, wo es 10 000 Israeliten gibt... Von da sind es vier Meilen bis zum Turm von Babel, den die Generation, deren Sprache verwirrt worden ist, aus den Agur genannten Ziegeln baute.

Benjamin von Tudela war über die Lage Babylons also wohl informiert. Allerdings glaubte er, der Turm des Birs Nimrud, der in der rund 20 km südlich von Babylon gelegenen Stadt Borsippa stand, sei der in der Bibel genannte Turm von Babel. Das Wort ›Agur‹ oder ›Adschur‹, das in dieser Gegend, wie er richtig gehört hat, für die gebrannten Ziegel verwendet wird, stammt von der im alten Babylonien gebrauchten Bezeichnung ›Agurru‹.

Obwohl Marco Polo in der zweiten Hälfte des 13. Jahrhunderts, als er nach China reiste, durch Mesopotamien zog, erwähnt er die da und dort im Vorderen Orient anzutreffenden, gewiß auffälligen Hügel mit keinem Wort. In jenen Jahrhunderten führte eben nicht das Interesse an geschichtlichen Zeugnissen einer längst vergangenen Zeit Europäer in den Nahen Osten, sondern Abenteuerlust oder der Handel oder allenfalls das Bedürfnis, die bedeutsamen religiösen Stätten zu besuchen.

Mesopotamien erlebte damals übrigens eine Periode des wirtschaftlichen und kulturellen Niederganges, der schon im 10. und 11. Jahrhundert begonnen hatte. Das einstige Weltreich der Chalifen war in mehrere Teile auseinandergebrochen. Im Irak herrschten arabische Lokalfürsten und türkische Dynastien. Bagdad wurde 1258 sogar von den Mongolen unter Hülägü erobert und verwüstet; die berühmte Stadt hatte dadurch ihre Stellung als Zentrum der islamischen Welt endgültig verloren.

Etwa zwischen 1366 und 1371 erschien zuerst in französischer, dann in englischer Sprache ein Werk, das als Reiseführer ins Heilige Land gedacht war. Der Autor heißt SIR JOHN DE MANDEVILLE. *Sein Bericht über Reisen bis nach Indien und China ist aus Angaben verschiedener, heute meist unbekannter Herkunft zusammengesetzt. Das Werk, das in jener Zeit sehr beliebt war, enthält auch eine Beschreibung Babylons. Sie berichtet aber dem Leser kaum mehr als das, was uns die Schriftsteller des Altertums bereits mitteilten.*

John de Mandevilles Arbeit wurde ihrerseits von andern benutzt. Wir kennen ein solches Buch: das erste Reisebuch in deutscher Sprache, das nach 1400 von einem bayerischen Ritter, HANS SCHILTBERGER, *verfaßt worden ist. Er hatte als Kriegsgefangener und Söldner der Türken Gelegenheit, viele Orte und Gegenden des Orients zu besuchen. Obwohl er vielleicht die Ruinen Babels tatsächlich gesehen hat, entspricht die Beschreibung, die er gibt, z. T. wörtlich dem Text John de Mandevilles:*

In dem Königreich Babilon bin ich auch gewesen. Babilon heißt in heidnischer Sprache Bagdat. Und das große Babilon *(also das alte Babylon)* ist mit der Mauer umfangen 25 Leg breit, und 1 Leg ist 3 welsche Meilen; und die Mauer ist 200 Ellen hoch und 50 Ellen dick. Und das Wasser des Eufrates rinnt mitten durch die Stadt Groß-Babilon: Sie ist aber jetzt ganz zerstört, und es ist keine Wohnung mehr da. Und der Turm zu Babilon ist 54 Stadien hoch, und 4 Stadien sind eine welsche Meile; und an jeglichem Ort hat er 10 Leg nach der Weite und nach der Breite; und der Turm ist in der großen Wüste von Arabia auf dem Weg, wenn man zieht in das Königreich Kaldea *(Chaldäa)*, und es mag auch niemand dazu kommen vor Drachen und vor Schlangen und vor anderem bösem Gewürm, das viel in der selbigen Wüste ist; und den Turm hat gebaut ein König, und hat geheißen in heidnischer Sprache Naimrutt *(Nimrod)*.

Abgesehen von der Gleichsetzung Babylons und Bagdads zeigt der Text

Schiltbergers, daß John de Mandeville oder seine Quelle die Ruine des Birs Nimrud als den Turm von Babel betrachtet hat.

Der Irak litt weiterhin unter dem Wechsel seiner Herren. 1393 und 1401 war die Stadt Bagdad erneut geplündert worden, diesmal vom Eroberer Timur (Tamerlan). Auf die Mongolen folgten im 15. Jahrhundert turkmenische Herrscher. Im 16. Jahrhundert stritten sich die türkischen Osmanen und die persischen Safawiden um Bagdad und um das Zweistromland.

In der zweiten Hälfte des 16. Jahrhunderts kam der Augsburger Arzt Leonhard Rauwolff, *wie er in seinem Reisebuch erzählt, zu der Stelle, wo das alte Babylon gestanden haben soll:*

Als wir auf dem Fluß *(Euphrat von Hit her)* etliche Tage hintereinander durch ebenes Land eine gute Strecke gefahren waren, kamen wir endlich am 24. Oktober *(1574)* gegen Abend bei Felugo oder Elugo *(Falludscha)* an, einem kleinen Flecken, nach dem auch die ganze Provinz genannt wird. Der Flecken Elugo liegt an dem Ort, wo Babylon, die alte Hauptstadt in Chaldäa gestanden hat; eine gute Viertelmeile davon entfernt ist der Hafen, wo diejenigen aussteigen, die zu Land in die berühmte Handelsstadt Bagadet *(Bagdad)* hinüberziehen wollen (welche noch weiter gegen Osten, anderthalb Tagereisen entfernt, am Tigris liegt). Bei diesem Hafen ist die Stätte, wo das alte Babylon gestanden hat, aber da war jetzt kein einziges Häuschen zu sehen, in dem wir uns mit unseren Waren bis zu unserer Weiterreise hätten aufhalten können. Wir mußten also die Waren an einem offenen Platz ausladen, als wären wir mitten in der Wüste, und diese unter freiem Himmel verzollen; der Zoll gehört den Türken. Diese Gegend ist sehr wüst und dürr, so daß man sie nicht bebauen kann, auch so öd, daß ich sehr gezweifelt hätte, ob die mächtige und gewaltige Stadt (welche die bedeutendste in der Welt gewesen und in der schönen und fruchtbaren Landschaft Sinear *[Babylonien]* gelegen) hier gestanden wäre, wenn ich es nicht von der Lage her und den vielen sehr alten und herrlichen Antiquitäten, die hier ganz verlassen herumstehen, hätte annehmen können. *Rauwolff schreibt dann von einer alten Brücke und* etlichen großen Haufen babylonischen Pechs *(aus Hit),* mit denen man die Schiffe verpicht und das bei etlichen Haufen so hart geworden ist, daß man darübergeht, ohne dessen zu achten, bei etlichen anderen aber ist das Pech, das neu und kürzlich dahin gebracht worden ist, noch so weich, daß man bald alle Tritte darin sehen kann. Weiter liegt gleich nach dem Flecken Elugo, eine Viertelmeile von dort aus zu sehen, der Schloßberg in

Der Turm zu Babel
(Kupferstich nach Maerten van Heemskerk)

der Ebene, auf dem noch etliche Überreste der alten Festung stehen, die ganz zerfallen und unbewohnt liegengeblieben sind. Dahinter stand in der Nähe der hohe babylonische Turm, den die Kinder Noahs, die zuerst diese Landschaft nach der Sündflut bewohnten, bis zum Himmel zu bauen anfingen. Ihn sieht man noch; er hat wohl einen Umfang von einer halben Meile, ist aber dermaßen zerfallen und abgetragen worden, daß er nicht mehr hoch ist, dazu von Ungeziefer so sehr eingenommen und durchschloffen, daß man sich ihm höchstens bis auf eine halbe Meile nähern darf.

Dank der genauen Beschreibung des Reisewegs besteht kein Zweifel darüber, daß Rauwolff allerlei andere Hügel und wahrscheinlich auch alte Kanaldämme als die Überreste der Stadt Babylon angesehen hat. Und die Ruine von Bagdad ist der noch immer imposante Rest eines Turmes, den die Kassiten in der alten Stadt Dur Kurigalzu in der zweiten Hälfte des 2. Jahrtausends v. Chr. haben errichten lassen; diese Ruine wurde von früheren Reisenden auch Danielsturm genannt; heute heißt sie Akar Kuf (oder Agarguf). Rauwolff war im übrigen ein guter Beobachter, und die Bemerkungen dieses wagemutigen Orientfahrers über die Flora der bereisten Länder zeugen von seinem fachmännischen Wissen.

Gegen Ende des 16. Jahrhunderts bereiste John Eldred, *ein Kaufmann aus dem elisabethanischen England, den Vorderen Orient. Wie John de Mandeville und Hans Schiltberger nannte er Bagdad ›Neu-Babylon‹. Er besuchte auch, wie er sagte, 1583 ›Alt-Babylon‹ und meldet:*

Ich sah die Ruinen des alten Turmes von Babel, die in einer Ebene liegen und von weither sehr groß zu sein scheinen. Ich ging mehrere Male dorthin, um sie zu besichtigen, und ich fand, daß die Überreste noch aufrecht standen, einen Umfang von einer Viertelmeile hatten und ungefähr so hoch waren wie der Steinbau des Kirchturmes von Paul *(der 1666 abgebrannten Vorgängerin der heutigen St. Paul's Cathedral)* in London. Die noch vorhandenen Backsteine dieses ältesten Denkmals sind ein halbes Yard *(Yard: die englische Elle)* dick, dreiviertel Yard lang und nur an der Sonne getrocknet; dazu liegt zwischen jeder Schicht Ziegelsteine eine Lage aus Rohrgeflecht, das noch unversehrt und unbeschädigt geblieben ist, als ob es erst ein Jahr dort gelegen hätte.

Eldred stand wie Rauwolff nicht vor dem Turm von Babel, sondern vor der Ruine Akar Kuf in der Nähe von Bagdad. Auch wenn Eldred einen falschen Turm als den von Babylon beschrieben hat und auch wenn die Schilflagen nicht zwischen allen Ziegelschichten zu finden sind, sondern nach jeder fünften bis siebten, hat der englische Kaufmann wertvolle Beobachtungen über altbabylonische Bauweise nach Europa gebracht.

Nach ihm besuchten einige andere Reisende Akar Kuf, glaubten ebenfalls, auf dem Boden Babylons zu stehen, fügten hingegen dem im Abendland über Babel bereits Bekanntgewordenen nicht viel Neues bei. Immerhin gibt der britische Pilger Master Allen *einige Jahre nach Eldred über die Größe der Ziegel leicht abweichende Zahlen. Und der durch Edelsteingeschäfte reich gewordene Franzose* Jean-Baptiste Tavernier, *der innerhalb von vierzig Jahren nicht weniger als sechs Reisen nach Asien unternommen und eine viel gelesene Reisebeschreibung verfaßt hat, äußert Bedenken gegen die Identifizierung Akar Kufs mit dem Turm von Babel, den er 1652 besucht hat.*

7. Aufmerksame Beobachter

Der erste, der die wirklichen Ruinen der alten Stadt Babylon genauer untersuchte, war der italienische Adlige PIETRO DELLA VALLE. *Er besaß genügend Bildung und archäologisches Wissen, um das, was er sah, beurteilen zu können. Er brachte als erster Nachzeichnungen von Inschriften nach Europa, die er in Persepolis gefunden hatte; und er betrachtete die aus langgezogenen dreieckigen Figuren bestehenden Zeichen als Zeichen einer Schrift, die – so stellte er außerdem fest – von links nach rechts zu lesen seien. Die Entzifferung dieser Schrift – der Keilschrift, wie wir sagen – ließ selbstverständlich noch auf sich warten. Über seinen Besuch der Ruinenstätte des alten Babylon im Jahre 1616 berichtet Pietro della Valle folgendes:*

Inmitten einer großen und sehr flachen Ebene, ungefähr eine halbe Meile vom Euphrat entfernt, der an diesem Ort sozusagen von Westen her vorüberfließt, erhebt sich bis heute über der Erde ein großer Haufen eines zerfallenen Bauwerks, eine einzige feste Masse, sei es, daß er, wie mir scheint, von Anfang an so war, oder sei es, daß die Ruinen ihn gebildet und, wie man sieht, zu einer Art Berg gemacht haben, wovon allerdings nicht mehr viele Spuren sichtbar sind. Er hat eine viereckige Gestalt, wie ein Turm oder eine Pyramide, und blickt mit seinen vier Seiten genau in die vier Himmelsrichtungen; aber wenn ich mich nicht täusche oder es nicht vom Einsturz herrührt (was leicht möglich ist), erscheint er heute etwas länger in der Nord-Süd- als in der Ost-West-Richtung. Der Umfang beträgt, grob gemessen, 1134 meiner Schritte, die meiner Berechnung nach etwa eine halbe Meile ergeben.

Größe, Lage und Gestalt des Bauwerkes entsprechen genau der Pyramide, die Strabon das Grab des Belos nennt und diejenige sein muß, die in den Heiligen Schriften Turm des Nimrod heißt, in der Stadt Babylon oder Babel, wie dieser Ort bis heute heißt. Wie dieses schöne Bauwerk zu seiner Zeit aussah, beschreibt Herodot, ein sehr alter Schriftsteller, recht ausführlich: Es waren acht Türme, einer auf dem andern, in massiver Bauweise, mit Außentreppen ringsherum, um emporsteigen zu können, und vielen andern Dingen, die man an ihm sehen konnte. Strabon erwähnt weder die Treppen noch die andern Schönheiten, weil der Bau von Xerxes bereits zerstört worden war; und Alexander dem Großen, der ihn wieder aufrichten wollte, kam der Tod zuvor.

Es ist bemerkenswert, daß man von dem genannten Ruinenhügel aus an diesem Ort keine Spur einer andern Sache sieht, die zeigen könnte, daß hier eine so große Stadt gewesen ist; man sieht nur an einigen Stellen am Boden gewisse Fundamente eingestürzter Mauern, fünfzig oder sechzig Schritt vom Hügel entfernt.

Sonst ist das Gelände ringsum ganz eben, und es scheint undenkbar, daß es dort bemerkenswerte Bauwerke gegeben hat, denn man sieht davon keine Überreste über dem Boden, abgesehen vom großen Hügel; und doch wissen wir, wie ansehnlich die Bauwerke Babylons gewesen sind. Aber schließlich bewirkt und zerstört die lange Zeit große Dinge: Man muß auch bedenken, daß es ungefähr 4000 Jahre her ist oder etwas weniger, seit diese Stadt erbaut worden ist; so daß es – mich wenigstens – wundert, wie es kommt, daß man das, was man sieht, überhaupt noch sieht, um so mehr als Diodor von Sizilien, der doch im Altertum lebte, sagte, daß sie zu seiner Zeit schon sehr viel kleiner geworden war.

Die Höhe des erwähnten Ruinenhügels, an der einen Stelle höher, an einer andern weniger hoch, dürfte alles in allem jeden hohen Palast in Neapel überragen. Sein Aussehen ist ungestalt wie das aller zerstörten Bauten: Hier erhebt er sich, dort senkt er sich, hier ist er steil, dort so flach, daß man emporsteigen kann, dort hat er eingeschnittene Bachbette, die vom Regenwasser herrühren, das herunterfließt; und auch oben hat er an der einen Stelle eine Senke, an einer andern eine Erhöhung; kurz und gut: ein verworrener Hügel. Man sieht daran keine Spur einer Treppe, um emporzusteigen, noch eines Tores, um eintreten zu können, was bestätigt, daß die Treppen außen herum angelegt und als schwächste Teile zuerst zerstört worden waren, so daß keine Spur mehr davon zu sehen ist.

Wenn man hinaufgeht, findet man einige Höhlen, die aber so stark zerstört sind, daß man nicht erkennt, was sie gewesen sind, und bei einigen bin ich nicht sicher, ob sie mit dem Bau zusammen entstanden sind oder eher später als Unterkunft durch Leute aus der Gegend, was mir zutreffender erscheint. Indessen nehmen die Muslime an, daß in ihnen Harut und Marut, zum Leiden verurteilt, leben: Engel, die von Gott – denken sie sich – auf die Erde gesandt worden waren, um zu spionieren, wenn ich mich richtig erinnere, oder vielmehr, um über die Taten der Menschen zu urteilen; ... sie hätten sich da unten in eine Frau verliebt, die sie um Hilfe gegen ihren Gatten angegangen sei, und sie zum Ehebruch verleiten wollen; sie habe versprochen, es zu tun, falls sie ihr das Gebet beibrächten, kraft dessen die Engel, wenn es ihnen gefalle, hinab- und wieder in den Himmel hinaufsteigen könnten; und nachdem sie es ihr beigebracht hätten, habe sie es sogleich gesprochen, sei unverzüglich in den Himmel davongeflogen und habe die Engel auf der Erde zurückgelassen, betrogen und wegen der begangenen Sünde nicht mehr fähig, sich zu erheben; sie seien dann zur Strafe für den versuchten Ehebruch, da sie selbst sich das Los, eher in dieser als in der andern Welt zu leiden, erwählt hätten, verurteilt worden, wie ich angedeutet habe, in der erwähnten Höhle zu leben, aufgehängt an den Haaren – ich weiß nicht, ob an den Wimpern oder an den Brauen – *(andere Quellen schreiben: an den Fersen)* bis zum Tage des Gerichtes...

Aber kehren wir zu den Ruinen zurück! Das Material, aus dem man das ganze Gebäude aufgebaut hat, ist die interessanteste Sache, die es gibt; und ich habe es sorgfältig untersucht, indem ich es mit einer Spitzhacke an verschiedenen Stellen zerbrach. Es sind lauter sehr große und dicke Ziegel aus Lehm, die, wie ich glaube, an der Sonne getrocknet worden sind, wie die Lehmmauern in Spanien; sie wurden nicht mit gutem Kalkmörtel gemauert, sondern nur mit Lehm; zur größeren Festigkeit liegt zwischen den Ziegeln, mit Lehm vermischt, der als Mörtel dient, wie bei einem Dachboden zerstückeltes Schilfrohr oder vielmehr hartes Stroh, aus dem man Matten herstellt. Ab und zu sind an verschiedenen Stellen, am meisten, wo sie zur Stützung benötigt werden, viele Ziegel derselben Größe, aber gebrannt und hart, eingefügt und mit gutem Kalkmörtel oder Bitumen gemauert; Lehmziegel gibt es indessen zweifellos in viel größerer Anzahl. Von all diesen gebrannten und ungebrannten Ziegeln mitsamt dem daranklebenden Bitumen und dem Schilf dazwischen gelüstete es mich, Beispiele mitzunehmen; und ich brachte sie nach Italien, um sie den interessierten Altertumsforschern zu zeigen, weil sie mir schöne Altertümer zu sein schienen, denn nicht nur Justinus *(2. Jahrhundert n. Chr.)*, der Exzerptor des Trogus, erwähnte die Verwendung des Bitumens anstelle des Kalkmörtels bei den Bauten der Semiramis, sondern auch die Heilige Schrift selbst *(Genesis 11,3)* bei der Errichtung eben dieses Turms in dieser Stadt, eines Baus, den die Heilige Schrift dem Nimrod, die Laien dem Bel zuschreiben...

Daß es sich hier um das alte Babel und den Turm des Nimrod handelt, steht meiner Meinung nach außer Zweifel, weil der *Hügel* – abgesehen davon, daß die Lage es beweist – von den Einheimischen noch heute als genau das bekannt ist und im Arabischen allgemein Babil genannt wird.

Daß Pietro della Valle den nahe gelegenen Birs Nimrud nicht besucht hat – es reute ihn später –, befremdet uns eigentlich, denn seine Schilderungen zeugen von großem Interesse.

Etwa vierzig Jahre später fuhr der Generalprokurator der Karmeliter, Vincenzo Maria di S. Caterina da Siena, *als er aus Indien zurückkehrte, von Basra aus den Euphrat hinauf. Wie sein Landsmann besichtigte er die Trümmer Babels, aber auch die Ruine des Birs Nimrud, die er für den Turm von Babel hielt.*

Verbreitet ist die Ansicht, daß dies das alte Babylon sei, was bewiesen werde durch die Lage – am Ufer des Euphrat –, durch die Fruchtbarkeit der umliegende Gebiete und durch die Ruinen prächtiger Bauwerke, die viele Meilen ringsum noch übriggeblieben sind, aber am meisten durch die Überreste des Turms, der bis heute Turm des Nimrod heißt.

Im Gegensatz zu den meisten früheren Reisenden nahm der Dominikanerpater Emmanuel de St. Albert *die Geschichte, mit denen die orientalischen Begleiter und Dolmetscher bereitwilligst auf ihre Fragen Auskunft gegeben hatten, nicht für bare Münze hin. Mißtrauisch und nüchtern schied er zwischen den* albernen Geschichten *der Einheimischen und seinen eigenen Beobachtungen und Schlüssen. In der Nähe von Hilla bemerkte er, als er um 1700 diese Gegend besuchte, zwei künstliche Erhöhungen: Die eine, in Mesopotamien gelegen, also östlich des Flusses, enthalte Reste eines großen Gebäudes (wahrscheinlich der Hügel Babil), die andere, in Arabien gelegen, eine Stunde vom Euphrat entfernt – also westlich des Flusses –, weise zwei Gebilde aus gemauerten Ziegelsteinen auf – eines noch aufrecht, das andere umgestürzt –, die* aussehen, als wären sie verglast. Die Leute meinen, dieser Hügel *(also der Birs Nimrud)* enthalte die Überreste des wirklichen Babylon; aber ich verstehe nicht, was sie dann mit dem andern anfangen, der gegenüberliegt und ebenso aussieht. *Pater Emmanuel war immerhin überzeugt davon, daß die Ruinen alt seien, und er nahm einige der quadratischen Backsteine mit, die eine merkwürdige Schrift trugen.*

Der Geograph und Geschichtsforscher Jean Otter, *ein Mitglied der französischen Akademie und später Professor des Arabischen, besuchte 1743 die Hügel in der Umgebung von Hilla, brachte aber keine neuen Erkenntnisse mit nach Hause.*

Damals war der Irak bereits ein Jahrhundert lang ein fester Bestandteil des Osmanischen Reiches. 1638 hatten die Osmanen Bagdad zum zweiten Mal erobert. Bis zum Zusammenbruch dieses islamischen Weltreiches 1918 blieb das Zweistromland ununterbrochen unter der Herrschaft der in Istanbul residierenden Sultane. Ihre Vertreter in den Provinzen, die Paschas, nutzten die meist kurze Amtszeit, um sich zu bereichern. Die türkischen Paschas, die von Bagdad aus den Irak und somit auch die Gegend um Babylon verwalteten, waren oft nicht wachsam oder stark genug, die immer häufiger einfallenden arabischen Beduinen abzuwehren und die seßhafte Bevölkerung ausreichend zu schützen.

Im Auftrage des dänischen Königs bereiste von 1761 an der Deutsche Karsten (Carsten) Niebuhr *zusammen mit andern Gelehrten, die unterwegs alle starben, die südliche arabische Halbinsel, vor allem den damals noch beinahe unbekannten Jemen, und fuhr dann nach Bombay. Auf seiner Rückreise besuchte der vielseitig interessierte Niebuhr Basra, Persepolis und schließlich 1765 auch den Ort Hilla am Euphrat, den er in seinem berühmten Reisebericht beschreibt. Dann fährt er fort:*

Daß Babylon in der Gegend von Hilla gelegen hat, daran gibt es keinen Zweifel. Denn nicht nur die Einwohner nennen diese Gegend noch bis auf den heutigen Tag Ard Babel, sondern man findet hier auch noch Überreste einer alten Stadt, die keine andere als Babylon gewesen sein kann. Nach letzteren zu urteilen scheint es gar, daß Hilla innerhalb der Ringmauer des alten Babylons liegt. Wenn man aber von babylonischen Altertümern redet, muß man keine so prächtigen Denkmäler erwarten, wie man sie noch in Persien und Ägypten trifft. Zu Persepolis fand man den prächtigsten Marmor dicht bei der Stadt, ja in dem Hügel, worauf der berühmte Palast gebaut wurde. Der Kalkstein, aus dem die großen Pyramiden in der Nähe von Kahira *(Kairo)* errichtet worden sind, ist an Ort und Stelle gebrochen worden; überdies findet man überall im Süden in der Nähe des Nils Kalksteingebirge, im südlichsten Teil Ägyptens gar Granitgebirge dicht am Flusse. Am Euphrat und Tigris dagegen, vom persischen Meerbusen an bis Hilla und Bagdad und noch viel weiter nördlich, findet man dergleichen nicht, sondern bloß Marschland. Wenn die Babylonier mit gehauenen Steinen hätten bauen wollen, hätten sie solche von sehr weit herholen müssen, und dies wäre zu kostbar geworden. Sie bauten daher ihre besten Häuser aus Ziegelsteinen etwa von der Dicke der unsrigen und einen Fuß im Quadrat, und diese brannten sie so gut, wie ich kaum je Ziegelsteine gesehen habe. Hätten sie diese Steine mit Kalkmörtel gemauert, so würde man noch viel mehr Überreste ihrer Gebäude finden, als jetzt noch vorhanden sind. Sie legten sie aber in eine schlechtere Materie, die nicht so stark bindet, und daher hat man die alten Gebäude nach und nach abgetragen, um daraus in den benachbarten Städten und Dörfern am Euphrat neue Häuser zu bauen. Selbst eine große und schöne Karawanserei zu Hilla, in welcher ich wohnte, war erst vor einigen Jahren aus diesen Steinen gebaut worden.

Von dem Kastell und den berühmten hängenden Gärten, die nach dem Bericht des Strabo und anderer griechischer Schriftsteller dicht am Euphrat lagen, sieht man meiner Meinung nach Überreste Dreiviertel einer

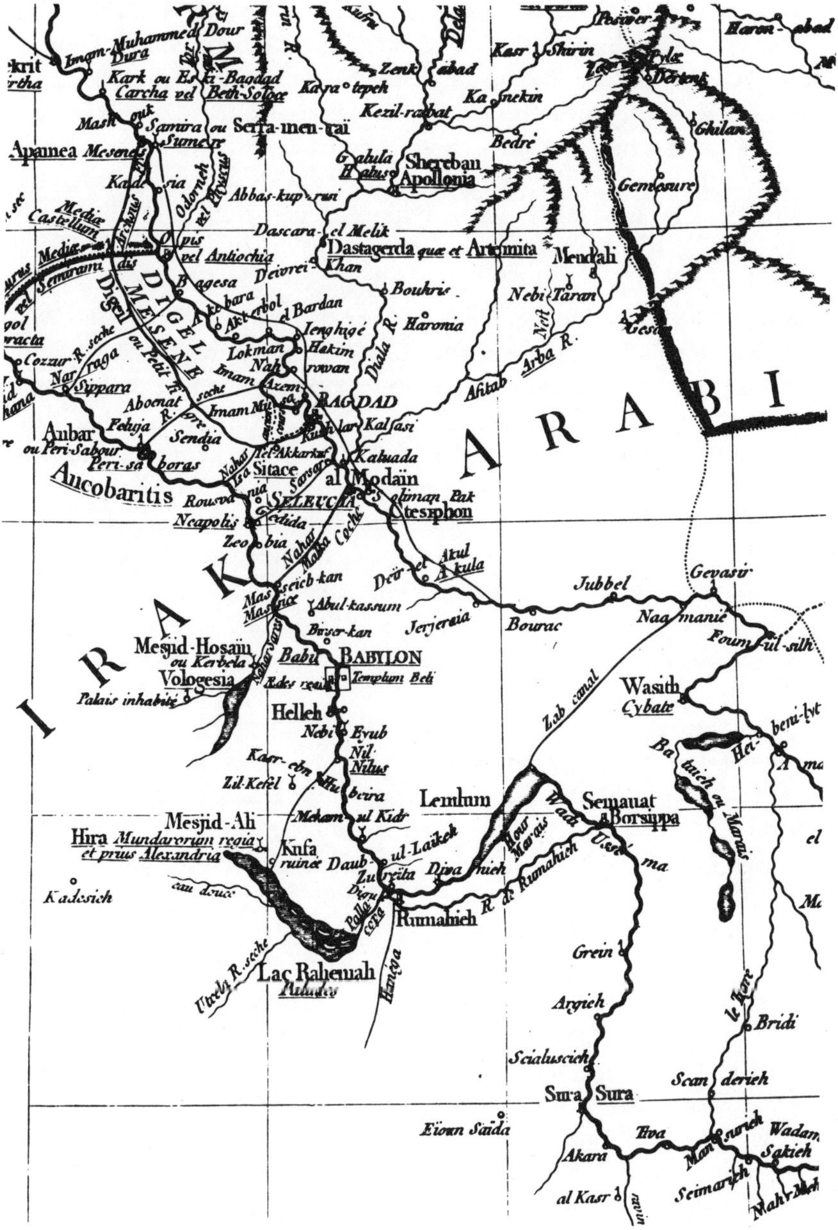

Ausschnitt aus einer Karte des französischen Geographen d'Anville (1779)

deutschen Meile im Nordnordwesten von Hilla dicht am östlichen Ufer des Flusses. Alles besteht nur aus großen, ganz durchwühlten Hügeln. Die Mauern über der Erde sind schon längst weggetragen. Aber die Grundmauern sind noch übrig, und ich selbst habe hier Leute gefunden, die Steine ausgruben, um sie nach Hilla zu bringen ...

Südwestlich von Hilla eineinviertel Meile, also an der Westseite des Euphrats, sieht man noch andere Überreste von Babylon. Hier ist ein ganzer Hügel aus den erwähnten schönen Mauersteinen, und auf ihm steht oben ein Turm, der, wie es scheint, auch inwendig ganz mit gebrannten Mauersteinen angefüllt ist. Aber die äußeren Steine sind, wer weiß wie viele Fuß dick, im Verlaufe der Zeit verlorengegangen. In dieser dicken Mauer oder vielmehr in diesem großen Steinhaufen sind hin und wieder kleine Löcher, die ganz hindurchgehen; vermutlich, damit die Luft frei durchziehen kann und sich in der Mitte keine Feuchtigkeit sammeln kann, die dem Gebäude zuletzt hätte schaden können. Zu der Zeit, als Babylon noch in Blüte stand und die ganze umliegende Gegend bebaut war, muß es von diesem Turm aus eine vortreffliche Aussicht gegeben haben; denn vom Fuße aus sieht man das Mausoleum Meschhed Ali *(in Nedschef)*, das doch mindestens acht Stunden von hier entfernt ist.

Ich sah diesen Turm oder Steinhaufen schon auf meiner ersten Reise nach Hilla, als ich ihn für einen Wachtturm hielt. Meine Begleiter nannten ihn Birs Nimrud und erzählten, daß ein König dieses Namens hier einen großen und prächtigen Palast gebaut; daß er, wenn es donnerte, Pfeile in die Luft geschossen habe, wie wenn er mit Gott Krieg führen wollte; daß er sich gerühmt habe, er hätte Gott verwundet, wobei er einen Pfeil vorgezeigt habe, der blutig aus der Luft wieder heruntergefallen sei; daß Gott ihn zuletzt mit Insekten gestraft habe, die ihn dermaßen verfolgten, daß er selbst in diesem Palast nicht Ruhe vor ihnen gehabt, sondern von diesen kleinen Tieren getötet worden sei, usw. Zu Hilla hatte ich keine Gelegenheit, mit mohammedanischen Gelehrten bekannt zu werden, außer mit dem Kadi *(dem Richter)*, und dieser wußte vom Birs und seinem Palast nichts weiteres als die erwähnte Geschichte. Nachdem ich aber wieder gelesen habe, was Herodot im ersten Buch vom Tempel des Belus und seinem festen Turm aufgezeichnet hat, glaube ich, Überreste davon hier gefunden zu haben, und ich wünsche daher, daß einer meiner Nachfolger diese genauer untersucht und beschreibt. Ich machte diese Reise dahin ganz allein mit einem Führer, hatte mich aber bei diesem Steinhaufen nur wenig umgesehen, als ich einige Araber auf mich zureiten sah und

Plünderung einer Karawane (nach Buckingham)

es für das sicherste hielt, wieder nach der Stadt zurückzureiten. Hätte ich damals vermutet, daß ich bei dem babylonischen Turm wäre, so hätte ich mehr gewagt. So aber hielt ich es nicht für ratsam, mich wegen eines Steinhaufens plündern zu lassen oder deswegen eine zweite Reise zu machen.

In der Nähe dieses Turmes sieht man zwei kleine Gebetshäuser (Kubbets), die ungefähr vor 400 Jahren gebaut und zum Teil wieder verfallen sind. An ihnen fallen kleine Aufschriften aus gebrannter Tonerde auf. Es ist bekannt, daß die Babylonier ihre astronomischen Beobachtungen auf gebrannten Steinen der Nachwelt übermittelt haben. Europäische Gelehrte haben daraus den Schluß ziehen wollen, daß jene nur wenig oder gar keine Gelehrsamkeit hatten haben können. Allein wenn sie sich der oben erwähnten Manier bedient haben, bin ich anderer Meinung. Denn zu Bagdad und in andern Städten dieser Gegend, wo gehauene Steine selten und kostbar sind, ja gar in Persien, wo man mit wenig Kosten den schönsten Marmor haben kann, findet man gleichfalls Aufschriften aus gebrannten Steinen: Und man kann weder behaupten, daß die Araber und Perser keine anderen Materialien zum Schreiben gehabt haben, noch daß sie mit den Wissenschaften nicht vertraut gewesen sind. Man kann daraus vielmehr den Schluß ziehen, daß die Babylonier es in der Schreibkunst und den Wissenschaften sehr weit gebracht haben.

Die Erwähnung des für die Gegend noch immer gebräuchlichen Namens ›Ard Babel‹ (›Land Babel‹), die Versuche, die von den antiken Schriftstellern genannten altbabylonischen Bauten zu lokalisieren, die Erwähnung der Einheimischen, die den Ruinen Ziegel entnahmen, der Hinweis auf einen besonderen Baum – spätere Berichterstatter nennen ihn Athle – zeugen von einigem Verständnis und stellen gegenüber früheren Berichten einen Fortschritt dar.

Obwohl nach Pietro della Valle weitere, oft ungenau übermittelte Keilschriftproben Europa erreichten, brachte erst Niebuhr sorgfältig abgezeichnetes Inschriftenmaterial aus Persepolis nach Europa; es war Niebuhr, der dem deutschen Entzifferer, GEORG FRIEDRICH GROTEFEND, *die zuverlässigsten Grundlagen geliefert hatte. Das erste Resultat der genialen Leistung des 1775 geborenen Grotefend lag dann 1802 vor.*

Doch zurück nach Mesopotamien und in die letzten Jahrzehnte des 18. Jahrhunderts! Zwischen 1780 und 1790 wohnte der ABBÉ DE BEAUCHAMP, *der päpstliche Generalvikar für Babylonien, in Bagdad. Zweimal besuchte er die Ruinen von Babylon und berichtete darüber 1785 und 1790 im ›Journal des Savants‹.*

Die erste Reise führte ihn den Euphrat abwärts bis nach Basra. Im Brief an Herrn de la Lande – abgedruckt im ›Journal des Savants‹ – heißt es:

Wir verließen Bagdad am 24. Januar 1784 um zehn Uhr vormittags. Zwischen Bagdad und Hilla reisten wir nie schneller als im Schritt eines Pferdes, um die Kamele nicht zu verlassen, die unsere Koffer trugen. Unsere Route ging südwärts. Wir hielten um halb drei im Chan, d. h. der Karawanserei, namens Ezeb ...

Am Sonntag, dem 25., verließen wir den Chan Ezeb um ein Viertel vor sieben vormittags und reisten gegen Süden. Um acht bemerkten wir, ungefähr drei Meilen entfernt, links einen großen Bogen am Tigris in der Nähe des Dorfes Soliman Pak *(den berühmten Tak-i-Kisra in Ktesiphon)* ...

Um halb zehn kamen wir bei einem Ort namens Bir Nuz (dem Brunnen der Mitte *zwischen Bagdad und Hilla*) vorbei und erreichten einen andern, der Skandeir *(Iskanderia)* heißt, wo wir zu Mittag aßen. Er beginnt zu zerfallen. Wir marschierten von ein Uhr bis ein Viertel nach drei Uhr, stets gegen Süden, und stiegen im Chan Dschedid (im ›neuen Chan‹) ab, der vor zwei Jahren von Soliman Bey erbaut worden war ...

Am 26. reisten wir um sieben Uhr vormittags in südlicher Richtung ab... Um zehn Uhr befanden wir uns in der Nähe des Turms, den die Araber Babil nennen. Es handelt sich nur noch um einen Berg aus Ziegeln und Erde, der keine bestimmte Form hat. Wir stiegen zu Pferd bis auf den höchsten Punkt. Dieser Turm, wenn man ihm diesen Namen geben kann, dürfte einen Durchmesser von 500 bis 600 Fuß und eine Höhe von 60 Fuß besitzen. Er hat seine Höhe nur auf einer einzigen Seite bewahrt, die andern Seiten sind eingestürzt, was ihm tatsächlich das Aussehen eines einzeln stehenden Hügels mitten in einer Ebene gibt. Seine Ziegel sind gebrannt, und die Schichten waren mit einer Lage Binsen und Bitumen verbunden. Ich habe davon ein Muster mitgenommen, an dem noch Bitumen klebt und die Binsen abgedruckt sind. Die Art dieses Ziegels – er ist zerreibbar und eher mergelartig, nicht tonartig – und die schwache Verbindung, die diese Ziegel zusammenhielt, haben mich in meiner Meinung bestärkt, daß dies keineswegs ein 4000 Jahre altes Denkmal ist. Es wäre kaum möglich, daß es der Unbill der Zeit widerstanden hätte, während vom alten Babylon, das jünger ist, keine Spur übriggeblieben ist. Ich nehme an, daß dieses Werk aus der Zeit der Chalifen stammt und daß es den Namen Babel wegen der alten Überlieferung bewahrt hat, die diesem Denkmal der menschlichen Torheit diese Stelle zuweist. Es ist nichts Ungewöhnliches, in der Wüste diese künstlichen Berge anzutreffen; man glaubt, daß sie als Signale dienten, und ich denke, daß der Turm von Nimrod in der Nähe von Bagdad, den die Araber Garguf *(Akar Kuf)* nennen, keinem andern Zweck gedient hat.

Am 27. kamen wir um Mittag in Hilla an... Wir hatten das Verlangen, den Turm von Nimrod *(Birs Nimrud)* zwei Meilen südsüdöstlich von Hilla zu besuchen, den man nicht mit demjenigen verwechseln darf, der in der Nähe von Bagdad diesen Namen trägt. Wir hatten große Mühe, dorthin zu gelangen, obwohl wir einen Führer hatten, weil die Ebene von tiefen Kanälen durchzogen wird, die unsere Pferde zu überwinden hatten. Dieser Turm, von dem noch ein 50 bis 60 Fuß hohes Stück übriggeblieben ist, steht auf einem Berg und bietet nichts Besonderes; aber 200 Klafter entfernt sieht man einen Berg, der gänzlich aus Ziegeln besteht, mindestens sechsmal so groß wie der von Babil. Mitten auf diesem Ruinenhügel steht eine kleine Moschee – jüngst wiederaufgebaut – an der Stelle, die nach Aussage der Türken das Grab Abrahams sei. Unser Führer begann zu beten und lud uns ein, dies gleichfalls zu tun. Wir sagten ihm, daß wir nur aus Wißbegierde hierher gekommen seien, was er nicht verstehen konnte. Es gibt eine kleine Treppe in dieser Moschee, auf der man in eine Höhle hinabsteigt; wir traten dort der etwa dreißig arabischen Männer und Frauen wegen, die wir vorfanden und die an diesen Ort gepilgert waren, nicht ein; wir hätten den Verlust unserer Pferde riskiert, und unser Führer war etwas verärgert darüber, daß wir die Moschee mit unseren Waffen in den Händen und mit den Stiefeln betraten, soweit die Länge des Zügels unserer Pferde uns dies erlaubte; er selbst aber ärgerte uns, als er bei unserer Rückkehr nach Hilla von uns als Lohn eine Flasche Branntwein verlangte...

Hilla ist eine kleine, volkreiche und sehr lebhafte Stadt mit einer Schiffsbrücke über den Fluß. Die Häuser sind aus alten Ziegelsteinen gebaut, die man hier reichlich und gut erhalten findet. Ich glaube, in Übereinstimmung mit allen Geographen, daß hier das alte Babylon stand.

1790 berichtete de Beauchamp von seinem zweiten Besuch Babels. Diesmal beruhen seine Bemerkungen auf sorgfältigen Beobachtungen, und seine Folgerungen sind behutsamer. De Beauchamp war der erste, der die Gräben untersuchte, die von den Einheimischen angelegt worden waren, als sie hier nach Ziegeln gruben: einem äußerst begehrten Baumaterial. Daß die Schilderung dieses gebildeten Franzosen alle früheren Berichte an Genauigkeit und dank der zahllosen wertvollen Einzelbeobachtungen übertrifft, braucht nicht weiter kommentiert zu werden; die Darstellung spricht für sich:

Die Ruinen von Babylon werden eine Wegstunde nördlich von Hilla sichtbar. Es gibt vor allem eine oben flache Anhöhe, die nur 30 Klafter hoch ist, denn sie scheint nicht so hoch zu sein wie der Hügel von Montmartre, der etwa 40 hoch ist. Sie hat eine unregelmäßige Gestalt und ist von Gräben durchschnitten. Man würde nicht vermuten, daß sie durch Menschenhand entstanden ist, wenn man nicht einen offensichtlichen Beweis dafür in den Ziegelschichten sähe, die man dort findet. Nach meiner ersten Reise, die ich 1784 nach Hilla unternahm, schrieb ich Herrn de la Lande, daß es mir nicht glaubhaft schien, daß diese Trümmer der Turm von Babel seien, obwohl die Araber ihn Babil nennen, sogar heute noch. Die Gelehrten haben seit langer Zeit alle vermeintlichen Beschreibungen geschätzt, die Reisende wie der Jude Benjamin von Tudela und andere von diesem Denkmal gegeben haben... Wie dem auch sei, der Hügel ist so wenig hoch, daß die kleinste Ruine, an der man vorbeigeht, ihn verbirgt. Ich begab mich auf den höchsten Punkt, ohne vom Pferd zu steigen. Man muß im Boden wühlen, um die Ziegelschicht zu finden; die Ziegel sind im Feuer gebrannt und mit Zeft, d.h. Bitumen, verbunden; zwischen jeder Lage hat es Schilf.

Auf diesem Hügel gibt es auf der Seite des Flusses unermeßlichen Schutt, der dazu benutzt wurde und noch immer wird, Hilla zu bauen, eine arabische Stadt, zehn bis zwölf Meilen entfernt. An dieser Stelle befinden sich diese großen und dicken Ziegel, die eine unbekannte, eingedrückte Schrift tragen, wovon ich Herrn Abbé Barthelemy Muster gebracht habe. Dieser Ort und der Berg Babil werden von den Arabern für gewöhnlich Maklube genannt, was ›umgestürzt und durcheinandergebracht‹ heißt. Ich erkundigte mich beim Maurermeister, der mit Grabungen zur Ziegelentnahme beauftragt ist, über die Beschaffenheit der Bauten, die sich im Boden befinden; ich fragte ihn, ob es nur Fundamente seien oder ob es sich um ganze Häuser handle. Er antwortete, daß die Stellen, denen sie die Ziegel entnähmen, große, sehr dicke Mauern seien, gelegentlich auch Räume; er fand dort sehr oft Tongefäße, bearbeitete Marmorstücke und unter anderem vor acht Jahren eine lebensgroße Statue; er warf sie in den Schutt zurück. Wenn sie ein interessierter Europäer gefunden hätte, dann hätte er sie nur aufheben müssen. Jedermann weiß, daß die Muslime menschliche Darstellungen verabscheuen; und wenn sie diese heute aufbewahren, dann nur, um sie den Europäern zu verkaufen, die, sich überbietend, ihnen die Augen für die Antiquitäten, die wir suchen, geöffnet haben.

Derselbe Maurer sagte mir, er habe einen Raum gefunden und auf einer seiner Mauern eine Kuh aus glasierten Ziegeln und eine Abbildung der Sonne und des Mondes. Man findet dort manchmal menschengestaltige Tonfiguren. Ich selbst fand einen Ziegel, auf dem ein Löwe dargestellt war, und auf andern ein Halbmond in erhabener Arbeit.

Alle Ziegel sind mit Bitumen verkittet. Es gibt eine sehr gut erhaltene Stelle, wo die Ziegel mit einem sehr feinen, weißen Mörtel verbunden sind, der aus Kalk und Sand gemacht worden ist, denke ich. Das Ziegelwerk bildet einen festen Körper.

Der Maurermeister sagte mir, daß es drei Städte gebe, wo man Antiquitäten finde: erstens in Babil, d.h. Maklube, zweitens in Brussa, zwei Wegstunden südwestlich von Hilla in der Wüste, drittens in Kaides, das noch weiter entfernt ist als Brussa. Man findet dort, wie man hier sagt, viele Marmorstatuen, aber es sei gefährlich, unbegleitet hinzugehen.

Die meisten Ziegel von Maklube tragen eine eingedrückte Schrift; es scheint nicht die Absicht der Hersteller gewesen zu sein, daß man sie liest, denn diese Ziegel befinden sich mitten in der dicken Mauer. Ich stellte fest, daß jedes Viertel einen eigenen Stempelabdruck hat; ich meine damit, daß man an derselben Stelle nur Ziegel mit derselben Abfolge von Buchstaben findet, die in derselben Weise angeordnet sind. Ich nahm die am besten erhaltenen Muster mit. Die Ziegel haben überall dieselben Maße: ein Fuß und drei Strich im Quadrat, drei Zoll dick. Man findet manchmal wie in Babil Schilflagen im Bitumen. Es ist unbegreiflich, weshalb man dieses Bitumen für den Bau Babylons so häufig anwenden mußte. Vermutlich bezog man es aus Hit am Euphrat, wo man es noch heute findet. Der Maurermeister sagte mir, er habe vor zwanzig Jahren an dem Ort, wo er gegraben habe, Bitumen gefunden; das wäre keineswegs erstaunlich; solche Stellen sind an den Ufern des Euphrat recht verbreitet, ich sah eine davon auf dem Weg nach Bagdad in Dschubbe, einem arabischen Dorf am Fluß.

Der Maurermeister hieß mich einem kleinen Tal folgen, das er vor langer Zeit gegraben hatte, um ihm die Ziegel eines Mauerwerks zu entnehmen, das eine Dicke von sechzig Fuß gehabt hat, wie mir die Merkmale anzuzeigen schienen; es verlief senkrecht dem Fluß entlang: Dies könnte die Stadtmauer gewesen sein. Ich fand einen unterirdischen Kanal, der anstelle eines Gewölbes flache, drei auf sechs oder sieben Fuß große Sandsteinblöcke trägt. Diese Ruinen liegen mehrere Wegstunden nördlich von Hilla und enthüllen einwandfrei die Lage des alten Babylon. Ich ließ zwei Leute drei Stunden lang arbeiten, um einen Block auszugraben, den sie für ein Götterbild hielten; ich sah nur eine ungestalte Masse an der Stelle, die ich bloßlegen ließ; man merkte indes, daß es sich nicht um einen einfachen Block handelt, man erkannte Meißelschläge und ziemlich tiefe Löcher; ich sah daran keine Inschrift; der Stein ist schwarz, und man findet überall große Stücke davon, so daß man erkennt, daß es an diesem Ort einige aus Stein errichtete Denkmäler gab *(es handelt sich bei dieser Stelle tatsächlich um das einstige Schloßmuseum)*.

Auf der Ostseite fand ich ein Steinstück von etwa zwei Fuß im Quadrat und einer Dicke von sechs Zoll aus schönem, weiß-rotem Granit. Ich darf nicht zu erwähnen vergessen, daß diese Steine hergebracht worden sein mußten, denn in diesem Teil der Wüste gibt es keine davon.

Auf der Ostseite, sagte der Maurermeister, kommen Mauern mit glasierten Ziegeln vor, die, wie er vermutete, zum Tempel gehörten. Hier könnte man wahrscheinlich Götterbilder finden, wenn man die Auslagen nicht scheute, an dieser Stelle graben zu lassen; aber man müßte die Habgier der Muslime überwinden, die hier die Europäer nicht gerne graben sehen. Abgesehen von den beschrifteten Ziegeln, von denen ich gesprochen habe, findet man massive Zylinder von drei Zoll Durchmesser, die aus einem weißen Material bestehen und eine sehr feine Schrift tragen, die den von Chardin aus Persepolis mitgebrachten Inschriften gleicht. Ich sah vor vier Jahren einen solchen Zylinder, aber ich bemühte mich nicht darum, ihn zu erwerben, weil man mir versicherte, daß sie sehr verbreitet seien. Ich sprach mit dem Maurermeister darüber, der mir sagte, daß man gelegentlich auf sie stoße, aber daß er sie im Schutt zurücklasse wie andere unnütze Dinge.

Man begegnet auch schwarzen, bearbeiteten Steinen, auf denen es Inschriften hat; man versicherte mir, daß man sie in Brussa findet, daß durch den Fluß von Maklube getrennt wird. Man sagte mir, daß es in Hilla einen Araber gebe, der einen solchen besitze; ich setzte alles daran, ihn zu erwerben oder ihn wenigstens zu sehen; aber das war nicht möglich...

Es scheint, daß Hilla kein Überrest Babylons ist; es liegt eine Wegstunde südlicher... Ich glaube, daß man in den Ruinen von Babylon Münzen fände, wenn man darauf achtete; die Araber lesen sie nur auf, wenn sie wissen, daß die Europäer sie suchen. Man brachte mir eine, als ich dort war; sie besteht aus Kupfer; ich stellte, als ich sie mit verschiedenen parthischen Münzen verglich, fest, daß alle Köpfe dieser Münzen eine Art Mitra tragen, die anderen aber einen Blumenkranz.

Nachdem bereits 1781 der in Basra wohnende Resident (d. h. der Vertreter) der East India Company, SESTINI, *Babylon kurz besucht hatte und da in Europa das Interesse an mesopotamischen Altertümern endgültig erwacht war, brachte ein anderer Resident dieser Gesellschaft,* SIR HARTFORD JONES BRIDGE, *einige Ziegel und eine große Steinplatteninschrift des Königs Nebukadnezar II. von seinem Palast zu Babel nach London. Diese bescheidenen Proben bildeten den Anfang vieler und umfangreicher Sendungen babylonischer Altertümer, die dem Boden Mesopotamiens entrissen und ins ferne nördliche Abendland verfrachtet wurden. Neue Erkenntnisse über die Stätte des alten Babylon brachten bis 1811 die meist nur sehr kurzen Besichtigungen der freilich immer zahlreicher eintreffenden Besucher nicht.*

DIE SUCHE NACH DER VERSCHWUNDENEN PRACHT

8. Rich – die erste eingehende Untersuchung

Mit Claudius James Rich *beginnen die systematischen Untersuchungen der Ruinen Babylons, ja überhaupt der alten Stätten Mesopotamiens. Schon als Schüler interessierte sich der 1786 geborene und in Bristol aufgewachsene Rich für orientalische Sprachen. Abgesehen von der selbstverständlichen Ausbildung in den klassischen alten Sprachen verfügte er bald über solide Kenntnisse des Türkischen, Persischen und Arabischen. Bereits mit siebzehn Jahren wurde er als Militärkadett in die Dienste der East India Company aufgenommen. Die Ostindische Gesellschaft, die Handel und Wissenschaft glücklich zu verbinden verstand, setzte den jungen Rich seinen Talenten entsprechend ein. Nach einem kurzen Aufenthalt in Neapel, wo er sich mit Musik, vor allem mit der Oper, mit der italienischen Sprache und Literatur beschäftigte, vervollkommnete er in Kairo und an andern Orten des Nahen Ostens seine Kenntnisse in orientalischen Sitten und Sprachen. 1806 wurde er nach Bombay beordert. Doch die Gesellschaft ernannte ihn schließlich zu ihrem Residenten, d. h. ständigen Vertreter in Bagdad. Diese Stellung bekleidete er bis zu seinem frühen Tod in Schiraz, wo er 1821 von der Cholera dahingerafft wurde.*

Seit seiner Ankunft in Bagdad beschäftigte sich Rich auch mit Archäologie. Er begann, eine Sammlung von Antiquitäten und Manuskripten anzulegen. Unterdessen hatte sich das Interesse an der alten mesopotamischen Geschichte – nicht zuletzt durch die 1802 von Grotefend eingeleitete Entzifferung der Keilschrift – auf breitere Kreise ausgedehnt. Im Dezember 1811 unternahm Rich einen zehntägigen Ausflug zu den Ruinen von Babel. Als erster untersuchte er das Ruinengelände planmäßig und vermaß die einzelnen Überreste. In dem Werk ›Memoir on the Ruins of Babylon‹ legte er die Ergebnisse vor.

Ganz in der Nähe von Mohawil gibt es einen großen Kanal mit einer Brücke darüber. Jenseits weist alles darauf hin, daß man sich den Überresten einer großen Stadt nähert. Die Ruinen von Babylon beginnen – so darf man tatsächlich sagen – an dieser Stelle, denn die ganze Gegend von hier bis nach Hilla weist, in Abständen, Spuren von Bauten auf, in denen man gebrannte und ungebrannte Ziegel und Asphalt entdecken kann. Drei Hügel ziehen dank ihrer Größe die Aufmerksamkeit besonders auf

Claudius James Rich

sich. Der Boden rechts und links scheint zum Teil gelegentlich morastig zu sein, doch als wir vorbeikamen, war er vollkommen trocken. Der Weg, der genau gegen Süden geht, liegt eine viertel Meile von der berühmten Erdanhäufung *(dem Hügel Babil)* entfernt, die Pietro della Valle den Turm des Belus nennt; Hilla ist neun Meilen von Mohawil und beinahe 48 von Bagdad entfernt...

Wenn der Wasserstand des Euphrat am höchsten ist, überflutet er die Umgebung, füllt die Kanäle, die man für seine Aufnahme gegraben hat, ohne den geringsten Arbeitsaufwand und erleichtert den Ackerbau in einem erstaunlichen Ausmaß. Die Ruinen von Babylon sind zu dieser Zeit überschwemmt, so daß man viele Teile nicht betreten kann, weil die Täler dazwischen sich in Sümpfe verwandelt haben...

Die hohen Wälle der Kanäle machen auf ein unerfahrenes Auge den Eindruck, es handle sich um Ruinen von Gebäuden... Ich untersuchte sorgfältigst alle Gärten, fand aber nicht die geringste Spur von Ruinen...

Es ist erstaunlich, wie lange in einem Boden wie dem von Babylon einige der Kanäle überlebt haben. Der Naher Malcha *(Nahr el Malik, erwähnt schon bei Plinius: »Narmalcha, was königlicher Fluß heißt«),* ein Werk babylonischer Herrscher, könnte immer noch wirkungsvoll ausgebessert werden, und viele der noch sichtbaren Kanäle im Gebiet Babylons dürften vermutlich schon existiert haben, als die Stadt blühte ...

Die Ruinen der östlichen Hälfte Babylons beginnen etwa zwei Meilen oberhalb von Hilla und bestehen aus zwei großen, miteinander verbundenen Erdmassen oder -hügeln – der eine im Norden, der andere im Süden – und mehreren kleinen, die in unterschiedlichen Abständen die Ebene durchqueren. Die nördliche Begrenzung dieser Ebene ist Pietro della Valles Ruine, von deren Südostecke – offensichtlich einst damit verbunden, jetzt dort durch zwei Kanäle zerstört – ein schmaler Erdwall ausgeht, der so aussieht, als ob er ein Grenzwall gewesen ist. Siehe auf dem Plan den Buchstaben A! Diese Hügelkette bildet eine Art kreisförmige Umfriedung und stößt an die Südostecke der südlichsten der beiden großen Erdhaufen.

Am Flußufer steht eine Ruine (B), die ich der Klarheit halber seinen Kai nennen will, obwohl mit gutem Grund anzunehmen ist, wie wir nachher sehen, daß sie nie dazu bestimmt war. Sie beginnt parallel zum niederen Ausläufer des südlichsten großen Hügels und ist dort am Fuß beinahe 300 Yard breit; von ihrer Ostecke aus geht ein Wall – dem Grenzwall A gleichend, aber breiter und flacher –, der sich nach Südosten wendet und somit, 40 Yard südlicher, beinahe parallel zum Grenzwall verläuft; er verliert sich in der Ebene und ist tatsächlich die südlichste aller Ruinen. Der Kai setzt sich in einer geraden Linie nach Norden fort, verliert an Breite, gewinnt aber an Höhe bis auf eine Entfernung von 150 Yard von seinem Anfang an, wo er 40 Fuß hoch ist und von einer Lücke (C) unterbrochen wird, die beinahe so breit ist wie der Fluß. An dieser Stelle beginnt ein dreieckiges Stück Land, das unlängst dem Fluß abgewonnen worden ist, der das ursprüngliche Bett oben verläßt und es hier wieder erreicht. Dieses gewonnene Land ist 1010 Yard lang und 250 Yard breit, und seiner Flußlinie entlang gibt es Spuren einer Verlängerung des Kais, der hier eine schmale Linie bildet und sich bald verliert. Oberhalb dieser Stelle bietet das Flußufer nichts Bemerkenswertes; denn obwohl es an einigen Stellen bescheidene Spuren von Gebäuden gibt, sind sie offensichtlich nicht mit dem oben erwähnten Kai verbunden.

Das ganze Gelände innerhalb des Grenzwalls im Osten und Süden und

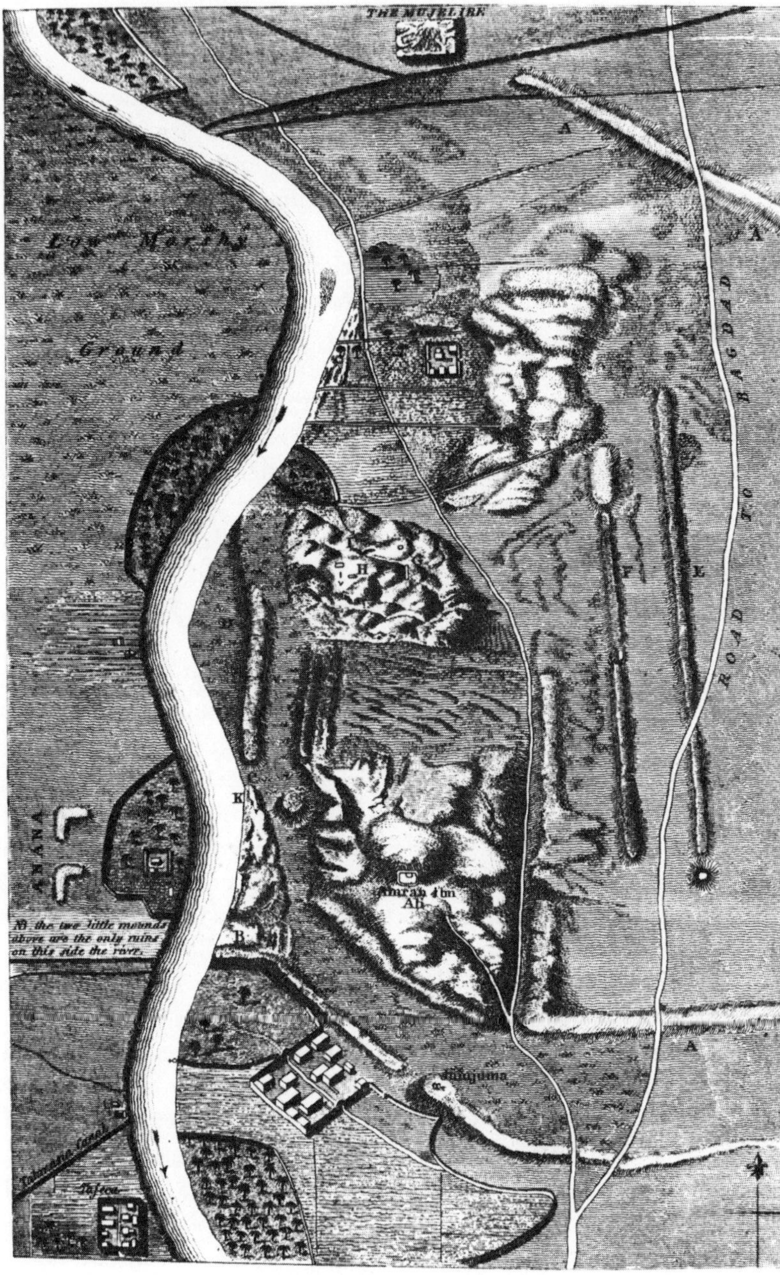

Plan der Ruinen Babylons (nach Rich)

des Flusses im Westen ist zwei Meilen und 600 Yard breit von Osten nach Westen (ohne das gewonnene Land, das ich nicht mitrechne, weil es nicht zum Ruinengelände gehört), ebensoviel von Pietro della Valles Ruine bis zum südlichen Teil des Grenzwalls (A) oder zwei Meilen und 1000 Yard bis zum südlichsten Wall, der, wie erwähnt, vom Kai abzweigt. Dieser Raum ist wiederum der Länge nach in beinahe zwei gleiche Hälften geteilt durch einen geraden Wall derselben Art wie der Grenzwall, aber viel niedriger (E). Er dürfte den ganzen Raum von Norden nach Süden durchquert haben, aber nur eine Meile ist davon übriggeblieben. Genau parallel dazu und wenig mehr als 100 Yard westlich liegt ein anderer Wall genau derselben Art, aber noch bescheidener und kürzer (F). Seine nördliche Begrenzung ist ein hoher Schutthaufen mit einer bemerkenswert roten Farbe *(der Hügel Homera),* beinahe 300 Yard lang, 100 breit und oben in einem Rücken endigend; er wurde an verschiedenen Stellen angegraben, aber man fand nur wenige oder keine guten ganzen Ziegel. Alle Ruinen Babylons befinden sich im westlichen Teil des Raumes, d. h. zwischen dem innersten dieser Wälle (F) und dem Fluß, während es im östlichen, d. h. größeren Teil zwischen dem äußersten Wall (E) und dem Grenzwall nur Spuren von Gebäuden gibt.

Bevor wir zu einer detaillierten Beschreibung der Ruinen übergehen, ist, um Wiederholungen zu vermeiden, die Feststellung notwendig, daß diese aus Erdhügeln bestehen, die sich durch die Auflösung der Gebäude gebildet haben und vom Wetter durchfurcht worden sind, und daß ihre Oberfläche von Ziegel-, Asphalt- und Gefäßteilen übersät ist.

Wenn man die Ruinen von Süden nach Norden überblickt, fällt als erstes der niedrige Hügel auf, der mit dem Kai verbunden ist; auf ihm gibt es zwei kleine parallele Wälle nahe beieinander, nur wenige Fuß hoch und breit, die indiskutable Zeichen tragen, Teil eines muslimischen Bethauses oder einer Kubbe gewesen zu sein. Diese Ruine heißt Dschumdschuma (Schädelstätte); nach ihr ist ein Dorf wenig links davon benannt...

Nach dieser Stätte kommt der erste große Ruinenhügel, der 1100 Yard lang und an der weitesten Stelle 800 breit ist; seine Form gleicht beinahe einem Viertelkreis; seine Höhe ist unregelmäßig, aber der höchste Punkt dürfte etwa 50 oder 60 Fuß über der Ebene liegen; und man hat ihn angegraben, um sich Ziegel zu beschaffen. Unmittelbar unter dem höchsten Punkt steht ein kleiner Kuppelbau in einer rechteckigen Einfriedung, der, wie behauptet wird, den Leichnam eines Sohnes von Ali namens Amran enthält, zusammen mit denen von sieben seiner Gefährten, die

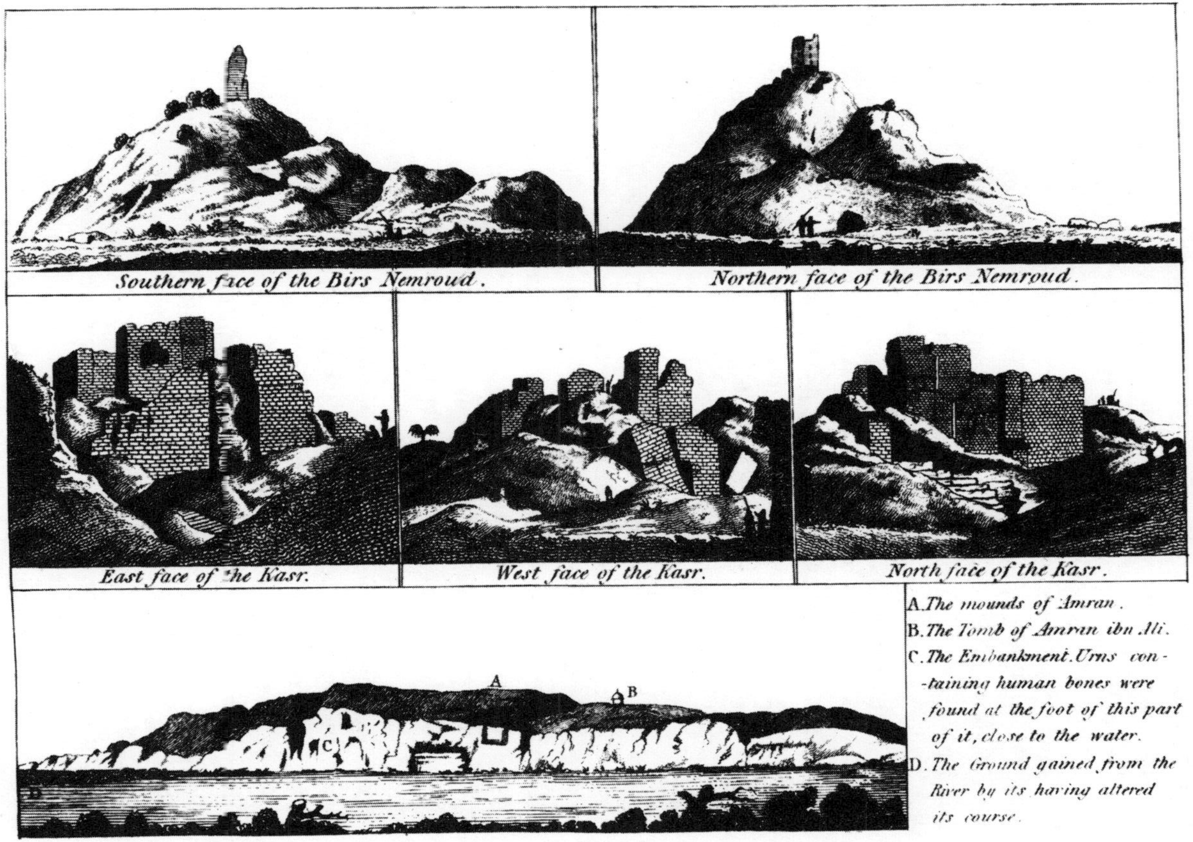

Birs Nimrud, Kasr und Amran ibn Ali (nach Rich)

alle in der Schlacht von Hilla umgekommen sind. Leider hat sich indes die Überlieferung auf Grund besserer Quellen als unglaubwürdig erwiesen, da Ali keinen Sohn dieses Namens hatte. Nach dem bemerkenswertesten Objekt werde ich diesen Hügel mit dem Namen ›Amran‹ kennzeichnen.

Im Norden liegt ein Tal von 550 Yard Länge; es ist mit Büscheln kräftigen Grases bedeckt und wird von einem Wall sehr niedriger Ruinen durchzogen. Ihm folgt der zweite große Ruinenhaufen; er bildet beinahe ein Quadrat von 700 Yard Länge und Breite, und seine Südwestecke ist mit der Nordwestecke von Amran durch einen Hügelzug von beträchtlicher Höhe und einer Breite von beinahe 100 Yard verbunden. An dieser Stätte stellte Beauchamp seine Beobachtungen an, und sie ist gewiß der interessanteste Teil der Ruinen von Babylon. Jede darin auffindbare Spur zeigt, daß sie aus Gebäuden bestand, die all den übrigen, die im östlichen Teil Spuren hinterlassen haben, weit überlegen waren. Die Ziegel sind von vortrefflicher Art; und obwohl sie ein großes Vorratslager darstellen, das ununterbrochen unermeßlichen Nachschub lieferte und auch jetzt liefert, scheinen sie noch immer im Überfluß vorhanden zu sein. Aber die Ziegelentnahme hat eine große Unordnung verursacht und das Erkennen der ursprünglichen Anlage dieses Hügels zusätzlich erschwert, da die Arbeiter auf der Suche nach Ziegeln in jede Richtung eindringen, tiefe Gräben und Höhlen ausheben und den Schutt zu Haufen oben aufwerfen. An einigen Stellen drangen sie in die feste Masse ein, indem sie gewundene Höhlungen und unterirdische Gänge bildeten, die häufig, da sie keine entsprechende Abstützung erhalten haben, die Arbeiter im Schutt begraben. In all diesen Grabungen sieht man Mauern aus gebrannten Ziegeln, die auf Kalkmörtel einer sehr guten Qualität liegen; und zusätzlich zu den allgemein auf der Oberfläche all dieser Hügel liegenden Gegenstände finden wir hier Bruchstücke von Alabastergefäßen, feine Tonwaren, Marmor und eine große Menge überzogener Ziegel, deren Glasur und Farben erstaunlich frisch sind. In einer Grube in der Nähe des südlichen Teils fand ich eine Graburne aus Ton, die beim Graben zerbrochen war, und in der Nähe lagen einige menschliche Knochen, die bei der Berührung zu Staub zerfielen.

Um noch mehr Einzelheiten bei der Beschreibung dieses Hügels zu geben: Nicht mehr als 200 Yard von seinem nördlichen Ende entfernt befindet sich ein von den Ziegelgräbern ausgehobener Graben (G), der beinahe 100 Yard lang, 30 Fuß breit und 40 oder 50 tief ist. Auf einer Seite blieb eine Mauer von wenigen Yard stehen, deren Oberfläche sehr sauber und gut gearbeitet ist; sie scheint die Außenseite eines Gebäudes gewesen zu sein. Die gegenüberliegende Seite ist eine so sehr durcheinandergebrachte Schuttmasse, daß es den Anschein machen könnte, als ob der Graben durch ein festes Gebäude hindurch angelegt worden sei. Unter den Fundamenten am südlichen Ende wurde eine Öffnung gemacht, die einen unterirdischen Gang aufdeckt, dessen Boden und Wände mit großen auf Asphalt liegenden Ziegeln ausgelegt worden sind und der mit Sandsteinblöcken überdacht ist, ein Yard dick und mehrere Yard lang, wobei die Last so groß ist, daß sich die Seitenmauern des Gangs beträchtlich geneigt haben. Er ist halb angefüllt mit Brackwasser (vermutlich Regenwasser, das sich mit Salpeter gesättigt hat, als es durch die Ruinen, die viel davon hervorbringen, hindurchgesickert ist), und die Arbeiter sagen, daß eine Stelle weiter vorne so hoch ist, daß ein Reiter aufrecht hindurchreiten kann; so viel ich davon sah, war er beinahe sieben Fuß hoch und verlief gegen Süden. Dies ist von Beauchamp beschrieben, der sich unerklärlicherweise vorstellt, daß es ein Teil der Stadtmauer gewesen sein müsse. Der Bau über diesem Gang ist mit Asphalt gemauert, andere Teile des Grabens mit Mörtel, und alle Ziegel tragen Schriftzeichen. Das nördliche Ende des Grabens scheint von einer ungewöhnlich dicken Mauer aus gelben, mit einem hellen, weißen Mörtel verkitteten Ziegeln durchkreuzt worden zu sein, die durch das Aushöhlen durchbrochen worden ist. Und wenig nördlich davon entdeckte ich das, was Beauchamp unvollständig sah und, dem Glauben der Einheimischen folgend, als ein Götterbild betrachtete. Man erzählte mir dasselbe, und dazu, daß es von einem alten Araber beim Graben entdeckt worden sei, aber daß er es, weil er nicht wußte, was er damit anfangen sollte, wieder zugedeckt habe. Nachdem ich den alten Mann hatte holen lassen und er mir die Stelle gezeigt hatte, ließ ich einige Männer arbeiten, die nach den harten Bemühungen eines Tages genug von der Statue offenlegten, um zu zeigen, daß es ein Löwe von kolossalen Ausmaßen war, auf einem Sockel (pedestal) stehend, aus einer groben Art grauen Granits und von roher Arbeit; im Maul war eine runde Öffnung, in die ein Mann seine Faust stecken könnte.

Wenig westlich des Grabens bei H befindet sich das nächste bemerkenswerte Objekt, das die Einheimischen Kasr, d. h. das Schloß, nennen; mit diesem Namen werde ich die ganze Anhäufung bezeichnen. Es ist eine sehr bemerkenswerte Ruine, die, entblößt und zum Teil vom Schutt abgesondert, aus einer beträchtlichen Entfernung sichtbar ist, aber so erstaunlich frisch aussieht, daß ich erst nach einer genauen Untersuchung überzeugt war, daß es sich tatsächlich um eine babylonische Ruine handelt. Sie besteht aus mehreren Mauern und Pfeilern (die in die vier Himmelsrichtungen schauen), die acht Fuß dick und an einigen Stellen mit Nischen verziert, an andern mit Pilastern und Strebepfeilern verstärkt sind, die aus vorzüglichen gebrannten Ziegeln (die noch vollkommen sauber und scharf sind) gebaut worden sind und auf so gut klebendem Kalkmörtel liegen, daß die damit Beschäftigten wegen der außergewöhnlichen Schwierigkeit, sie ganz herauszulösen, ihre Arbeit aufgegeben haben. Die oberen Teile dieser Mauern sind weggebrochen, und sie dürften viel höher gewesen sein. Außen waren sie an einigen Stellen beinahe bis auf die Fundamente abgetragen worden, aber die innern, von ihnen gebildeten Räume sind an einigen Stellen fast bis zuoberst noch immer mit Schutt angefüllt. Ein Teil der Mauer ist in drei Teile auseinandergebrochen und umgestürzt wie von einem Erdbeben; einige abgesonderte Mauern derselben Art, verschieden weit entfernt, zeigen, daß die Überreste nur einen kleinen Teil des ursprünglichen Gebäudes darstellen. Es sieht in der Tat so aus, als ob der Gang im Graben und die Mauer, die sein oberes Ende kreuzt, mit ihm verbunden waren. Es gibt einige Höhlen darunter, in denen mehrere Leute ihr Leben verloren haben, so daß sich jetzt niemand mehr hineinzugehen traut, und ihre Eingänge sind jetzt mit Schutt verstopft. In der Nähe dieser Ruine liegt ein Schutthaufen, dessen Seiten durch die schichtenweise Abfolge des Materials merkwürdig gestreift aussehen; der Hauptanteil dürfte aus ungebrannten Ziegeln bestanden haben, von denen ich eine kleine Anzahl in der Nachbarschaft fand, aber kein Schilf war in den Zwischenräumen zu entdecken. Es gibt in der Nähe dieser Ruine zwei Pfade, die von den Arbeitern gemacht worden sind, die ihre Ziegel ans Flußufer hinuntertragen, von wo aus sie mit Schiffen nach Hilla transportiert werden. Und wenig nordnordöstlich davon steht der berühmte Baum, den die Einheimischen Athle nennen und von dem sie behaupten, er habe im alten Babylon geblüht, und Gott habe ihn, sagen sie, bei der Zerstörung der Stadt absichtlich geschont, um Ali einen passenden Platz zu gewähren, damit er dort sein Pferd nach der Schlacht von Hilla anbinden könne. Er steht auf einer Art Rücken; und nur eine Seite seines Stammes ist übriggeblieben (er muß also einen beachtlichen Umfang gehabt haben); die Äste des Wipfels sind noch vollkommen frisch und grün, und sie bringen, sich sanft im Wind wiegend, ein melancholisches Rauschen hervor. Er ist immergrün, gleicht dem lignum vitae *(Lebensbaum)* und gehört, wie ich glaube, zu einer Sorte, die in dieser Gegend nicht vorkommt, obwohl es, wie man mir sagte, einen Baum derselben Art in Basra gibt.

Alle Leute der Gegend versichern, daß es außerordentlich gefährlich ist, sich diesem Hügel nach Einbruch der Nacht der üblen Geister wegen, die hier herumspuken, zu nähern.

Es wird nicht nötig sein, die niedrigeren Hügel zu beschreiben, die in der Ebene zwischen den beiden Haupthügeln und dem innern Wall (F) liegen und deren Form und Ausdehnung auf der beigegebenen Skizze genügend augenscheinlich sind. Doch bevor ich über die letzte große Ruine berichte, werde ich noch etwas mehr über den Kai sagen, der von den Hügeln von Amran und des Kasr durch ein gewundenes Tal oder einen Graben getrennt ist, der 150 Yard weit und dessen Grund von Salpeter weiß ist und offensichtlich nie von Gebäuden besetzt war, abgesehen von einem kleinen runden Hügel in der Mitte nahe beim Punkt C. Der ganze Kai ist auf der Seite des Flusses steil, senkrecht und abgebrochen durch die Einwirkung des Wassers; am Fuße seiner höchsten und schmalsten Stelle (K) ist in die gebrannte Ziegelmauer, woraus er besteht, eine Anzahl Urnen mit menschlichen Knochen, die der Wirkung des Feuers entgangen sind, eingemauert. Der Fluß scheint hier eingegriffen zu haben, denn ich sah eine beträchtliche Anzahl gebrannter Ziegel und andere Bruchstücke von Gebäuden im Wasser.

Eine Meile nördlich des Kasr oder ganze fünf Meilen von Hilla und 950 Yard vom Flußufer entfernt liegt die letzte Ruine dieser Gruppe, die von Pietro della Valle beschrieben worden ist, der sie als den Turm von Belus bestimmt... Die Einheimischen nennen sie *(abgesehen von der Bezeichnung ›Babil‹)* Mukallibe oder entsprechend der hier üblichen Aussprache des Arabischen Mudschelibe, was ›umgestürzt‹ bedeutet; sie wenden manchmal diese Bezeichnung auch auf die Hügel des Kasr an. Sie hat eine rechteckige Form, ist unregelmäßig in ihrer Höhe und im Ausmaß ihrer Seiten, die gegen die vier Himmelsrichtungen schauen; die nördliche Seite ist 200 Yard lang, die südliche 219, die östliche 182 und die westliche 136; die Höhe der südöstlichen oder höchsten Ecke beträgt 141 Fuß. Die westliche Seite, die am wenigsten erhöht ist, ist die interessanteste dank dem Aussehen des Bauwerks. In der Nähe des höchsten Punktes ist eine niedrige, unterbrochene Mauer sichtbar, die aus ungebrannten, mit zerhacktem Stroh oder Schilf durchsetzten Ziegeln gebaut und mit Lehmmörtel von großer Dicke verkittet ist, wobei zwischen jeder Lage eine

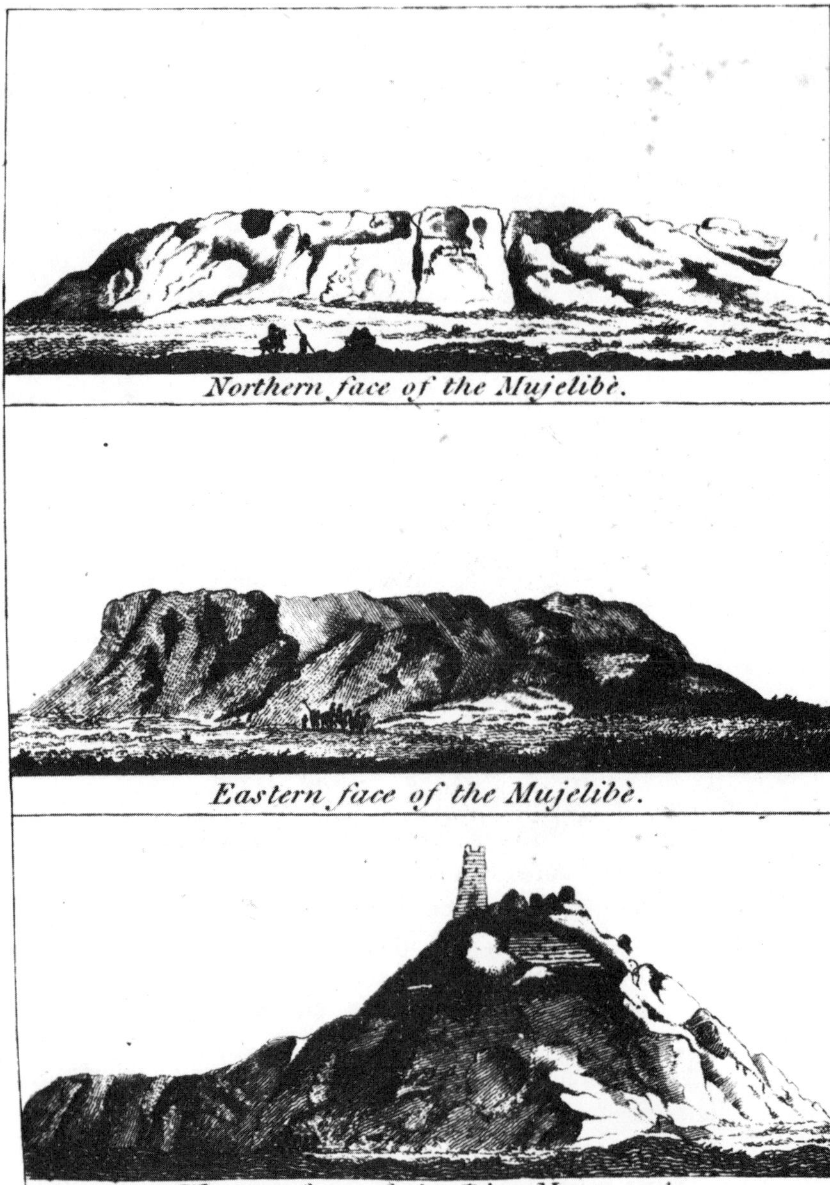

Mudschelibe (Babil) und Birs Nimrud (nach Rich)

Southern face of the Mujelibè.

Western face of the Mujelibè.

Eastern face of the Birs Nemroud.

Lage Schilf steckt; auf der Nordseite gibt es ebenfalls einige Spuren eines ähnlichen Bauwerkes. Die Südwestecke ist von einer Art Türmchen gekrönt; die andern Ecken sind weniger gut erhalten, dürften aber ursprünglich in ähnlicher Art verziert gewesen sein. Die westliche Seite ist die niedrigste und am leichtesten zu besteigen, die nördliche am schwierigsten. Alle sind durch das Wetter von Furchen zernagt; und an einigen Stellen, wo mehrere Regenrillen sich vereinigt haben, weisen diese Furchen eine große Tiefe auf und dringen beträchtlich in den Hügel ein. Die Anhöhe ist mit Schutthaufen bedeckt; wenn man in einige von ihnen hineingräbt, findet man Lagen von zerbrochenen gebrannten Ziegeln, die mit Mörtel verbunden waren, und hie und da stößt man auf ganze Ziegel mit Inschriften. Das Ganze ist mit unzähligen Bruchstücken von Tonwaren, Ziegeln, Asphalt, Kieselsteinen, verglasten Ziegeln oder Schlacke und sogar Muscheln, Glasstücken und Perlmutter bedeckt. Als ich einen Türken fragte, wie seiner Meinung nach diese Sachen hierher gekommen seien, antwortete er, ohne im geringsten zu zögern: »Durch die Sintflut.« Es gibt viele Höhlen wilder Tiere; in einer von ihnen fand ich Knochen von Schafen und andern Tieren und nahm einen starken Geruch wie den eines Löwen wahr. Ich fand viele Stacheln von Stachelschweinen, und in den meisten Höhlungen gibt es Fledermäuse und Eulen...

Auf der Nordseite der Mudschelibe gibt es in der Nähe des höchsten Punktes eine Nische oder Vertiefung, so hoch, daß ein Mann aufrecht darin stehen kann; in ihrer Rückwand befindet sich eine Öffnung, die zu einer kleinen Höhle führt, von wo aus ein Gang nach rechts schräg aufwärts Richtung Westen abzweigt, der sich im Schutt verliert. Die Einheimischen nennen ihn Serdab, d. h. Keller; und eine ehrenhafte Person berichtete mir, daß vor vier Jahren einige Männer, als sie nach Ziegeln suchten, eine Menge Marmorwerke herausbrachten und später einen Sarg aus Maulbeerbaumholz, der einen menschlichen Leichnam enthielt, der in ein eng anliegendes Tuch eingehüllt und offensichtlich teilweise mit Asphalt bedeckt war, aber bald, nachdem er der Luft ausgesetzt war, zu Staub zerfiel. Dieser Bericht und die Tatsache, daß dieser Ort am ehesten etwas vom ursprünglichen Plan des Ganzen verraten könnte, führten mich dazu, zwölf Männer einen Gang zum Serdab von oben her graben zu lassen. Sie gruben in einen Schacht oder hohlen Pfeiler von 60 Fuß* im Quadrat, der mit vorzüglichen, auf Asphalt liegenden

* Spätere Ausgräber schreiben: 13 Fuß.

Abdruck von einem Rollsiegel aus Richs Sammlung

Ziegeln eingefaßt und mit Erde angefüllt war; darin fanden sie einen Kupferspeer, einige Tongefäße (eines war sehr dünn und hatte Reste eines feinen, weißen Firnisses an der Außenseite) und einen Balken aus Dattelpalmenholz. Am dritten Arbeitstag verschafften sie sich einen Weg in die Öffnung und entdeckten einen schmalen Gang, der beinahe 10 Fuß hoch, halb mit Schutt gefüllt, an der Decke flach war und sowohl gebrannte als auch ungebrannte Ziegel aufwies, die ersten mit Inschriften, die letzteren wie üblich mit einer Lage Schilf zwischen jeder Reihe, außer in einer oder zwei Folgen in der Nähe des Bodens, wo sie mit Asphalt verbunden waren: eine merkwürdige und unerklärliche Tatsache. Dieser Gang scheint ursprünglich eine Einfassung aus guten gebrannten, mit Asphalt verbundenen Ziegeln gehabt zu haben, um die ungebrannten Ziegel, aus denen die Hauptmasse des Gebäudes gebaut war, zu verbergen. Gegenüber gibt es einen andern Gang (oder eher eine Fortsetzung desselben gegen Osten, wohin er vermutlich beachtlich weit reicht, vielleicht sogar der ganzen Nordseite der Mudschelibe entlang), der mit Erde verstopft ist; als ich ihn ausgrub, fand ich oben einen hölzernen Sarg, der ein Skelett in bestem Erhaltungszustand enthielt...

Am Fuß der Mudschelibe, etwa 70 Yard entfernt, gibt es an den nördlichen und westlichen Seiten Spuren eines sehr niedrigen Erdwalls, der eine Einfriedung um das Ganze gewesen sein dürfte. Weiter im Norden gibt es keine Spuren mehr von Ruinen; doch die Hügel an der Straße nach Bagdad sollen bei einer späteren Gelegenheit genauer untersucht werden...

Daß es am Westufer keine größeren Ruinen gibt, stellte ich beim Ausblick fest, den ich von der Anhöhe der Mudschelibe aus genoß; doch entschloß ich mich der größeren Sorgfalt wegen, das ganze Ufer genau zu untersuchen. Es ist flach und von Kanälen durchschnitten... Es gibt einige wenige kleine Dörfer am Fluß, die von Lehmwällen umschlossen und von Pflanzungen umgeben sind. Aber man findet nicht die geringste Spur von Ruinen, außer gegenüber dem Hügel von Amran, wo es zwei von Gras überwachsene Erdhügel gibt, die zusammen einen rechten Winkel bilden; und etwas weiter davon entfernt hat es zwei ähnliche. Diese dehnen sich nicht über 100 Yard aus, und der Ort wird von den Bauern Anana genannt. Gegen Norden sieht die Gegend grün und sumpfig aus.

Aber obwohl es in der unmittelbaren Nähe des Flusses keine Ruinen gibt, liegt die bei weitem erstaunlichste und überraschendste aller Ruinen Babylons in dieser Wüste, etwa sechs Meilen südwestlich von Hilla entfernt. Sie wird von den Arabern Birs Nimrud genannt... *Es folgt eine genaue Beschreibung dieser berühmten turmartigen Ruine. Dann wendet sich Rich andern Ruinenstätten der weitern Umgebung Babylons zu: unter andern erwähnt er El Oheimir und beschreibt sehr ausführlich und treffend Akar Kuf.*

Beim Versuch, die in den alten Quellen genannten Bauten auf die vorhandenen Ruinen zu verteilen, geht Rich äußerst behutsam vor. Weder die Stätte Mudschelibe, also der Hügel Babel, noch Birs Nimrud erfüllen nach Rich alle Bedingungen, die Reste des hochberühmten Turms zu sein.

Schließlich faßt Rich Beobachtungen über Baumaterialien zusammen: Wir finden in Babylon zwei Ziegelarten: die eine im Ofen gebrannt, die andere einfach an der Sonne getrocknet... Man findet drei Verkittungsarten: Asphalt, Mörtel und Lehm... Die Babylonier bezogen ihren Asphalt aus Hit, dem Is Herodots, einer Stadt am Euphrat, etwa 30 League *(zu 3 Landmeilen)* im Westen von Bagdad... Es wird heute zum Kalfatern von Schiffen verwendet, zur Auskleidung von Zisternen, Bädern und anderen Stellen, die mit Wasser in Berührung bleiben. Bruchstücke davon, die sich über die Ruinen Babylons zerstreut finden, sind schwarz, glänzend und spröde, sie gleichen in Beschaffenheit und Aussehen der Steinkohle; die Türken nennen ihn Zift und die Araber Kier oder Gir...

Bei der Mudschelibe befinden sich Lagen von Schilf über jeder Lehmmörtelschicht, zwischen dem Mörtel und der Ziegelsteinlage. Der Nutzen des Schilfs (eines alltäglichen Erzeugnisses der Sümpfe) ist nicht offensichtlich, außer man nimmt an, daß sie verhindern sollten, daß die Ziegel ungleichmäßig und zu rasch in die dicke Lehmschicht einsinken *(noch heute ist diese Frage nicht ganz geklärt).*

In einem zweiten ›Memoir of the Ruins of Babylon‹, in dem Rich sich mit den irrigen Ansichten des Major Rennel auseinandersetzt, spricht er auch von den aus Babylon stammenden Fundstücken. Die babylonischen Zylinder gehören zu den bemerkenswertesten und interessantesten Altertümern. Sie sind ein bis drei Inch *(1 Inch: 2,54 cm)* lang; einige sind aus Stein, andere offensichtlich aus einer Tonmasse oder aus verschiedenen Bestandteilen zusammengesetzt. Skulpturen mehrerer dieser Zylinder sind in verschiedenen Werken publiziert; und die Nummern 10, 11, 12, 13 und 14 sind Stücke meiner eigenen Sammlung. Einige tragen Keilschriftzeichen.

Richs Interesse richtete sich auch auf andere Ruinenstätten Mesopotamiens. Er besuchte Arbil (das alte Arbela), Nimrud (Kalach), Kujundschik und Nebi Junus (Ninive).

Nach seinem Tod erwarb das Britische Museum 1828 seine kleine Sammlung babylonischer Altertümer.

Abdruck von einem Rollsiegel aus Richs Sammlung

9. Interessierte Besucher

Die Besucher Babylons, die nach Rich über die Ruinenfelder wanderten, fügten seiner sorgfältigen Beschreibung über viele Jahre hin kaum Neues bei; doch hinterließen einige von ihnen recht anschauliche, farbige Schilderungen ihrer Reisen in Babylonien.

Zu ihnen gehört der englische Forscher James Silk Buckingham, *der zusammen mit dem wohlunterrichteten Residentschaftssekretär, dem jungen Deutschen* Charles Bellino, *1816 die Ruinen Babels aufsuchte. Er bestätigte die Beschreibung und die Messungen Richs als richtig. In seinem Eifer, die Angaben Herodots von der ungeheuren Ausdehnung Babylons als zutreffend zu bestätigen, nahm er jedoch an, daß der etwa 13 km vom Euphrat entfernte Ruinenhügel von El Oheimir, der sich später als Überrest der alten Stadt Kisch enthüllte, der östlichste Punkt Babylons sei und daß der Birs Nimrud die Ruine des Turms von Babel und den südlichsten Teil der riesigen Stadt darstelle. Diese irrige Auffassung sollte jahrzehntelang immer wieder neue Vertreter finden.*

Rich prüfte 1817 seine Ergebnisse nochmals. Ein Jahr darauf unternahm der reisefreudige, in England damals sehr bekannte Maler Robert Ker Porter *von Bagdad aus, wo er von Herrn und Frau Rich aufs freundlichste aufgenommen worden war, einen Abstecher nach Babylon. Der Assyriologe H. V. Hilprecht urteilt später über die Bedeutung Porters: Von Kindheit an mit den Künsten vertraut, war er im Laufe der Zeit ein weltberühmter Maler geworden. Seine außerordentliche Begabung und auffallende Persönlichkeit, dazu seine Verheiratung mit einer russischen Prinzessin hatten ihm eine gesellschaftliche Stellung verschafft, in welcher er mit Feder und Pinsel Kreise beeinflussen konnte, denen sowohl die Werke gewöhnlicher Reisender wie die oft trockenen wissenschaftlichen Untersuchungen von Männern vom Schlage eines Otter, Niebuhr, Beauchamp und Rich fremd geblieben waren. In der Popularisierung eines Wissensgebietes, das bisher nur eine ganz eng umgrenzte Berufsklasse beschäftigt hatte, und in der Kunst, durch seinen religiösen Ernst, seine fesselnde Schreibart und die feine Wiedergabe seiner Beobachtungen nicht bloß auf die Vertreter der Wissenschaft und Religion, sondern auf die vornehmen Kreise ganz Europas, von deren Interesse und finanzieller Unterstützung die Wiedererweckung Assyriens und Babyloniens hauptsächlich abhing, nachhaltig eingewirkt zu haben – darin liegt die große Bedeutung, die Ker Porter als Erforscher Babyloniens zukommt.*

Lassen wir Porter selbst erzählen: 9. November 1818. Nachdem ich das Tor der westlichen Vorstadt *Bagdads* passiert hatte, schweifte mein Blick

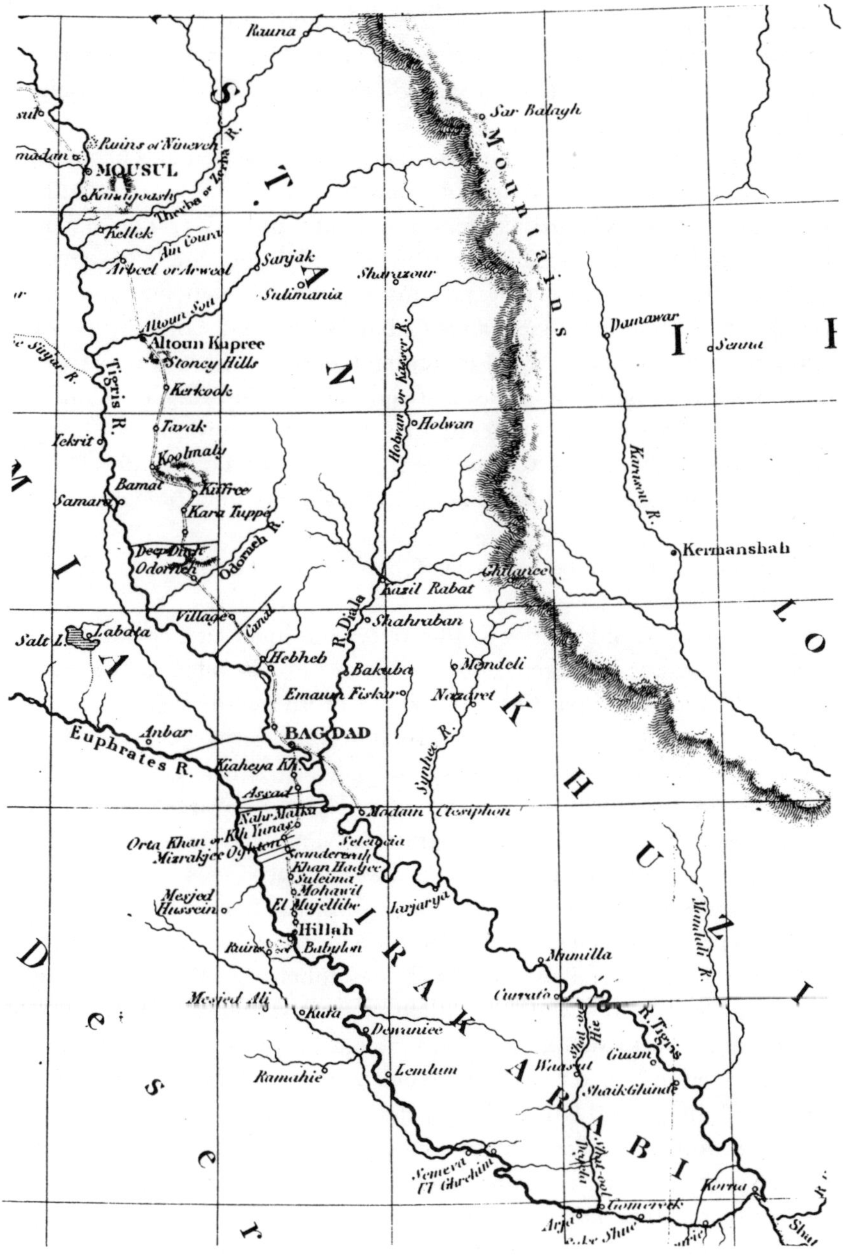

Babylon und Umgebung (nach Buckingham)

über die ausgebreitete chaldäische Ebene östlich vom Euphrat, und auf den Fittichen der Phantasie schwebte ich einige Minuten lang über dieser interessanten Gegend, die einst den Glanz und die Pracht Babyloniens getragen hatte...

Wir erreichten den Chan von Iskanderia, einen großen und bequemen Rastort, der auf Befehl Mahmud Hussein Chans, des gegenwärtigen Amin-i-Dulah des Königs von Persien, erbaut worden war. Die Materialien, aus welchen das Gebäude erbaut ist, sind an der Stelle gesammelt worden, denn die ganze Gegend ringsum ist mit den gewöhnlichen chaldäischen Spuren früherer alter Gebäude bedeckt, nämlich mit Ziegeln alter babylonischer Art. Wir langten hier um sechs Uhr des Abends an und hatten beschlossen, daselbst die Nacht zuzubringen, denn wir hatten einen Weg von nicht weniger als 28 englischen Meilen zurückgelegt. In der Nähe dieses Chans lagen die elenden Hütten des Dorfes Iskanderia, die Schweinehütten ähnlicher als menschlichen Wohnungen sind....

10. November. Wir verließen den Chan von Iskanderia diesen Morgen um halb sieben Uhr...

Fast bei jeder Wendung des Kopfes traten uns in dieser Gegend interessante Gegenstände entgegen, bis wir endlich zum Chan Hadschi Soliman (einem dürftigen kleinen Ort, von einem Frommen dieses Namens erbaut), etwa 8 englische Meilen von Iskanderia entfernt, gelangten.

Den schon oft erwähnten Birs Nimrud soll uns Porter, der ihn für den babylonischen Turm hielt, genauer beschreiben: Die gegenwärtige Gestalt und die Dimension dieser unermeßlichen, von Menschenhänden aufgeführten Masse hat, von Osten betrachtet, das Aussehen eines oblongen Berges, der sich nach der Westseite hin unregelmäßig in eine breite pyramidale Gestalt zusammenzieht. An der Basis mißt diese Masse, so weit es nämlich bei dem verfallenen Zustande des äußern Umfanges auszumitteln möglich war, 694 englische Ellen oder 2082 englische Fuß. Gegen Osten hin erstreckt sich diese Masse 158 englische Ellen oder 459 englische Fuß weit und bietet zwei Bergstockwerke dar. Das erste Stockwerk hat eine Höhe von 60 Fuß und ist in der Mitte durch eine tiefe Schlucht gespalten und nach allen Richtungen hin mit Furchen durchschnitten, welche mehrere Menschenalter nacheinander die Regengüsse sich hier ausgegraben haben. Der Gipfel dieses ersten Stockwerkes breitet sich an der Basis des zweiten, welches aus ersterem in Gestalt eines jähen und abschüssigen Kegels entspringt, als eine ziemlich ebene Plattform aus.

Erfrischung nach einer Babylon-Exkursion (nach Buckingham)

Auf dem zweiten Stockwerk steht noch ein einzelnes Bruchstück von Mauerwerk, welches mit der Ruine eines Turmes Ähnlichkeit hat. Von dem Grunde dieser ganzen Masse aus bis zur Basis der Ruine beträgt die Höhe 200 Fuß und vom Fuße der Ruine bis zum zerschmetterten Gipfel derselben 35 Fuß. Auf der Westseite erhebt sich die ganze Masse aus der Ebene mit einemmal in Gestalt eines ungeheuern, obschon unregelmäßigen, pyramidalen Berges, welcher an den Abhängen seiner jähen Wände durch den Zahn der Zeit und durch gewaltsame Verwüstungen zerrissen worden ist. Die südlichen und nördlichen Seiten sind gegen die Stelle hin, wo die Backsteinruine steht, ganz besonders abschussig, aber auf diesen beiden Seiten hat man eine Profilansicht des ersten Stockwerkes des Birs. An der Nordseite findet man große Massen schöner und fester Mauern aus gebrannten Backsteinen, welche aus den weit verbreiteten Schutthaufen an ihrer Basis sich erheben und offenbar zu dem untern Stockwerke dieses Riesenbaues gehört haben.

Die turmförmige Ruine auf dem äußersten Gipfel ist eine solide Masse, 28 Fuß breit, aus den schönsten gebrannten Backsteinen aufgemauert, und verrät noch deutlich, daß sie die Ecke irgendeines Gebäudes von ursprünglich viereckiger Gestalt gebildet hat, dessen Überreste auf der östlichen Seite eine Höhe von 35 Fuß und gegen Süden von 22 Fuß besitzen. Sie ist von oben her fast zur Hälfte gespalten, unstreitig durch eine große Konvulsion der Natur oder durch mächtige Zerstörungsversuche der Menschen. Die Materialien dieses Mauerwerkes sind gebrannte Backsteine, und zwar von weit dünnerer Beschaffenheit als die meisten derjenigen, welche man östlich vom Flusse findet, an jener Stelle, auf welche manche Schriftsteller die Ruinen Babylons beschränken. Der Kitt, mit welchem die Backsteine der Ruine auf dem Gipfel des Birs verbunden sind, ist so hart, daß ich mit aller Anstrengung nicht imstande war, die Backsteine an ihrer Verbindungsstelle zu trennen. Deshalb konnte ich auch nicht entdecken, ob sie auf ihrer Oberfläche Keilschrift enthielten, die man jederzeit auf der nach unten gewendeten Seite bei allen solchen Überresten des alten Babylon antrifft.

Der Kitt, durch welchen diese Backsteine miteinander verbunden waren, bestand aus einer dünnen Schicht Kalk, und mitten in dieser Schicht bemerkte man eine Lage Stroh. Das noch vorhandene Stück dieser Ruine ist mit Reihen viereckiger Öffnungen versehen, so daß Luft und Licht durch dieselben freien Zutritt erhalten, was hinsichtlich der Luft höchst notwendig gewesen sein kann, um das Innere des Gebäudes vor dem nachteiligen Einflusse der Feuchtigkeit zu schützen; denn offenbar war diese turmartige Ruine früher ein Teil irgendeiner innern Abteilung dieser großen Pyramide.

An dem Fuße dieser Mauer liegen sowohl nach Süden als nach Westen unter den kleineren Bruchstücken mehrere große unförmige Massen eines ähnlichen und trefflichen Mauerwerkes, von denen manche in den Zustand der härtesten Verglasung ganz und manche nur zum Teil übergegangen sind. An manchen dieser Massen kann man die allmählichen Wirkungen der verzehrenden Kraft noch auffinden, die eine so merkwürdige Umwandlung bewirkt hat, denn man findet Teile, welche die bunte dunkle Farbe besitzen, wie man sie an der verglasten Substanz bemerkt, die in den Glashütten umherliegt, während durch diese schrecklichen Zeugnisse des Feuers hindurch, das sie ohne Zweifel von ihrer ursprünglichen Höhe herabgeschleudert hat, die regelmäßigen Linien des Kittes sichtbar sind, der mit den Backsteinen eine solche Härte angenommen hat, daß diese Massen, wenn man an dieselben schlägt, wie Glas klingen...

In den höheren Gegenden dieser Ruine findet sich keine Spur, daß man

Birs Nimrud (nach Buckingham)

sich des Bitumens zum Verbindungsmittel bedient hätte, wohl aber weiter unten an der Grundlage der aus gebrannten Backsteinen aufgeführten Mauern und an den großen Überresten von Backsteinmauern an der Basis der Pyramide, woraus sich zu ergeben scheint, daß die chaldäischen Baumeister das Bitumen bloß an den untern Teilen ihrer Gebäude anzuwenden pflegten, um letztere vor den nachteiligen Wirkungen der Feuchtigkeit und der Nässe zu sichern, welche in diesem Lande bei den aufeinanderfolgenden Überschwemmungen des Flusses nichts Seltenes sein konnte...

Als ich die Grenzen des heiligen Areales überschritten hatte, bemerkte ich ganz in der Nähe einen großen Hügel, welcher unter den übrigen Ruinen nach dieser Richtung hin sich besonders hervorhob. Er war gänzlich mit Scherben von Töpferware und ganzen Klumpen einer schwarzen verglasten Substanz bedeckt, die in solchen Quantitäten vorhanden waren, daß hier die Öfen gestanden haben müssen, in welchen Töpferware gebrannt wurde. Bei dieser Gelegenheit muß ich einer merkwürdigen Tradition unter den Arabern Erwähnung tun, welche sich auf den großen dreieckigen Hügel östlich vom Birs bezieht und einige Verwandtschaft mit der biblischen Erzählung hat, nach welcher Nebukadnezar drei Freunde Daniels verbrennen lassen wollte, weil sie sich weigerten, das goldene Götzenbild zu verehren, welches er aufgestellt hatte. Es soll nämlich auf diesem Hügel auf Befehl des Nimrod ein schreckliches Feuer angezündet worden sein, um den Propheten Abraham hineinzuwerfen, während Nimrod dem schrecklichen Schauspiele vom Gipfel seines Turmes zugesehen habe.

Schließlich wandte sich Porter der Stadt Hilla und den Ruinen Babels zu: Türkischen Autoritäten zufolge ist die Stadt im 5. Jahrhundert der Hedschra im Distrikt des Euphrat erbaut, welchen die Araber El Ard Babel nennen. Die Stadt liegt sehr anmutig zwischen Gärten und Hainen von Dattelbäumen, breitet sich auf beiden Seiten des Flusses aus und ist durch eine elende Schiffsbrücke verbunden, die bei all ihrer Gefährlichkeit noch immer mehr Sicherheit gewährt als jene zu Bagdad. Der Teil der Stadt auf dem östlichen Ufer besteht aus einer Hauptstraße, welche den Bazar bildet und von dem kleinen und schwachen Tor nach Bagdad hin bis zum Flusse sich fortsetzt. Dieser Teil der Stadt ist in jeder Hinsicht unbedeutender als derjenige am andern Ufer. Die Straßen sind so eng wie diejenigen von Bagdad – ein notwendiges Übel heißer Himmelsstriche –, aber sie waren bei weitem schmutziger...

Zu den Ruinenhügeln, welche sich in der Nähe von Hilla noch am besten erhalten haben, gehört zuerst der Hügel Amran, den Hr. Rich in seinem Memoir on the Ruins of Babylon so nennt, weil er ein kleines Grabmal enthält, welches zu Ehren eines Mannes dieses Namens errichtet worden ist... Ein zweiter solcher Ruinenberg führt den Namen Kasr oder Palast und ist von dem vorigen an 750 englische Ellen entfernt. Ein dritter solcher von Menschenhänden aufgeführter Berg, der schon früher erwähnt worden ist, heißt Mudschelibe oder Maklube und ist anderthalb Meilen von dem vorigen gegen Norden hin entfernt. Er scheint der befestigte Palast des Königs gewesen zu sein, den die Geschichtsschreiber erwähnt haben...

Der zweite Berg, namens Kasr, hat aller Wahrscheinlichkeit und allen Umständen nach den neuern Palast Nebukadnezars und die prächtigen hängenden Gärten getragen, die selbst von griechischen Schriftstellern unter die Wunder der Welt gerechnet wurden... Die Grundlage dieses Berges bietet ein Quadrat von 400 Fuß im Gevierte dar, während sich

Verglastes Ziegelwerk beim Birs Nimrud (nach Mignan)

Terrassen zu einer Höhe übereinander erhoben, welche diejenige der Stadtmauern bedeutend übertraf. Von einer Terrasse zur andern gelangte man über Treppen, und die Terrassen ruhten, wie es sich ergibt, nicht auf soliden Massen, sondern auf Reihen von Pfeilern, die man nicht gewölbt nennen kann, weil man in keiner Art von babylonischen Gebäuden Gewölbe angetroffen hat. Diese Pfeiler erhoben sich nun übereinander bis zur verlangten Höhe jeder Terrasse und erhielten eine solide Verbindung oder Widerlage durch eine Mauer von 22 Fuß Dicke. Die Plattform der Terrasse war nun auf die Weise hergestellt, daß auf die höchsten Punkte der Pfeiler Steinplatten von 16 Fuß Länge und 4 Fuß Breite gelegt wurden. Solche Platten habe ich bei meiner Untersuchung der Ruine wirklich noch vorgefunden. Auf diese Steine wurden Binsen oder Binsenmatten gebreitet, dann eine dicke Schicht Bitumen aufgetragen; dann kamen zwei Backsteinlagen, sehr gut durch Mörtel miteinander verbunden; und alles dieses war zuletzt mit Bleiplatten überdeckt. Auf dieser künstlichen Plattform lag nun die Erde, in welcher die Pflanzen wurzelten, und um die Wurzeln ganz großer Bäume aufzunehmen, welche für die Haine dieses künstlichen Paradieses bestimmt waren (viele von ihnen besaßen, nach Quintus Curtius, einen Umfang von 8 Ellen), wurden enorme hohle Pfeiler gebaut und mit Erde ausgefüllt. Aus dem Euphrat, welcher am Fuße dieses Riesenbaues vorbeifloß, wurde mittelst einer Wasserleitung und einer auf der obersten Terrasse angebrachten Maschine das Wasser emporgehoben, welches dann seinen wohltätigen Einfluß über den ganzen Garten verbreitete. Von den Pfeilern, welche die Plattform der Terrassen getragen haben, findet man noch immer Überbleibsel. Sie haben in der Regel eine Stärke von 8 bis 9 Fuß, und ihre Materialien sind so stark miteinander verkittet und zugleich die Backsteine von der feinsten Art, daß man sie nicht zu trennen vermag. Sie haben eine ganz blaßgelbe Farbe und dabei ein so frisches Aussehen, als ob sie ein Produkt der neueren Zeit seien. Nach vieler Mühe gelang es mir endlich, mehrere Backsteinstücke von einem großen Bruchstücke, daß von einer Mauermasse herabgestürzt war, abzuschlagen, und indem ich sie von der Mörtelschicht reinigte, entdeckte ich ganz deutlich, daß die Backsteine eine siebenzeilige Keilschrift besaßen, woraus sich das hohe Alter dieser Ruinen aufs deutlichste ergibt. Der gänzliche Mangel der Gewölbe sowohl in diesen Gebäuden des alten Babylons als auch in ähnlichen großen uralten architektonischen Überresten in Ägypten und Elam sind unfehlbar ein schlußgerechtes Argument für die gleichzeitige Entstehung dieser Bauten.

Wendet man sich nach der nördlichen Seite des Kasr, so findet man unter den Ruinen und auf einer Art von rückenförmiger Erhöhung den berühmten einzeln stehenden Baum, welchen die Araber Athele nennen. Seine Spezies ist in diesem Lande ganz fremd; aber zwei meiner Bedienten aus Bender Buschire *(einem Hafenort an der Nordküste des Persischen Golfs)* erzählten mir, daß sie in ihrem Vaterlande mehrere solcher Bäume gesehen hätten, wo sie den Namen Gaz oder Guz führen, und daß diese Bäume ein sehr hohes Alter erreichen... Dieser Baum wird von den Arabern als heilig verehrt, und es besteht unter ihnen die Tradition, daß ihn der Allmächtige hier von den frühesten Zeiten an erhalten habe, um in späteren Jahren dem Chalifen Ali Schutz zu gewähren, der unter seinem Schatten nach der Schlacht von Hilla, bis zum Tode ermattet, eine sichere Ruhe fand. Diese Schlacht ist nun so kurze Zeit nach dem Tode Mohammeds vorgefallen, daß, wenn man der übrigen Erzählung einigen Glauben schenken darf, der Baum bereits über 1000 Jahre alt sein muß; da seine Art in diesem ganzen Teile des Landes nicht angetroffen wird, so läßt sich die Annahme wohl entschuldigen, daß er noch aus den alten königlichen Gärten Babylons stamme, dessen Haine sonst diese Gegend beschatteten.

Ich nahm einige seiner schönen Zweige mit, die eine Ähnlichkeit mit Reiherfedern besaßen, und noch andere Dinge, welche ich durch angestellte Nachgrabungen in diesen interessanten Ruinen gesammelt hatte. Die interessantesten waren ein großer Zylinder von gebranntem Ton und mit Keilschrift bedeckt; ein schön geschnittener Achat, der als Siegel gedient haben mußte und auf welchem ein Priester, umgeben von verschiedenen Symbolen der Verehrung, abgebildet war; ein kleiner Hund aus Bronze, mit einem Halsbande aus gediegenem Gold um seinen Hals. Diese Figur hatte etwa 3 Zoll Höhe. Es ist kaum glaublich, welche endlose Menge interessanter Gegenstände des Altertums von Zeit zu Zeit aus diesen großen Ruinenhaufen ausgegraben werden und welche durch ein seltsames Geschick fast immer in die Hände der Nachkommen Israels gelangen, die doch im Lande Schinar *(Babylonien)* Fremdlinge sind...

Mein Zweck war es auszumitteln, ob nicht auf dem westlichen Ufer Spuren, und wenn auch nur geringe, von ehemaligen Gebäuden und besonders in einer parallelen Richtung mit jenen vorhanden seien, welche ich am östlichen Ufer untersucht hatte...

Nachdem ich die Ebene durchstrichen hatte, um noch mehr Trümmerhügel zu entdecken, wendete ich mich endlich, in meinen Erwartungen getäuscht, nach Südwesten und nahm den Birs Nimrud zum Zielpunkt. Nachdem ich in dieser Richtung eine Meile weiter geritten war, verschwand endlich die geringe Vegetation, welche wir bis hierher bemerkt hatten, und der Boden war nun völlig dürr und kahl. Auf dieser ganzen Oberfläche findet man deutliche Spuren, daß sie einst mit Gebäuden bedeckt gewesen ist; diese Indikationen vermehrten sich mit jedem Schritt, bis wir endlich, nachdem wir diese Beweise über eine englische Meile weit gefunden hatten, zahlreiche und deutlich hervortretende Schutthügel antrafen. Der ansehnlichste darunter hatte 35 Fuß Höhe, und vom höchsten Punkte aus entdeckte ich, daß die ganze Gegend nach Norden und nach Süden über 1 Meile weit dasselbe hügelartige Aussehen besitze; auch zeigten sich in reichlicher Menge die Trümmer ehemaliger Wohnungen, die in allen babylonischen Ruinen einen so eigentümlichen Charakter besitzen. Hier waren ohne Zweifel Spuren von einem sehr ansehnlichen Gebäude vorhanden. Der Umfang der Trümmerhaufen und des mit Ruinen bedeckten Bodens schien über zwei englische Meilen zu betragen; auch nach Südwesten hin hörten, wie ich mich überzeugte, diese Schutthaufen noch 1 Meile weiter nicht auf. Ich halte es für möglich, daß ich hier die Lage des alten oder des kleineren Palastes gefunden habe, in welchem wahrscheinlich Alexander einst seine Wohnung aufgeschlagen hatte, während er die Ruinen des zertrümmerten Tempels des Belus am Fuße des Birs durch seine Soldaten wegräumen ließ. Während dieser Arbeit, und nachdem bereits fast zwei Monate darauf verwendet worden waren, starb er, wie uns erzählt wird; aber noch vor diesem Ereignis befahl er, ihn aus seiner Wohnung auf der einen Seite des Flusses in seinen Palast am andern Ufer zu bringen. Da nun der Palast zum östlichen Ufer unter den beiden der prächtigere war, so läßt es sich kaum bezweifeln, daß der Eroberer in demselben eigentlich seine Wohnung aufgeschlagen hatte, und man darf daraus folgern, daß an irgendeiner Stelle der jetzigen Ruinen des Kasr der makedonische Held verschieden sei.

Nachdem wir diesen ersten und ausgebreiteten Strich von Schutthaufen verlassen und unsere Exkursion eine englische Meile weit in südwestlicher Richtung fortgesetzt hatten, kamen wir durch hohes Gras und Unkraut, fanden weiterhin die Ebene wieder dürr und kahl und eine Menge wellenförmiger Hügel, jedoch von geringerer Höhe als die zuletzt beschriebenen. Über eine halbe Meile weit lagen diese Ruinen ringsum. Nachdem wir auch hier unsere Untersuchungen angestellt hatten, kamen wir auf kultivierten Boden, der sich über eine englische Meile weit ausbreitete, und endlich an die Eindeichung eines Kanals, den wir passierten; noch eine halbe englische Meile weiter erreichten wir einen großen Hain von Dattelbäumen, in dessen Mitte das Dorf Thamasia lag. Wir hielten hier nicht an, sondern ritten zwei englische Meilen weit über kultivierte Ländereien und hohes Gras, bis sich endlich ein weiter Landstrich vor uns öffnete, welcher wiederum mit all den kleinern Spuren ehemaliger Gebäude bedeckt war, die wir beinahe eindreiviertel Meilen weit bis zum Birs Nimrud überall bemerkten.

Diese Überbleibsel scheinen, meiner Ansicht nach, nicht nur die Tatsache zu begründen, daß ein Teil der Stadt Babylon auch in der Ebene am westlichen Flußufer gelegen, sondern auch, daß der Birs Nimrud (der Tempel des Belus) wirklich in einem Viertel der Stadt gestanden hat...

22. November. Noch ein anderer merkwürdiger Punkt lag ziemlich weit vom östlichen Ufer des Euphrat, und mit meiner Bedeckung brach ich diesen Morgen auf, um meine Untersuchungen nach dieser Seite hin fortzusetzen. Die Bergmasse, von welcher ich spreche, führte den Namen Al Himer *(El Oheimir)*...

Babylon und Umgebung (nach Mignan)

Die Entfernung von Al Himer bis zum Euphrat, die gegen 8 englische Meilen beträgt, beweist zweifellos, daß dieser Ort nicht innerhalb der Ringmauern des alten Babylon gelegen hat; aber alles übrige zeugt dafür, daß seine Gebäude aus der babylonischen Zeit stammen. Mag es nun ein besonderer Ort oder ein prächtiges Außenwerk des großen Babylon gewesen sein, so bleiben dennoch seine beiden großen Schutthaufen wie auch die konische Bergmasse selbst äußerst interessante Gegenstände der Untersuchung für den Altertumsforscher.

1827 brach der Captain Robert Mignan, *der Chef der militärischen Eskorte, die dem Residenten der East India Company in Basra beigegeben war, zu einer neuartigen, ergiebigen Erkundung auf. Zu Fuß zog er durch die damals noch wenig erforschte Gegend zwischen Basra und Hilla. Auch die Ruinen von Babylon unterzog er einer weiteren Prüfung. Er ließ sich Zeit und versuchte sogar, durch kleinere Grabungen den Inhalt der Haupthügel zu erschließen. Es ging ihm vor allem darum, Beweise für die von seinen Vorgängern z. T. abweichenden Identifizierungsversuche der einzelnen Stellen zu finden.*

Ich ließ dreißig Leute den Schutt wegräumen, und wir gruben auf der Westseite *(des Kasr)* 20 Fuß tief, bis wir die Ziegel erreichten, bei denen Bitumen allein als Bindemittel gefunden wurde. Hier machte es mir keine Mühe, sie mit einer Art Spitzhacke herauszuholen. Die pfeilköpfige oder keilförmige Schrift war auf allen eingedruckt, unterschied sich aber in bezug auf die Anzahl der Zeilen. Sie wechselten von drei bis zehn Zeilen; die erste Anzahl kam am häufigsten vor, die letzte am seltensten.

Die Schrift war auf diesen Ziegeln tiefer eingegraben als auf allen andern, die ich antraf. Ich fand einen mit babylonischer Schrift sowohl auf der Vorderseite als auch auf der Schmalseite, aber leider war er zerbrochen...

Als ich am Fuß des Pilasters eine Fläche von zwölf Fuß im Quadrat reinigte, legte ich eine Plattform aus Ziegelsteinen frei, die mit Bitumen gut verbunden waren; jeder Ziegel maß 19¾ Inch *(ungefähr ½ m)* im Quadrat und war 3½ dick; die Schriftzeichen befanden sich auf der Schmalseite statt auf der Vorderseite. Ich wage zu behaupten, daß diese Ziegel die größten bis jetzt gefundenen sind, denn alle, die früher diesen ehrwürdigen Ort besucht und beschrieben haben, stimmen darin überein, daß die größten nur 14 Inch im Quadrat messen...

Als wir die Erde, die wir von dieser guterhaltenen Plattform entfernten, einer sehr sorgfältigen und ermüdenden Untersuchung unterzogen,

Inschriften auf Ziegeln (nach Mignan)

wurden meine Bemühungen durch den Fund von vier Zylindern belohnt, von drei Gemmen, mehreren Silber- und Kupfermünzen,die zuerst wie viele schwarze Steine aussahen, weil sie so dick mit Grünspan überzogen waren. Als ich eine der Kupfermünzen reinigte, fand ich heraus, daß es eine Alexanders des Großen war. Die andern waren solche der syrischen *(seleukidischen),* parthischen, römischen und kufischen *(arabischen)* Dynastien, in bestem Erhaltungszustand.

In einem unerforschten Gang auf der Ostseite des Kasr fand Mignan als erster Europäer einen großen, beschrifteten Tonzylinder in situ; er hatte eine Länge von 9 Inch und einen Durchmesser von 16.

James Baillie Fraser *unternahm als erster vom 24. Dezember 1834 bis zum 22. Januar 1835 eine Reise durch die Sumpfgebiete südöstlich von Babylon, in denen er viele noch unbekannte Ruinenhügel entdeckte; ihre Erforschung sollte bald beginnen, aber – man denke an die Ausgrabungen von Ur unter Woolley – noch bis weit ins 20. Jahrhundert hinein zu erstaunlichen Ergebnissen führen.*

Die Aufgabe der berühmten Euphratexpedition unter Oberst Francis Rawdon Chesney *(1835–37) war es, festzustellen, ob und wie weit der Euphrat schiffbar sei und als Handelsweg nach Indien in Frage komme. Trotz der großen Schwierigkeiten – eines der beiden Schiffe ging sogar bei einem fürchterlichen Sturm unter – konnten der Euphrat von einer Stelle etwa auf der Höhe von Aleppo aus bis zur Mündung und dann der Tigris flußaufwärts bis über Bagdad hinaus befahren werden. Ein bedeutendes Ergebnis dieser Fahrten stellen die ersten recht zuverlässigen Karten der Ufergebiete beider Wasserläufe dar.*

William Francis Ainsworth, *ein Mitglied der Expedition, berichtet auch über den kurzen Besuch der Ruinenhügel von Babylon. Unter anderm heißt es:* Einige Offiziere der Expedition hatten nahe bei der Ruine des Kasr eine rohe Skulptur von kolossalen Ausmaßen ausgegraben, die Rich als einen Löwen bezeichnet hatte, die sie aber eher für einen Elefanten mit abgebrochenem Rüssel hielten.

1849 wurde der britische Geologe William Kennett Loftus *damit beauftragt, bei der Festlegung des genauen Grenzverlaufs zwischen der Türkei und Persien mitzuwirken. Als er zum erstenmal die babylonischen Sumpfgebiete aufsuchte, wo er später sehr erfolgreich in den Ruinenhügeln der bedeutenden Stadt Warka (Uruk) grub, war sein erstes Ziel Babylon. Loftus besuchte den Platz zwar vor den wichtigen Untersuchungen Layards und Fresnels, schrieb aber seinen Bericht erst nach Bekanntwerden ihrer Grabungsergebnisse.*

Die Entfernung zwischen Bagdad und den Ruinen von Babylon beträgt ungefähr 15 Meilen über eine unfruchtbare Wüstenstrecke. Große Karawansereien gewährleisten in bequemen Abständen die Sicherheit der Reisenden vor den umherstreifenden Beduinen ... Während des langen Sommers sind diese Karawansereien häufig von Pilgern auf ihrem Weg zu den Heiligtümern überfüllt. Jede Karawane bringt eine Menge filzbedeckter Särge mit, in denen Leichen liegen, die man in den heiligen Friedhöfen begraben wird. Wenn Pilger, Särge und Tiere jede Nacht – oder jeden Tag, wie es vorkommen kann – zusammen in den Karawansereien eingeschlossen sind, kann man sich vorstellen, daß die Luft, mit

Mauerreste und der Baum Athle (nach Mignan)

schädlichen Gasen geschwängert, ringsum Tod und Vernichtung verursacht. Man schätzt, daß in gesunden Zeiten ein Fünftel der Reisenden, von Fieber und andern Krankheiten überwältigt, sein Grab in der Wüste findet, während in Zeiten der Cholera und andern Epidemien die Zahl derer, die nicht in ihre weit entfernte Heimat zurückkehren, viel größer ist.

Früher wurden die weiten Ebenen Babyloniens von einem komplizierten System von Kanälen und Wasserläufen genährt, die wie ein Netz den Boden der Gegend überzogen. Die Bedürfnisse einer dichten Bevölkerung wurden von einem fruchtbaren Boden gestillt, der nicht weniger freigebig war als die Ufer des ägyptischen Nil. Inseln gleich, sich über ein goldenes Meer von wogendem Getreide erhebend, standen viele Palmenbäume und erquickende Gärten, die dem Müßiggänger oder dem Reisenden ihren angenehmen und hochgeschätzten Schatten spendeten. Zahllose Passanten eilten über die staubigen Straßen zur geschäftigen Stadt oder aus ihr heraus. Das Land war reich an Getreide und Wein. Wie verändert sieht heute die Gegend aus! Lange Erdwälle – das ist die Wahrheit! – bezeichnen den Verlauf jener Hauptadern, die einst ihren Ufern entlang Leben und Pflanzenwuchs verbreiteten; aber ihr Bett ist jetzt der Feuchtigkeit beraubt und verstopft mit hereingewehtem Sand; die kleinen Ausläufer sind gänzlich verschwunden. »Eine Dürre ist über ihren Wassern«, sagt der Prophet, »und sie werden austrocknen« (Jeremia 50,38). Alles, was von dieser Kultur übriggeblieben ist – dem »herrlichsten unter den Königreichen«, »dem Ruhm der ganzen Erde« –, ist noch zu erkennen an den zahlreichen zerfallenden Ziegel- und Schutthaufen, die den Boden der Ebene bedecken. Anstelle der üppigen Felder, Haine und Gärten sieht jetzt das Auge nichts anderes als eine weite Einöde – die dichte Bevölkerung früherer Zeiten ist verschwunden, und niemand wohnt hier. An Stelle des Gewirrs der vielen Stimmen herrscht tiefes Schweigen, außer wenn einige wenige vorbeikommende Reisende oder umherstreifende Araber über die Szene huschen. Vernichtung hat das Land leergefegt, und Menschenhand ist zum Werkzeug geworden, mit dessen Hilfe Gott seine Bestrafung ausgeführt hat...

Zwischen Chan-i-Zad und dem kleinen Dorf Mohawil gibt es nichts Interessantes für einen Reisenden, aber bald nach den Dattelbäumen und dem modernen Kanal des letzteren Ortes gewährt ein niedriger Erdwall von seiner Anhöhe aus den ersten Blick auf die Ruinen von Babylon. Wahr sprach der Prophet in bezug auf diese Stadt: »Babylon wird ein Trümmerhaufen, ein Ort des Entsetzens und des Spottes, wo niemand wohnt« (Jeremia 51,37). Erdwälle allein bleiben von der Herrlichkeit übrig, von der die Bibel so oft spricht und die auf den Seiten Herodots so ausführlich beschrieben wird. Wer kann in diesen formlosen Haufen, die den Verwüstungen der Zeit und der zerstörerischen Menschenhand während zwanzig Jahrhunderten ausgesetzt waren, irgend etwas von der einstigen Größe erkennen?...

Die noch heute vorhandenen Ruinen liegen auf dem östlichen Ufer des Euphrat und sind in einem unregelmäßigen Dreieck eingeschlossen, das von zwei Wällen und dem Fluß gebildet wird; der Platz ist etwa 8 Meilen weit. Dieser Raum enthält drei große Gebäudemassen: den hohen Haufen ungebrannten Ziegelwerks, von Rich ›Mudschelibe‹ genannt, den Arabern aber als ›Babil‹ bekannt; das ›Kasr‹ genannte Gebäude – den ›Palast‹ – und einen hohen Erdhügel, auf dem das jüngere Grab von Amran ibn Ali steht. Auf dem westlichen Ufer des Euphrat gibt es einige wenige Spuren von Ruinen, aber keine von hinreichender Bedeutung, um den Eindruck

William Kennett Loftus

eines Palastes zu erwecken. Man wird deshalb bemerken, daß die alten und heutigen Beschreibungen von Babylon nicht übereinstimmen, außer wir hätten die Erdhaufen innerhalb des erwähnten dreieckigen Raums als einen einzigen Palast und seine Nebengebäude anzusehen. Wenn dem so wäre, wo müßten wir die Mauern Babylons von 15 Meilen im Quadrat suchen? Es wurde vorgeschlagen, daß wir die Schwierigkeit dadurch überwinden, daß wir den großen Turm von Birs Nimrud im Süden und den konischen Hügel von El Heimar *(El Oheimir)* im Osten als zwei Ecken eines weiten Vierecks betrachten; aber wir haben leider keinen Hinweis auf das Vorhandensein irgendwelcher Mauern um das auf diese Weise abgesteckte Viereck.

Es sind verschiedene Gründe für das vollständige Verschwinden der Mauern und eines so großen Teils der Gebäude zu nennen. Vor mehr als 2300 Jahren ließ Dareios, der Sohn des Hystaspes, sie nach einer Rebellion der Stadt zerstören (Herodot 3,159) und brachte so die Erfüllung der Prophezeiung herbei: »Die Mauer Babylons wird fallen«; »seine Mauern werden niedergerissen«; »die breiten Mauern werden geschleift bis auf den Grund« (Jeremia 51,44.58; 50,15). Während jener Epoche wurden die Ruinen außerdem als ein unerschöpflicher Ziegelsteinbruch verwendet; Stadt um Stadt wurde aus seinen Bestandteilen gebaut. Ktesiphon, Kufa, Kerbela, Hilla, Bagdad und zahlreiche andere Orte – sie selbst heute kaum noch von Bedeutung – bezogen ihre Ziegel aus Babylon. Die Fluten des Euphrat und die Winterregen trugen ebenfalls dazu bei, die Bauten zu begraben und zu zerstören. Alle diese Kräfte vereinigten sich, um Babylon zu einem Begriff der Schande und der Schmach unter den Völkern zu machen. Rich und erst neulich Fresnel und Layard bemühten sich, durch Ausgrabungen den vorhandenen Hügeln einige Auskünfte zu entreißen. Aber sie trafen ein derart unentwirrbares Durcheinander an, daß sie ihre mehrfachen Versuche verzweifelt aufgaben.

Meiner Meinung nach – und ich habe die Ruinen vier verschiedene Male untersucht – ist es gänzlich unmöglich, auch nur einen einzigen Punkt in ihnen als die Überreste irgendeines jener prächtigen, von den frühen Historikern beschriebenen Paläste anzusehen. Rich, dessen Bericht und Vermessungen ein Vorbild für eine sorgfältige Untersuchung darstellen, hat sich und andere durch seine Begeisterung, gewisse Teile der Ruinen mit den Beschreibungen Herodots in Übereinstimmung bringen zu wollen, irregeleitet. Ich gebe zu, daß es ein sehr vergnügliches Thema ist, darüber nachzudenken, aber es ist völlig hoffnungslos, bei diesem zeitlichen Abstand irgendeinen Plan der alten Stadt zu zeichnen, wie sie in ihrer Größe und Herrlichkeit ausgesehen hat.

Es darf aus diesen Bemerkungen nicht geschlossen werden, daß ein Zweifel darüber besteht, daß die fraglichen Ruinen mit denen des biblischen Babylon zu identifizieren sind. Es gibt keine zwei verschiedenen Meinungen zu diesem Thema. Unabhängig von der Tatsache, daß die allgemeine Überlieferung diese Örtlichkeit als Standort der babylonischen Hauptstadt anspricht, kann kein anderer Platz so sicher bestimmt werden...

Es wäre nutzlos, hier auf eine detaillierte Beschreibung der Ruinen einzugehen, weil die Werke von Rich und Layard jede Auskunft geben, die zu diesem Thema bekannt ist; und auf sie müssen meine Leser verwiesen werden.

Der Hügel Babil (nach Mignan)

10. Layards Bemühungen

Mit Sir Austen Henry Layard *beginnt für Babylon die Periode kleinerer, planmäßiger Ausgrabungen. Er kam als Nachkomme einer in England ansässigen Hugenottenfamilie 1817 in Paris zur Welt, verlebte einen großen Teil seiner Jugend in Frankreich, in der Schweiz und in Italien. Das in London begonnene Leben eines Juristen behagte ihm nicht. Es verlangte ihn danach, die Wunder des Morgenlandes, von denen er begeistert gelesen hatte, mit eigenen Augen zu sehen. Er begann ein abenteuerliches Reiseleben im Vorderen Orient, begab sich etwa auf einen gefährlichen Ausflug zu den herrlichen Felsruinen von Petra und lernte viele bedeutende Persönlichkeiten kennen, so auch Ainsworth, ein Mitglied der Euphratexpedition, oder 1842 den französischen Konsularagenten Paul Emile Botta, der eben die ersten Versuchsgräben in Kujundschik (Ninive) anlegte, und mit dem er seither befreundet blieb. Während Botta in Chorsabad den assyrischen Ort Dur Scharrukin entdeckte (1843) und ausgrub, konnte Layard in Nimrud, der assyrischen Stadt Kalach, 1845 mit seinen ergebnisreichen Ausgrabungen beginnen, deren erste Etappe 1847 abgeschlossen wurde. Doch bereits 1849 erhielt Layard vom Britischen Museum den Auftrag, eine zweite Forschungsreise ins alte Assyrien zu unternehmen. Unterstützt von seinem Assistenten Hormuzd Rassam, einem chaldäischen Christen aus Mosul, legte Layard jetzt planmäßig Gräben an, um Kujundschik und Nimrud gründlicher zu durchforschen.*

Zwischendurch lockten ihn jedoch die Ruinen des südlichen Mesopotamien zu Untersuchungen, und er reiste den Tigris abwärts gegen Bagdad. Lesen wir eine treffende Bemerkung über eine Ruine aus der Zeit der Chalifen: Am östlichen Ufer des Flusses erhebt sich jetzt ein etwa 200 Fuß hoher Turm. Ein Weg, der sich an der Außenseite desselben schneckenförmig emporwindet, erinnert an die üblichen phantastischen Abbildungen des Turmes zu Babel. Hier lag die alte Stadt Samarra.

Am 26. Oktober 1850 erreichte Layard Bagdad. Die einzigen Überreste aus der babylonischen Zeit, die man bisher innerhalb der Stadtmauern entdeckt hat, sind die Ruinen eines ungeheuren Abzugsgrabens oder unterirdischen Ganges aus großen viereckigen Ziegeln mit dem Namen Nebukadnezars; der hohe Haufen von ungebrannten Backsteinen, zwischen

Ruinen auf dem Hügel Kasr (nach Mignan)

denen Schichten von Rohr und Schilf liegen, Akar Kuf genannt, der sich jetzt mitten in einem Sumpfe westlich vom Tigris erhebt, etwa 4 oder 5 Meilen von den Toren der Stadt entfernt, ist oft beschrieben worden. Während meines Aufenthaltes war es wegen des Schlammes schwer, zu dieser Ruine zu gelangen, und da sie nichts weiter ist als eine Masse von Lehmmauern, so dürften hier unternommene Ausgrabungen kaum zu interessanten oder wichtigen Resultaten geführt haben.

Die Umgebung von Bagdad wimmelte von Beduinen und anderen Stämmen, die im offenen Aufruhr gegen die Regierung waren, und es verging daher längere Zeit, ehe ich die Stadt verlassen konnte, um die Ruinen von Babylon zu besuchen. Um keine Zeit zu verlieren, ließ ich von den Dschebur-*Arabern*, welche mit mir von Mosul gekommen waren, in einigen Hügeln auf dem östlichen Tigrisufer, nahe dem Stadttore, Ausgrabungen vornehmen. Der größte dieser Hügel wird Tell Mohammed genannt *(heute Tell Abu Harmal)* und liegt etwa 4 englische Meilen von Bagdad, nicht weit von dem arabischen Dorfe Gherara. Hier wurde nichts weiter von Interesse entdeckt als einige hohle Kugeln aus Bronze, auf denen der Name des Königs in babylonischer Keilschrift eingegraben war, nebst einigen rohen Bildern der assyrischen Venus aus gebranntem Ton, wie man sie in den meisten Ruinen aus dieser Periode findet, ein Paar bronzene Beinringe, einige Gefäße aus Terrakotta und dergleichen. Auch wurden Grundmauern aus Ziegeln bloßgelegt, an denen aber keine Spur von Skulptur oder Inschriften war.

Erst am 5. Dezember konnte ich Bagdad verlassen. Ich hatte wieder mit meinem alten Feinde, dem Wechselfieber, zu kämpfen gehabt, und die Umgebung wurde noch immer von den Arabern besetzt gehalten: zwei Gründe, die mich innerhalb der Tore zurückgehalten hatten ...

Die Sümpfe, welche durch den Saklawija, einem anderen großen vom Euphrat abgeleiteten Kanal, gebildet wurden, reichten beinahe bis an die Mauern der westlichen Vorstadt von Bagdad und unterbrachen nicht allein die Verbindung zu Lande, sondern verbreiteten auch in der Stadt schädliche Dünste und Krankheit. Um auf die Straße nach Hilla zu gelangen, mußten wir einen Umweg von einigen Meilen machen, der bald durch Gräben führte, die mit Wasser und tiefem Schlamme angefüllt waren, bald wieder auf baufälligen Schiffsbrücken über breite Flüsse. Fast drei Stunden waren wir schon zu Pferde gewesen, bis wir durch das gewölbte Tor des Chan-i-Zad, der ersten bewohnbaren Karawanserei auf dieser Straße, ritten.

Austen Henry Layard

Die großen Karawansereien oder Chane auf der Heerstraße zwischen Bagdad und den heiligen Städten sind schöne und feste Gebäude. Sie sind von persischen Königen oder reichen und frommen Männern dieser Nation zur Bequemlichkeit der Pilger erbaut worden. Sie bestehen in der Regel aus einem großen offenen Viereck mit zwei Estraden aus Ziegeln, wo die Reisenden im Sommer schlafen; die Estraden sind von kleinen Gemächern oder Zellen umgeben, die im Winter als Schlafstätten dienen. Hinter diesen sind rings um das ganze Gebäude Ställe für die Pferde und in den Ställen zu beiden Seiten wieder Zellen für die Reisenden. Diese Chane sind hauptsächlich aus Ziegeln gebaut, die man in den alten Ruinen ausgegraben hat, von denen es in der Gegend sehr viele gibt. Gewöhnlich liegen sie etwa 6 (engl.) Meilen auseinander...

Die Ebenen zwischen Chan-i-Zad und dem Euphrat sind von einem vollständigen Netze alter Kanäle und Wasserleitungen durchzogen; aber »Trockenheit ist kommen über die Wasser Babylons, und sie sind versiegt« (Jeremia 50,38). Ihre hohen Eindämmungen, die sich zu beiden Seiten in langen Linien hinziehen, bis sie sich in dunkler Ferne verlieren oder durch Luftspiegelung zu Gebirgen vergrößert erscheinen, trotzen noch der Zeit und scheinen mehr ein Werk der Natur als menschlicher Hände. Die Oberfläche des Landes ist mit Hügeln und ungestalten Erdhaufen, den Überresten alter Städte und Dörfer, übersät...

Die Stadt Hilla lag etwa 18 (engl.) Meilen von den türkischen Zelten entfernt, weiter unten am Euphrat. Wir mußten den längsten Weg am östlichen Ufer des Flusses nehmen, weil die Araber die Gegend am westlichen Ufer unsicher machten. Zwischen Museijib und den Ruinen von Babylon findet sich eine Unzahl ausgetrockneter Kanäle und alter Erdhügel. Einige Dörfer, von Palmenhainen umgeben, liegen an den Ufern des Euphrat und an den Kanälen, welche noch das Wasser des Flusses in das Herz von Mesopotamien leiten. Nachdem wir einige Stunden geritten waren, erblickten wir gegen Süden einen ungestalten Hügel. Als wir näher kamen, erkannten wir an seinem flachen, tafelförmigen Gipfel und den senkrecht abfallenden Seiten, die sich plötzlich aus der alluvialen Ebene erhoben, daß er seine Entstehung menschlichen Händen verdankt und nicht eine natürliche Erhöhung ist. Zuletzt konnten wir ringsum große Eindämmungen unterscheiden, die Überreste von Mauern und Kanälen. Nach und nach, als die Karawane weiter vorrückte, nahm die Ruine eine bestimmtere Gestalt an. Es war der Hügel Babil, welchen die Reisenden unter dem Namen Mudschelibe kennen, wie ihn jedoch die jetzigen Einwohner des Landes nicht mehr nennen.

Dies ist die erste Ruine, die man erblickt, wenn man von Norden her nach Babylon kommt. Weiterhin ziehen sich lange Reihen von Palmen wie ein Saum dem Euphrat entlang, der sich jetzt mitten durch die alte Stadt windet. Dem großen Hügel von Babil folgen lange wellenförmige Haufen aus Erde, Ziegeln und Tonscherben. Eine einzeln stehende Masse aus Ziegelmauern, die sich auf der Spitze des größten Hügels erhebt, ist die Ruine, welche die Araber unter dem Namen »Mudschelibe«, d. h. die »Eingestürzte«, kennen. (Diese Ruine nennt Rich und nach ihm andere Reisende, welche diesen Ort besuchten, den Kasr.)

Andere ungestalte Schutthaufen bedecken mehrere Morgen der Oberfläche des Landes. Die hohen Ufer alter Kanäle durchschneiden das Land gleich natürlichen Bergrücken. Manche sind längst mit Sand verschüttet, andere führen noch das Wasser des Flusses nach fernen Dörfern und Palmenhainen. Zu allen Seiten ist der eigentümlich salpeterhaltige und weiße Boden mit Stücken von Glas, Marmor, Tonscherben und beschriebenen Ziegeln vermischt, die von den Überresten alter Wohnungen herrühren und die Vegetation hemmen oder vernichten und die Stelle des

Eine Moschee in Bagdad

alten Babylon zu einer kahlen und schrecklichen Wüste machen. Eulen fliegen aus den dünnen Gebüschen auf, und der häßliche Schakal lauert in den Löchern. »Babel, das schönste unter den Königreichen, die herrliche Pracht der Chaldäer, ist umgekehrt worden von Gott, wie Sodom und Gomorra, daß man hinfort nicht mehr da wohne, noch jemand da bleibe für und für ... Eulen singen in ihren Palästen und Drachen in den lustigen Schlössern« (Jesaja 13,19.22).

Auf der gelben Ebene sah man einzelne schwarze Zelte und Herden von Schafen und Kamelen. Sie gehörten größtenteils den Zobeidi, einem alten Stamme, der in der Geschichte der arabischen Eroberer unter den ersten Chalifen berühmt geworden ist und jetzt seine Herden in den Wüsteneien Babyloniens weidet. Zu diesem Stamme gehörte die berühmte Gemahlin Harun ar Raschids, »die Zobeide«, wie sie ihrer Abkunft nach genannt wurde. Von Amran, dem letzten großen Hügel, windet sich eine Straße durch dichte Palmenhaine. Ein Ritt von etwa drei Stunden in angenehmem Schatten bringt den Reisenden an das Falltor der

Stadt Hilla. Ein armseliger Bazar, wo sich Araber, Kamele und Esel aneinanderdrängen, führt zu einer Schiffsbrücke über den Euphrat. Der Hauptteil der Stadt mit dem Fort und der Residenz des Statthalters ist auf der anderen Seite des Flusses. Wir wandten uns jedoch nach links, da unsere Wohnung am westlichen Ufer bereitgehalten wurde. Eine Abteilung irregulärer Truppen, die mir entgegengeschickt worden war, führte meine Karawane zu einem geräumigen Hause dicht am Rande des Flusses, welches einer der vornehmsten Familien des Ortes gehörte. Es war einmal reich möbliert gewesen, aber die schön im persischen Stil verzierten Zimmer waren jetzt ganz verlottert. Der kalte Wind pfiff durch die verwitterten Holzgitter der Fenster, denn an Glas war nicht zu denken, die zerbröckelnde Decke war dem Einsturz nahe, und der Fußboden drohte unter uns zusammenzubrechen. In dieser baufälligen Wohnung schickten wir uns an, einen Teil des Winters zuzubringen.

Als ich in Hilla ankam, war meine erste Sorge, mich mit den vornehmsten Einwohnern der Stadt sowie mit dem türkischen Befehlshaber der kleinen Besatzung, welche in dem aus Lehm gebauten Fort lag, in freundschaftliches Einvernehmen zu setzen. Osman Pascha, der Oberbefehlshaber, nahm mich sehr höflich und freundlich auf und leistete mir während der ganzen Zeit meines Aufenthalts alle nötige Hilfe. Bei meinem ersten Besuch machte er mir zwei Löwen zum Geschenk. Der eine war ziemlich ausgewachsen und in den Bazars und Durchfahrten zu Hilla, in denen man ihn ungehindert umhergehen ließ, wohlbekannt. Die Einwohner hatten sich über nichts weiter an ihm zu beklagen, als daß er von den Verkaufsständen der Fleischer Besitz nahm, die sich, sobald er sich zeigte, schnell davonmachten und ihm ungestört ihre Vorräte überließen, bis er seinen Hunger gestillt hatte und es für gut fand, sich wieder zu entfernen. Zuweilen erwartete er auch die Ankunft der großen Guffas, d. h. der Boote aus Weidengeflecht, der Fischer, trieb die Inhaber hinaus und fraß von einer Art großer Barben, an denen er besonderen Geschmack zu finden schien. Wegen dieser Plünderungen war wohl das Tier weniger zu tadeln als der Pascha, der es eben nicht ungern zu sehen schien, daß es sich auf diese etwas zweideutige Weise seine tägliche Ration verschaffte, weil ihm dadurch wenigstens die Fleischerrechnung erspart wurde. Wenn der Löwe nicht mehr hungrig war, legte er sich in der Sonne nieder und erlaubte den arabischen Knaben alle möglichen Freiheiten, die sie in ihrem Mutwillen aussinnen mochten. Er war größer und höher als ein Hund vom St. Bernhard ...

Hilla hat etwa acht- bis neuntausend Einwohner. Einige halbverfallene Moscheen und öffentliche Bäder sind die bedeutendsten Gebäude. Auf dem Bazar der Stadt versorgen sich die Araber der Wüste mit Kleidungsstücken, Waffen, Kaffee, Getreide; auch findet man dort gewöhnliches Fabrikat von Manchester und englische Stahl- und Kurzwaren. Der Euphrat fließt durch die Stadt und ist gegen 200 Yard breit und 15 Fuß tief; ein herrlicher Fluß, mit einer ruhigen Strömung und ganz zur Dampfschiffahrt geeignet. Die Häuser sind hauptsächlich aus Ziegeln und Backsteinen gebaut, die man aus den Ruinen des alten Babylon genommen hat, und klein und schlecht. Rings um die Stadt und einige Meilen oberhalb und unterhalb sind Palmenhaine, die zu beiden Seiten des Flusses einen breiten Saum bilden. In der Ebene gegenüber der Stadt führen einige Kanäle den mit Weizen, Gerste und Reis bebauten Feldern Wasser zu ...

Nachdem ich Verbindungen mit den angesehensten Einwohnern der Stadt geknüpft hatte, die, je nachdem sie wohl oder übel gesinnt waren, meine Arbeiten fördern oder unterbrechen konnten, durfte ich es wagen, die Ausgrabungen in den bedeutendsten Ruinen des alten Babylon zu beginnen. Halb versteckt unter Palmenbäumen liegen an den östlichen Ufern des Euphrat, oberhalb Hilla, einige kleine Dörfchen, welche von ackerbauenden Arabern bewohnt werden. Es gelang mir, hier Arbeiter zu werben und so, mit Hilfe meiner Dschebur, mehrere Abteilungen zu bilden, die an verschiedenen Teilen der Ruinen die Ausgrabungen in Angriff nahmen. Sie wurden unter die Aufsicht Latif Aghas und eines gewandten chaldäischen Christen aus Bagdad gestellt ...

Ich gehe jetzt zur Beschreibung der Erfolge über, welche meine Forschungen in den Ruinen bei Hilla hatten. Bei den beiden wichtigsten Hügeln, dem Babil der Araber (welchen Rich Mudschelibe nennt) und der Mudschelibe (bei Rich Kasr), stellte ich sogleich Abteilungen von Arbeitern an. Den Plan, beim Birs Nimrud Ausgrabungen vorzunehmen, mußte ich aufgeben. Dieser große Haufen von Mauerwerk liegt etwa 6 (engl.) Meilen südlich von Hilla. Er steht dicht am Rande der großen Marschen, welche die Gewässer des Hindija-Kanales und die periodischen Überflutungen des Euphrat bilden. Die Ebene zwischen dieser und der Stadt ist in ruhigen Zeiten bebaut und wird durch einen Kanal bewässert, der in der Nähe des Dorfes Anana aus dem Euphrat abgeleitet ist. In diesem Jahre konnte das Land nicht besät werden, weil die Stämme El Chazail und El Maidan, welche die Marschen bewohnen, sich im Aufstande befanden...

Der Birs Nimrud, den die Araber den »Palast Nimruds«, die Juden das »Gefängnis Nebukadnezars« nennen, den alte Reisende für nichts anderes als die Ruine des Turmes von Babel, andere für den Tempel des Belus, das Wunder der alten Welt, noch andere endlich für einen Überrest der als Sitz des chaldäischen Kultus im Altertum berühmten Stadt Borsippa halten, ist ein ungeheurer Haufen aus Ziegeln, Schlacken und Tonscherben...

Was aber auch das Gebäude, dessen Ruine der Birs Nimrud ist, ursprünglich gewesen und wer auch der Erbauer desselben sein mag, so viel ist gewiß, daß bis jetzt noch keine Überreste aus einer früheren Zeit als der Nebukadnezars entdeckt worden sind. Die Inschriften auf allen Ziegeln aus ihm – und es gibt tausend und aber tausend – tragen den Namen dieses Königs. Dies beweist jedoch noch nicht, daß Nebukadnezar wirklich der Erbauer war. Er kann auch nur ein neues Gebäude hinzugefügt oder ein älteres wieder aufgebaut haben. Auch aus den Inschriften zu Nimrud geht hervor, daß der Nordwest-Palast ursprünglich von einem Könige errichtet worden ist, der lange vor demjenigen lebte, dessen Name auf den Wänden des Monuments vorkommt; aber es ist noch kein Fragment aus einer diesem Monarchen vorangehenden Zeit gefunden worden, und dasselbe ist auch bei anderen assyrischen Ruinen der Fall. Es ist daher nicht unmöglich, daß früher oder später einmal Ruinen von Gebäuden entdeckt werden, die noch älter sind als der Birs...

Ich will mich nicht auf die vielfach vorgebrachten Fragen hinsichtlich der Topographie von Babylon einlassen oder versuchen, zu bestimmen, welchen von den prächtigen Gebäuden, die uns die Alten beschreiben, die verschiedenen noch vorhandenen Ruinen angehören; dieser Gegenstand ist bereits von Rich vollständig untersucht worden, und der zwischen ihm und Kapitän Rennel schriftlich geführte Streit hat die Sache ziemlich ins reine gebracht, so daß sich nicht mehr viel darüber sagen läßt. Eine Ansicht, welche, wie ich glaube, zuerst von Oberst Rawlinson vorgebracht wurde, daß nämlich die Ruinen um Hilla nicht an der Stelle des ersten Babylon liegen, welches weiter südlich in der Gegend von Niffer *(Nippur)* zu suchen sei, ist, wie ich vermute, wieder aufgegeben. Es kann jedoch keinem Zweifel unterliegen, daß Nebukadnezar fast die ganze Stadt neu baute und vielleicht nicht ganz an der alten Stelle; eine Vermutung, die, wie ich gezeigt habe, ganz mit der Heiligen Schrift und den im Orient üblichen Verfahren übereinstimmt. Sehr zu wünschen ist jetzt ein genauer Plan der Ruinen... Neuere Reisende, unter andern, wie ich glaube, auch Herr Rawlinson, sind der Meinung, daß der Birs Nimrud nicht, wie Rich annimmt, der Tempel des Belus sein könne, sondern daß er die Stelle der berühmten chaldäischen Stadt Borsippa sei, welche Rich vier Stunden südlich von Hilla ansetzt, wo einige von den Arabern Bursa genannte Hügel liegen. Ehe uns jedoch nicht die Inschriften und wirklichen Überreste mehr Aufschluß darüber geben, läßt sich meiner Ansicht nach die Frage nicht entscheiden...

Bis zum 19. Dezember blieb ich in Hilla und ritt alle Tage zu den Ruinen am östlichen Ufer des Flusses hinaus, um persönlich die Ausgrabungen zu überwachen. Die ersten Gräben wurden im großen Hügel Babil geöffnet, etwa 5 Meilen vom Tore von Hilla und dreiviertel Meile vom Flusse entfernt. Ich suchte den unterirdischen Gang, welchen Herr Rich geöffnet hatte und beschreibt, und kam bald, als ich den Schutt wegräumte, an »den etwa 13 Fuß im Quadrat fassenden viereckigen Trichter aus gebrannten Ziegeln und Erdpech«, welchen er entdeckt hatte. In der Zeit von vierzig Jahren, seit ihn Rich entdeckt hatte, war er wieder ganz mit Erde angefüllt worden. Die Arbeiter kamen wieder in das unterirdische Gemach, wo Rich einen hölzernen Sarg mit einem noch wohl erhaltenen Skelett gefunden hatte. Der Eingang zu anderen noch nicht durchsuchten Gängen war noch mit großen gebrannten Ziegeln verschlossen, unter denen sich einige viereckige Steine fanden, die am Rande eine zweizeilige Keilinschrift hatten, welche den Namen und Titel Nebukadnezars, des Königs der Chaldäer, enthielt, wie man sie gewöhnlich auf babylonischen Ziegeln findet. Es war klar, daß sie ursprünglich zu einem Gebäude gehört hatten, welches von diesem Herrscher erbaut worden war, von dessen Ruinen man sie weggenommen hatte, um die Bedeckung der Gewölbe und Gräber hier zu bauen.

Unter diesem Gemäuer fand man mehrere ganze Särge, die dem von Rich entdeckten ähnlich waren. Die Skelette waren mehr oder weniger erhalten, zerfielen aber in Stücke, sobald sie an die Luft kamen. Reliquien oder Schmucksachen waren nicht mit den Leichnamen begraben worden. Das Holz der Särge war im letzten Stadium des Verfalls und konnte nur stückweise herausgenommen werden. Ein modriger, kaum zu ertragender Gestank kam von diesen ekelhaften Überresten und aus den Gängen, welche den wilden Tieren als Höhlen dienten, hervor. Es war beinahe unmöglich, länger als einige Minuten unten stehenzubleiben. Selbst die Araber sahen sich genötigt, nach einigen Tagen die Arbeit aufzugeben.

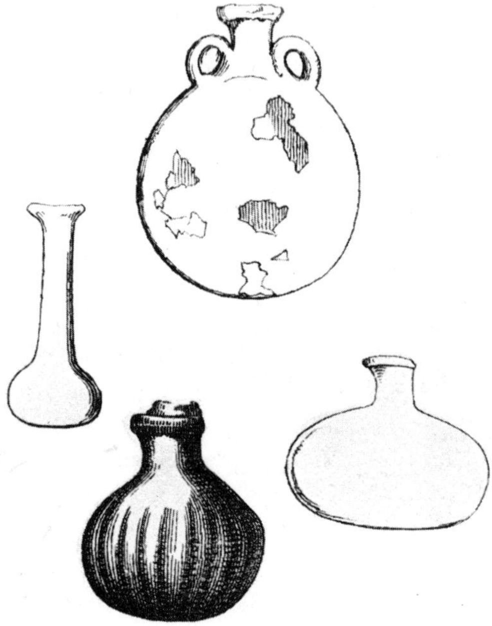

Funde Layards aus Babylon

An der nördlichen Seite des Hügels, über diesen Begräbnisstätten, sind die Überreste einer massiven Wand aus ungebrannten Backsteinen. Die Steine sind nicht mit Erdpechkitt zusammengefügt wie bei den Gewölben, sondern anscheinend mit einfachem Lehm wie bei neueren arabischen Gebäuden, und zwischen jeder Reihe von Backsteinen ist eine dünne Schicht von Schilf, das noch vollkommen erhalten war.

Die bei Babil entdeckten Särge sind aus einer verhältnismäßig späten Zeit und dürften frühestens aus der Zeit der Seleukiden sein; ich glaube aber, daß sie einer noch späteren Periode angehören. Es ist klar, daß sie erst nach der Zerstörung des Gebäudes, welches der Hügel bedeckt, hier beigesetzt werden konnten. Auf diesem großen Haufen, über den Ruinen des Palastes oder Tempels, war wahrscheinlich eine jener Zitadellen errichtet, welche die Schutzwehr einer lange nach der Zerstörung des babylonischen Reiches und dessen prächtiger Hauptstadt erbauten Stadt bildete und die den Waffen des Demetrios Poliorketes widerstand. Von

Bei Babil gefundener Krug

dieser Festung ist die dicke Mauer aus getrockneten Backsteinen an der nördlichen Seite wahrscheinlich ein Überrest.

Zahlreiche an der Oberfläche des Hügels geöffnete Gräben und mehrere in verschiedener Höhe in seine Seiten hineingetriebene Tunnel führten zu keinen anderen Entdeckungen als zahlreichen Reliquien aus einer nicht zu bestimmenden Zeit, wie man sie in allen babylonischen Ruinen, namentlich wenn starker Regen den lockeren Boden weggespült oder die Risse vertieft hat, in großer Menge und in mehr oder weniger gut erhaltenem Zustande findet. Die interessantesten waren Pfeilspitzen aus Bronze und Eisen, kleine Glasfläschchen (B, H, I), von denen einige bunt, andere gereift oder auf andere Weise verziert waren, und irdene Vasen von verschiedener Gestalt und Größe, manche mit einer schönen blauen Glasur (C).

Eine große und interessante Sammlung ähnlicher Altertümer wurde von Herrn Loftus aus den Ruinen von Niffer und Warka nach England gesandt und befindet sich jetzt im Britischen Museum. Solche Stücke werden von den meisten Reisenden in einem mehr oder weniger gut erhaltenem Zustand auf den großen Hügeln bei Hilla aufgelesen; ich zweifle jedoch sehr, daß man sie für eigentlich babylonisch halten darf. Die meisten gehören ohne Zweifel in eine Periode lange nach dem Fall des Reiches. Die ältesten mögen aus der Zeit der griechischen Eroberung stammen, die spätesten aber wahrscheinlich erst aus dem sechsten oder siebenten Jahrhundert nach Christus. Es dürfte indessen unmöglich sein, eine sichere Methode zu finden, nach der man das Alter der verschiedenen Stücke genau bestimmen könnte. In ihrer Nähe entdeckt man beständig griechische und römische Figuren aus Terrakotta, Lampen, Bronzen und Münzen, Gemmen und Münzen der Arsakiden- und Sassaniden-Dynastien Persiens.

Bei Babil wurde auch, ziemlich tief unter der Oberfläche, ein merkwürdiger Krug gefunden, den ich für ganz modern gehalten hätte, wäre er nicht aus derselben Masse und an Gestalt ganz dem ähnlich, welcher sich in Herrn Richs Sammlung im Britischen Museum befindet; und man darf wohl annehmen, daß dieser in denselben Ruinen gefunden wurde. Er ist aus Seifenstein, grob geschnitten und verziert, und an Gestalt den Krügen ähnlich, deren sich die Araber bei ihren Waschungen bedienen.

Über den Hügel verstreut und in einer geringen Tiefe unter der Oberfläche waren eine Menge Ziegel mit der gewöhnlichen Aufschrift, dem Namen Nebukadnezars. Man entdeckte jedoch kein altes Mauerwerk, von dem sich diese Ziegel abgelöst haben konnten.

Es war also klar, daß die Überreste des ursprünglichen Gebäudes, wenn sie überhaupt noch existierten, tief unter der Oberfläche gesucht werden mußten, und ich ließ daher am Fuße des Hügels, ungefähr in gleicher Höhe wie die Ebene, Tunnel öffnen. Nach einigen Tagen konnte ich mich überzeugen, daß wir endlich das alte Gebäude gefunden hatten. An der östlichen Seite kamen die Arbeiter bald auf solide Pfeiler und Wände aus Ziegelmauer, die unter einer ungeheuren Masse von Ziegeln, Erde und Schutt begraben waren. Wir legten acht oder zehn Pfeiler bloß, nebst mehreren Mauern, die in verschiedene Richtungen liefen. Es gelang mir aber weder einen Plan des Gebäudes zu erkennen noch irgendwelche Überreste von Skulpturen oder bemaltem Mauerbewurf aufzufinden.

Während der übrigen Zeit meines Aufenthaltes in Babylonien legten die Arbeiter, welche die Ausgrabungen in diesem Teile des Hügels fortsetzten, einen Haufen zusammengestürzter Ruinen und noch stehendes

Mauerwerk bloß. Die ungeheure Anhäufung von lockerem Schutt, der nicht, wie in Ninive, eine harte kompakte Masse bildete, sondern beständig zerbröckelte und zusammenrollte, setzte die Leute einer Gefahr aus, die kaum durch den Erfolg ihrer Arbeiten aufgewogen wurde. Ich zweifle sehr, ob selbst in größerem Umfang betriebene Ausgrabungen zu irgendwelchen wichtigen Entdeckungen führen würden. Jedoch ist es möglich, daß man abgetrennte Inschriften oder Skulpturen erhalten könnte.

An der westlichen und südlichen Seite des Hügels wurden ebenfalls, ganz am Fuße, Überreste von soliden Mauern entdeckt. Die Ziegel hatten die gewöhnliche Aufschrift Nebukadnezars und waren mit feinem weißen Mörtel fest aneinander gekittet. Es ist klar, daß ein großes Gebäude einst entweder auf gleicher Höhe mit der Ebene oder auf ungeheuren Pfeilern und Stützen aus Ziegelmauer über dieser stand und daß die Grabmäler und andere Spuren von Gebäuden, die sich auf oder nahe der jetzigen Oberfläche des Hügels finden, aus einer viel späteren Zeit stammen. Ich will nicht versuchen zu entscheiden, ob der Babil die Überreste eines großen Palastes Nebukadnezars, der schwebenden Gärten oder eines großen Tempels birgt. Die Juden, zur Zeit Benjamins von Tudela, scheinen ihn für die Ruinen des Palastes gehalten zu haben, und in der Nähe wurde die Stelle des feurigen Ofens gezeigt, in welchen der König die drei Männer Hananiah, Mischael und Azariah (Schadrach, Meschach und Abednego) werfen ließ. Die Ruine hat auch ihre mohammedanische Tradition. In ihr sind die beiden gefallenen Engel Harut und Marut an den Füßen aufgehängt und müssen so bis zum jüngsten Tage bleiben; und die Araber erzählen endlose Geschichten von bösen Geistern, die hier umgehen sollen.

Die einzigen Überreste von Gebäuden an der Stelle des alten Babylon, die nicht mit Erde und Sand bedeckt sind, sondern noch über dem Boden stehen und die einen Teil der alten Stadt bildeten, befinden sich etwa eine Meile südlich von dem zuletzt beschriebenen Hügel und sind den Reisenden gewöhnlich unter dem Namen Kasr, d. h. »Palast«, bekannt, wie auch Rich diese Ruine nennt; die Araber aber nennen sie Mudschelibe, d. h. die »Umgestürzte«. Die Ruine liegt am Ufer des Flusses und mißt etwa 700 Yard im Quadrat; ihr Hauptteil besteht aus lockeren Backsteinen, Ziegeln und Bruchstücken von Steinen; aber in der Nähe des Mittelpunktes ragt eine solide Masse aus Mauerwerk, das noch erhalten ist und selbst Spuren von architektonischen Verzierungen trägt, aus dem zusammengestürzten Schutthaufen hervor. Von Pfeilern, Stützen und Pilastern kann man noch Spuren erkennen, aber das Werk der Zerstörung ist zu vollkommen, als daß wir bestimmen könnten, ob diese Bruchstücke zu dem Äußeren oder Inneren des Palastes gehörten. Vergeblich suchte ich nach irgend etwas, das mir über den allgemeinen Plan des Gebäudes Aufschluß geben konnte. Die Ziegel haben eine blaße gelbe Farbe und sind der Qualität nach besser als alle anderen, die man in den Ruinen in Babylonien gefunden hat. Sie sind durch einen feinen Kalkkitt fest verbunden, wie die am Birs Nimrud, und können nicht, ohne zu zerbrechen, voneinander abgelöst werden. Fast auf allen Ziegeln sind Name und Titel Nebukadnezars deutlich und tief eingeprägt, und die Seite mit der Inschrift ist immer nach unten gekehrt. Dieses wunderbare Mauerwerk ist so vollkommen und die Farbe noch so frisch erhalten, daß es ein Werk von gestern zu sein scheint, obgleich es ohne Zweifel ein Teil eines Gebäudes ist, welches mitten im alten Babylon stand.

Diese Ruine ist Jahrhunderte lang die Fundgrube gewesen, aus welcher die Erbauer von Städten, die sich nach dem Falle Babylons an dessen Stelle erhoben, ihr Baumaterial nahmen. Noch heutigen Tages gibt es Leute, die kein anderes Geschäft betreiben, als aus diesem großen Haufen Ziegel zusammenzulesen und in die benachbarten Städte und Dörfer, selbst bis nach Bagdad, zum Verkauf zu bringen. Es gibt in Hilla kein Haus, das nicht fast ganz aus solchen Ziegeln gebaut wäre; und wenn man durch die engen Straßen geht, sieht man an den Wänden jeder Hütte ein Denkmal des Ruhmes und der Macht Nebukadnezars.

Um dieses Material zu erhalten, ist das Mauerwerk, welches dem Zahne der Zeit widerstanden hatte, allmählich zerstört worden, so daß nur noch die ungestalte Masse von Ruinen übrig ist, während der Haufen selbst in allen Richtungen von Tunneln durchzogen ist, die man hineingrub, um etwa noch unter der Oberfläche befindliche ganze Ziegel zu suchen. Da man dieses Geschäft nun schon seit Jahrhunderten betrieben hat, ist die Ruine vollständiger durchsucht, als es von einem Fremden, dem Zeit und Mittel zugemessen sind, geschehen könnte. Leute, die seit ihrer Kindheit sich mit diesem Ziegelhandel abgeben, versicherten mir, daß in ihrer Zeit keine Skulpturen oder Tafeln mit Inschriften entdeckt worden seien und daß sich in keinem Teile des Hügels Überreste von Steinmauern fänden. Die Tunnel, welche von meinen Arbeitern untersucht wurden, führten nur auf solide Ziegelmauern. Der unterirdische Gang, den Rich beschreibt, ist noch da, aber so vollständig mit Schutt angefüllt, daß es mir während meines Aufenthaltes in Hilla nicht möglich war, ihn ganz zu reinigen. Er ist nicht über 7 Fuß hoch und sieht mehr wie ein großer Abzugsgraben aus als wie der Eingang zu einem großen Gebäude.

Eine große Anzahl Ziegelstücke, die in diesen Ruinen gefunden wurden, sind mit einem dicken Schmelz, d.h. mit Glasur, bedeckt. Die Farben haben der Einwirkung der Zeit widerstanden und ihren ursprünglichen Glanz erhalten. An manchen Stücken kann man noch Teile von Figuren und Zieraten erkennen. Die hauptsächlichsten Farben sind ein glänzendes Blau, Rot, Dunkelgelb, Weiß und Schwarz. Wir wissen aus den alten Schriftstellern, daß die Wände der Paläste Babylons mit Bildern von Menschen und Göttern bemalt waren, und es unterliegt keinem Zweifel, daß diese glasierten Ziegel von den Mauern eines Gebäudes herrühren. Im vorigen Jahrhundert wurde einem französischen Reisenden, de Beauchamp, erzählt, man habe im Hügel selbst ein Gemach mit Wänden aus glasierten Ziegeln entdeckt und an den Seiten eines derselben seien eine Kuh, die Sonne und der Mond abgebildet gewesen. Die Erzählung scheint nicht ganz unglaublich, da dies bekanntlich assyrisch-babylonische Sinnbilder sind. Ich suchte jedoch vergeblich nach einigen Spuren solcher Abbildungen. Glasstücke, babylonische Gemmen und Zylinder, kleine Figuren aus Bronze und andere derartige Altertümer werden öfters von den Arabern auf dem Hügel gefunden und von den Juden aus Hilla gekauft, die sie an europäische Reisende verhandeln.

Der große Löwe, den Rich beschreibt und den auch de Beauchamp sah, ist noch hier, aber halb im Schutt vergraben. Er steht auf einer menschlichen Figur mit ausgestreckten Armen, in welcher die Einbildung einiger Reisenden eine Abbildung Daniels in der Löwengrube erkennen wollte. Die Figuren sind aus schwarzem Basalt und entweder wirklich auf eine so rohe Weise zugehauen, daß sie auf einen sehr niedrigen Stand der Kunst schließen lassen, oder sie sind vom Bildhauer unvollendet gelassen. Es würde sich kaum lohnen, das Bildwerk von der Stelle zu nehmen.

Nahe am nördlichen Rande der Ruine steht der bei den Arabern berühmte Baum »Athle«, an den sich verschiedene Traditionen knüpfen. Er soll bereits in den schwebenden Gärten von Babylon gestanden haben und von Gott bei der allgemeinen Zerstörung der gottlosen Stadt erhalten worden sein, damit Ali nach der Niederlage der Feinde des Propheten in der großen Schlacht von Hilla sein Pferd an seinen Stamm binden konnte. Nach derselben Tradition gibt es in der ganzen Welt keinen anderen

Der Löwe vom Kasr (nach Keppel)

Baum dieser Art mehr. Er ist jedoch, wie ich glaube, nichts anderes als eine Spezies der Tamariske. Wenn der Wind die langen, federartigen Zweige bewegt, zittern sie mit einem melancholischen Rauschen, welches mit dem öden Haufen, auf dem der Baum seit tausend Jahren wogt, in vollkommenem Einklange steht.

Es war ein hoffnungsloses Unternehmen, in einem ungestalten Schutthaufen von so gewaltiger Ausdehnung, der bereits in allen Richtungen durchforscht war, Ausgrabungen anzustellen. Mit Ausnahme des einzelnen Mauerhaufens, der sich im Mittelpunkte erhebt, besteht die Ruine fast aus nichts anderem als aus zerschmetterten Ziegeln. Ich setzte jedoch einige der bereits geöffneten Tunnel fort, aber der einrollende Schutt, der mehr als einmal die Ziegelsucher verschüttet hatte, zwang mich bald, von meinen Versuchen abzusehen. Die einzige Reliquie von einigem Interesse, die ich zu entdecken vermochte, ist ein Fragment aus Kalkstein mit Teilen von zwei Figuren, ohne Zweifel von Göttern. Der Name der einen Gottheit ist in babylonischen Charakteren dem Bilde beigefügt. Es ist wahrscheinlich nur ein kleiner Teil einer Tafel oder eines Frieses, welcher eine Reihe ähnlicher Figuren enthielt; aber obgleich ich lange und sorgfältig nachsuchte, konnte ich doch keine weiteren Stücke finden. Das Fragment ist jedoch interessant, da es zeigt, daß die Babylonier ihre Gottheiten auf dieselbe Weise abbildeten wie die Assyrer. Sie tragen denselben hohen, mit Federn und Rosetten verzierten Kopfputz, das lange gelockte Haar und Bart und die gestickten Gewänder und haben denselben Stock mit einem Ring wie die Gottheiten auf den Felsenskulpturen zu Bavian.

Mit Ausnahme einiger grobgeschnittener Gemmen und emaillierter Ziegel war dies die einzige Reliquie, die ich aus der Mudschelibe erhielt.

Die Ausgrabungen wurden noch einige Tage in den kleineren Hügeln fortgesetzt, welche zwischen dem Babil und der letztbeschriebenen Ruine in der Ebene zerstreut liegen, aber ohne Erfolg; und man entdeckte nur noch einige Überreste aus Ziegelmauern, nebst einigen irdenen Gefäßen und Glasstücken.

Die letzte Ruine, welche ich untersuchte, war ein Hügel von großer Ausdehnung, den die Araber nach einem in der Nähe liegenden Dorfe Dschumdschuma nennen oder, wie Rich sagt, Amran ben Ali, nach einer Kubbe, d. h. einem kleinen Grabmal eines mohammedanischen Heiligen auf seinem Gipfel. Man sieht hier kein Mauerwerk wie auf der Mudschelibe. Alle Überreste von Gebäuden, wenn überhaupt welche vorhanden sind, liegen tief unter dem lockeren, salpeterhaltigen Boden vergraben. Er ist von unzähligen Rissen durchfurcht, und seine Gestalt und das Niveau seiner Oberfläche sind unregelmäßig. Ich öffnete an verschiedenen Stellen Gräben, konnte aber keine Spuren von Gebäuden finden; doch entdeckte man einige kleinere, höchst interessante Gegenstände, die, obgleich nicht der eigentlichen babylonischen Zeit angehörend, doch in mehr als einer Hinsicht wichtig sind.

Wie fast alle Hügel in Babylonien ist der Amran lange nach Zerstörung der großen Gebäude, deren Ruinen er bedeckt, als Begräbnisplatz gebraucht worden. Einige Glasgefäße und Figuren, Lampen und Krüge, die hier gefunden wurden, stammen offenbar aus der Zeit der Seleukiden oder der griechischen Eroberung. Unter diesen Reliquien waren fünf Schalen oder Näpfe aus Ton und Stücke von anderen, deren innere Oberfläche mit Buchstaben bedeckt war, die mit einer Art Tusche geschrieben waren. Ähnliche Gegenstände hatte man bereits in anderen babylonischen Ruinen gefunden. Zwei solche Stücke aus der Sammlung des verstorbenen Herrn Stewart sind im Britischen Museum niedergelegt, und unter den neuerdings von den Vorstehern Herrn Oberst Rawlinson abgekauften Altertümern sind acht Stücke, die dieser in Bagdad erwarb, wo solche oft von den Arabern zum Verkauf angeboten werden;

aber es ist nicht bekannt, von welchen Stellen sie gebracht worden sind. Die Buchstaben auf ihnen sind an Gestalt den hebräischen nicht unähnlich und gleichen auf einigen den sabäischen und syrischen. Man hatte von diesen Schriften keine Notiz genommen, und die Inschriften wurden erst vollständig untersucht, als sie Herrn Thomas Ellis, einem gelehrten Kenner des Hebräischen, in die Hände kamen. Nach vieler Mühe gelang es diesem, die Inschriften zu entziffern ...

Man wird, wie ich glaube, nicht zweifeln, daß sie jüdischen Ursprungs sind, und wenn dies der Fall ist, kann wohl kaum in Frage gestellt werden, daß sie von den Nachkommen der Juden herrühren, welche von Nebukadnezar nach Babylon und in die umliegenden Städte in die Gefangenschaft geführt wurden. Diese Fremdlinge scheinen mit der ihrem Volke eigenen Zähigkeit an dem Orte ihres Exils gehangen zu haben. In der Umgebung von Babylon können wir ihre Spur fast von der Zeit ihrer Wegführung bis ins 12. Jahrhundert der christlichen Zeitrechnung hinab verfolgen, als der hebräische Reisende Benjamin von Tudela durch die Länder des Ostens und die Städte der Gefangenschaft wanderte, um die Reste seines Volkes zu suchen. Während der persischen Herrschaft in Mesopotamien sehen wir sie lieber Qualen und Verfolgungen erdulden als zum Bau des Tempels eines falschen Gottes Hand anlegen. Zur Zeit der römischen Herrschaft im Orient scheinen sie ein ziemlich unruhiges Volk gewesen zu sein, das sich gegen seine Beherrscher auflehnte und durch Bürgerkrieg sich selbst aufrieb. Sie hatten berühmte Schulen in mehreren Städten Assyriens und Chaldäas.

Schon im 3. Jahrhundert kamen hebräische Reisende nach Babylon, von denen mehrere über die Lage ihrer Glaubensgenossen Nachrichten hinterlassen haben. Der babylonische Talmud, der im Anfang des 6. Jahrhunderts kompiliert wurde, enthält manche wertvollen Bemerkungen über die Verhältnisse der jüdischen Kolonien in Babylonien und zählt mehr als zweihundert Städte auf, die damals, unter der Herrschaft der Perser, von jüdischen Familien bewohnt wurden. In Handschriften aus dem 8. und 9. Jahrhundert finden wir diese Kolonien ebenfalls noch erwähnt.

Im 12. Jahrhundert fand Benjamin von Tudela nicht weniger als zwanzigtausend Juden innerhalb eines Umkreises von 20 Meilen um Babylon wohnen, welche in der Synagoge, die der Sage nach vom Propheten Daniel selbst erbaut worden war, ihren Gottesdienst abhielten. In Hilla allein waren zehntausend Juden und vier Synagogen, und Benjamin gibt die Zahl der Familien und ihrer Gotteshäuser in jeder Stadt, die er besuchte, an, da er auf seiner Reise ein genaues Tagebuch führte, in dem man fast alle Stationen der heutigen Karawanenstraße verzeichnet findet. Geben wir auch zu, daß dieser Reisende zuweilen etwas übertreibt, so ist doch so viel sicher, daß in den babylonischen Städten eine sehr bedeutende jüdische Bevölkerung lebte, die jetzt sehr abgenommen hat und an manchen Orten ganz verschwunden ist. In Hilla sind noch einige Familien, die ein kümmerliches Leben führen, und in Bagdad sind der bedeutendste einheimische Handel und Geldwechsel in den Händen der Juden, welche den Statthaltern als Bankiers und Makler dienen, wie ohne Zweifel ihre Vorfahren den Chalifen aus dem Hause Abbas.

Ihrer eigenen Tradition zufolge stammten diese hebräischen Familien von den Juden der babylonischen Gefangenschaft. Sie bewahrten noch ihre Stammbäume und führten ihre Geschlechter auf die Fürsten und Propheten Judas zurück. Ihr Oberhaupt wohnte in Bagdad und führte den Titel »Fürst der Gefangenschaft«. Er stammte, nach der Aussage seines Volkes, in gerader Linie vom König David. Selbst die Mohammedaner anerkannten seine Ansprüche auf seine edle Geburt und nannten ihn »unsern Herrn, den Sohn Davids«. Sein Ansehen erstreckte sich über die Länder des Ostens bis Tibet und Hindustan. Bei allen Gelegenheiten wurden ihm die größten Ehren erwiesen, und wenn er öffentlich erschien, trug er Kleider von gestickter Seide und einen weißen Turban mit goldenem Diadem.

Wir dürfen daher wohl annehmen, daß diese irdenen Näpfe das Eigentum babylonischer oder chaldäischer Juden waren... Da man in den Inschriften durchaus keine Zeitangabe findet, ist es schwer, zu bestimmen, in welcher Zeit sie geschrieben worden sind... Die Reliquien sind jedoch verschiedenen Alters. Die älteste Inschrift scheint die zu sein, welche den Scheidebrief für die Teufel enthält (Nr. 1), die man in das 2. oder 3. Jahrhundert v. Chr. setzen könnte; sie kann jedoch auch aus einer späteren Zeit stammen. Andere, wie Nr. 5 und Nr. 6, sind ohne Zweifel jünger und vielleicht erst im 5. Jahrhundert unserer Zeitrechnung geschrieben worden... Da die Näpfe ziemlich tief unter der Oberfläche gefunden wurden, in Hügeln, die ohne Zweifel als Begräbnisplätze gedient hatten, so möchte ich lieber annehmen, daß es Zaubermittel waren, die mit den Toten begraben oder zu irgendeinem Zwecke bei den Begräbniszeremonien gebraucht und dann im Grabe beigesetzt wurden...

Inschrift der Schale Nr. 138

Dies waren die Entdeckungen in den Ruinen des alten Babylon. Sie waren bei weitem weniger zahlreich und wichtig, als ich geglaubt hatte, und liefern keinen Beweis dafür, daß sich unter den Erd- und Schutthaufen noch Überreste finden, die weitere Ausgrabungen in größerem Umfange lohnen könnten. Von keinem einzigen Gebäude war es möglich, auch nur die Anlage zu erkennen, und es wurde nichts anderes zutage gefördert als ungestalte Haufen von Mauerwerk und isolierte Wände und Pfeiler, die durchaus kein Licht auf die ursprüngliche Gestalt der Gebäude werfen, zu denen sie gehört hatten. Wenn es wahr ist, wie erzählt wird, daß Xerxes, um die Babylonier zu strafen und ihre Priester zu demütigen, die Tempel und andere öffentliche Gebäude zerstören ließ, und daß zehntausend Mann, welche Alexander der Große anstellte, um den Schutt fortzuschaffen, dieses zu bewerkstelligen nicht imstande waren, so kann es nicht wundernehmen, daß eine kleine Anzahl Araber nur einen sehr geringen Teil der alten Gebäude bloßzulegen vermochte.

In den Ruinen von Babylon wurden keine Skulpturen oder Tafeln mit Inschriften gefunden, mit denen die Wände der Paläste belegt waren, wie in Ninive. Kaum eine einzige Figur aus Stein oder ein Täfelchen wurde in den großen Schutthaufen ausgegraben. »Babylon ist gefallen, es ist gefallen, und alle Bilder ihrer Götter sind zu Boden geschlagen!« (Jesaja 21,9).

Daß solche Überreste gänzlich fehlen, erklärt sich aus der Natur des Materials, welches selbst zum Bau der prächtigsten Gebäude gebraucht wurde. In der unmittelbaren Umgebung von Babylon gab es keine Steinbrüche, wo man Alabaster oder Kalkstein fand, wie in der Nähe von Ninive. Die Stadt lag mitten in einer Ebene und weit von Gebirgen entfernt. Der alluviale Boden, welcher in verhältnismäßig jüngerer Zeit von den mächtigen Flüssen abgesetzt wurde und nach und nach die Ebenen Mesopotamiens bildete, besteht aus einem fetten und sehr groben Ton. Bausteine konnte man sich daher nur aus sehr großer Ferne verschaffen. Der schwarze Basalt, der bei den Babyloniern ein sehr beliebtes Material war, um einzelne Figuren sowie architektonische Verzierungen herzustellen, wie aus zahlreichen unter den Ruinen gefundenen Bruchstücken hervorgeht, kam aus den kurdischen Gebirgen oder aus dem nördlichen Mesopotamien. Wahrscheinlich wurde er aus diesen Distrikten auf Flößen den Euphrat und Tigris heruntergebracht. Kalkstein von geringerer Quantität mag man näher bei der Stadt gegraben haben, er scheint aber wenig zu Bauten verwandt worden zu sein. Der assyrische Alabaster konnte von Ninive hergebracht werden, was bei der Verbindung zu Wasser auf den Flüssen und Kanälen nicht schwer hielt; es würde aber ungeheure Arbeit und Kosten erfordert haben, solches Material in hinreichender Quantität herbeizuschaffen und ein ganzes Gebäude zu errichten oder nur die Wände seiner Zimmer damit zu täfeln.

Die Babylonier mußten sich daher mit dem Baumaterial begnügen, welches sich an Ort und Stelle vorfand. Aus dem zähen Lehmboden ihrer alluvialen Ebenen, der mit gehacktem Stroh vermischt wurde, machten sie Ziegel, und Erdpech und andere in der unmittelbaren Nähe gesammelte Substanzen gaben ihnen einen trefflichen Kitt. Die Kenntnis der Glasbereitung und der Zusammensetzung der Farben gab ihnen die Möglichkeit, ihre Ziegel mit einer reichen Glasur zu überziehen, so daß dieselben sowohl für das Innere wie für das Äußere ihrer Gebäude als Schmuck dienten. Die Wände ihrer Paläste und Tempel waren ebenfalls, wie wir an verschiedenen Stellen der Bibel sehen, mit Mörtel beworfen und übertüncht, und sowohl Mörtel als Tünche müssen, wenn man nach ihrem Kitt schließen darf, von sehr feiner Qualität gewesen sein. Die Finger einer Menschenhand schrieben die Worte des Fluchs über das babylonische Reich »auf die getünchte Wand in dem königlichen Saal« (Daniel 5,5). An den Wänden waren Darstellungen historischer Begebenheiten und religiöser Gegenstände und mancherlei Verzierungen, und die Ziegel waren, wie Diodor von Sizilien erzählt, mit Tier- und Menschenfiguren bunt bemalt. Zweifellos waren in den Gebäuden auch steinerne Bilder angebracht, denn wir sehen in der Bibel, daß steinerne und metallene Götzenbilder in den babylonischen Tempeln aufgestellt waren. Solche Bildwerke können aber nicht sehr häufig gewesen sein, weil man sonst mehr Überreste derselben in den Ruinen entdeckt haben müßte.

Auf einer der wichtigsten babylonischen Reliquien, die nach England gekommen ist, finden wir einige höchst interessante Bemerkungen über die Architektur der Babylonier. Diese sind auf einen schwarzen Stein geschrieben und in zehn Kolumnen geteilt. Die Inschrift beginnt, nach Dr. Hincks, mit dem Namen und den Titeln Nebukadnezars des Großen, der, wie man aus dem Kanon des Ptolemaios schließen kann, die Regierung im Jahre 604 v. Chr. antrat. Er wird »Nabukudurruchur, König von Babylon, Sohn des Nabubaluchun, des Königs von Babylon« genannt. Da der Name des Großvaters nicht genannt ist, so läßt sich schließen, daß dieser nicht König war. Der folgende Teil der Inschrift enthält nichts von Eroberungen, sondern spricht von der Erbauung verschiedener Tempel, Paläste und der Mauern von Babylon und Borsippa. Auch werden die zu Bit-Shakkathu und Bit-Zida errichteten Bauten erwähnt; ob dies aber besondere Städte waren, läßt sich nicht entscheiden. Ferner enthält die Inschrift sehr genaue Angaben über die Verzierungen an einigen Tempeln und Palästen, die sehr reich gewesen zu sein scheinen. Wenn die Tafeln vollständig entziffert und die Bedeutung mancher zweifelhaften Worte genau bestimmt werden könnte, so würden sie manches Licht auf die babylonische Architektur werfen. Die Wände waren aus gebrannten Ziegeln und Erdpech erbaut und mit Gips und anderem Material belegt. Manche scheinen auch getäfelt gewesen zu sein. Auf den Mauern war Holzwerk und oben ein an Stangen befestigtes Schirmdach wie »die weißen, roten und gelben Tücher, mit leinenen und scharlachenen Seilen, gefaßt in silbernen Ringen auf Marmorsäulen« (Esther 1,6) im Schlosse des Ahasverus zu Susa. Das Holzwerk war, wie es in der Inschrift heißt, vergoldet, zum Teil versilbert; das Holz war zum großen Teil vom Libanon hergebracht.

Als die vornehmste Gottheit von Babylon erscheint in dieser Inschrift Marduk, der hier dieselbe Stelle einnimmt wie Aschur auf den Monumenten von Ninive. Er wird »der große Herr«, der »Herr der Herren«, der »Älteste der Götter« usw. genannt. Nabo scheint den zweiten Rang einzunehmen; der König bringt ihm seinen Dank für das, was er bereits getan hat, und erbittet seinen Segen für sich und sein Haus.

Es läßt sich vermuten, daß die babylonischen Paläste in ihrer Anlage im allgemeinen den assyrischen ähnlich waren. Wir wissen, daß Künste, Religion, Sitten und Gesetze bei beiden verwandten Völkern beinahe gleich waren. Sie sprachen eine Sprache und bedienten sich beinahe derselben Schriftzeichen. Das eine Volk scheint von dem andern entlehnt zu haben; und wenn sich auch die Frage nicht entscheiden läßt, welches von den beiden Völkern zuerst als unabhängiger und gesitteter Staat aufgetreten ist, so kann man doch nicht leugnen, daß beide, bis zu einem gewissen Grade, einen gemeinsamen Ursprung hatten und Jahrhunderte lang eine enge Verbindung untereinander aufrecht erhielten. Wir finden keine Überreste von Säulen, ebenso wenig wie in Ninive. Wenn solche architektonischen Verzierungen gebraucht wurden, so müssen sie entweder aus Holz oder aus Ziegeln gewesen sein. Die massiven Pfeiler mit den ägyptischen ähnlichen Kapitellen, welche die Künstler gewöhnlich für die Darstellungen der Paläste und Tempel Belsazars wählen, sind reine Schöpfungen der Phantasie und durch keinen der noch vorhandenen Überreste verbürgt. Die babylonische Säule glich an Gestalt und Proportionen höchstwahrscheinlich der von Ninive und Persepolis. Sie mag eine Modifikation der assyrischen gewesen sein, aus der später die persische entstand, denn über Babylon scheinen, wenn nicht ganz, so doch teilweise, die Künste ihren Weg nach Persien gefunden zu haben.

Obgleich das Baumaterial, welches zu den großen Gebäuden von Babylon gebraucht wurde, im Vergleich zu dem der staunenerregenden Tempelpaläste Ägyptens und selbst der weniger massiven Gebäude Assyriens dürftig erscheinen mag, so scheinen doch die Babylonier mit diesem allein Bauten errichtet zu haben, welche das Staunen und die Bewunderung der berühmtesten Reisenden des Altertums erregten. Die Verschwendung von Farbe und der Geschmack, welchen sie bei deren Zusammensetzung und den Zeichnungen und Ornamente entwickelten, die Festigkeit und Größe des ungeheuren Unterbaues, auf dem sich die Gebäude stolz erhoben, müssen hauptsächlich dazu beigetragen haben, diesen Eindruck auf das Gemüt der Fremden hervorzurufen. Die Paläste und Tempel waren ebenso wie in Ninive auf hohen Plattformen aus Backsteinen errichtet. Der Ursprung der assyrischen Architektur, über den ich anderwärts gesprochen habe, war derselbe wie in Babylon. Die Ziegel wurden wie in Assyrien entweder einfach in der Sonne getrocknet oder im Ofen gebrannt. Letztere sind sowohl der Gestalt als auch der Qualität nach verschieden. Manche sind gleichseitig, andere länglich. Die vom Birs Nimrud sind in der Regel dunkelrot, während die der Mudschelibe meist eine hellgelbe Farbe haben. Man hat viele Proben davon nach England gebracht, und man trifft sie in vielen öffentlichen und Privatsammlungen. Bekanntlich finden sich auf vielen dieser Ziegel Inschriften in einer komplizierten Keilschrift, die man nur in Babylon findet. Wenn man mehrere Ziegel miteinander vergleicht, wird man sehen, daß die Aufschriften mit einem Stempel eingedrückt sind, auf den die ganze Inschrift in Relief eingeschnitten war. Die Charaktere waren nicht wie auf den assyrischen Ziegeln jeder einzeln gemacht, und hierin unterscheiden sie sich insbesondere von diesen. Die babylonischen Ziegel mit Inschriften erregten lange schon die Neugier der Gelehrten und riefen eine Menge sinnreicher Spekulationen über ihre Anwendung und Bedeutung hervor. Manche hielten sie für öffentliche Dokumente; andere sahen in der Schrift Weihungen an die Götter oder Verzeichnisse von Geschenken an Tempel. Die Frage ist jetzt durch die von Dr. Hincks gemachten Entdeckungen dahin entschieden, daß fast alle Ziegel, die wir bisher aus den Ruinen von Babylon erhielten, bis auf ein oder zwei unbedeutende Worte, eine und dieselbe Inschrift haben und daß sie die Erbauung der Stadt durch Nebukadnezar, Sohn des Nabubaluchum (?), bezeugen.

Auf manche dieser Ziegel sind etwa acht Zeilen enge Schrift und zuweilen Buchstaben in einer dem phönizischen oder semitischen Alphabet verwandten Kursivschrift eingeprägt; solche Stücke sind aber sehr selten und die Inschriften auf ihnen, soviel mir bekannt, bis jetzt noch nicht genügend entziffert. Auf einigen Ziegeln finden sich plumpe Tierfiguren.

Einige Tafeln mit Inschriften, aus Stein und gebranntem Ton, Figuren aus Bronze und Terrakotta, metallene Gegenstände verschiedener Art, Zylinder mit Gravuren und Gemmen sind die einzigen babylonischen Antiquitäten, die bis jetzt nach Europa gekommen sind. Solche Reliquien werden in verschiedenen Kabinetten aufbewahrt. Die kleine Sammlung im Britischen Museum gehörte teils Sir Robert Ker Porter, teils Herrn Rich ...

Ein Abstecher flußabwärts führte Layard in die ausgedehnten Sumpfgebiete und zu andern Ruinenstätten. Die Sümpfe und Dickichte an den Flüssen bergen verschiedene wilde Tiere. Löwen sind in Menge vorhanden. Ich habe viele gesehen; bei den Ausgrabungen in Niffer waren fast täglich in den Ruinen frische Spuren von ihnen bemerkbar... In den Dickichten finden sich auch Leoparde, Luchse, wilde Katzen, Wölfe, Hyänen, Schakale, Rotwild, Stachelschweine, unzählige wilde Schweine und andere Tiere. Wildes Geflügel, Kraniche und Trappen sind im Überfluß vorhanden, und vom schönen Federwild, den Haselhühnern oder schwarzen Rebhühnern, wimmelt das niedere Gehölz. Die Araber schießen sie mit Kugeln. Die Sümpfe sind voll von Fischen, die eine beträchtliche Größe erreichen. Sie gehören, wenn ich nicht irre, zu dem Geschlecht der Barben. Das Fleisch ist grob und voll von Gräten, allein sie bieten doch den Arabern eine bleibende Nahrungsquelle. In der Regel werden sie mit dem Speer gefangen...

Jedes Lager und jedes Dorf der Afaidsch und anderer Araber in der Dschesire hat ein Musif *(Mudhif),* d. h. ein Gasthaus, welches gewöhnlich vom Scheich der Gemeinde unterhalten wird und als Erholungsort der Männer des Stammes dient, die am Tage sich dort treffen, um über gemeinsame Angelegenheiten zu sprechen oder den Geschichten- und Märchenerzählern zuzuhören. Der Reisende wird hier gastfreundlich aufgenommen und erhält die nötige Nahrung sowohl für sich als auch für sein Pferd, ohne daß man dafür eine Vergütung beansprucht. Ja, es würde als eine Beleidigung angesehen, wollte man dem Eigentümer des Musif Zahlung anbieten. Selbst durch den Verkehr mit den Europäern haben diese Araber noch nicht gelernt, Geld von den Reisenden anzunehmen; und wenn auch der Eigentümer gerne einen Mantel, ein seidenes Kleid, ein Paar Stiefel oder irgendeinen derartigen Gegenstand als Geschenk annimmt, so sieht er dies doch mehr als eine Ehrenbezeugung oder einen Beweis von Gunst an denn als eine Erkenntlichkeit für seine Gastfreundschaft. In Lagern verhältnismäßig wohlhabender Stämme hält beinahe jeder, der einiges Vermögen hat, fortwährend sein Musif für die Aufnahme von Fremden offen, und selbst im Suk der Afaidsch ist ein Kaffeehaus oder ein öffentlicher Vergnügungsort ganz unbekannt. Ein Fremder kann der Sitte nach drei Tage als Gast bleiben, ohne mit Fragen behelligt zu werden; nachher muß er das Musif verlassen, wenn er nicht genötigt wird zu bleiben: Allein er kann sich ebenso lange in einem anderen aufhalten und so lange im Lager verweilen, bis er alle besucht hat, die Gäste aufnehmen. Bei der Ankunft wird dem Fremden Kaffee gereicht; während seines Aufenthaltes erhält er zwei Mahlzeiten am Tage: gegen 10 Uhr morgens das Frühstück, die eigentliche Mahlzeit nach Sonnenuntergang. Alle, welche im Musif gerade anwesend sind, werden zum Essen eingeladen. Für die Nacht wird der Gast mit einer Decke oder Binsenmatte, bisweilen auch mit einer Bettdecke versehen. Die Musifs der bedeutenderen Häuptlinge sind in der Regel mit Gästen und Fremden gefüllt...

Durch die Feuchtigkeit des Bodens, auf dem meine Zelte standen, sowie durch die ungesunde Luft der umliegenden Sümpfe zog ich mir einen heftigen Anfall von Fieber und Pleuritis zu. Ich konnte bald nicht mehr das Lager verlassen und wurde zuletzt im höchsten Grade entkräftet. Glücklicherweise kam ich auf den Gedanken, eine vesikatorische Flüssigkeit, die ich für ein krankes Pferd erhalten hatte, anzuwenden, sonst würde ich schwerlich die Sümpfe der Afaidsch wieder verlassen haben. Das starke Mittel schaffte mir augenblicklich Erleichterung, und als Hormuzd *Rassam* am 28. Januar bei mir eintraf, beschloß ich, ohne Verzug die Reise nach Bagdad anzutreten, wo ich ärztliche Hilfe erhalten konnte. Um mein Mißgeschick voll zu machen, regnete es vier Tage unaufhörlich in Strömen, und natürlich drang der Regen sehr bald durch unsere Zelte; die Gewässer der Sümpfe begannen merklich zu steigen, und die Afaidsch bereiteten sich darauf vor, die Binsenhütten zu räumen...

Ich hatte am Morgen kaum Kraft genug, das Pferd zu besteigen. Hormuzd bog nach Hilla ab, um die Ausgrabungen bei Babylon einstellen zu lassen. Ich reiste in forcierter Art auf der gewöhnlichen Straße nach Bagdad und erreichte den Chan Iskanderia...

Es bestand keine Aussicht, daß der Zustand in der Umgebung von Bagdad *(die Spannungen zwischen den Arabern und der türkischen Regierung)* besser wurde. Der Pascha hatte den Damm des Hindija-Kanals verlassen *(d. h. die Arbeiten am Damm aufgegeben),* der bald darauf wieder vom Wasser weggerissen wurde, wodurch die Araber einen neuen Zufluchtsort gewannen. Unter diesen Umständen sowie aus anderen Gründen hielt ich es für klug, die Ausgrabungen in den Ruinen Babyloniens vorderhand aufzugeben. Wenn die Ruhe im Paschalik einigermaßen wiederhergestellt würde, könnte entweder von mir selbst oder von einem anderen Reisenden eine neue Expedition mit besserer Aussicht auf Erfolg unternommen werden.

Obwohl Layard seine Erfahrungen, die er in Nimrud und Kujundschik gesammelt hatte, eifrig nutzte und als erster planmäßig in Babylon grub, blieb der Erfolg aus. Weder in Babel noch in Niffer (Nippur) führten seine Bemühungen zu Ergebnissen, die sich mit denen in Assyrien auch nur im entferntesten vergleichen ließen. Dort grub er erfolgreich bis April 1851 weiter.

Seine Bücher, in denen er von seinen Entdeckungen erzählte, fanden ein weites Echo. Mit Interesse verfolgte er die Ausgrabungen anderer Forscher in Mesopotamien und unterstützte später als britischer Gesandter in Konstantinopel die Unternehmungen seines alten Freundes Hormuzd Rassam.

11. Die französische Expedition

Am 1. Oktober 1851 verließ eine wohldotierte französische Expedition Paris. Der Leiter war Fulgence Fresnel, *der als ehemaliger Konsul Frankreichs in Dschidda mit der Sprache und den Sitten der Araber vertraut war; als Assyriologe reiste der aus Hamburg stammende* Jules Oppert *mit, als Architekt* Felix Thomas.

Mit vierzig Maultieren brach die Expedition von Aleppo auf und erreichte am 1. März 1852 Mosul. Tags darauf eilten die Forscher nach Chorsabad, wo Victor Place die Arbeiten Bottas wiederaufgenommen hatte. Auf einem großen Floß, das von 300 Ziegenschläuchen getragen wurde – einem Kelek also –, fuhren sie dann den Tigris hinab und erreichten nach fünf Tagen Bagdad.

Nachdem sie in Hilla drei Monate lang an der Aufnahme ihrer Tätigkeit in Babylon gehindert worden waren, schlugen sie ihr Hauptquartier unmittelbar bei den Ruinen auf. Jules Oppert berichtet ausführlich und mit großem Verständnis von dieser Expedition.

Wir hatten in Dschumdschuma, wenige Minuten unterhalb von Amran ibn Ali, ein wenig behagliches Haus des Scheich Hadsch Abdelkader von Hilla gemietet... Die Hitze war unerträglich: Das Thermometer, das nur für 43° C berechnet war, platzte wegen der Ausdehnung des Quecksilbers... Wir machten einige Ausflüge nach Babil, zum Kasr und nach Amran ibn Ali, um das Gelände auszukundschaften, und wir begannen schließlich am 15. Juli *1852* die Ausgrabungen beim Kasr...

Im nördlichen Teil des Kasr befindet sich ein kolossaler Löwe aus schwarzem Basalt, der sehr plump gearbeitet ist; vermutlich wurde er nicht vollendet. Dieses Standbild hatte Herr Rich entdeckt. Wir begannen unsere Ausgrabungen, ohne zunächst auf etwas anderes als Staub zu stoßen; denn die große Ruine des Palastes *(nach Oppert das Kasr)*, die eine Fläche von 14 Hektaren bedeckt, ist nur eine weite Ansammlung von Hügeln: eine kleine Schweiz, wo die Täler und Hügel dermaßen eng aneinanderstoßen, daß es unmöglich ist, sich ohne Kompaß oder längere Vertrautheit auszukennen. Es dürfte dort mindestens dreihundert Hügel geben; die Ziegelsucher haben aus einem Hügel jeweils ein Tal und aus einem danebenliegenden Tal einen Hügel gemacht, als sie einen Ziegelsteinhaufen durchstöberten. Während Jahrhunderten wurde das Kasr durchwühlt, und außer durch sehr tiefe Grabungen wird man zu keinen intakten Mauern gelangen.

Nur auf der westlichen Seite der Ruine gibt es eine gutgebaute Ziegelsteinkonstruktion, die einzige Stelle des Palastes Nebukadnezars, die stehengeblieben ist. Sie hat das Aussehen eines Torbaus, aber ohne von Querkonstruktionen überdacht zu sein. Zwei Pfeiler befinden sich noch im Norden und ausgedehntere Mauerflächen im Süden. Ich glaube, daß diese Ruine zur Westseite des eigentlichen Königspalastes gehörte, der sich durch seine Höhe vom übrigen Schloß unterschied. Sie rief zu Recht die Bewunderung unseres Kollegen hervor, der als gewandter Fachmann über die Festigkeit dieses Baus staunte. Oben hat es wenig Bitumen, obwohl Spuren im weißlichen Mörtel, der die schönen Ziegel von Nebukadnezar verbindet, zu sehen sind. Diese Ziegel, gebrannt bis zur äußersten Härte, sind immer so angeordnet, daß die Seite, die die Inschrift trägt, nach unten schaut; vielleicht sollte diese Lage die Erhaltung der Inschrift sichern. Im untern Teil dieser Ruine sind im Gegensatz dazu die Ziegel mit Asphalt verbunden, der mit Schilf vermischt ist – sehr oft sind es Schilfmatten –, genau wie Herodot es sagt...

Die Ziegel von Babylon, die vom Kasr, von Babil und vom Birs Nimrud, von dem wir später sprechen, und ein großer Teil derjenigen von Amran ibn Ali, mit einem Wort: 99% tragen dieselbe Inschrift folgenden Wortlauts: »Nebukadnezar, König von Babylon, Erneuerer der Pyramide und des Turms, älterer Sohn von Nabupolassar, König von Babylon, *bin* ich«. Die Worte sind mit Hilfe eines Holzstempels geschrieben; das ist also ein Anfang des Drucks. Der Text ist auf sieben, sechs, vier oder drei Zeilen verteilt, und überall weist die Schrift trotz der Identität der Zeichen einen recht unterschiedlichen Charakter auf; diesen Unterschied kann man mit dem vergleichen, der die französischen Druckbuchstaben verschiedener Epochen unterscheidet. Die Ziegel waren vor dem

Brennen gekennzeichnet worden, und ich konnte bis zu vierzig verschiedene Stempel unterscheiden, die diese verschiedenen Legenden hervorgebracht hatten. Ich sammelte in Babylon vierunddreißig Muster und schickte über dieses Thema eine Abhandlung nach Paris. Wegen des gleichzeitig bildhaften und lautlichen Charakters der assyrischen Schrift... sind die Wörter auf den verschiedenen Denkmälern nicht immer gleich geschrieben; der Vergleich dieser Denkmäler ist für die Entzifferung von hoher Bedeutung.

Die Ziegel sind alle einen babylonischen Quadratfuß groß, zu 315 Millimeter im Durchschnitt; das sind 3/5 einer Elle, die derjenigen Ägyptens entspricht.

Die meisten Ziegel, die man der einzigen erhaltenen Stelle des Palastes entnimmt, tragen sieben Zeilen; viele Muster dieser Legende befinden sich in Frankreich. Ihre Farbe ist rötlich. Die äußere Mauer dieses Baus ist nicht ohne Unebenheiten, und das geübte Auge von Herrn Thomas erkannte sogleich, daß es eine Verkleidung hatte geben müssen, denn die Mauer war sehr sorgfältig gebaut, wie die Häuser in Holland; anderseits war die Oberfläche mit Spuren weißen Mörtels bedeckt, der große Flecken bildete.

Wie sah diese Verkleidung aus? Die Texte der Alten, Diodors und anderer, geben uns auf diese Frage eine Antwort, die durch die Erforschung der Ruine vollkommen bestätigt wird. Man spricht von Wandmalereien, die Jagden, Schlachten, Bilder des Königs und der Königin darstellten, kurz: Themen, die wir auf den Reliefs von Ninive wiederfinden.

Nun ist der Boden in der Umgebung des Baus, in der gesamten Mitte des Kasr, vor allem gegen den östlichen Teil der Ruine, übersät mit Bruchstücken glasierter Ziegel. Die Farben, die man am häufigsten sieht, sind die weißen und blauen Glasuren verschiedener Abstufungen... Der Farbüberzug hat manchmal eine Dicke von einem oder zwei Millimetern und ähnelt Glas, bricht aber ziemlich leicht. Außer diesen weißen und blauen Ziegeln findet man viele ockergelbe, einige sind dunkler, beinahe braun; sehr wenige sind rot, denn es konnte nur schwer ein mineralischer Stoff, der rot färbt, beschafft werden zu einer Zeit, in der Quecksilber nicht sehr verbreitet war. Die schwarzen Ziegel sind häufiger. Man muß noch bemerken, daß diese Bruchstücke nur auf ihrer Schmalseite glasiert sind und daß sie oft oben ein besonderes Zeichen tragen, in dem unser Architekt das Lage- oder Versatzzeichen erkannte.

Diese Scherben, bedeckt mit einer einzigen Farbe, hätten uns nicht in Erstaunen versetzt, weil wir von ihrem Vorhandensein wußten und dank dem Aussehen der Moscheen und der muslimischen Minarette mit der Verwendung glasierter Ziegel vertraut waren. Aber wir fanden Bruchstücke, die mit mehreren Farben überzogen und die offensichtlich Teil eines mit eingebrannten Farben bemalten Reliefs waren...

Wir fanden Bruchstücke, die teilweise blau waren und auf denen sich ein gelber Grund abhob: Dieser letzte trug ein System von Schuppen, die von schwarzen Linien umrandet waren; es erinnert an das auf den Reliefs von Ninive gefundene Muster, das eine mit Bäumen bepflanzte Gegend andeuten sollte. Diese Schuppen waren außerdem durch die Erhöhungen des Ziegels selbst sichtbar gemacht worden; die Malerei war auf ein kaum angedeutetes Relief aufgetragen. Wir fanden mehrere Muster dieser Kunstwerke, die Berge oder Wälder abbildeten. Andere Bruchstücke boten ein blaues Wellenmuster, wie wenn sie Wasser darstellen sollten; andere zeigten Mauerreste, sogar Bäume. Eine andere Gruppe von Ziegeln lieferte Tierbilder; wir fanden auch den Fuß eines Pferdes, Teile eines Löwen, vor allem die Mähne und den Schwanz. Eine dicke schwarze Linie, aufgetragen auf einem blauen Grund, konnte die Lanze des Jägers sein. Dann sahen wir das Auge eines Menschen, das ganz von vorne gezeichnet war, obwohl der kleine, unterhalb des Auges erhaltene Teil auf ein Gesicht im Profil hinzudeuten schien. Herr Fresnel glaubte – und nicht ohne Grund –, das Auge der Königin oder des Königs zu sehen, die nach Ktesias auf den Mauern des Palastes dargestellt waren. Weitere Scherben einer menschlichen Gestalt sollten die bemerkenswerte Sammlung vervollständigen, die wir bei unseren Ausgrabungen im Kasr zusammenstellten...

Herr Thomas hat sich die Art ausgedacht, in der die Babylonier die figürlichen Darstellungen auf ihren Mauern angebracht hatten: Das Vorhandensein der Lage- oder Versatzzeichen hat zu dieser Entdeckung geführt. Er bemerkte, daß die Farben sich nicht nur auf die Oberfläche, die für sie bestimmt war, beschränkten, sondern daß sie die Seite, die sich oberhalb und unterhalb des Überzugs befindet, befleckt hatten. Man nahm eine so große Tontafel, daß man das ganze Motiv oder wenigstens einen bedeutenderen Teil der Darstellung darauf abbilden konnte. Man modellierte diese Ziegeltafel, wie man Marmor bearbeitet, und man schnitt sie dann in Rechtecke von 8 Zentimetern Höhe und 10 oder 12 Breite. Diese Stücke, versehen mit einem Versatzzeichen, waren darauf

Marktplatz und Moschee in Bagdad (nach Newman)

einzeln mit Glasurfarben überzogen und dann im Ofen gebrannt worden. So geschah es, daß der Überzug über die Seiten oben und unten lief. Später fügte man sie wieder zusammen, indem man sie mit Mörtel verklebte, dessen Spuren wir auf der Ziegelwand gesehen haben. Das Versatzzeichen sollte den Arbeiter bei dieser Rekonstruktionsarbeit führen, und man konnte auf diese Weise, Stück für Stück, eine außerordentlich große Fläche in eingebrannter Arbeit ausführen.

Noch in unsern Tagen sind die Minarette und die Kuppeln Mesopotamiens und Persiens mit einem Mosaik aus glasierten Ziegeln kleiner Oberfläche überzogen, und die Art, sie zu verwenden, scheint den Babyloniern entlehnt zu sein ...

Die Araber nennen den Aufgang – er mißt ungefähr 200 Meter – ›Dehliz‹: den ›Vorhof‹, den ›Vorraum‹; sie erkennen richtig, daß es hier etwas Außerordentliches gegeben hat, das sie nicht zu erklären vermögen. Es ist immer schwierig, sich eine genaue Vorstellung von der ursprünglichen Gestalt eines zerstörten Gebäudes zu machen; dennoch kann die Ansicht, die ich vertrete, als sehr plausibel akzeptiert werden. Wenn man sehr tief graben könnte, fände man vielleicht noch sichere Hinweise; aber wir haben unsern Wunsch in dieser Hinsicht nie befriedigt, um das Leben unserer Arbeiter nicht aufs Spiel zu setzen.

Diese letzte Gefahr wurde zu unserm großen Bedauern während der Grabungen bei den Ruinen des Torbaus offenkundig. Ein sehr unvorsichtiger Arbeiter war auf den drohenden Einsturz aufmerksam gemacht worden; er hörte nicht auf seine Kameraden, machte seine Siesta während der Hitze des Mittags unter dem Gewölbe und wurde von den Steinen, die auf ihn herabstürzten, zermalmt. Es war ein Mauerstück der Mitte, das ihn tötete, von dem man hätte annehmen können, es hätte besseren Halt gehabt; aber Herr Thomas stellte fest, daß der Kern der großen Bauten des Kasr nicht mit derselben Sorgfalt errichtet worden war und daß er sehr der hier allgemein verbreiteten Bauweise glich ...

Der höchste Punkt des innern Palastes wird heute von einem Hügel eingenommen, der das Kasr beherrscht und dem Besucher eine Sicht auf ganz Babylon, von Hilla bis Babil, gewährt und der es erlauben würde, den Birs Nimrud zu sehen, wenn die Palmen des modernen Dorfes ihn nicht versteckten. Auf diesem Hügel befindet sich eine Tamariske *(Athle),* von der alle Reisenden sprechen und der die Araber ein sagenhaftes Alter zuschreiben ...

Man kann von dieser Stelle aus alles überwachen, was weithin in der

Umgebung geschieht, und unsere Arbeiter verwendeten ihn auch so. Wenn wir abwesend waren, arbeiteten die Arbeiter nie; ein junger Beduine mußte sich jeweils der Aufgabe widmen, ihnen ein Zeichen zu geben, sobald wir uns näherten... Aber dieses System dauerte nicht lange, weil es uns von einem der Schuldigen verraten wurde, der sich für den Dienst, den er uns erwies, eine Erkenntlichkeit erhoffte.

Nichts ist schöner, als bei Sonnenuntergang auf die Höhe von Athle zu steigen und die eindrückliche, vom rötlichen Abendlicht beleuchtete Ruine von Babil zu betrachten. Dieser künstliche Hügel, mehr als zwei Kilometer vom Kasr entfernt, erinnert uns inmitten der gegenwärtigen Verödung daran, daß er einer der Wunder Babylons war.

Unterhalb dieser Stelle sieht man... den Basaltlöwen im Graben, wo wir ihn wiederaufgestellt haben. Er lag auf der Seite; um ihn zu zeichnen, mußte man ihn aufrichten, was nur unter großem Einsatz möglich war. Wir konnten uns nun eine klare Vorstellung von diesem der Stadt Babylon und unsern Bemühungen unwürdigen Werk bilden. Es ist möglich, daß dieser 3 Meter hohe und 4 Meter lange Koloß – er stellt einen Löwen dar, der einen Menschen frißt – nicht vollendet worden war, wie wir gesagt haben; es kann auch sein, daß er trotz seines geringen Wertes als Kunstwerk aus einem Grunde, den wir nicht kennen, an einem Ehrenplatz aufbewahrt wurde. Vielleicht handelte es sich um ein religiöses Symbol, das den Feinden entrissen und hier so aufbewahrt worden ist, wie man es erbeutet hatte.

Wir suchten den Sockel, von dem Rich – der erste, der auf das Vorhandensein dieses Denkmals aufmerksam machte – spricht. Wir konnten nichts Ähnliches entdecken, und wir glauben, daß Richs Wort ›pedestal‹ ›Fußleiste‹ bedeutet... Die Fußleiste ist noch unversehrt und 20 Zentimeter dick...

Wie wir es gesagt haben, macht der Zustand der Ruine, die in allen Richtungen untersucht worden ist, die Forschungen ebenso schwierig wie langwierig, weil man im voraus beinahe sicher weiß, daß alle Aufwendungen an Mühe, Zeit und Geld völlig nutzlos sind. Wenn man nicht sehr beträchtliche Summen opfert, die sehr tiefe und sehr großräumige Grabungen erlauben, muß man die Hoffnung aufgeben, im Kasr etwas anderes als sicherlich interessante, aber stets unvollständige Sachen zu finden. Man wird vielleicht von Zeit zu Zeit, durch einen glücklichen Zufall, Täfelchen, Inschriften und andere Antiquitäten dieser Art entdekken, aber um eine regelrechte Untersuchung durchzuführen, wird man eine unermeßliche Menge pulverisierter Ziegel umlagern und in einem Gebiet von beinahe einer Million Kubikmeter graben müssen...

Der Hügel Tell Amran ibn Ali liegt 700 Meter vom Kasr entfernt; er wird von ihm durch ein ziemlich tiefes Tal getrennt, das nur von einer Reihe von Hügeln unterbrochen wird, die nur auf der Seite des Kasr einen offenen Winkel bilden. Wenn man dann eine Ebene von einigen hundert Metern Weite durchquert hat, erreicht man diese unermeßliche Anhäufung pulverisierter Ziegel. Der Hügel hat nicht dasselbe Aussehen wie der des Kasr, der eine kleine Schweiz bildet; derjenige von Amran hat eher das Aussehen einer zerklüfteten und zerrissenen Küste wie derjenigen Norwegens...

Der Krankheit meiner Mitarbeiter wegen auf diesen Stätten allein gelassen, schnitt ich den Hügel Amran ibn Ali an, und ich zögerte nicht, mit zunehmender Gewißheit in ihm die hängenden Gärten Nebukadnezars zu erkennen. Ich nahm zuerst den alleinstehenden Hügel in der Nordostecke in Angriff und ließ einen großen Schnitt machen, indem ich die Zahl der Arbeiter verdoppelte. Bei dieser Untersuchung fand man Gräber, die mit verschiedenen Gegenständen angefüllt waren... In einem dieser Gräben sah man mehrere Kronen aus Gold, die Pappelblätter darstellten... Gräber, die wertvolle Gegenstände enthalten, sind selten... Aus welcher Zeit stammen diese Gräber? Offensichtlich aus der parthischen Epoche...

Dennoch ist das Gebäude älter. Man findet in den Grabungen zuviele mit Keilschrift bedeckte Bruchstücke, um darin nicht eine babylonische Ruine zu sehen. Mehrere sehr bemerkenswerte Inschriften wurden an dieser Stelle entdeckt, unter andern ein Täfelchen, das einige Götter mit ihren Namen darüber darstellte. Auf diese Täfelchen stößt man sehr oft. Die Ziegel, die man den untern Bauteilen entnimmt, tragen den Namen Nebukadnezars, oder sie haben keine Inschriften; und die Fundamente selbst sind die Stellen, die am meisten beschriftete Ziegel hergeben. Dieses Denkmal wurde also vom Zerstörer Jerusalems errichtet. Und welches Gebäude stellen heute die Ruinen von Amran ibn Ali dar? Es sind die hängenden Gärten Nebukadnezars...

Die Ausgrabungen beweisen es gut; denn der eigentliche Bau des Gartens ruhte auf einem künstlichen Hügel; und dieser Hügel, von Menschenhand geschaffen, diente gleichzeitig als Fundament. Im Innern dieses Hügels waren die Tunnel angelegt, die das Wasser des Euphrat unter der Plattform des Gartens hindurchführten. Der Einschnitt, der heute den nördlichen, unbedeutenderen Teil vom südlichen trennt, der ausgedehnter ist, stellt ohne jeden Zweifel die Reste eines dieser unterirdischen Kanäle dar. Der Einsturz des darüber angelegten Geländes dürfte zur Entstehung des Einschnittes geführt haben, den wir noch sehen. Die Spuren eines andern Kanals unter dem höchsten Punkt der Plattform sind noch sichtbar. Ich ließ graben... Aber trotz der Hinweise, auf die ich stieß, wurde ich aus Furcht vor dem drohenden Einsturz gezwungen, die Erforschung dieses Tunnels aufzugeben, der wie die andern rechts und links vermutlich in einem unterirdischen Reservoir endete. In diesem unregelmäßig viereckigen Hügel wurden die Särge und Gräber gefunden, von denen ich gesprochen habe...

Der dritte Ruinenhügel heißt heute Babil und vereinigt sozusagen – er allein – den alten Namen Babylon in sich. Wir sagten bereits, daß die meisten unserer Vorgänger ihn Mudschelibe nennen; das ist falsch, denn die Araber nennen ihn nur Babil, manchmal Maklube, ›die Ruine‹, während sie dem Kasr den Namen ›Mudschelibe‹ geben. Übrigens ging bereits Herr Layard in der Anwendung dieser Bezeichnung voran, die an die Stelle des von Rich eingeführten Namens treten sollte.

Babil trägt seinen Namen nicht ohne Grund; dieser Hügel darf sehr wohl als die eindrücklichste Ruine Babylons gelten, ohne sogar den Birs Nimrud auszunehmen. Man stelle sich eine ungeheure Masse von 180 Metern Länge und von 40 Metern Höhe vor, ganz von Menschenhand angehäuft, in einem völlig ebenen Gelände, dessen verödetes Aussehen die überwältigende Größe dieser Ruine noch heute hervortreten läßt...

Die Unebenheiten des Geländes geben der Ruine ein sehr seltsames Aussehen; aber nicht nur die Anhöhe des Hügels ist interessant. Schon Rich spricht von Höhlungen, die von den Arabern Serdab genannt werden. Herr Layard hat die Grabungen auf der Nordseite bis zu einer großen Tiefe weitergeführt. Der Einschnitt, den er machte, sollte zweifellos im Innern auf den einst in ostwestlicher Richtung vorhandenen Tunnel führen. Herr Rich ließ ebenfalls Ausgrabungen machen, die ihn zu einer Kammer von 13 Quadratfuß (12 babylonische Fuß) führten, deren Mauern aus Ziegeln gebaut waren; sie war aber vollständig mit Staub angefüllt.

Wir fanden gleichfalls Steine, Ziegel, sogar Glas; wir gruben oben in den Trümmern des Baus, die nicht in babylonische Zeiten zurückzurei-

Assyrische Darstellung einer Zikkurat in Babylonien

chen schienen, obwohl der Hügel selbst viele Ziegel Nebukadnezars preisgab und seine Wiederherstellung offensichtlich in die Zeit dieses Königs gehört. Der untere Teil wurde zum Teil aus Lehmziegeln gebaut, und nur die Verkleidung bestand aus gebrannten Ziegeln, die mit Mörtel verbunden waren. Wir stellten, nach Rich, das Vorhandensein von Asphalt fest, der mit Schilf vermischt war, obwohl Sir Henry Rawlinson dies zu leugnen scheint; dies weist darauf hin, daß der übriggebliebene Teil nur der Unterbau eines riesigen Gebäudes gewesen ist.

Das Hauptaugenmerk von Ausgrabungen müßte sich vor allem auf die Südseite richten, die beinahe vollständig erhalten ist, sowohl in bezug auf das Ausmaß als auch auf die Lage. Diese folgt den vier Himmelsrichtungen. Die Südseite mißt noch 180 Meter, die Länge eines Stadions, und zeigt durch den rechten Winkel, den sie mit der Ostseite bildet, daß sie der Ausgangspunkt künftiger Grabungen und Messungen sein müßte...

Welches Heiligtum stellt dieser Hügel dar? Hier die Antwort: Es ist das Grab des Belus, von dem die Alten sprechen...

Wie das Denkmal vor der Zerstörung durch Xerxes ausgesehen hat, kann man nicht mit Gewißheit sagen. Dennoch muß vermutlich das Wort Strabons, ›Pyramide‹, wörtlich genommen werden; und das Grab des Belus, der Ort, von dem einst die Orakel der Chaldäer ausgingen, hatte die geometrische Form einer Pyramide mit quadratischer Basis.

Außerhalb der großen Gruppen, d.h. des Kasr, des Tell Amran und Babils, gibt es an verschiedenen Stellen mehr oder weniger beachtliche Ruinen.

Die bedeutendste Gruppe heißt El Homeira, ›die kleine Rote‹, und verdankt diesen Namen ihrem Aussehen. 700 Meter östlich des Kasr gelegen, besteht die Ruine von Homeira aus vier getrennten Hügeln, die innerhalb eines Halbkreises von ungefähr 300 Metern liegen. Der zweite Hügel, im Norden, ist der beachtlichste und hat die Form eines Hufeisens; er ist sehr hoch und mit Ton- und Glasscherben bedeckt. Die andern Hügel sind ebenfalls ihrer aus pulverisierten Ziegeln bestehenden Masse wegen sehr eindrücklich.

Wir haben bei der Homeira einige Grabungen ausgeführt, aber ohne bemerkenswerte Ergebnisse: einige Töpferwaren, einige Bruchstücke von Figürchen aus Ton und Stein, das ist alles, was wir dem Schutt entreißen konnten. Wenn die Beschaffenheit es erlaubte, Tunnel anzulegen, würde man – ich zweifle daran nicht – zu befriedigenden Ergebnissen kommen, obwohl es beim jetzigen Zustand sehr schwierig ist zu wissen, wozu die Gebäude dieser Gruppe gedient haben. Ihre ursprüngliche Bestimmung ist um so schwerer zu erraten, als die Form der Ruinen annehmen läßt, daß das Denkmal sehr hoch war und eine recht bescheidene Basis hatte; denn selten findet man Hügel, deren Höhe so beachtlich ist in bezug auf ihre Ausdehnung ...

Wir werden jetzt von einer für die Frage des Euphratlaufs sehr wichtigen Entdeckung zu sprechen haben, d.h. vom Kai von Nabonid, einer Entdeckung, die Herr Fresnel im September 1853 gemacht hat und die ich unmittelbar danach bestätigen konnte.

Zwischen dem Kasr und Babil befindet sich eine Stelle, wo es zu jeder Zeit Ziegelsteinbrüche gab. In der angegebenen Zeit (7. Oktober 1853) untersuchte ich diese Reste in der Nähe des Dorfes Kweirisch, aber etwas nördlich davon. Der ungewöhnlich tiefe Wasserstand des Euphrat erlaubte es, über dem Wasser Bauten zu sehen, die sich bis auf eine Entfernung hinzogen, wo die Tiefe des Euphrat es nicht mehr erlaubte, die Ziegel wahrzunehmen. Dieser Kai trug alle Anzeichen eines Bauwerkes, das im Wasser stand: Die Ziegel waren härter, sehr rot und mit Asphalt überzogen. Diejenigen auf der Flußseite hatten eine graugelbliche Farbe. Der Kai erreichte in der Verlängerung die rechte Seite von Babil...

Die Ziegel trugen folgende Inschrift: »Nabonid, König von Babylon, Erneuerer der Pyramide und des Turms, Sohn des Nabobalatirib, der mächtige Herrscher«. Einige boten diese Worte: »Nabonid, König von Babylon, der das Haus der Götter Nebo und Merodach *(Marduk)* gemacht hat, Sohn des Nabobalatirib, der mächtige Herrscher, *bin* ich«. Die Entdeckung der Inschriften bestätigt die Stelle von Berossos, wo wir lesen, daß Nabonid, der letzte König von Babylon, die Kais von Babylon bauen ließ...

Um auf die Kais von Nabonid zurückzukommen: Wir konnten andere Spuren davon etwas weiter unten, auf der Höhe von Amran ibn Ali, auffinden. Dieser Teil lag offensichtlich auf der rechten Seite des Euphrat; man fand hier auch viele Ziegel von Neriglissar, die zur sehr plausiblen Annahme führen konnten, daß der Palast des rechten Ufers von Nabonids Vorgänger vergrößert worden war. Aber abgesehen von den Ziegeln fand man eine Inschrift von Neriglissar, die bestätigt, daß dieser Herrscher sich mit dem Kai des Palastes beschäftigt hat...

Die Brücke, von der Herodot spricht, lag mitten in der Stadt und vielleicht wenig südlich von Hilla, wo ich einige Felsen auf der einen und andern Seite sah, die deren Überreste sein könnten...

Als Babylon, bis damals von zweitrangiger Bedeutung, nach dem endgültigen Fall Ninives an die Stelle der assyrischen Hauptstadt trat, vergrößerten die Könige ihre Stadt, indem sie mit einer weiten Umwallung das alte Babylon, die heilige Stadt Borsippa *(Birs Nimrud)* und Kutha mit einschlossen. Die alte Stadt wurde zur Königsstadt, und hier baute Nebukadnezar seinen Palast, indem er die Bewohner der Stadt außerhalb der alten Mauern ansiedelte, auf der Seite von Hilla, einem Ort, der seither die eigentliche Urbs wurde.

Diese Umwallung also, die einzige, deren Verlauf wir noch verfolgen können, ist gleichzeitig die älteste: Sie umschließt die Akropolis, das eigentliche Zentrum, um das sich später die andern Teile Babylons gruppierten, so wie sich die verschiedenen Quartiere von Paris um die Cité angeordnet haben; so wie sich London um die römische und angelsächsische Stadt gebildet hat. Es ist nicht schwierig, den Rest der Akropolismauer zu rekonstruieren...

Durch dreitausend aufeinanderfolgende Beobachtungen und das Ergebnis von tausend trigonometrischen Messungen gelang es mir, im Monat November 1853 den ersten Entwurf der Karte von Babylon herzustellen...

Die große Mauer von Babylon umschloß also einen Raum von 513 Quadratkilometern, d. h. ein Gebiet von der Größe des Departements der Seine, und fünfzehnmal die Ausdehnung der Stadt Paris 1859, siebenmal diejenige derselben Hauptstadt 1860.

Die französischen Forscher arbeiteten fast zwei Jahre lang in Babylon und seiner Umgebung. Die Untersuchungen brachten trotzdem kaum entscheidende, neue Kenntnisse über die Gebäude, deren Mauern und Fundamente noch tief unter der Oberfläche lagen. Die Ausgräber hatten eigentlich nur an der Oberfläche der Hügel herumgeschürft.

Immerhin kamen wertvolle Inschriften, Täfelchen und anderes zum Vorschein. Doch die Hauptmasse der gefundenen Altertümer liegt leider irgendwo im Schlamm des Tigris, wenig oberhalb seiner Vereinigung mit dem Euphrat, denn das Schiff, das die Kisten 1855 hätte nach Basra bringen sollen, wurde von arabischen Räubern überfallen und zum Kentern gebracht, weil sie über die Fracht, deren Wert sie nicht erkannt hatten, enttäuscht waren. Wenigstens liegt uns der ausführliche Grabungsbericht Opperts vor.

12. Stollen, Ziegel, Täfelchen

Unter den Gelehrten, die sich erfolgreich um die Entzifferung der Keilschrift bemühten, ragt der Offizier Henry Creswicke Rawlinson *hervor. Die Engländer nennen ihn sogar gelegentlich den Vater der Assyriologie. Er war 1843 zum Vertreter Englands in Bagdad ernannt worden und förderte seitdem all die verschiedenen Ausgrabungen in Mesopotamien. Babylon untersuchte er 1854, aber ohne neue Ergebnisse; erfolgreich beschäftigte er sich dagegen mit dem Birs Nimrud.*

Auch der Kupferstecher George Smith, *der Rawlinsons Assistent geworden war und in Ninive über dreitausend wertvolle Inschriften aus der königlichen Bibliothek rettete, fügte 1873 und 1876 durch seine kurzen Besuche Babels den bisherigen Erkenntnissen über diese Stätte nichts Wesentliches bei.*

Nach Smith' plötzlichem Tode im August 1876 beauftragte das Britische Museum den früheren Mitarbeiter Layards, Hormuzd Rassam, *mit der Wiederaufnahme der Grabungen in Mesopotamien. Aber erst Ende 1877 erhielt er von der türkischen Regierung eine erste, auf ein Jahr befristete Erlaubnis (einen Firman); eine zweite Bewilligung traf im nächsten Jahr ein. Rassam erzählt:*

Bald nach meiner Rückkehr von Kalat Schergat *(Assur)* wurde ich mit dem Empfang meines neuen Firmans beglückt, den Sir Henry Layard für die Kuratoren des Britischen Museums erhalten hatte. In diesem Auftrag wurde ich mit größeren Vollmachten und Möglichkeiten ausgestattet, die es mir erlaubten, gleichzeitig ausgedehnte Unternehmungen in Assyrien, Babylonien und Armenien durchzuführen. Der Firman erstreckte sich auf zwei Jahre, und eine Verlängerung war zugesichert, falls gewünscht. Es wurden mir Ausgrabungen in drei verschiedenen Wilajets *(Provinzen)* gleichzeitig gestattet... Im selben Firman wurde mir auch erlaubt, Antiquitäten, die ich gefunden hatte, nach der Untersuchung durch einen kaiserlichen Delegierten einzupacken und nach England zu schicken; von den Duplikaten konnte ich jedes beliebige Stück behalten, die übrigen waren den ottomanischen Behörden für den Versand an *das jüngst gegründete* Kaiserliche Museum in Konstantinopel abzugeben.

Mit diesen außergewöhnlichen und günstigen Bedingungen, die von der Freundlichkeit seiner kaiserlichen Majestät, des Sultans, England dank des Einflusses von Sir Henry Layard gewährt worden waren, eilte ich nach Bagdad, um zu sehen, was ich an der Stätte des alten Babylon unternehmen konnte...

Der Gouverneur in Hilla war mindestens siebzig Jahre alt und folglich von der alten Schule, die das Aufspüren von Altertümern als eine törichte Beschäftigung und diejenigen, die darin einen Wert sahen, als reif fürs Irrenhaus betrachtete...

Seit undenklicher Zeit pflegten die Araber der Stadt Hilla und ihrer Vororte in Babylon Ziegel für den Hausbau auszugraben... Seitdem der Wert der babylonischen Altertümer bekannt geworden war, begannen jüdische und armenische Makler von Bagdad diese Araber durch Bestechung dazu zu bringen, ihnen Terrakotten oder andere Antiquitäten, die sie beim Graben gefunden hatten, zu verkaufen. Die Arbeiter taten dies im Versteckten, denn es war strikt verboten, ohne eine Spezialbewilligung der Pforte *(der Regierung in Istanbul)* nach Antiquitäten zu graben.

Der Schaden, den diese Art der Suche verursachte, ist unermeßlich, denn die arabische Grabmethode ist zu unbeholfen, zerbrechliche Gegen-

Birs Nimrud (nach Chesney)

stände unversehrt aus den engen und tiefen Gräben herauszuholen, vor allem weil die Leute ihre Arbeit aus Furcht, von den Behörden entdeckt zu werden, so heimlich wie möglich ausführen mußten. In neun von zehn Fällen zerbrachen oder verloren sie einen großen Teil ihrer Sammlungen, und schlimmer noch: Sie versuchten einen vorteilhaften Handel zu machen, indem sie die beschrifteten Gegenstände zerbrachen und die Bruchstücke unter ihre Kunden verteilten...

Es kann nach dem Erzählten vermutet werden, daß meine Bewegungen mit großer Eifersucht beobachtet wurden, nicht nur von den arabischen Ziegelgräbern, sondern vor allem von denen, die sie zur Suche nach Altertümern verleiteten. Ich fand heraus, daß ich keine Macht besaß, ihre Grabungen an jenem Ort zu verhindern, den ich zu untersuchen wünschte, weil das Graben nach Ziegeln seit der Zerstörung Babylons immer üblich gewesen war. Nicht einmal die Behörden hatten irgendein Recht, solche Arbeiten aufzuhalten; und wenn man den Arabern erlaubt hätte, nach ihrem Belieben zu handeln, wären meine Unternehmungen behindert und meiner Arbeit unermeßlicher Schaden zugefügt worden; ganz zu schweigen davon, daß ich eine Horde Räuber an meinen Ellbogen gehabt hätte, die von meinen Erfahrungen profitiert hätten und bereit gewesen wären, alles Erreichbare zu stehlen, entweder nachts oder während der Ruhepausen tagsüber.

Ich brachte es fertig, die Dienste eines ehrenwerten Mannes von Hilla zu beanspruchen, dessen Beschäftigung darin bestand, den Leuten der Stadt Ziegel aus den Ruinen von Babylon zu liefern, und der damals viele Arbeiter mit der Zerstörung alter Gebäude beauftragt hatte, die sich in jenem Hügel befinden, der Babil heißt, von Rich aber irrtümlich ›Imdschailiba‹ *(Mudschelibe)* genannt worden war. Er gewährte mir unschätzbare Hilfe, indem er für mich mit den arabischen Arbeitern verhandelte, die in den Außenbezirken der babylonischen Ruinen wohnten, und er willigte ein, seine eigenen Leute für mich gegen mein Versprechen arbeiten zu lassen, daß ich ihm alle einfachen Ziegel, die sie beim Graben fänden, überlasse; alle Denkmäler, alle beschriebenen Täfelchen und alle andern Antiquitäten, die das Britische Museum benötigte, sollten mir übergeben werden. Ich machte den übrigen Ziegelgräbern dasselbe Angebot... Alle willigten ein und gingen sogleich für mich an die Arbeit... Diese Abmachung befriedigte die habgierigen Zwischenhändler nicht, denn sie versuchten bald nach dem Beginn meiner Tätigkeit, einige Arbeiter durch Bestechung dazu zu bringen, Altertümer zu stehlen, um

Hormuzd Rassam

sie zu verkaufen ... Ich machte es mir aber zur Regel, mich nie in einen Streit in bezug auf unsere Ausgrabungen einzulassen. Ich betrachtete es als Vorteil für uns, eine kleine Überschreitung eher zu vergeben, als aus einem Mausehügel einen Berg zu machen, was doch nur diejenigen, die auf unsern Erfolg eifersüchtig waren, ausgenutzt hätten. Die kleinen Streitigkeiten, die ich mit den Besitzern des Landes hatte, auf dem ich meine Ausgrabungen unternahm, legte ich gütlich bei, entweder persönlich oder durch einen Freund; und stets erhielt ich, was ich wollte. Hätte ich den örtlichen Behörden zu intervenieren erlaubt, wäre nie etwas über das Ende des Falles zu hören gewesen, und sehr wahrscheinlich hätte keine der Parteien von der Einmischung profitiert.

Ich erfuhr später, daß die armen Araber für die Altertümer, die sie den Zwischenhändlern aus Bagdad und Hilla verkauften, sehr wenig erhielten. Für einen Gegenstand, für den die letzteren fünf oder zehn Pfund verlangten, hatte der arme Gräber einen oder zwei Schillinge erhalten...

Die heute noch sichtbaren Ruinen von Babylon bestehen erstens aus einem weiten und hohen Hügel namens Babil; zweitens aus der Imdschailiba *(Mudschelibe)*, dem Platz des Hauptpalastes und – nach meiner Theorie – des Belustempels, von dem der Ziegelturm, Kasr genannt, zeugt; und drittens aus Omran *(Amran)* und Dschumdschuma. Die beiden letzten Örtlichkeiten scheinen nach der Zerstörung Babylons von den Sassaniden und Parthern bewohnt worden zu sein, denn ich fand dort offensichtliche Anzeichen nachchaldäischer Häuser...

Ich versuchte noch und noch, die Angaben und Schlüsse alter Historiker und moderner Beurteiler mit den heute sichtbaren Überresten der berühmten Stadt in Einklang zu bringen; aber kaum glaubte ich, eine endgültige Lösung gefunden zu haben, steckte ich in einer noch größeren Verlegenheit als zu Beginn meiner Vermutungen...

Ich fand, es sei Verschwendung von Geld und Mühe, bei Imdschailiba zu graben, wo frühere Ausgräber nichts ungewendet hinterlassen hatten, um das Gewünschte zu finden. Als ich die tiefen Gräben und die Beschaffenheit des Schutts sah, der aufgeworfen worden war, kam ich zur Überzeugung, daß es hier keine wertvollen Überreste geben könne. So begnügte ich mich damit, im Zentrum eine Woche lang zu suchen; dann ging ich zu andern, nicht weit entfernten Stellen über, die nicht so stark durchwühlt waren. Das waren die andern Ruinen der Stadt namens Omran *(Amran)* und Dschumdschuma; und an beiden Plätzen wurde ich für meine Bemühungen in Babylon reichlich entschädigt. Hier wurden die sogenannten Kontrakttafeln entdeckt *(diese Vertragstafeln waren Rassams wichtigstes Grabungsergebnis)*, und weil der Hauptteil in dem letzteren Hügel zum Vorschein gekommen ist, nehme ich an, daß die königliche Münze und die Bank von Babylon hier lagen.

Der Schaden der früheren Grabungen nach Altertümern in Babylon, der Suche auf gut Glück, bestand darin, daß es das erfahrenste Auge in Verlegenheit gebracht hätte zu wissen, wo anfangen und wo aufhören, weil die Araber das Gelände in eine derartige Unordnung gebracht hatten. Nach einer einwöchigen Untersuchung stießen wir trotzdem dank einer bestimmten Methode auf Spuren stehender Mauern, was meine Ausgräber nicht wenig überraschte; danach entdeckten wir Überreste der

Das Ruinengelände (nach Newman)

Vergangenheit. Einige Teile der Mauern waren zweifellos babylonischen Ursprungs; aber ab und zu stießen wir auch auf sassanidische Bauten, die im Vergleich mit der Regelmäßigkeit und Glätte der babylonischen Gebäude recht roh aussahen.

Nichts Großartiges war je in den Ruinen von Babylon entdeckt worden, verglichen mit den in Assyrien gefundenen kolossalen Gestalten. Der einzige größere Gegenstand, den man in den Ruinen Babylons entdeckt hatte, war der schwarze Basalt-Monolith eines Löwen mit einem darunter liegenden Mann, der zur Zeit der chaldäischen Herrschaft beim Palasteingang gestanden haben dürfte. Es mußte einen andern, ähnlichen Monolithen gegeben haben, der ihm beim Eingang gegenüberstand; obwohl ich eine Anzahl Gräben um den Platz anlegen ließ, konnte von ihm keine Spur gefunden werden. Der Boden schien bis auf das Niveau des Euphrat gründlich untersucht worden zu sein.

Für die literarische Welt und die Assyriologen wurden dennoch von Zeit zu Zeit in diesen Hügeln wichtige Entdeckungen gemacht; unter anderm entdeckten wir in den Ruinen von Dschumdschuma einen zerbrochenen Terrakotta-Zylinder, der zum erstenmal von Sir Henry Rawlinson entziffert worden ist und den offiziellen Bericht über die Einnahme Babylons durch Kyros enthält, während der Belsazar mit »tausend seiner Großen« schmauste und bei seinem ruchlosen Bankett die goldenen und silbernen Gefäße verwendete, die sein Vater, Nebukadnezar, aus dem Tempel von Jerusalem mitgenommen hatte. Der Name ›Belsazar‹ kommt auf diesem Zylinder nicht vor, weil ein großer Teil davon fehlt.

Während meine Arbeiter an verschiedenen Stellen Babylons eifrig gruben, ging ich nach Birs Nimrud und ließ einige Arbeitergruppen an vier verschiedenen Plätzen graben ...

Nachdem Rassam nach Mosul zurückgekehrt war, reiste er noch im selben Jahr nach Europa, von wo er erst im Frühjahr 1880 wieder nach Mesopotamien aufbrach. Er wandte sich zuerst seinen Unternehmungen in Babylon zu.

Ich stellte bei meiner Ankunft fest, daß mein energischer Oberaufseher, Dawud, die ihm anvertraute Arbeit in bewundernswerter Art geleitet und mit Hilfe der Mittel, die ich für die Untersuchungen ausgeben durfte und die ich unter seiner Aufsicht zurückgelassen hatte, wirkungsvoll und haushälterisch mehrere Entdeckungen gemacht hatte.

Sowohl in Babylon als auch in Birs Nimrud hatte er viele Räume entdeckt, die mehr als zweitausend Jahre lang dem Blick des Menschen entzogen waren; und in den meisten hatte er Denkmäler und Inschriften der babylonischen Epoche ausgegraben, die sich jetzt im Britischen Museum befinden. Den Palast Nebukadnezars, der später von Nabonid bewohnt wurde – ich hatte ihn in Birs Nimrud bei meinem letztjährigen Besuch Babylons entdeckt –, hatte er beinahe vollständig ausgegraben, und er wartete auf meine Anweisungen, unter dem alten Turm, unter dem vermutlich der Tempel von Borsippa liegt, weiterzugraben ...

In den am linken Ufer des Euphrat gelegenen Ruinen Babylons namens Imdschailiba, Omran und Dschumdschuma fanden wir stets beschriftete Täfelchen im Schutt; und an einigen Stellen gruben wir den Boden systematisch um, damit uns kein interessanter Gegenstand entging. Die Grabungen wurden während meiner Abwesenheit in England so wirkungsvoll fortgeführt, daß weitere kleine Hügel aus dem Schutt entstanden, der aus den alten Ruinen ausgeräumt worden war. Je länger ich grub, um so schwieriger wurde es für mich, zu greifbaren Ergebnissen in bezug auf die verschiedenen Örtlichkeiten zu kommen. Abgesehen von einem halben Dutzend Räumen, die ich am Rand eines großen Palastes der Könige Babylons entdeckte, wo vermutlich Belsazar bei der Einnahme der Stadt durch die Perser den Tod gefunden hatte, konnte ich kein regelmäßiges Bauwerk oder Fundament eines Gebäudes finden, das es mir erlaubt hätte, die Lage des Gebäudes festzustellen. Der ganze Platz schien durch ein Erdbeben oder eine übernatürliche Zerstörung gehoben oder umgestürzt worden zu sein...

Der Teil des Omran genannten Hügels, im Norden des Heiligtums dieses Namens *(Amran ibn Ali),* ist für mich rätselhafter als irgendein anderer Hügel, den ich untersuchte, sei es in Assyrien oder in Babylonien; denn während der südliche Teil offensichtlich Anzeichen alter Ruinen enthielt, wo wir eine große Anzahl beschrifteter Tontäfelchen entdeckten, bestand der nördliche Teil aus einer Anhäufung von Asche, Knochen, Tonscherben und anderm Abfall. Wir konnten keine Spur einer Inschrift oder irgendeinen interessanten Gegenstand finden, der uns gezeigt hätte, daß diese Stelle jemals überbaut war...

Es wurde von einigen Geographen angenommen, daß der Hügel von Omran die Stelle der hängenden Gärten sei; aber gegen diese Theorie spricht die unzweifelhafte Tatsache der Entdeckung von vier Brunnen bei Babil...

Nichts anderes ist heute von der berühmten Stadt zu sehen als Schutthügel, in denen sich in größter Unordnung zerbrochene Ziegel, Tonwaren und Überreste emaillierter Ziegel mit verschiedenen Farben und Zeichnungen eingestreut finden. Diese letzteren wurden nur in Imdschailiba gefunden und sind sowohl in den Heiligen als auch in den profanen Schriften erwähnt...

Ich glaube, daß diese Ruine – der einzige Platz, wo die emaillierten Ziegel in großer Anzahl gefunden worden sind – die Stelle des alten Palastes ist, der von Nabupolassar, dem Vater Nebukadnezars, bewohnt worden ist, und daß diejenige am östlichen Rand des Hügels, wo ich einige Säle und Räume gefunden habe, der von Josephus erwähnte Palast ist, der von diesem König in der wunderbar kurzen Zeit von fünfzehn Tagen erbaut worden ist. Schließlich betrachte ich den südlichen Teil desselben Platzes, allgemein Kasr genannt, als den Überrest des Belustempels...

Es dürfte als eine Neuheit angesehen werden, daß ich auf dem Hügel Imdschailiba drei verschiedene Bauten annehme: den Tempel des Belus, den Palast Nabupolassars und das herrliche Gebäude Nebukadnezars, das in fünfzehn Tagen errichtet worden sein soll. Aber wenn wir die Größe des Hügels mit andern babylonischen und assyrischen Stätten vergleichen, werden wir feststellen, daß dort reichlich Platz für die drei großen Gebäude vorhanden war...

Beim Hügel Babil, der zweifellos die Stätte der hängenden Gärten darstellt, wie ich beweisen werde, folgte ich den Grabungen der Araber, die nach Ziegeln suchten, und ich entdeckte im südlichen Zentrum des Hügels vier hervorragend gebaute Brunnen aus rotem Granit; drei waren in einer geraden Linie und in Abständen von wenigen Fuß angeordnet, ein anderer lag etwas entfernt in südöstlicher Richtung. Ihre Bauart und ihre geschickte Anlage beweisen das große Können des Baumeisters. Jeder Brunnen ist aus runden Granitblöcken gebaut, die über eine große Entfernung aus dem nördlichen Mesopotamien hergebracht worden sein dürften, denn es gibt keinen Steinbruch dieser Art irgendwo in der Nähe des Euphrat innerhalb von 500 Meilen flußaufwärts. Jeder Stein, der etwa drei Fuß hoch ist, war so bearbeitet worden, daß er auf den darunterliegenden so genau paßte, daß man hätte meinen können, der ganze Brunnen sei aus einem einzigen Block gehauen worden. Als man auf den Grund dieser Brunnen grub, fand man heraus, daß er in Verbindung stand mit einer Wasserleitung, die mit Wasser vom Euphrat her versorgt wurde, oder mit einem Kanal, der um die nordöstliche Ecke des Hügels führte... Diese Brunnen, die etwa 140 Fuß hoch waren, als ich sie entdeckte, und die ursprünglich nicht weniger als 50 oder 60 Fuß höher gewesen sein dürften, waren ausschließlich zur Bewässerung der hängenden Gärten errichtet worden, denn sie lagen zweifellos höher als irgendein anderes Gebäude der Stadt...

1854 entdeckte ich bemerkenswerterweise unter den im Palast Assurbanipals gefundenen Reliefs eine Darstellung genau dieses Hügels, die Sir Henry Rawlinson und andere Assyriologen mit den berühmten hängenden Gärten Nebukadnezars identifizierten. Sie befinden sich heute im Kellergeschoß des Britischen Museums. Auf dieser Skulptur ist der übliche Monolith eines vergöttlichten Königs samt Wasserläufen, die über die Abhänge des Hügels führen, zu sehen. Das erste Objekt, das die Aufmerksamkeit eines Reisenden auf sich zieht, wenn er sich von Bagdad her Babylon nähert, ist der bemerkenswert hohe Hügel am äußersten

Assyrische Darstellung eines hängenden Gartens

Nordrand der alten Stadt, und wenn der Reisende nach Hilla geht, umreitet er ihn auf seiner Ostseite. Nach Birs Nimrud ist er der hochragendste aller Hügel. Er kann aus großer Entfernung gesehen werden; und zur Zeit seiner Errichtung muß er am imposantesten ausgesehen haben. Von all den vorhandenen Stätten und Ruinen des eigentlichen Babylon ist Babil der einzige Hügel, der von seiner Lage und Gestalt her der Ort der hängenden Gärten sein kann...

Im Nordosten und Nordwesten stehen die Mauern völlig senkrecht, und wenn sie vom Schutt befreit sind, sehen sie sehr ähnlich aus wie die Architektur des Kasr, aber man kann die Ziegel nicht so gut herausnehmen. Die Araber hatten jahrhundertelang an der Zerstörung Babels gearbeitet, und als ich dort war, rissen sie eifrig die hohen Mauern im Nordosten und Nordwesten des Hügels ein. Hätte ich die Macht, ihnen Einhalt zu gebieten, und die Mittel besessen, die Ruinen auszugraben, dann hätte ich sicherlich bedeutende und überzeugende Beweise für die Identifikation der historischen hängenden Gärten entdeckt.

Ich bin überzeugt, daß es etwa eine halbe Meile östlich von Babil ein bedeutendes öffentliches Gebäude gegeben haben muß, das beinahe so ausgedehnt wie Babil, aber etwas niedriger gewesen sein dürfte; aber weil ich wichtige Arbeiten an andern Plätzen auszuführen hatte, konnte ich nicht mehr als eine Gruppe von sieben Leuten für wenige Tage zu seiner Untersuchung einsetzen. Ich fand es nutzlos, mehr als drei oder vier Wochen für die Untersuchung irgendeiner Stelle aufzuwenden – außer wenn ich sichere Anzeichen wertvoller Überreste fand –, besonders wenn meine Arbeiter vorteilhafter auf andern Plätzen beschäftigt werden konnten. Aus diesem Grund untersuchte ich diese Stelle nicht gründlich...

Hätte ich nicht Bedenken gehabt, öffentliche Mittel für ein Objekt zu verschwenden, das dem Britischen Museum keinen materiellen Nutzen einträgt, wäre ich anders vorgegangen, um einige Anhaltspunkte über die Lage der wichtigen Teile der alten Stadt zu gewinnen.

Da ich Südmesopotamien zu einer Zeit erreicht hatte, in der die Hitze eine Weiterführung intensiver Untersuchungen in Babylonien beinahe unmöglich machte, und weil ich andere Arbeiten in Assyrien und Armenien zu besuchen hatte, eilte ich auf der Ostseite des Tigris über Kirkuk und Arbil (das alte Arbela) nach Mosul, nachdem ich Anweisungen für eine bescheidenere Weiterführung unserer Untersuchungen in Babylon und Birs Nimrud gegeben hatte.

Man kann sich unschwer vorstellen, daß die Überwachung gleichzeitiger Ausgrabungen an verschiedenen, weit voneinander entfernten Orten, obwohl tüchtige Aufseher eingesetzt wurden, den Forderungen streng wissenschaftlicher Forschung nicht genügen konnte. Und Rassams Bestreben, ja in keine Streitigkeiten verwickelt zu werden, führte dazu, daß Budge, von dem wir gleich sprechen werden, feststellen mußte: Es ist betrüblich zu lesen, daß während der Anwesenheit von Herrn Rassam die Einheimischen diese Steine *(Kalksteine)* zerkleinerten, um sie zu Kalk zu brennen.

Immerhin entriß Rassam dem Schutt Babylons das erwähnte Vertragsarchiv des Bankhauses Egibi. Sein bedeutendster Fund in Mesopotamien bestand freilich aus den prächtigen Bronzeplatten, die er in Balawat, dem assyrischen Ort Imgur-Bel, in der Nähe von Mosul ausgrub.

Rassam beendete seine Tätigkeit im Zweistromland im Jahre 1882 und reiste nach England.

In London stellte man bald darauf fest, daß die im Auftrag des Britischen Museums angestellten Wächter am Handel mit Altertümern beteiligt waren, die aus den ihnen anvertrauten, früher durch Agenten des Britischen Museums untersuchten Ausgrabungsorten stammten. Zur Abklärung wurde der damalige Assistent der Orientalischen Abteilung des Museums, Wallis Budge, *nach Mesopotamien entsandt.*

Er reiste Ende 1887 zuerst nach Ägypten, wo er zuvor schon für das Museum Antiquitäten erworben hatte und jetzt die berühmten Amarna-Tafeln – die Korrespondenz Echnatons mit andern Königen – kaufen konnte. Dann fuhr er über Basra nach Bagdad. Nachdem er für den sicheren Versand der Amarna-Briefe gesorgt hatte, wandte er sich Babylon zu. Unterkunft fand er in Hilla bei einem der dort lebenden Juden. Budge schreibt:

Die Juden von Hilla sind zweifellos die Nachkommen derer, die aus dem Teil Babylons, der bis ins 10. Jahrhundert unserer Zeitrechnung bewohnt war, hierher gezogen sind; sie waren generationenlang im Handel mit Altertümern tätig.

Über seinen Aufenthalt und seine Erkundigungen heißt es in Budges Buch ›By Nile and Tigris‹:

Einheimische Kaufleute in Hilla und anderswo, dazu die Bauunternehmer überhaupt hätten, *erzählt Budges Gastgeber,* gegen Bezahlung von den lokalen Behörden die Erlaubnis erhalten, in den Ruinen Ziegel und Sibach, d. h. salzhaltigen Schutt, der als Dünger oder Deckschicht für die Felder verwendet werde, auszugraben und wegzuschaffen. Die Arbeiter, die für die gegenwärtigen Grabungen angestellt seien, zögen es vor, in den Gräben und Tunneln zu graben, die von den Europäern während ihrer Grabungen angelegt worden seien, denn die Arbeit sei leichter, und sie fänden Täfelchen, Steinzylinder, Gemmen usw., die vom Regen in sie hineingeschwemmt worden seien. Seit undenkbarer Zeit, erzählte er weiter, hätten die Leute Ziegel zu Bauzwecken aus den Ruinen von Babil und Birs *Nimrud* ausgegraben; sein Großvater und sein Urgroßvater hätten stets die Antiquitäten, die ihnen von den Ausgräbern gebracht worden seien, gekauft und dann weiter verkauft. Überdies verdiene eine beachtliche Anzahl Bootsbesitzer ihren Lebensunterhalt durch den Transport von Ziegeln in Dörfer flußab- und flußaufwärts. Wenn in den Ruinen eine große Menge Ziegel oder eine Wand festgestellt worden sei, täten sich die Einheimischen zusammen, grüben die Stelle aus, brächen das Ziegelwerk auf und verteilten die Ziegel der Vereinbarung gemäß; es gebe nie irgendwelche Schwierigkeiten in dieser Angelegenheit, vorausgesetzt, ein passendes Bakschisch *(Geschenk)* sei den Behörden gegeben worden. Der Miri (d. h. die Regierung) nehme stets Ziegel von den Ruinen, wenn er welche benötige. Und er erwähnte als Beweis dafür den Sadd, d. h. den großen Staudamm des Hindija-Kanals, der ganz aus Ziegeln von Nebukadnezar aus Babil gebaut worden sei. Welchen Nutzen hätte man von Wächtern, welche die von Ausländern ausgegrabenen

Stätten schützen sollten? Die Stätten gehörten nicht den Ausländern, sie hätten nur die Erlaubnis gehabt, eine bestimmte Zeit über in ihnen zu graben; sie hätten kein Recht, Wächter auf dem Eigentum des Sultans einzusetzen; und Wächter wären machtlos, andere Leute am Graben zu hindern. Nur die Regierung könnte sich Stätten ausbedingen und sie schützen, ob in ihnen gearbeitet würde oder nicht. In den Fällen, wo sie das getan habe, seien Soldaten angestellt worden, um die Stätten zu schützen.

Wenn die Leute zurückgehalten würden, in Babil und Birs nach Ziegeln zu graben, woher könnten sie denn sonst Ziegel erhalten, um ihre Häuser zu bauen und auszubessern? Es wäre ganz unmöglich, ihnen ein Vorrecht zu entziehen, das sie seit mehreren Jahrhunderten genössen. Die Moscheen von Hilla und Kufa, die Heiligtümer Husseins und Alis, die jüdischen Synagogen, die Häuser eines jeden Juden, Schiiten oder Sunniten des besseren Standes seien aus Ziegeln gebaut, die man in Babil geholt habe. Nach den dort von den Engländern um 1880 unternommenen Ausgrabungen *(denen von Rassam)* seien viele große Kalksteinplatten und Kalksteinstatuen gefunden worden; sie seien alle zerkleinert und zu Kalkmörtel verarbeitet worden. Es sei ein schreckliches Unglück, daß sie keine Mittel hätten, um die großen Steinblöcke wegzuschaffen, die in den Ruinen geblieben seien.

Weiter befragt, sagte unser Gastgeber, daß er nicht viel mit Ziegeln handle, weil das Graben teurer sei als früher. Der Vorrat an Ziegeln aus den obern Schichten der Hügel sei erschöpft, und je tiefer die Schächte gegraben würden, um so teurer die Ziegel...

Als wir auf seine eigenen Angelegenheiten zu sprechen kamen, sagte er, daß er gerne mit uns Geschäfte tätigen möchte, aber er gab zu, daß er nichts von Antiquitäten verstand, und er fragte mich, welche Arten von Gegenständen wir wünschten und wie er wissen könne, ob die Sachen, die man ihm anbiete, echt seien. Ich erklärte ihm, so gut mein fehlerhaftes Arabisch es zuließ, die offensichtlichen Unterschiede zwischen Täfelchen der frühesten und spätesten babylonischen Reiche, und ich beschrieb die Gegenstände, die Zylinder, Siegel usw., die wir am meisten benötigten. Ich gab ihm die Namen einiger Stätten an, wo sehr frühe Täfelchen gefunden worden waren, und drängte ihn dazu, Verbindung mit den Einheimischen aufzunehmen, die am Schatt el Hajj leben *(der Schatt el Hai, heute Gharraf genannt, ist ein Kanal zwischen Tigris und Euphrat, an dem bei Tello der bedeutende sumerische Ort Girsu im Königreich Lagasch gelegen hat)*. Er gab mir seinerseits die Namen seiner privaten Agenten in Bagdad und London bekannt, und er versprach, mir in London durch sie viele der Gegenstände zu schicken, die er mir an jenem Abend gezeigt hatte. Er hielt sein Versprechen, und mehrere Jahre lang sandte er Sammlungen von Täfelchen nach London, und die Kuratoren *des Britischen Museums* kauften sie. Zu den Antiquitäten, nach denen ich ihn besonders Ausschau zu halten bat, gehörten babylonische Siegel aus Roteisenstein, in die Bilder von frühen babylonischen Göttern, mythologische Szenen usw. eingeschnitten sind. Er erwiderte, daß zwar eine beachtliche Anzahl solcher Dinge in den Tulul, d.h. den Hügeln, gefunden werde, sie aber selten in die Städte gelangten, weil die Bauern, die sie fänden, sie behielten und sie als Amulette trügen. Männer und Frauen gleichermaßen reihten sie auf Schnüre auf und befestigten sie an ihrem Körper unter dem linken Arm, wo die Figuren auf ihnen durch die Berührung mit den sandigen Gewändern ihrer Träger nach wenigen Jahren ihre Konturen verlören und die Inschriften unleserlich würden...

Die Ansichten unseres Gastgebers zum Thema Ausgrabungen und Rechte der ausländischen Ausgräber waren interessant, aber beunruhigend, denn sie zeigten deutlich, daß das, was Colonel Tweedie *(der britische Generalkonsul in Bagdad)* mir bereits gesagt hatte, den Tatsachen entsprach. Offensichtlich gab es keine Möglichkeit, die Grabungen, die wir die ›schwarzen‹ nannten, zu verhindern, und es schien kein Zweifel über die Tatsache zu bestehen, daß wir kein Recht hatten, Wächter zu bestimmen, und daß die Einheimischen jeden Versuch, Wächter einzusetzen, als ungesetzlich und als eine Verletzung ihrer eigenen ererbten Rechte betrachteten. Die Worte unseres Gastgebers zeigten mir auch, daß die Tunnel und die Gräben, die von den frühen englischen Ausgräbern in Babil angelegt worden waren, eine unschätzbare Hilfe für die Ziegelsucher darstellten, die sie benutzten und sich auf diese Weise viel Zeit, Mühe und Ausgaben sparten. Der Gedanke, daß Rawlinson und seine Nachfolger unabsichtlich die Möglichkeit geschaffen hatten, die Mauern und Paläste Babylons von unten her zu zerstören und sie Stück für Stück fortzuschaffen, war betrüblich.

Es war nach den Worten unseres Gastgebers auch offensichtlich, daß es einen gut organisierten Handel mit Antiquitäten gab und daß es, wenn schon die Regierung in Bagdad machtlos war, ihn zu unterbinden, für irgendeinen Ausländer kaum eine Möglichkeit gab, dies zu tun. Es war recht einfach für Hamdi Bey *(den Direktor des Kaiserlich-Ottomanischen*

Museums in Istanbul) und die Minister in Istanbul, Gesetze zu erlassen und Anordnungen zu treffen, aber es war eine ganz andere Sache, sie in einer Gegend zur Geltung zu bringen, die etwa 1500 Meilen entfernt war und hauptsächlich durch Telegramme der Pforte *(der türkischen Regierung in Istanbul)* kontrolliert wurde. Ich konnte diesen Handel weder unterbinden noch kontrollieren, und es schien mir nicht Teil meiner Aufgabe zu sein, im Namen der türkischen Behörden dagegen einzuschreiten. Aber ich empfand es als meine Aufgabe, in welch bescheidenem Ausmaß auch immer die Erhaltung babylonischer Altertümer zu fördern, und es schien mir, daß ich dies am besten in der Weise tun konnte, daß ich von den Händlern Gebrauch machte, die den Handel in ihren Händen hatten, und daß ich ihnen zeigte, wie sie die Sammlungen des Britischen Museums bereichern konnten. Seit meinem Besuch in Hilla gingen die Einheimischen sorgfältiger vor, wenn sie Täfelchen ausgruben, und sie achteten darauf, sie mit ihren Werkzeugen nicht zu zerbrechen und zu zerkratzen, nicht weil es ihnen etwas ausgemacht hätte, sie zu verletzen, sondern weil sie wußten, daß ich keine zerbrochenen oder zerkratzten Täfelchen kaufen würde.

Wir verließen Hilla früh am folgenden Morgen, um nach Dschumdschuma zurückzukehren und die Ruinen von Babylon zu untersuchen. Die Tatsache, daß wir Antiquitäten erworben hatten, schien wohlbekannt zu sein, denn an vielen Orten wurden wir von Männern und sogar von Kindern angehalten, die uns baten, die Täfelchen zu kaufen, die sie in ihren Händen hatten. Ich kaufte einige alte babylonische Vertragstäfelchen, für wenige Piaster ein jedes, und mehrere große Zylinder von Asarhaddon, für einen Madschidi (Taler) einen jeden. Auf unserm Rückweg ritten wir durch viele Gärten und sahen lange, niedrige Erdwälle, etwa 30 Fuß hoch, die in gerader Richtung verliefen, und es schien mir, daß sie die Überreste der mächtigen Mauern des westlichen Teils des großen Babylon Nebukadnezars II. sein könnten. Als wir den Fluß erreicht hatten und zurückblickten, waren alle Spuren der Stadt verschwunden, und alles, was wir sehen konnten, war das, was Pietro della Valle zu seiner Zeit gesehen hatte: ein dichter Wald von Dattelpalmen.

Es folgt eine Beschreibung des verödeten Stadtgebietes, die denjenigen früherer Reisender und Forscher gleicht. Dann bespricht Budge die vorangegangenen Berichte über das verlassene Babel seit dem Beginn unserer Zeitrechnung. Unter anderm heißt es:

Ker Porter und Buckingham besuchten Babylon, erörterten Richs

Die Bootsbrücke bei Bagdad (nach Buckingham)

Folgerungen, entwarfen eigene Theorien über die Ausdehnung der Stadt und die Lage der großen Mauern und versuchten, die Maße, die von den klassischen Schriftstellern angegeben werden, mit den Ruinen, die sie sahen, in Übereinstimmung zu bringen ...

Es ist merkwürdig, daß so tüchtige Männer nicht zur Überzeugung kamen, daß die einzige Möglichkeit, einen genauen Plan von Babylon und seinen Mauern und Gebäuden zu erhalten, darin bestünde, die Schutthaufen wegzuräumen und die noch vorhandenen Gebäudeteile auszugraben. Herr Rich oder ein anderer Generalkonsul von Bagdad hätte genügend Einfluß gehabt, Arbeiter zu erhalten; und die Kosten einer Ausgrabung wären in jenen Tagen bescheiden gewesen. Es ist wahr, daß er kleine Gruppen an mehreren Stellen graben ließ, aber wie könnte sich irgendeiner vorstellen, daß der Plan des alten Babylon durch eine Gruppe von zwölf Leuten enthüllt werden könnte, die einige Tage lang – Fehlgrabungen eingeschlossen – arbeiteten. Mehr als ein Jahrhundert ist verflossen, seitdem Rich Babylon untersucht hat; und wir dürfen sicher sein, daß während dieser Zeitspanne die Ziegelsucher unablässig gegraben und die Mauern und Gebäude der alten Stadt Stück um Stück weggetragen haben. Es gibt heute viel weniger von Babylon zu untersuchen als 1811; und was man in der Zwischenzeit fortgeschafft hat, ist leider für immer verloren.

Schließlich faßt Budge die Ergebnisse der Ausgrabungen Koldeweys zusammen; dies war ihm möglich, weil sein eigenes Buch nicht unmittelbar nach seinem ersten (1888) oder seinem letzten (1891) Besuch, sondern erst 1920, d. h. nach der epochalen Aufdeckung Babels durch Koldewey erschien.

Bei einem Besuch jener Stelle, an der Rassam gegraben hat, stellt Budge fest: Wir fanden Leute vor, die über die ganze Stelle verteilt gruben, nicht nach Ziegeln, wie wir meinten, sondern nach babylonischen Täfelchen ... Sie sagten, daß sie alle Täfelchen, die sie gefunden hätten, versteckten *(die Beamten von Hilla hätten sie ihnen sonst weggenommen)* und sie unbemerkt nach Bagdad brächten, um sie den Händlern zu verkaufen. Sie wären sehr froh, wenn wir die Täfelchen kauften, die sie im Korb mitgebracht hatten; und ich kaufte sie alle zu einem Preis von wenigen Piastern das Stück.

Auf der Rückreise nach Bagdad besichtigte Budge die Ruinen der alten Stadt Sippar (heute Abu Habba). Als ich die Stätte untersucht hatte, fragte ich nach dem Wächter, der dafür bezahlt wurde, diejenigen Teile zu schützen, die *von Rassam* für das Kuratorium des Britischen Museums ausgegraben worden waren. Nach einiger Zeit erschien einer, der sagte, er sei der Wächter, aber er habe zu wachen aufgehört, weil die Leute in Bagdad, die – wie es geheißen habe – eingesetzt worden seien, die Interessen des Kuratoriums *des Britischen Museums* zu wahren, ihm den Lohn für zwei Jahre nicht bezahlt hätten. Als ich ihn fragte, wie er sich seinen Lebensunterhalt verdiene, sagte er, daß er die Antikat (Antiquitäten) sammle, die von den Einheimischen in den Erdhaufen stets ausgegraben würden, sie nach Bagdad trüge und den Händlern verkaufe. Seine hauptsächlichsten Kunden seien seine zwei Brüder; sie fänden Möglichkeiten, die Altertümer mit ihrer Handelsware zu exportieren. Als ich ihn fragte, wie er es fertig bringe, die Bootsbrücke nach Bagdad zu überqueren, ohne den Verdacht der Zollbeamten zu erregen, sagte er, daß er stets, wenn er nach Bagdad gehe, einen langen Mantel trage, der bis zu seinen Füßen reiche. Auf der Innenseite dieses Mantels seien mehrere Reihen kleiner Taschen eingenäht, jede sei groß genug, ein Täfelchen aufzunehmen; so habe er jedes Mal, wenn er Bagdad betrete, über hundert Täfelchen bei sich. Gegenstände, die größer als Täfelchen seien, würden von seinen Freun-

Eine Karawane rastet (nach Buckingham)

den, die sich den Karawanen anschlössen, die zwischen Hilla und Bagdad Handel trieben, in die Stadt mitgenommen, manchmal auch von persischen Freunden, die sich ihren Lebensunterhalt damit verdienten, Leichname von der persischen Grenze nach Kerbela zu transportieren, die in jenem Boden beerdigt werden sollten, der durch die dort begrabenen Märtyrer Hassan und Hussein geheiligt worden war. Diese und viele andere Dinge erzählte er uns mit erstaunlicher Offenheit, und es war ganz offenkundig, daß der Mann großes Vergnügen daran fand, die türkischen Behörden zu überlisten. Er war zwei- oder dreimal dabei ertappt worden, als er gewöhnliche Waren nach Bagdad schmuggelte; man hatte ihn eingekerkert und mit einer Geldstrafe belegt; aber diese kleinen Zwischenfälle hatten nur seinen Verstand geschärft und seine Schlauheit gefördert. Er war ein fähiger Mann mit schneller Auffassungsgabe, und wenn die türkischen Behörden klug gewesen wären, hätten sie ihn zu einem Regierungsbeamten gemacht. Ich betraute ihn 1889 und 1891 mit verschiedenen Aufgaben; er diente mir ehrenhaft und treu, und wir trennten uns, glaube ich, mit gegenseitigem Bedauern.

Budge faßt die Beobachtungen in der Gegend von Babylon und die Ergebnisse seiner Reise nach Mesopotamien zusammen: Ich hatte die Quellen ausfindig gemacht, die den Händlern in Bagdad die Täfelchen lieferten, die sie verkauften; ich hatte eine ziemlich gute Vorstellung vom Ausmaß des Handels gewonnen, den sie trieben; und ich hatte gesehen, wie die Leute, die vom Kuratorium bezahlt wurden, um die Interessen des Britischen Museums zu wahren, ihre Stellung ausnutzten, um ihre eigenen Handelsgeschäfte zu schützen. Kurz, ich hatte das Leck gefunden, das Rawlinson mir zu finden aufgetragen hatte, aber ich war keineswegs sicher, ob wir die Möglichkeit hätten, es zu stopfen.

Es gab besonders einen Punkt des unerlaubten Handels mit Täfelchen, der betrüblich war. Ich meine die Zerstörung einer großen Anzahl Täfelchen durch die Ausgräber und Händler. Die Ausgräber zerbrachen, wenn sie tagsüber arbeiteten, die Täfelchen und schlugen sie mit ihren Spaten in Stücke; und wenn das am Tage geschah, war anzunehmen, daß sie noch viel mehr zerstörten, wenn sie heimlich nachts gruben. Auch die Händler waren unbekümmert in der Wahl der angewendeten Mittel bei der Ausfuhr ihrer Sammlungen. Ein Händler füllte mehrere Kisten mit Täfelchen und sandte sie mit einer Karawane nach Damaskus, um sie von Beirut aus zu exportieren. Die Karawane brauchte vier oder fünf Wochen, um Damaskus zu erreichen; als die Kisten geöffnet wurden, stellte sich heraus, daß wegen der ungenügenden Verpackung jedes Täfelchen in Stücke zerbrochen war, und viele Kisten enthielten nur noch Staub. Ein anderer Händler legte eine Sammlung von Täfelchen in Kisten, die er in Wollballen steckte, die eben für die Ausfuhr verpackt wurden; als die Ballen in die Wollpresse gebracht worden waren und man die Maschine in Betrieb setzte, wurden alle Kisten zermalmt und die Täfelchen zu Pulver zerkleinert. Der einzige Weg, die Täfelchen zu erhalten, bestand darin, sie zu kaufen und sie von Bagdad nach England zu bringen, wo sie sorgfältig behandelt würden. Die türkischen Beamten begriffen die Zerbrechlichkeit der Täfelchen so wenig wie die Händler, denn die meisten Täfelchen, die sie konfisziert und ans Kaiserlich-Ottomanische Museum in Konstantinopel geschickt hatten, kamen dort zerbrochen an.

BABYLON WIRD VOM SCHUTT BEFREIT

13. Koldeweys Erfolg

Den bei weitem wichtigsten Anteil an der Erforschung Babylons leistete der Deutsche Robert Koldewey. *Er eröffnete zugleich einen neuen Abschnitt in der Geschichte der archäologischen Grabungsmethoden und begründete zusammen mit Dörpfeld die archäologische Bauforschung.*

Koldewey wurde 1855 in Blankenburg am Harz geboren. Er studierte in Berlin, München und Wien Architektur, Archäologie und Kunstgeschichte. Er beteiligte sich an Ausgrabungen in Assos (in der Troas, also in Kleinasien) auf Lesbos, in Neandria (in der Troas), in der nordsyrischen Hethiterstadt Sendschirli (1890, 1891 und 1894), in Unteritalien und Sizilien. 1887 war er zum erstenmal zu bescheidenen Grabungen in Mesopotamien beigezogen worden; in den Hügeln Surghul und El Hibba in der Nähe des bedeutenderen Ortes Tello stieß die deutsche Gruppe unter dem Arabisten Bruno Moritz auf frühe sumerische Wohnschichten. Von 1895 bis 1898 wirkte Koldewey als Lehrer an der Baugewerkschule in Görlitz; eine Tätigkeit, die ihm nicht besonders zusagte. Doch mit der Teilnahme an der Mesopotamien-Expedition, die 1897/98 unter der Leitung von Eduard Sachau, dem Direktor des orientalischen Seminars der Berliner Universität, ein geeignetes Grabungsobjekt ausfindig machen sollte, begann das Babylon-Unternehmen, das ihn bis zu seinem Tod im Jahre 1925 beschäftigte.

Erst damals, also mit rund fünfzig Jahren Verspätung gegenüber den Engländern und den Franzosen, versuchten auch Deutsche in Mesopotamien größere Grabungen zu organisieren und mit möglichst anziehenden, prächtigen Funden die eben erst eröffnete altorientalische Abteilung der Museen in Berlin zu bereichern; man wollte auf diesem Gebiet den Rückstand zum Britischen Museum und zum Louvre aufholen.

Daß Koldewey eine eigenwillige, außerordentliche Persönlichkeit war, beweisen sowohl seine eigenen, oft überaus humorvollen Bemerkungen in seinen Briefen als auch die Beschreibungen der Freunde und vieler Besucher. Vor den Auszügen aus den eher nüchternen Berichten über die Ergebnisse sollen Briefe Koldeweys und Schilderungen einiger Besucher das Drum und Dran dieser Grabungskampagne schildern, die von 1899 bis 1917 dauerte. Eingefügt werden zudem Ausschnitte aus dem Buch ›Babylon – Die versunkene Weltstadt und ihr

Ausgräber Robert Koldewey‹, das der um zwanzig Jahre jüngere Mitarbeiter und nachmalige Ausgräber Assurs Walter Andrae geschrieben hat.

Die meisten der hier wiedergegebenen Briefe sind an Koldeweys Freund und Kollegen Otto Puchstein gerichtet, der von 1899 bis 1905 Leiter der Ausgrabungen in Baalbek war.

Görlitz, 2. Okt. 1897.

Es wird mir ja wohl nicht übel genommen werden, wenn ich Dir unter dem Siegel der Verschwiegenheit mitteile, daß Schöne *(der Generaldirektor der Königlichen Museen)* eine babylonische Reise plant, an der ich teilnehmen soll; sie soll etwa fünf bis sechs Monate dauern, und ich soll Urlaub dazu bekommen; außer mir soll nur noch Sachau mit. Im November soll es losgehen über Suez–Aden–Bassorah*(Basra)*–Bagdad, also sehr bequeme Hinreise. Es handelt sich um eine Untersuchung babylonischer und assyrischer Ruinen, und es ist herauszubringen, welche von ihnen wohl zu einer großen Ausgrabung von Sachau und mir empfohlen werden könnte. Zur Vorberatung sind Vertreter des Museums, der Akademie und des Kultusministeriums zusammen gewesen und ich habe den Antrag unter einigen Bedingungen angenommen ...
Herzlichen Gruß von Deinem

Koldewey.

Was sagst Du nun dazu??

Bagdad, 25. Jan. 1898.

... Gesehen habe ich an Ruinen: Abu Habba *(Sippar)*, Babylon, Niffer *(Nippur)*, Warka *(Uruk)*, Senkara *(Larsa)*, Tello *(Girsu)* und Seleukia, dazu die üblichen unbedeutenden Tells am Wege ... Warka ist eine der mächtigsten Ruinen, die ich kenne ... Warka und Senkara sind zweifellos vorzügliche Ausgrabungsobjekte, aber auch Babylon selbst ist nach meiner jetzigen näheren Untersuchung ein sehr würdiger und vielversprechender Platz. Allerdings würden dort hauptsächlich Nebukadnezar-Werke gefunden werden, darunter der prachtvolle mit reliefierten-glasierten Ziegelbildwerken reich verzierte »Kasr«. Älteres Babylonisches würde in den unteren Schichten zweifellos erhalten sein. Der Palast von Tello – den S*(achau)* nicht besucht hat – ist mir jetzt auch viel klarer und verständlicher geworden ...
Viele herzliche Grüße von Deinem alten

Robert Koldewey.

Görlitz, 9. Juni 1898.

Lieber Luschan!*

... Die Engländer haben in Babylon und Assyrien meist in Schachten und Tunneln gegraben, und davon sind noch manche zugänglich – aber meist recht beschwerlich und unangenehm –, ich pflege immer erst mal rein zu schießen, um das Getier zu vertreiben: Eulen, Hyänen, die manchmal vor Angst nicht wissen, ob sie einen auffressen sollen oder nicht. Viele herzliche Grüße an Dich und Deine Frau
von Deinem

Koldewey.

Görlitz, 2. Aug. 1898.

Lieber Puchstein!

Ich erhalte eben Deinen Brief, der mir von Berlin nachgeschickt worden ist, und freue mich ungemein über Deine Mitteilungen. Lange habe ich so etwas ersehnt! Also Dreiviertel meinst Du ist fertig, dann dauert es etwa noch zehn Monate, bis Deine ganze Arbeit fertig ist...

Die Konferenz ist zu meiner allerhöchsten Befriedigung ausgefallen. Die Sache lag ja so: Ich werde nach Babylonien geschickt, um danach zu berichten über einen Ort, der sich zu einer großen Ausgrabung eignen würde. Ich komme zurück und mache den Bericht. Während ich damit beschäftigt bin, schreibt mir Luschan: Sachau bereite eine Expedition nach Warka vor und habe ihn aufgefordert, die Ausgrabung zu machen; – ich weiß von nichts! – Später, noch immer während ich an dem Bericht arbeite, schreibt mir wieder Luschan: Warka sei aufgegeben, es solle jetzt Kalat Schergat ausgegraben werden. S*(achau)* habe ihn aufgefordert, dies auszugraben, er habe vorläufig zugesagt unter der Bedingung, daß ich daran beteiligt werde, Luschan würde die Direktion übernehmen. Sachau äußert dabei Zweifel, ob meine Beteiligung möglich sein werde, und verbietet Luschan, mit mir über Kalat Schergat zu korrespondieren. Schließlich, etwa drei Wochen später, liefere ich auf Drängen Schönes den Bericht ab. Unmittelbar darauf fordert mich Schöne zur Konferenz nach Berlin. Hier war anwesend: Schöne, Erman, Diels, Schmidt, Schau-

* Felix von Luschan: sein Freund und der einstige Grabungsleiter in Sendschirli. Sachau und Koldewey verstanden sich nicht sonderlich gut; und die Erkundungsreise endete sogar damit, daß Sachau vorschlug, Assur auszugraben, während sich Koldewey für Babylon einsetzte.

enburg und ein anderer Assessor und Sachau. Verhandlung: Man hat sich für Babylon entschieden auf Grund meines Berichts, namentlich wegen der von mir gerühmten Ziegelreliefs. Ich rekapituliere Vorzüge und Bedenken (wenige) bei Babylon. Sachau rekapituliert matt und nüchtern und weist noch mal auf Assur hin, das in meinem Bericht an 4., 5. Stelle genannt war. (Ninive und Nimrud will man nicht, um das den Engländern nicht sozusagen wegzunehmen.) Schmidt fordert mich auf, mich über Assur zu äußern – geschieht in ablehnendem Sinne; – Sachau wird aufgefordert, sich ebenfalls noch mal über Assur zu äußern – geschieht in empfehlendem Sinne. – Debatte. – Schluß: Babylon wird ausgegraben!! – Man geht auseinander. Schöne fordert mich auf, noch zurückzubleiben – mit Erman und den beiden Juristen. Schöne fragt mich nun – ziemlich feierlich –, ob ich die Ausgrabung für das Museum ausführen wolle und unter welchen Bedingungen. Ich verlange absolute Verfügung über die Ausgrabung als unerläßlich – wird zugesagt; – frage nach den übrigen Teilnehmern – Luschan, heißt es, würde ja wohl mitgehen –, ich lasse das zu, verlange außerdem einen Keilschriftmann als unerläßlich – wird zugesagt –, behalte mir im übrigen die Einzelbedingungen zu schriftlicher Erledigung vor. –

Das war also ein vollständiger Triumph, wie ich ihn besser nicht verlangen kann... Jetzt arbeite ich am Entwurf der Instruktion für die Expedition. Die Unternehmung soll auf ein Jahr vorläufig sein. Ich habe im Bericht für Babylon 500 000 Mark – fünf Jahre Arbeit – verlangt, für das erste Jahr 140 000 Mark. – So hat sich wieder die Schlange großer Hoffnungen an meinen Busen gelegt. – Im November soll die Abreise stattfinden. –

Viele herzliche Grüße

Dein Koldewey.

Görlitz, Kahle 9
21. Sept. 1898.

Lieber Puchstein!

... Gestern und vorgestern hat zwischen mir und Schöne und Simon *(ein großzügiger Gönner)* ein reger Depeschenwechsel stattgefunden... die ganze Reihe meiner Bedingungen ist bewilligt. Ich bin Leiter der Ausgrabungen, kriege 600 M. monatlich, behalte mir nach Ablauf des ersten Jahres die Verlängerung des Kontraktes vor, kriege eine Instruktion, die ich selbst entworfen habe, erhalte Befehle nur von der General-

verwaltung usw. Kurzum, die G. V. hat sich wieder ganz ausgezeichnet gegen mich benommen. Die Teilnehmer sind noch nicht bestimmt... Von Archäologen ist bisher gar nicht die Rede, hast Du nicht Lust, Dich in Anregung zu bringen? Herrgott, wenn ich mir vorstelle, daß wir zusammen da herumarbeiten können, so schwindelt mir vor Vergnügen. Ich könnte ja auch sowieso aus dem Häuschen sein vor Vergnügen wegen dieser Ausgrabung, denn wenn ich mir vorstelle, daß mir einer vor sechzehn Jahren gesagt hätte, ich solle Babylon ausgraben, so würde ich ihn wohl für verrückt gehalten haben; aber es ist nicht so schlimm. Die alte lederne Zukunft, über die Du Dir auch Deinen freundschaftlichen Kopp zerbrichst, setzt da immer einen Dämpfer auf...
Leb wohl! Besten Gruß

Dein Koldewey.

Die Finanzierung der Ausgrabung hatte die eben erst gegründete Deutsche Orient-Gesellschaft übernommen, die auch von Kaiser Wilhelm II. gefördert wurde. In Eile mußten nun die Vorbereitungen getroffen werden.

Von Puchsteins Hand »pr. 13/10 98.« *Ohne Datum.*

...Im Urlaub geht es mir schlecht: Ich weiß nicht, ich kann nicht arbeiten, zu der kleinsten Arbeit bedarf ich einer Riesen-Überwindung, mir steckt augenblicklich wirklich etwas zu vielerlei im Kopf: die Tempel, Babylon, der Assistent, die Zinke, die Eisenbahn, die Zukunft, die Mauern, die babylonische Baracke, Zelte, Betten, Meyer *(ein Teppichhändler und Orientkenner, der am Anfang die Expedition begleiten wird)*, die Theater – ich habe ja in meinem Leben schon öfter viel zu tun gehabt, aber so was ist mir doch noch nicht vorgekommen, dies ist ja das reine Diluvium *(Sintflut)*. Es verwirrt mich auch wirklich, und wenn ich am einen arbeite, stört mich der Gedanke ans andere, die Nähe der Frist und die unabänderlich rennende Zeit!...

Schließlich reiste Koldewey am 12. Dezember 1898 ab, untersuchte kurz – ein zusätzlicher Auftrag des Kaisers – die Ruinen von Baalbek und faßte dann endgültig sein Ziel ins Auge. Andrae schreibt:

Wegen des relativ großen Expeditionsgepäcks wählte Koldewey die einigermaßen bequeme Route über Alexandrette–Aleppo–Euphrat–Bagdad und nicht die kürzere, aber unbequemere über Damaskus–Palmyra–Der ez-Zôr–Bagdad. »Nettuno« brachte uns am 22. Januar

1899 langsam, aber sicher und mit der üblichen oliven-, makkaroni- und sardinenreichen Ernährung nach Alexandrette-Iskenderun ... Zwei Reisewagen nach Aleppo wurden gemietet und das Gepäck per Karawane verfrachtet ...

In Aleppo machte sich ein langer Aufenthalt notwendig. Vor uns lag eine dreiwöchige Karawanenreise, zu der wir aus Deutschland nur das Zelt und einigen Dauerproviant mithatten. Alles übrige: Reittiere, Tragtiere, Pferdebesorger, Karawanentreiber, Koch, Küche, Küchenzelt, Holz und Kohle, Mundvorräte für alle, Pferdefutter und vieles andere, mußte engagiert und besorgt werden.

Welch Gegensatz zu einer Reise nach Babylon in unserer Zeit! Man fliegt – vielleicht nonstop in knapp fünf Stunden – von Europa nach Bagdad und läßt sich dann in wiederum bequemer Fahrt – am schnellsten mit einem Taxi – in etwa zwei Stunden zum Ruinengelände chauffieren. Doch zurück zu Andraes Schilderung:

Der erfahrene Reisende atmet auf, wenn seine Karawane endlich marschiert und die Stadt mit ihren verführerischen Reizen hinten am Horizont versinkt. Die Maultiertreiber und Pferdeknechte lösen sich am schwersten los. Eine Kavalkade der Freunde hatte die Abziehenden bis zum ersten Lager begleitet, und dort erst fand der feierliche Abschied statt, etwas poetischer und nachhaltiger als auf einem langstieligen deutschen Bahnsteig. Man sah sich dann viele Jahre nicht, das wußte man, denn Karawanenmeilen sind keine Eisenbahnmeilen, und Wüste ist Wüste. Das war am 3. Februar 1899 ...

Koldewey hat eine solche Reise trotz ihrer Eintönigkeit immer mit einem gewissen Genuß und wenigstens mit Humor absolviert. Hören wir, wie er selbst nachträglich von Babylon aus in einem Privatbriefe darüber schreibt, der in Mitt. d. Deutschen Orient-Gesellschaft Nr. 2, S. 7 ff. abgedruckt war und jetzt schwer zu haben ist:

»... In Aleppo regnete es noch ziemlich häufig, und ich denke jetzt mit einer Art von Sehnsucht an Kälte und Nässe, die uns dort lästig waren, noch dazu in einem neuen, sozusagen ganz aus Fenstern bestehendem Hause, das als Dependance des ›Hotels‹ für uns gemietet war. Wir hatten in Aleppo einige Mühe, die nötigen Tiere für unsere Karawane zusammenzubringen: Man unterhandelt mit einem ›Mukar‹, aber wenn man gerade unterhandelt und einen Tag für die Abreise bestimmt hat, erfährt man, daß derselbe statt dessen auf und davon nach Adana oder Mosul oder sonstwohin im weiten türkischen Reiche gewandert ist. Dann unterhandelt man von neuem mit einem anderen und hofft und hofft, daß es zustande komme.

Wir brauchten etwa zweiundzwanzig Tiere für das Gepäck und vier Reitpferde. Letztere waren mietweise gar nicht zu bekommen, und wir mußten solche kaufen. Von dieser Notwendigkeit verbreitete sich natürlich schnell das Gerücht in Aleppo, und jeder, der ein altes krummes Pferd besaß, dachte, es wäre für uns wohl gut genug, und kam dann gewöhnlich morgens damit vor unsere Tür. Das eine hatte einen offenen Rücken, das andere lahme Beine, das dritte schlug und biß, das vierte war zu faul, das fünfte zu jung, das sechste zu teuer, das siebente zu alt usw. Schließlich sind wir aber doch sehr gut weggekommen. Die Tiere haben die ganze lange Reise gut überstanden und stehen jetzt draußen im ›Stall‹, d. h. an einer 5 m hohen Lehmmauer, knurschen in die Gerste und lassen sich den Palmenschatten auf den Rücken fallen.

Wir sind ja nun an Ort und Stelle und graben, wie Sie wissen, bereits vier Wochen am Schlosse Nebukadnezars; aber wir sind noch nicht recht häuslich eingerichtet. Das hindert mich sehr am Schreiben. Es ist ungemütlich hier, und wir denken in Ermanglung von Theatern, Stammtisch, Tageblatt und anderen Zerstreuungen gern an die überstandene Reise, die so außerordentlich gewöhnlich und ohne jeden Zwischenfall verlaufen ist, und an die Ruhepunkte zurück: Aleppo und Bagdad. In Stiehlers Atlas liegt das dicht beieinander, kaum ein paar Finger breit, und wenn Sie unseren Weg, der in gewöhnlicher Weise über Der *(Der ez Zor)* und Anah am Euphrat hinunterführte, verfolgen, so wird Ihnen die Vorstellung gewiß beschwerlich fallen, daß die Strecke vierundzwanzig Tage in Anspruch nimmt. Wir sind zwar nicht besonders schnell geritten – die Lasttiere gingen nicht gut –, aber auch nicht besonders langsam und haben uns nur in Der und Islahieh je einen Tag aufgehalten; letzteres zu dem Zwecke, weil ich dort eine alte Stadtruine, das sogenannte Kan-Kalessi, aufnehmen und photographieren wollte. Ich habe ja die ganze Strecke schon einmal gemacht, zum Teil schon zweimal; aber ich reite immer wieder gern an den steilen Ufern des sonderbaren Stromes hin, schlage abends die Zelte in der Wüste auf, höre in der Stille der Nacht, wie die langsam unterwaschenen Stücke vom lehmigen Ufer melancholisch in das Wasser plumpsen und wie im Mondscheine die Schakale heulen. Die Lagerplätze in der Wüste sind die angenehmsten; man ist da ganz unter sich. In den Städten, wie Der, Anah oder dem asphaltverräucherten Hit, steht das Volk immer zu neugierig um das Zelt herum und stört die nach neunstündigem Tagesmarsch ersehnte Ruhe. Wir haben zwar, wie man zu sagen pflegt, ›nichts ausgestanden‹, waren im Gegenteil mit allem, was nötig war, vorzüglich versehen: Zelte und Betten, Koch und Küche, Kohlen und Diener, Konserven und Soldaten, so daß wir bequem und standesgemäß reisen konnten; aber die tägliche Wiederholung eines langen Rittes und das tagtägliche Zeltaufschlagen und -abbrechen hat doch auf die Dauer von etwa einem Monat etwas Ermüdendes. Als ich am 5. März die goldenen Kuppeln von Kadhmein und die hohen Minarette über die Palmen hinüberschimmern sah, war ich froh, und die außerordentlich liebenswürdige und gastfreie Aufnahme, die wir in der deutschen Kolonie von Bagdad mit Herrn Konsul Richarz an der Spitze gefunden haben, war ganz geeignet, uns das Leben in Bagdad so angenehm zu machen, daß wir schließlich am 20. März nach mancherlei Besorgungen, bei denen uns unsere Freunde überall unterstützt und gefördert haben, uns nicht ohne ein gewisses Bedauern wieder auf die Gäule setzten, um die letzten beiden Tagesreisen nach Kweirisch anzutreten.« ...

Endlich am Ziel! Dem Leiter und seinem Assistenten war doch eigenartig zumute, den Boden der uralten Kult- und Kulturstätte unter den Füßen zu haben, die wie von einem großen Tuche bedeckt da lag. Wird man dasselbe lüften können? Was wird offenbar werden? Es war nicht viel Zeit, solchen Gedanken nachzuhängen. Das Gebot der Stunde hieß: Anfangen und Einrichten! Koldewey machte da nicht viel Federlesens mit der Bequemlichkeit der Einrichtung. Die Hauptsache war für ihn, auf die lange Dauer ein festes Dach zu haben, da für das Zeichnen und Schreiben beim Zeltleben nichts Ersprießliches herauskommt. Beim Dorfältesten Habib el Alaui wurde das »Mudhif« gemietet, ein von Palmen umgebener Hof, der vom Tof, einer hohen Lehmmauer, umzogen war und einen einzigen stallartigen, palmenbalkengedeckten Raum enthielt. Die Lage unmittelbar am Euphratufer war so günstig, wie nur möglich: Das Wasser zum Trinken, Waschen, Baden floß vor dem Hause: der Euphrat!

Der Dorfschulze stand zwar im Rufe eines »Oberräubers«, der schon mehrere Seelen auf dem Gewissen hatte und in seiner Sturm- und Drangzeit die Einäugigkeit und in seiner Schulzenzeit die Fettleibigkeit erworben hatte. Mit diesem Biedermanne war gleichwohl während der Expeditionszeit gutes Einvernehmen, denn er konnte nur gewinnen. Sehr bald war der Baumeister Emin aus der nahen Kreisstadt Hilla mit seinen

Handwerkern erschienen, und es hub ein fröhliches Bauen an. Eine Küche, ein Stall und ein Obergeschoß mit Wohn-, Gast-, Eß-, Photographier- und Sammlungszimmern entstanden eines nach dem anderen und nach außen hin ein schneeweißer Wandgipsputz, der das Mudhif zum Kasr el abiad, zum »Weißen Schloß« machte, das sich später durch das »Kavalierhaus« ums Doppelte vergrößerte. Das alles fiel Habib, so durfte er rechnen, zu, und wäre er nicht vorher zu seinen Vätern versammelt worden und der Weltkrieg ausgebrochen, hätte es so kommen müssen.

Jedoch aller Anfang war auch hier schwer. Die ersten Wochen und Monate mußten die vier Europäer mit dem stallartigen Mudhif-Raum fürlieb nehmen und auf ihren Feldbetten »hausen«, eine harte Probe für die Verträglichkeit. Zelt- und Kofferleben verliert seinen romantischen Reiz mit der Dauer, und manche kleine Eigenheit und Unart des Mithausenden erregt bei zunehmenden Wärmegraden den Unwillen, wenn nicht gar Ekel. Der »Krach ist fertig«. Hinzu kam im Frühjahr das Erwachen ungezählter Flohscharen. Im Hofe, wo bisher im Sommer das ganze Dorf Nacht für Nacht zum Palaver zusammengekommen war und seine Flöhe liebevoll zur Erde abgesetzt hatte, stürzten sich dieselben nun blutgierig auf die weißen Eindringlinge. Erst die große Sommerhitze vertrieb sie wieder in ihre Ritzen, um das Feld den Sandfliegen, Hermes genannt, zu überlassen. Deren Stich juckt noch mehr als ein edler Flohbiß.

Es ist wohl richtig: Man wandelt nicht ungestraft unter Palmen. Es gab noch ein anderes unangenehmes Insekt, die Dattelwespe, eine Hornissenart, deren Stich recht weh tut und mächtige Schwellungen verursacht. Eine setzte mich fünf Tage außer Gefecht. – Ferner gab es eine peinliche Akkomodations-Dysenterie, der kein Neuankömmling entging. Sie entkräftete denselben erheblich und ging in schlimmen Fällen in schwere Ruhr über. Endlich noch die berüchtigte Bagdad- oder Aleppo-Beule, von der wohl jeder Europäer, genau wie die Eingeborenen, befallen wurde, ohne daß man damals wußte, wie sie zu bekämpfen sei. Wer Pech hatte, bekam sie ins Gesicht und konnte sehr entstellt werden. Die Heilung brauchte fast ein volles Jahr. Koldewey meldete sie erst im August 1901 (MDOG 9, S. 2f.): »Gesund sind wir alle. Die Bagdad-Beule bei Herrn Andrae und mir ist vorschriftsmäßig verlaufen, ohne besondere Beschwerlichkeiten, und hat eine eindrucksvolle Renommiernarbe hinterlassen. Im ganzen glaube ich, daß die sorgfältige natürliche Lebensweise, die wir hier prinzipiell betreiben, gut bekommt. Spirituosen trinken wir nicht, um neun gehen wir schlafen und um fünf stehen wir auf. Jeder von uns tut einmal täglich einen etwa dreistündigen Fundbeobachtungsdienst in der Grabung und sorgt dadurch für die Zunahme seiner Ortskenntnisse, für ordnungsmäßigen Betrieb und für die der Gesundheit zuträgliche Bewegung in der Sonne, der man sich nicht zu lange entziehen soll.« Wir hatten keinen Arzt dabei. Nach Koldewey wird man, wenn man krank ist, entweder wieder gesund oder man stirbt.

Hören wir, was Koldewey von seiner ersten Zeit in Babylon schreibt:

Babylon, 5. April 1899.

Lieber Puchstein!

... Von hier, von Baalbek, von der Reise, von Bagdad, von meinen Begleitern, von der Arbeit hier und von hunderttausend Sachen habe ich Dir eine endlose Masse zu schreiben und mitzuteilen! Wo soll ich anfangen? Also erst mal das Letzte und auch das Wichtigste: Ich grabe seit vierzehn Tagen, und die ganze Sache ist vollständig gelungen. Du weißt, daß ich Kasr besonders seiner Ziegelreliefs wegen empfohlen habe, und die werden jetzt grade gefunden. Das Kasr besteht aus zwei Peribolen, davon ist das nördliche geschmückt mit den Reliefs. Ich bearbeite dieses jetzt zuerst. Es hat eine Ringmauer von riesigen Dimensionen. Die Mauer besteht aus einer äußeren Schale von gebrannten Ziegeln in Asphalt und dahinter einer Füllung aus Flußsand... Die äußere Ziegelschale ist etwa 7 m dick, der Sandkern bis jetzt etwa 9 m!! Die Befestigung war also über 16 m dick – so was habe ich bisher noch nicht ausgegraben! Die Außenschale ist durch die Ziegelräuber bis zu großer Tiefe abgebaut, und der noch stehende untere Teil ist jetzt überdeckt von den Trümmern der beim Abbau zerschlagenen Ziegel. Unter diesen Ziegeltrümmern befinden sich nun auf der genannten Außenschale die Fragmente der Ziegelreliefs, so daß man annehmen muß, die Reliefs saßen ursprünglich an dieser Mauer – aber höher als sie jetzt erhalten ist... Der Plan im Ganzen zeigt ein Viereck von ca. 300 m Seitenlänge. Die Westseite hatte jedenfalls, da sie an den Euphrat stieß, wohl eine dünnere Mauer. Glasierte Ziegel, meist blau, finden sich an allen vier Seiten, reliefierte nur an der Ostfront, die nach der Stadt zu blickt und hier auch auf der ganzen Länge. Ich rechne daher auf ein Relief von 300 m Länge. Allerdings sind es alles nur Fragmente, aber diese sind im Schutt sehr häufig. Es sind gefunden: Löwenfell (sehr viel), Löwenzähne mit Schnauze, L.-Schwänze, -Klauen, -Augen, Menschenfüße, Bart, Auge, – Beine von dünnbeinigem

Getier (Gazellen?), Eberzähne u. dgl. Auf einer Strecke von 8 m sind etwa tausend Fragmente gefunden. So rechne ich also auf etwa siebenunddreißigtausend Fragmente von einem Relief von 300 m Länge. Mag auch viel davon kaputt sein, so bleibt jedenfalls eine ganz kolossale Menge, die doch einige gute zusammenhängende Stücke ergeben muß. Das war ganz meine Kalkulation im vorigen Jahr, und ich habe eine diebische Freude daran, daß alles so ausgeschlagen ist. Die Expedition hat bis jetzt in einer Weise funktioniert, die an Sicherheit-Glattheit alles bisher Dagewesene übertrifft. Nie ist eine Störung, eine Behinderung vorgekommen. Alles ging wie Butter! Ich habe wirklich manchmal Angst, daß noch irgend etwas Gräßliches im Hinterhalte lauert, was den Neid der Götter versöhnen soll...

Ich habe jetzt über hundert Arbeiter, dazu wird gebaut, ein Ausgrabungsexpeditionsverwaltungsgebäude, bis jetzt wohnen wir nämlich zu vier Mann hoch in einer Art von Stall.

Viele herzliche Grüße!

Dein Koldewey.

Babylon, 12. Juni 1899.

Lieber Puchstein!

...Hier ist es mordsmäßig heiß. Aber gearbeitet wird wie gewöhnlich, ca. 160 Mann. – Die Eisenbahn ist jetzt in Bagdad angekommen. Das Verfolgen von Mauern ist hier sehr langwierig: 6–12 m Schutt!

Babylon, 6. August 1899.

Mein lieber alter Puchstein!

...Wenn ich dir wenig schreibe, so mußt Du mich jetzt wirklich etwas entschuldigen; jeder Buchstabe ist mit Schweißströmen verbunden. Alle Augenblicke muß ich mir einen Topf Wasser über den Kopf gießen – wie einem Feuerwehrmann vorm Feuer! Was man dabei anhat, kannst Du Dir selber auskalkulieren.

...Von hier nichts eben Neues: glasierte Ziegel und Hoffnungen! – ...Der Samum bläst fürchterlich. Ein andermal mehr.

Viele herzliche Grüße

Dein Koldewey.

Babylon, 1. Okt. 1899.

Lieber Puchstein!

...Ich schreibe wohl wenig – obwohl ich sehr viel schreiben möchte. Aber es ist heiß und immer viel zu tun oder Abhaltung. Augenblicklich ist Konsul Richarz von Bagdad zum Besuch hier, er bittet, Dich zu grüßen!

Ich hoffe, daß Du von den Resultaten immer durch die Zeitungen erfährst. Und über eines wirst Du Dich sehr amüsieren: sub sigillo – bis es in den Zeitungen steht: wir haben eine ganz kuriose Sache gefunden, nämlich: aber fall nicht auf den Rücken: eine Stele in flachem Relief, stehender Gott mit Hörnermütze und Schwert, in der Rechten den Hammer, in der Linken den Blitz, also: Marduk – soviel ich davon verstehe – hinten auf ihm eine lange schöne, herrliche ganz bis aufs letzte Zeichen vollständig erhaltene hethitische Inschrift! Natürlich das Relief auch ganz echt uralt hethitisch. Ich möchte glauben, daß das der Marduk ist, den Agumkakrima *(kassitischer König)* aus Hethitien bezogen hat (Inschrift in Keilinschr. Bibl. III 1, S. 139), also das älteste Palladium von Babylon. Da der Göttername doch zweifellos auf der Inschrift vorkommen muß, so steht zu hoffen, daß an dieser unsrer hethitischen Inschrift nunmehr das Hethitische leserlich werden wird!...

Wir haben den ganzen Sommer durchgearbeitet – keinen Tag ausgesetzt! Es war allerdings manchmal recht heiß! Jetzt wird es besser. Leb recht wohl!

Viel herzliche Grüße

von Deinem Koldewey.

Babylon, 4. Febr. 1901.

Lieber Puchstein!

...Den Assyriologen bin ich jetzt ganz gut auf die Schliche gekommen. Ich kann Dich versichern, es ist keine Hexerei, Keilschrift zu verstehen. Nächstens mehr.

Dein

Koldewey.

Andrae äußert sich über die Arbeitsmethoden und die ersten Ergebnisse: Im ersten Jahre war ohne Unterbrechung, auch im Sommer, obwohl der »heiß, windig und staubig« ist, durchgearbeitet worden. 1901, im zweiten Sommer, schreibt Koldewey nach Berlin: »Ich lege großen Wert darauf, daß die Grabung kontinuierlich arbeitet; denn erstens geht bei einer Unterbrechung sehr viel Zeit nutzlos verloren, ohne daß die Gesamtkosten im Jahr wesentlich geringer würden, und dann ist das Kasr, sobald wir weggehen, den Ziegelräubern so gewiß verfallen, wie 2×2=4 ist. Die Mauern mit ihren Ziegeln sind eben für die Leute hier so gut wie bares Geld, und keine Bewachung würde imstande sein, das Wegschleppen zu verhindern. Ich habe mir im Verein mit Herrn Konsul Richarz resp. der Deutschen Botschaft in Konstantinopel große Mühe gegeben, die Beraubungen vom Hügel ›Babil‹ zu sistieren, aber es ist mir bisher nicht recht gelungen; nur die von den türkischen Behörden nicht konzessionierten Räuber dürfen jetzt nicht mehr dort arbeiten. Auf dem Kasr habe ich allerdings, da das ja eine conditio sine qua non war, die Ziegelräuber gleich anfangs ohne zu fragen zum Teil mit eigener Hand hinausgeworfen.« ...

Koldewey dachte gar nicht daran, ausgegrabene Architekturen, und wenn es die schäbigsten und tiefsten Fundamentmauern waren, irgendwie sorgloser zu behandeln und zeichnerisch zu vernachlässigen. Sich mit »schematischen Plänen« zu begnügen, die so schöne schwarzgemalte oder schraffierte Mauern zeigen, sonst aber auch nichts, das kam uns unter Koldewey gar nicht in den Sinn, obwohl mancher fromme Fluch über die gar zu vielen Ziegelsteine durch die Zähne schlüpfte. Es hat sich nachträglich immer gelohnt, Ziegel für Ziegel in der Zeichnung zu besitzen und sich nicht mit dem Aufmessen von Mauerkanten zu begnügen ...

Von vornherein hat Koldewey in seiner selbstgegebenen Instruktion den Ausgrabungsdienst geregelt. Keine vielparagraphische Vorschrift, sondern genau das, was zum geordneten Leben in der engen Arbeitsgemeinschaft unerläßlich ist, war niedergeschrieben und wurde streng eingehalten, bis zum Biegen und Brechen. So ist die Aufsicht in der Grabung pünktlich eingeteilt gewesen, und die Geschäfte bei Fundbeobachtung, Aufnahme, Inventarisierung und Hauswesen, Küche und Kassenführung waren jedem zugeteilt. Ein Fall trat ein, wo der Opponent nach vierundzwanzigstündiger Anwesenheit das Feld räumen und die Heimreise antreten mußte.

All das Geschäftliche erleichterte sich um so mehr, je fertiger das »Weiße Schloß« erstand, je bewohnbarer seine Zimmer im Juni 1899 wurden und sich einrichten ließen. Diese aus Nebukadnezar-Ziegelbruch und aus Lehmbrei errichteten Mauern haben Jahrzehnte lang gehalten, da sie mit Gipsmörtel gut zugeputzt waren. Ustad Emin, dem Kollegen Baumeister aus Hilla, bei seiner Arbeit zuzusehen, bereitete uns Vergnügen. Er trug sich würdig mit einem langen buntgeblümten Kaftan, einer besonders stoffreichen Keffije und sehr dickem Woll-Agal auf dem gemütlichen Haupte, das ein hennarotgefärbter Vollbart umsäumte. Seine Waffe war die Elle, mit der er maß und die Baujungen verdrosch, die halbnackt und zünftig dreckig feuchten Lehm, nassen Gips und trockene Ziegelklamotten herbeizuschleppen hatten – aber im Laufschritt! Mit ihm zu beraten war besonders unterhaltsam; mancher moderne Architekt hätte von ihm lernen können, wie man auf Wünsche des Bauherrn eingehen muß. Es müßte aber auch ein Bauherr wie Koldewey sein, der bis in kleinste Winkel hinein noch eine fast scherzhafte, ja märchenhafte Raumausnützung verlangte und anstandslos gemacht bekam. Das höchste der Gefühle war das gelungene Ausguckfenster im Eck von Koldeweys Zimmer, wo unter der Dachtreppe und hinter kleinen Arkaden eine Liegestatt hingezaubert, eigentlich aus Gipsmörtel ausgeschnitten war, von der aus man, Tschibuk rauchend, den ganzen Euphrat-Lauf bis hinauf nach Babil überblicken konnte...

Unmittelbar nach der Ankunft und vor allem Komfort war Koldewey an die Aufnahme von Babylon, so wie es vor uns lag, gegangen. Das erste, was entstand, war der Plan des Kasr, des Schuttgebirges, an dessen Fuß unser Dorf Kweirisch liegt und das Nebukadnezars II. Burg gewesen ist. Schon während dieser »Gebirgsplan« entstand und allerhand Einblick in die großen Züge der völlig verschütteten Baulichkeiten verschaffte, begann die Grabung am 16. März 1899 mit sechsundsechzig Mann an der Ostfront der Burg, die den Einblick in das Innere des Schuttgebirges öffnen sollte. In der Tat hat schon dieser erste Suchgraben die Struktur der Befestigungen, die große Prozessionsstraße zwischen zwei Mauern und ihren Schmuck aus den schönen farbig emaillierten Relief-Ziegel-Löwen ergeben, sowie die noch an Ort und Stelle liegenden Pflasterplatten mit der Inschrift Nebukadnezars, aus der wir erfuhren, daß eben dieses die Feststraße des Gottes Marduk sei, des göttlichen Herrn von Babylon.

Im Juli 1899 kam unsere Feldbahn aus Deutschland an. Bei den Arabern herrschte geteilte Meinung, die einen hielten sie für etwas Feines, die anderen für Teufelswerk. Als aber einer, der diese letztere Ansicht vertrat, plötzlich starb, änderte sich das Urteil zugunsten der Bahn, insbesondere dann, als sich herausstellte, daß sehr viel mehr Arbeiter, bis zu zweihundert, eingestellt werden konnten. Freilich gab es auch Dumme, die sich verletzten, weil ihnen die Härte des Eisens noch kein klarer Begriff war. Nasr z. B., ein älterer, sehr dürrer sanguinischer Kerl, wollte durchaus Wagenschieber werden und legte beim Auskippen der vollen Mulde den Zeigefinger zwischen die Kippbügel. Ergebnis: Völlig zerquetschter Finger, der gräßlich an der Hand baumelte, von Nasr aber fröhlich und unter dem Rufe »Bakschisch!« ins Weiße Schloß geschwenkt wurde, als »sei's erreicht!«, nämlich endlich eine Gelegenheit, Trinkgeld zu schnappen.

Um das Kasr herum entstanden jetzt mit Hilfe der Förderbahn im Laufe der Jahre riesenhafte Schutthalden, die das »Gebirge« fast auf das Doppelte seines bisherigen Umfangs brachten. Die vorgefundene Urgestalt lag aber längst in Koldeweys Plan fest. Auch des unermeßlich großen Stadtgebiets galt es rasch habhaft zu werden. Januar bis März 1900 hat es Koldewey mit mir zusammen in einem Zuge trigonometrisch vermessen und gezeichnet. Es galt, eine Fläche von etwa 10 km^2 mit dem ganzen Euphratlauf, den beiden Burgen Babil und Kasr, dem Stadtgebiet Merkes und dem Tempelgebiet Amran ibn Ali zu bewältigen.

An den Einzelheiten ist selbstverständlich später noch lange gearbeitet worden, der Gesamtplan lag erst 1914 in Koldeweys Veröffentlichung über das Ischtar-Tor in Babylon, WVDOG 32, vor, und in ihn konnte und kann jetzt jede neue Ausgrabung maßgerecht eingetragen werden.

Das Kasr, die Burg Nebukadnezars, war die erklärte Hauptaufgabe und der Grabungsauftrag Koldeweys. Es hatte schon im ersten Jahre gehalten, was es versprach: Farbige Ziegelreliefs von leuchtender Schmelzpracht, Löwen der Prozessionsstraße, Stiere und Drachen kündigten sich an und enthüllten sich 1903 als Schmuck des Ischtar-Tores. Aber der »grüne Tisch« in Berlin wartete ungeduldig auf Inschriften und gab sich mit den Ziegelstempeln Nebukadnezars nicht zufrieden, die uns wegen der Baugeschichte der so phantastischen Paläste im Kasr höchlich interessierten. – Koldewey entschloß sich Anfang April 1900 daher, den Hügel Amran ibn Ali anzuschneiden, der dann die Lage des bisher unbekannten Riesentempels Esangila mit dem nördlich davor liegenden »babylonischen Turm«, der Zikurrat des Bel zu Babel, des Gottes Marduk, ergab. Bei den großen Entfernungen in der Stadt konnte nur entweder das eine oder das andere bearbeitet werden, und es erweiterte unsere topographischen und baulichen Kenntnisse außerordentlich, nun auch in den Lehmziegelbauten, den Tempeln wie den Wohnhäusern, forschen zu können. Nur der König baute in Babylon seine Mauern aus gebrannten

Ziegeln. Die Tempel sind daher verhältnismäßig viel weniger durch Räubereien zerstört, z. T. allerdings auch von ungeheuren Schuttmassen späterer Jahrhunderte überdeckt, wie zu unserem Leidwesen gerade der wichtigste von allen, der Esangila-Tempel. Koldewey berichtet darüber im Dezember 1900 (MDOG 7, S. 24):

»Die Grabung war nicht leicht auszuführen. Über dem untersten Fußboden liegen 20 m Schutt, und frühere Ausgräber sind an dessen Mächtigkeit gescheitert. Rassam (Asshur and the land of Nimrod, p. 349) sagt: ›That part of the mound called Omran, to the north of the sanctum of that name, is more mysterious to me than any mound I ever dug at, either in Assyria or Babylonia.‹ Wir haben die Ausgrabung in den nördlichen höheren Teil des Hügels Amran gelegt und in seiner halben Höhe zunächst einen Graben für die Eisenbahn vorgetrieben, der durchschnittlich 6 m breit und 10 m hoch ist und 145 m Länge hat. Mit Hilfe der Bahn waren die höher als sie liegenden Schuttmassen verhältnismäßig bequem abzuarbeiten; dagegen mußte man das Tieferliegende schließlich noch 12 m hoch hinauftragen, um es dort in die Wagen werfen und abkarren zu können. Der Abstich ist mit fast senkrechter Böschung hergestellt, in der Höhe der Bahn aber ein 2 m und mehr betragender Absatz belassen, der Unglück durch herabfallende Steine verhütete und dem künftigen Weiterführen der Grabung vorarbeitete. Rechnet man die Masse des Grabens zu 8700 cbm und die der Tiefgrabung zu etwa 11 500 cbm, so sind demnach über 20 000 cbm Erde entfernt und bis zu 200 m weit abgefahren. Dabei konnten verhältnismäßig nicht viel Arbeiter zu gleicher Zeit arbeiten. Es sind anfangs vierzig, später achtzig Leute täglich beschäftigt gewesen.«

In einem Brief erzählt Koldewey:

Babylon, 22. Juli 1901.

Mein lieber Puchstein!

Ja, es ist recht unrecht von mir, daß ich dir so lange nicht geschrieben habe, und natürlich heute kann ich erst recht nicht. Die Hauptursache ist, daß ich Dir ganze Bände schreiben möchte und dazu die Zeit nicht finde. Heute will ich Dir daher nur sagen, wie sehr ich Dir dankbar bin für den photogr. Apparat, der ja wohl schließlich ankommen wird. Alles, alles, was du darüber schreibst, hat meine allerhöchste Billigung, und ich freue mich sehr auf den Apparat. Daß du große Mühen dabei gehabt hast, das wußte ich ja voraus und habe eine lebhafte Vorstellung davon, und wenn Du schreibst, Du hättest wohl einen Brief verdient – lieber Puchstein, so ist das ja viel zu wenig, verdient hättest Du einen Lorbeerkranz, eine goldene Krone, ein Reiterstandbild, und – Inschallah – setze ich Dir noch mal eins. Vorläufig begnüge Dich mit diesem Brief, dem ein vernünftiger alsbald folgen wird. Sollte er Dich in Freiburg nicht mehr treffen, so wird er Dir ja wohl nachgeschickt werden, und sobald ich weiß, daß Du in Baalbek bist, schreibe ich wieder, ich habe einen grimmen Eid getan, daß ich Dich nicht wieder so lange anschweige, und wenn der Schweiß in Kaskaden von meiner Stirne rinnen sollte; denn wir leben hier in einer Temperatur von mindestens 33° Reaumur bei Tage, bei Nacht ist es nicht viel weniger, und nur des Morgens zwischen sechs und sieben kühlt es sich bis auf 25 oder 22° ab! Ich glaube aber, durch die Einführung der Kontinuität in die Grabungsgeschäfte diesen einen großen Nutzen zugeführt zu haben, und das alte Stadt- und Burgbild von Babylon kommt wunderbar heraus. Es ist allerdings vieles dabei, wofür viele jetzt wenig Sinn haben, namentlich die Assyriologen. Vom Palaste haben wir jetzt an einem großen Hof den Hauptraum mit dem großen Teil einer herrlichen Ornamentik in bunter Glasur: lange Palmenstämme, die in gewaltigen Volutenblüten endigen, die untereinander durch Rankengehänge verbunden sind. Die Blüten sind den kyprischen Kapitellen ähnlich, zwei oder drei sitzen übereinander. In den Palastgrundrissen keine Spur von Anklang an die assyrischen, keine Spur von Säulen! Gott, wie oft hab ich mir gedacht: Wenn Du das mit mir sehen könntest! – Alles Kaviar für die assyriologischen Philister! –

Nicht mal auf Dein Theaterbuch, von dem ich jetzt die rühmlichen Kritiken lese, habe ich Dir geschrieben – scheußlich! Und ich wollte doch immer! Jetzt reifen wieder die Datteln und die Zeit ist heiß, aber wirklich: Ich schreibe nächstens mehr. – Andrae hat die Zusammensetzung der Glasuren recht hübsch und verständig unternommen, dazu malt er fein und groß mit Schwung. Die jetzige Restauration der Ornamente wird 3 m lang und 3 m breit, alles bunt und naturgetreu. –

Leb wohl und sei froh in Baalbek. Man muß nicht verlangen, daß andere alles genau so machen sollen, wie man's selbst machen würde! Wenn nur etwas Ordentliches geschieht – da geht's schon. Lebwohl und nochmals vielen herzlichen Dank
von Deinem reumütigen

Koldewey.

Dekoration der Palastfassade

Andrae schreibt ergänzend zum Jahre 1901:

Über die Grabung im Stadtgebiet Merkes bei den Ischin aswad genannten Hügeln berichtet Koldewey am 20. September und 14. Oktober 1901 (MDOG 9, S. 6 ff.):

»In Ischin aswad (Nischan aswad) hat der nördliche Graben nichts ergeben, und wir haben deshalb westlich von den südlichen Gräben ein zusammenhängendes größeres Stück in Angriff genommen. Hier hatte Herr Andrae die Beobachtung gemacht, daß an einigen freiliegenden Mauerresten bauliche Eigentümlichkeiten wahrzunehmen sind, wie wir sie bisher an Tempeln beobachtet haben: mehrere Fußböden übereinander, eine Nische in der Wand eines Zimmers, rillengeschmückte Türme zu beiden Seiten des Haupteingangs und ein kleiner Altar gerade vor der Haupttür. Herrn Andraes Vermutung von der Bedeutung des Gebäudes scheint mir durch einen Fund bestätigt zu werden, der in dem Hof des Gebäudes gemacht ist. Es ist ein kleines Stück eines Bauzylinders, worauf die Worte: e-nu-ma bitu zu erkennen sind. Mit dieser Redensart: ›Zu jener Zeit war der Tempel … (verfallen)‹ pflegt auf den Bauzylindern die Nachricht von einer Restauration des Tempels, auf den sich die Inschrift des Zylinders bezieht, eingeleitet zu werden.«

Am 30. Oktober 1901 konnte Koldewey hierzu den Fund eines Bauzylinders Nabupolassars, des Vaters Nebukadnezars, melden, dessen Inschrift von dem Tempel des Gottes Ninurta handelt. So war also der Ninurta-Tempel in Babylon entdeckt.

Als die Tempelgrabung und auch eine kurze Grabung im Merkes noch nicht die in Berlin so heiß begehrten Tontafelserien erbrachte, wurde 1901 zunächst eine »Schürfung« in der antiken Nachbarstadt Barsip-Borsippa, dann 1902 eine Grabung in den südlicher gelegenen kleinen Hügeln Fara *(Schuruppak)* und Abu Hatab *(Kisurra)* detachiert; zu der letzteren war Prof. Friedrich Delitzsch erschienen, der in Berlin die philologischen Belange der Grabung vertrat.

Die Grabung in Borsippa, das J. Oppert noch für einen Teil des Stadtgebietes von Babylon erklärt hatte, kann man gern eine »romantische« nennen. Koldewey hat sie selbst angezettelt, weil dort eine Zikurrat, die in Babylon zu fehlen schien, noch hoch erhalten dasteht und ins Land winkt: die Zikurrat und der Tempel des Gottes Nabu, des göttlichen Sohnes des Marduk.

Aus Borsippa läßt sich Koldewey vernehmen:

Borsippa, 27. Nov. 1901.

Lieber Puchstein!

Ich finde, ich bin immer in einer Situation, die zum Briefschreiben gar nicht geeignet ist. Jetzt sitze ich im Zelt auf den Ruinen von Ezida, und um den Turm der sieben Sphären Himmels und der Erde pfeifen die Adler, und das Zelt babbert in flauem Winde, das Papier weht immer in die Höhe, und Staub sitzt alleweil in der Feder. Da sich aber Dein Brief vom 1. Sept. in meiner Schreibmappe vorwurfsvoll noch immer herumtreibt, so will ich diesem Wesen ein Ende machen, obwohl ich von einem eben hier an Ort und Stelle überdauerten Fieberanfall noch so schwach bin wie ein assyriologischer Beweis und ich meinerseits vor Schwäche wackele wie ein leeres Dampfschiff bei hoher See. Was Du Dir wohl denkst: ein Brief von Baalbek nach Babylon in zwölf Tagen! Deiner vom 1. Sept. kam am 23. Sept. dort an, hat also genau das Doppelte gebraucht! Es dauert alles viel länger, als die Europäer, auch die, die mit westtürkischen Verhältnissen vertraut sind, denken. Wir sitzen hier in einem Erdenwinkel von hoffnungsloser Mittelalterlichkeit. Daran muß man sich gewöhnen. Auch Dein photogr. Apparat ist noch immer nicht eingetroffen. Augenblicklich, das heißt schon seit Monaten, ist das Wasser im Tigris so niedrig, daß alle Waren einfach in Bassorah *(Basra)* liegen bleiben. Mehrere Sendungen für mich werden wohl dort auf der Douane *(Zoll)* lagern, und ich will sehr froh sein, wenn ein Teil davon – möglichst wenig bestohlen – mich schließlich – nach einigen Monaten erreichen wird. Da die Dampfer die Sachen jetzt schon viele Monate lang nicht befördern können, so pflegt (– es passiert ja alle Jahre! –) nach Wiederaufnahme der Beförderung der Andrang so kolossal zu sein, daß die Schiffe, obwohl sie dann voll beladen gehen können, die Masse doch nicht bewältigen. Den Kaufleuten in Bagdad passiert es daher öfters, daß Waren länger als ein Jahr in Bassorah liegen bleiben, wo sie der Beraubung ausgesetzt sind, und man ist schließlich froh, wenn zwei Drittel davon überhaupt nach Bagdad kommt. Es ist darum, daß ich seinerzeit so sehr auf Postpakete gedrungen hatte, die etwas besser behandelt werden, namentlich insofern, als sie während des Lagerns unter Schutz bleiben. Alle Postpakete kommen freilich auch nicht an. Indessen hoffe ich, daß der Apparat doch noch schließlich ankommt. Ich bitte Dich aber, bei Deinem Spediteur nach dem Verbleib fahnden zu lassen und ev. die

Versicherungssumme zu erheben. Jedenfalls schreibe mir auch: mit welchem Schiffe der Apparat abgegangen ist, damit ich in Bassorah nachfragen lassen kann, auch die Marke, Adresse der Sendung muß ich dazu wissen.

In Babylon ist ein neuer Tempel gefunden – in der Stadt –, von dem Nebukadnezar in seinen Inschriften nicht spricht. Es ist ein Adar(Ninib)-Tempel mit dem schönen Namen Epatutila! Wir haben die Gründungszylinder Nabupolassars darin gefunden. Höchst interessanter Grundriß. Das, was zu einem babylonischen Tempel gehört, ist dadurch und im Vergleich mit dem Ninmach-Tempel und Esagila viel klarer geworden, und ich sehe nun auch den Grundriß von Borsippa, der ungenügend von Rassam publiziert ist, jetzt mit ganz anderen Augen an und möchte ihn besser ausgraben. Dazu bin ich eben jetzt hier, aber die Türken wollen die Grabung nicht zugeben, und jetzt wird diplomatisch darüber verhandelt, und ich warte gegenwärtig auf den Effekt, angefangen habe ich schon.

Von dem Assyriologen habe ich hier wenig. Der Einfluß seiner wissenschaftlichen Tätigkeit auf den Gang der Grabung ist gleich Null. Denn bis er mir seinen Bericht über die gefundenen Inschriften gibt, vergehen Wochen und Monate, und so lagern bei ihm jetzt noch Sachen, die Mitte August gefunden worden sind. Derweilen ist die Grabung natürlich längst an einen andern Ort gegangen.

Ich muß schließen, denn der Postreiter ist eben – früher als ich erwartete – gekommen und muß gleich wieder weg.

Herzlichen Gruß

Dein Koldewey.

Koldewey erzählt von seiner Rückkehr aus Fara:

Babylon, 14. Sept. 1902.

... Ich ritt gegen Abend ab, und viele von den Leuten gingen noch eine Strecke weit mit, unter üblichem Geheul und Schießen ihre Sympathie bekundend, bis die Pferde scheu wurden. In Muradie futterten die Pferde, und dann ging es weiter, nicht eben sehr lustig; denn die Nacht war drückend schwül.

Etwa zwei Stunden hinter Muradie bekamen wir Feuer aus einem Dorfe rechts vom Wege. Die biederen Straßenbewohner hielten uns wohl für Montefik-Araber, die auf einem Raubzuge begriffen waren, und in solchem Falle wird nicht erst lange unterhandelt. Um sie von ihrem

Irrtum zu überzeugen, ritten wir langsam ins Feuer hinein, bis die Schrote an den Sattel schlugen und das Pfeifen der Kugeln den scharfen, kurz abgebrochenen Laut gut gezielter Schüsse annahm. Die beiden Soldaten, die uns beschützten, schrien immer: »Asker, Asker!« Soldaten!, um sich als harmlos zu legitimieren. Aber diese Legitimation ging unter in dem Knattern des Gewehrfeuers, dem Heulen der Männer und dem Trillern der Weiber, die dadurch ihre schlechteren Hälften zu mehr Herzhaftigkeit anzuspornen pflegen. Die Leute standen im Dunkel in langer aufgelöster Schützenlinie etwa 100 Meter vor uns, und die grell und kreisrund aufleuchtenden Feuerscheine der Gewehrschüsse machten die sonst nicht dunkle Nacht unsichtiger, als sie von Natur war. Unser Kochgehilfe Abdallah, der sich auf einer Erholungsreise nach Hilla befand, suchte etwas Deckung hinter dem Packpferd und streckte verzweifelnd seine Hand, die einen Mantelzipfel hielt, vor sich und schrie »cher Allah!« zum Gaudium der andern, die ihn im Verlauf der Reise dauernd damit neckten. Jetzt kamen die Araber aus ihrer Angst wieder zur Besinnung, liefen herbei und stellten das Schießen ein. So an zweihundert halbnackte, schwarzbraune Kerle tanzten mit ihren Schießeisen wie die Wilden um uns herum und ließen sich weidlich ausschelten: »Ihr Eulen – was seid Ihr? Seid Ihr Schakale? Könnt Ihr denn nicht sehen, daß hier Soldaten kommen und der Beg von Fara und der Postadschi? So eine Unverschämtheit, hier herum zu schießen, als wenn die ganze Wüste Euch allein gehörte!« – Wie leicht kann einem so etwas ins Auge kommen, würde man in Deutschland hinzufügen. Darauf wußten die einfachen Naturkinder nichts Wesentliches zu erwidern, inszenierten zu ihrer Entschuldigung einen feierlichen Kriegstanz nebst zugehörigem Heulen und Schießen, und dann zogen wir weiter. – Diese Schießereien sind eine rechte Kalamität in dieser Gegend, besonders deshalb, weil man nicht so ohne weiteres antworten kann. Die Behandlung von gewöhnlichen Wegelageren, wie sie zwischen Diwanija und Dschassim sein sollen, ist dagegen bedeutend einfacher. Unserm Postreiter Muttar, der die Gegend zweimal die Woche passiert, fliegen jedesmal ein paar Kugeln um die Ohren; eine ist ihm durch eine Hemdfalte vor der Brust gegangen; ein Begleiter von ihm erhielt eine Kugel durch die Schulter. Auch Herr Andrae hatte auf seinem Wege nach Fara ähnliche Unbequemlichkeiten. Ich sprach davon mit dem Mutessarif von Diwanija und bin überzeugt, daß es jetzt ruhiger und verständiger hier wird.

Die Nacht ist lang, wenn man reitet. Bis Mitternacht geht es ganz gut;

man freut sich an dem Absonderlichen dieser Existenz. Dann aber stellt sich das Bedürfnis nach Schlaf mit einer so nachhaltigen Kraft ein, daß schwer dagegen anzukämpfen ist. Auch allerlei Scherz und Kurzweil hilft nur immer vorübergehend. Die Leute singen, versuchen sich gegenseitig vom Pferd zu stoßen oder streifen dem auf seinem Eselchen schlafenden Mukari die an seinen Zehen baumelnden Pantoffeln von den Füßen, so daß er eiligst auf und dahinter her sein muß. Dazu kam, daß die Soldaten einen kürzeren Weg zu wissen glaubten und wir in Folge dessen einen Umweg von eineinhalb Stunden machten. Ordentlich aufatmen tut man erst, wenn die Dämmerung kommt und die alte gute helle heiße Sonne. So kam ich Montag früh um neun Uhr nach vierzehnstündigem Marsch in Diwanija im Hotel an, legte mich aufs Bett und schlief bis gegen Abend, aß etwas und schlief dann die Nacht durch fertig, besuchte am folgenden Morgen den Mutessarif, machte mich abends halb fünf Uhr wieder auf den Weg und kam nach fünfzehnstündigem Ritt Mittwoch Mittag in Babylon an.

Hier hatte sich in der Grabung während meiner Abwesenheit vieles verändert. Das Ischtar-Tor war ausgegraben, wenigstens so weit, daß man den Hauptkomplex der Gesamtanlage gut sehen konnte. Die mächtigen Mauerpfeiler stehen mit Stier- und Sirrusch-Darstellungen überall und von unten bis oben geschmückt bis zu 12 m Höhe noch aufrecht. Etwa 130 Relieftiere sind jetzt sichtbar, selbst unten aus dem Grundwasser noch tauchen die hornbewehrten Häupter trotziger Stiere hervor. Es ist eine der merkwürdigsten und eindrucksvollsten Toranlagen, die ich kenne. Was wir bisher an Toren in Babylon hatten, waren einfache Mauerdurchbrechungen, und ich vermißte die Form einer großen Festungstoranlage mit großen Türmen außen und einem Torhof innen, wie sie von Sendschirli und Chorsabad her bekannt sind. Jetzt ist dieser Grundriß da; und zwar liegen zwei einander ähnliche, gewaltige Toranlagen hintereinander, beide mit ihrer Turmfront nach Norden gerichtet in der Achse der Straße Aiburschabu.

Fara, 20. Februar 1903*.

...Unsere Araber sind jetzt so milde wie Lämmer und unheimlich ruhig. Dazu mag recht viel der Umstand beitragen, daß jetzt in der Gegend ringsum kleinere Abteilungen von Soldaten sitzen, die bei der

* MDOG 16, S. 14f.

Steuererhebung tüchtige Dienste leisten. Vorgestern kamen Leute der Beni Hedscheïm in unsere Gegend, um ihnen früher geraubte Schafe etwas stürmisch zurückzufordern. Das wurde aber mit Schreien, Hossen* und Trillern zurückgewiesen. Gestern haben unsere Leute für diesen Angriff Revanche genommen. Es zogen etwa zweihundert Flinten, an deren Spitze unsere Schechs: Muhammed, Abud und Misel mit etwa zwanzig Reitern ritten in die Gegend von Cherchere. Dort kam es zu der beliebten Balgerei mit Schießen, in deren Verfolg die Beni Hedscheïm einen Toten und den Verlust einer Flinte zu beklagen hatten. Auf dieser Seite erhielt einer von unsern Arbeitern, an dessen Stelle während des Gefechts sein Vater stellvertretend arbeitete, einen Schuß in den Unterleib, viele Keulenschläge auf den Kopf und einer von unsern Wächtern, mit dem sehr arabischen und sehr passenden Namen Deibel, der notwendig mit mußte, einen Schuß durch den Oberschenkel; dafür streckte Deibel seinen Gegner a tempo nieder und erbeutete dessen Flinte. So stehen sich die Verluste ungefähr gleich: hier zwei Verwundete, dort ein Toter und eine Flinte. Am Abend saß Deibel – kleiner freundlicher Herr mit nicht ganz reinem Hemd – in rosiger Laune in der Wächterhütte, umringt von den Seinen, die ihn als Löwen priesen, log das Blaue vom Himmel herunter und ließ sich auf seine Wunde mit dem nicht grade übermäßig glatten Schußkanal ein schönes Pflaster legen, das aus einem Teig von Mehl, Salz und Butter bestand. Es geht ihm den Umständen nach wohl**.

Andrae faßt die Ergebnisse der Grabungen bis 1903 folgendermaßen zusammen:

Die von Koldewey erstrebte Kontinuität der großen Babylongrabungen blieb trotz der Seitenunternehmungen nach Borsippa, Fara und Abu Hatab, sowie auch der späteren nach Assur und Uruk treulich gewahrt. Rechtzeitig trafen die dafür notwendigen Hilfskräfte aus Deutschland ein, jüngere Architekten, die sich nach und nach, der eine mehr, der andere weniger gut eingliederten. Als Philologe betätigte sich zwei Jahre lang, nachdem Dr. Meißner nach einjähriger Anwesenheit in Babylon zurückgekehrt war, Dr. Franz Weißbach aus Leipzig und hat von den inzwischen gefundenen zahlreichen babylonischen Texten für die Zwekke der Expedition das meiste bearbeitet und später veröffentlicht. Auf

* Absingen von Kriegs- und Spottliedern.

** Er ist geheilt worden, aber erst nach sechs Monaten.

Das Ischtar-Tor – Perspektivische Ergänzung

seiner Heimreise besuchte er das Wadi Brisa in der Nähe von Beirut und machte sich verdient um eine Neuaufnahme der großen Felsinschrift Nebukadnezars, der sich wie die assyrischen, ägyptischen und persischen Könige auf seinen Siegeszügen dort verewigt hat. Im Hinblick auf Babylon war das ein durchaus sinnvolles Unternehmen. – Ferner orientierten sich Prof. Friedrich Delitzsch und Direktor Otto Weber auf ihren Reisen nach Babylon über das inzwischen gefundene Inschriftenmaterial.

Im Laufe der vier ersten Grabungsjahre bis 1903 bekam Koldewey heraus: die Lage und den Charakter der löwengeschmückten Prozessionsstraße, des Ischtar-Tores mit den Stier- und Drachenreihen, der sehr zerstörten Hauptburg, großer Teile der etwas älteren Südburg mit dem Thronsaal, dem »hängenden Garten« und der Befestigung. Die Prozessionsstraße wurde nach Süden verfolgt und in Verbindung mit dem Marduk-Tempel Esangila gebracht. Wegen der in zahlreichen Inschriften genannten doppelten Stadtmauern Babylons: Nimitti Ellil und Imgur Ellil, geriet er mit Friedrich Delitzsch in eine Kontroverse, die in den MDOG 12, S.4ff. und 19, S.22ff. ausgefochten werden mußte. Sie lief darauf hinaus, daß Koldewey diese beiden Mauerzüge grabungsgemäß als auf dem Kasr vorhanden nicht anerkennen wollte, während Delitzsch sie inschriftmäßig auf den gesamten Mauerumzug des alten Stadtrechtecks, also auch quer durch das Kasr gehend, ausdehnen zu müssen glaubte, womit er recht behielt.

Erst 1904 gönnte sich Koldewey einen ersten Urlaub. Nach seiner Rückkehr ins Zweistromland stellten die Mitarbeiter fest, daß der willensstarke Ausgräber launischer geworden war und daß er öfter kränkelte.

Nach einem weiteren Urlaub (Mai bis Dezember 1910) schreibt Koldewey aus Babylon:

Babylon, 5. Febr. 1911.

Lieber Puchstein!

Hiermit tippe ich Dir die freundlichsten Grüße aus Babylon, wo ich nun angekommen bin, von Bagdad bis hier noch durch die dollste Schneewüste. In Bagdad hab ich Dir gleich einen großen Teppich gekauft, der ungefähr 22 Pfund kosten wird, genau vermessen ist er noch nicht. Er ist aber etwas größer als 4:6 Meter.

Die Reise ist ziemlich schnell gegangen diesmal: 18. Dez. ab Triest, 18. Jan. an Bagdad. In Bombay zwei schöne Tage Aufenthalt, herrliche

Tage! Keine Menschenseele kennt einen! Es war wundervoll. Überhaupt die ganze Reise war herrlich, das Wetter prachtvoll, einige Tage schöner Sturm, sonst immer ziemlich ruhige See. Auf jedem Schiff das merkwürdige Glück, eine Kabine für mich allein zu haben, worauf ich großen Wert lege. Den höchsten Grad der Behaglichkeit genoß ich noch auf dem Tigrisdampfer, eine große Kabine, unmittelbar am Fenster das Bett, darauf ich kreuzbeinig gemütlich sitzen konnte, rauchend, lesend und in einen dicken Mantel gewickelt, denn es war kalt. Draußen vor dem Fenster die gelben kalten Tigriswellen und die unwirtlichen Wüsten Mesopotamiens. Viel gearbeitet habe ich allerdings während der Reise nicht. Es blieb beim guten Willen und ein paar Flaschen guten Rum, mit dem ich mich auf dem Lloyddampfer »Bohemia« versorgt hatte. In der Eisenbahn zwischen Berlin und Triest war mir erst recht traurig. Aber allmählich und namentlich als das Meer wieder kam, wurde mir wieder besser. Und wenn man dann die alten Bekannten wiedersieht in Mhamera *(heute Chorramschahr am Schatt el Arab)* und in Bassorah und in Bagdad, wo ich allerdings nur drei Tage blieb, und dann die alten braven Ruinen, wo die Arbeiter ein Mords-Indianergeheul anstimmten, dann wird einem wieder gemütlich. Hier ist ein neuer Tempel herausgekommen und das Urasch-Tor – das lange gesuchte Urasch-Tor! Und die Euphrat-Brücke, die lange gesuchte Euphrat-Brücke! Mein Gott, das Leben ist doch schön! Allerdings ist es Buddensieg nun doch schließlich gelungen, das Automobil gründlich kaputt zu machen, was ihn schrecklich geniert. Übrigens ist die Schreibmaschine sehr angenehm, besonders weil man mit der einen Hand die Pfeife halten kann und mit der andern tippen; bloß – man kann es noch nicht ordentlich. Sie kam natürlich zerbrochen hier an, und ich habe sie gleich erst mal reparieren müssen, aber das schadet nicht. Ihr müßt euch natürlich auch eine anschaffen – Erich muß tippen, das ist sehr spaßig. Und die ganze »Erika« kostet 180 M. Der gute Herzfeld liegt in Samarra an Rheumatismus feste zu Bette. In Bagdad hat der neue Vali Nasim Pascha das alte Stadtbild wesentlich verändert durch neue Straßendurchbrüche, die zum Teil mit Asphalt begossen sind! Außerdem hat er die Araber so eingeschüchtert, daß die Gegend jetzt ungemein ruhig ist.

So! Nun muß ich aber mal aufhören. Grüße Erich und Onkel und sei herzlich gegrüßt von Deinem alten

Koldewey.

Kehren wir zu Andraes Bericht zurück:

Der weiteren Charakteristik Koldeweys dienen die folgenden, meist von O. Reuther wiedergegebenen Züge scherzhafter Art, hinter denen sich jedoch mancherlei Ernstes verbirgt:

»Denkschwache und Leichtgläubige zum besten zu haben, vor allem, wenn sie ihm irgendwie unsympathisch waren, bereitete Koldewey immer ein gern ausgesprochenes Vergnügen. Wir fanden es bei dem Görlitzer Stammtisch und bei den dialektischen Tischgesprächen, an denen die Gewitzigten und die Stumpfen nicht teilnahmen, die Harmlosen hereinfielen. Besonderen Spaß bereitete ihm und uns ein recht bekannter Gelehrter, der sich nachher bitter darüber beklagte, er sei in Berlin ausgelacht worden, als er das von Koldewey Gelernte weitererzählte. Das waren bei Tische ganz harmlos vorgebrachte Geschichten von der Art: ›Die babylonische Sonnenglut mache die Haut platzen, weshalb die Araber stets Nadel und Faden bei sich hätten, um die Haut zuzunähen. Die Schlösser der Flinten müsse man mit Tüchern umwickeln, damit der Schuß durch die Hitze nicht von selbst losgehe; die Zigaretten brauche man nur gegen den glühenden Sand zu halten, um sie anzuzünden.‹

Gern beteiligte sich Koldewey an einem Schabernack, den man dem neu angekommenen Mitarbeiter zu spielen pflegte, und war dabei kein Spielverderber. Einer derselben war besonders harmlos und leichtgläubig und nahm dazu solchen Scherz nicht übel (was mancher andere tat). In Hilla auf dem Bazar konnte man Terrakottafigürchen als Kinderspielzeug kaufen: Reiter, nackte Frauen mit Säuglingen an der Brust, Affen, Skorpione – offensichtlich zum Teil Nachfahren der parthischen Reiter, der Ischtar usw. So eine Ischtar präparierten wir, schlugen ihr Kopf und Beine ab, schnitten ihr auf den Rücken eine Keilinschrift ein, legten sie drei Wochen in Pferdemist und ließen sie den neuen Kollegen in der Grabung ganz tief unten finden. Der legte sie stolz auf den Antikentisch im Hause. Wir taten sehr überrascht und erfreut. Koldewey aber beachtete den ›Fund‹ kaum, meinte, wir hätten schon mehrere und bessere Stücke, und fragte den Finder schließlich, ob er denn die Inschrift lesen könne. Das müsse der Ausgräber können. Er überantwortete ihm eine Keilschriftliste, ließ ihn eine Abschrift machen und nahm den ›Fund‹ an sich. Der Neue bemühte sich, bekam aber nichts heraus, da die Zeichen mehrdeutig sind, und bat um Hilfe. Es stand geschrieben: U du ri-nu-zi-ru-uz. Der Hereingefallene hat sich selbst am meisten gefreut und sich in der Folgezeit eifrig um die Keilschrift bemüht.« ...

Angehörige einer bibelfesten Sekte, zwei weibliche und drei männliche, kamen nach Sündenbabel und wollten alles sehen. Sie saßen abends am Euphratufer und sangen fromme Lieder, die sehr lustige Melodien hatten. Im Gastzimmer hielten sie Betstunden ab, zu denen sie uns einluden. Im übrigen tranken sie Whisky. Koldewey führte sie durch die Ruinen, zeigte ihnen einen Ziegelschlackenberg als die Stätte des »feurigen Ofens«, eine tiefe Ausgrabung als die Löwengrube Daniels und den Thronsaal, wo das Menetekel an der Wand erschienen war. Da lag eines von den Millionen von Ziegelbruchstücken mit dem Stempel des Nebukadnezar (von Belsazar gab es keine), und die Gläubigen stürzten darauf zu: Sie hatten das Wandstück mit der Inschrift gefunden! Koldewey nahm das Stück ernsthaft mit nach Hause und versagte ihnen den Wunsch, es zu besitzen. Ein so außerordentlich wertvolles Fundstück könne er keinesfalls weggeben, sie müßten sich an der Entdeckerfreude genug sein lassen. – Als wir ihm nachher Vorwürfe machten, daß er den armen Leuten solchen blauen Dunst vorgemacht habe, erwiderte er ernst: »Wieso? Wer glaubt, ist selig. Sollte ich ihnen die Freude nehmen und sie enttäuschen? Das wird bis an ihr Lebensende das große Erlebnis für sie bleiben!« Ob er recht hatte?...

Es war kein Wunder, daß die Grabung von Babylon in steigendem Maße von Gästen aus aller Welt »überlaufen« wurde – so schien es uns manchmal in der günstigen Jahreszeit. Die Gäste waren sehr verschiedener Qualität, vom Wanderburschen bis zum Prinzen, von der Cook-Reisenden bis zur emanzipierten Wüstengängerin, vom Einzelforscher bis zur ganzen Forschungsexpedition.

Wir erlebten abenteuerlustige Wanderer, wie jenen Schlosser, der auf Grund einer Wette eine Reise um die Erde per Zweirad ohne Geld machte und uns des Abends auf dem Dache wirklich spaßhafte Dinge erzählte und Radfahrkunststücke vorführte. Ihm folgte ein anderer, der Visitenkarten führte, sein Rad angeblich unterwegs verloren hatte und uns anzupumpen versuchte. Ihm machte Koldewey sofort seinen Standpunkt klar, daß er selber auf eine Weltreise spare und kein Geld für andere dazu übrig habe.

O. Reuther erlebte einen Damenbesuch mit. Für die wunderbaren Dinge, die er dazu berichtet, trage er selber die Verantwortung: »Eines Tages kamen als Cooks ›Reklamereisende‹ zwei Schottinnen, eine Mrs. Kirkland und ihre Tochter Mrs. Stirling, welch letztere Buddensieg und mir als alten Dresdener Studenten bekannt vorkam. Sie gehörte zu den auffallenden Erscheinungen der vierten Nachmittagsstunde auf der Prager Straße. Nun – die junge Meute war natürlich aufgeregt, da Mrs. Stirling nicht mit Blicken sparte und auch die Augen dazu hatte. Aber unser Meister nahm sie in Beschlag und überließ uns die Alte! Abend für Abend war er im rot ausgeschlagenen Zelt der Damen, das im trockenen Euphratbett aufgebaut war, trank Tee und knabberte Cakes. Wir wurden nicht eingeladen. Ja, die Circe, die unseren Meister umgarnt hatte, dehnte ihren Aufenthalt um einige Tage über die vorgesehene Dauer aus. Hinterher sagte Koldewey, er habe uns vor ihr bewahren wollen, da er gefürchtet habe, es würden Eifersuchtsszenen unter uns ausbrechen.« ...

Ein persischer Prinz mit reichlichem Gefolge erschien einstens, um seine Bildung an den Tag zu legen, denn er war Mirza, d. h., er konnte lesen und schreiben, obwohl das ein Chan aus dem erlauchten Stamme der Kadscharen nicht nötig hat. Ja, er sprach sogar Französisch, das man verstehen konnte, wenn man wußte, daß er eu (ö) wie au (o) aussprach und sich im übrigen souverän über Wortbedeutung und Sprachregeln hinwegsetzte (wie es übrigens auch Koldewey im Französischen und Arabischen tat). Wir zeigten à Son Altesse die Grabung und wurden mit der erleuchtenden Weisheit beschenkt, daß wir für die gleichen Kosten die doppelte Leistung erzielen könnten: »Geben Sie Ihren Korbträgern doppelt so große Körbe wie jetzt.« So war dieser Besuch auch grabungstechnisch ertragreich, sollte man meinen! Im übrigen sind solche glaubensstrengen schiitischen Prinzen leicht zu ernähren: Sie bringen ihr gekochtes Essen für monatelange Reisen in verlöteten Blechkanistern mit und verunreinigen sich nicht an so heidnischen Speisen, wie wir sie aßen ...

Wieder anders der Besuch des ehrwürdigen Reverend Jones vom Collegium Mariae in Jerusalem, der eines Tages so sehr von seiner Fußwanderung der 2000 km zerrissen und verbogen an unserer Treppe stand, daß Ismael ihn nicht zu uns hereinlassen wollte, die wir bei Tische saßen. Er nahm nichts von uns an außer einen Becher warmen Wassers und erzählte, er wolle den Zusammenhang der Bewohner und ihrer Landschaft erkunden, was man nur wanderndervveise könne. Ein Engel muß ihn begleitet haben. In den wildesten Gegenden war er ungefährdet durchgekommen, omnia sua secum portans: einen havarierten Regenschirm, einen verbeulten schwarzen Hut, seine Habseligkeiten, in ein Schnupftuch geknüpft. Koldewey behandelte ihn besonders achtungsvoll, und

Rev. Jones verdiente es mehr, als wir Jüngeren zu Anfang zugeben wollten.

Sehr würdevoll verlief der Besuch des Kardinals Altmayer, eines aus Busendorf in Lothringen gebürtigen Kirchenfürsten, der sein erzbischöfliches Palais in Mosul hatte und uns, selber belustigt, erklärte, er sei in Wirklichkeit als »Erzbischof von Babylon« gekommen, um auch diesen seinen ältesten Sitz kennenzulernen, wo es seit tausend Jahren keinen Katholiken wie überhaupt keinen Einwohner gab, denn die heutigen arabischen Dörfer liegen im ältesten Euphratbett, das alte Stadtgebiet ist menschenleer. Es war eine Freude, sich mit diesem äußerst aufgeräumten Lothringer über alle Dinge des Lebens zu unterhalten. Er besaß große Weltkenntnis und war durchaus weitherzig. Gewiß besteht das Erzbistum Babylon noch heute.

Von den ernstzunehmenden Besuchern von Babylon sei zuerst V. Hilprecht aus Philadelphia USA und Jena, der Leiter der damals schon in Gang befindlichen Nippur-Expedition, ein Philologe, genannt, wichtig für uns, weil er den Anstoß zu unserer Fara-Grabung durch einen Bronzefund gegeben hat, den er dort erworben hatte. Vielleicht war er noch mehr Spökenkieker (wie O. Reuther es nennen würde) als Koldewey, denn er erzählte einen Traum, in dem ihm Babylons Gott der Wissenschaften, Nabu, erschienen sei und ihm gesagt habe, er solle nach Konstantinopel fahren und dort im Museum den Tontafelschrank aufschließen, drittes Fach von oben ziehen und rechts hinten das Tafelbruchstück nehmen, das an ein in Philadelphia befindliches Stück passen würde. Und siehe da, es geschah so, er fand! Wie töricht Fundteilungen sind, kann man daraus mindestens als praktische Lehre entnehmen. Aber diese Fälle sind gar nicht vereinzelt.

Dann besuchte die gesamte französische Susa-Expedition unter de Morgans persönlicher Führung Babylon und brachte einen lebhaften Meinungsaustausch über die Ergebnisse und die Methoden in Gang. Namentlich hinsichtlich der letzteren unterschieden sich die Expeditionen beträchtlich, und in den vielbändigen Susa-Veröffentlichungen vermißt man daher insbesondere die Architektur, die dort anfangs überhaupt nicht erkannt wurde. Reich sind diese z. T. prächtig ausgestatteten Bände hingegen an archäologischen und philologischen Funden und deren Bearbeitungen.

Von Deutschland hatte Babylon den zweimaligen Besuch Friedrich Delitzschs und seines Nachfolgers am Museum, Otto Weber, die sich um eigene Information und um Hilfeleistung bei unseren epigraphischen Funden bemühten. Namentlich um den gütigen, freundlichen, aber etwas unbeholfenen Geheimrat Delitzsch spannen sich manche spaßige Geschehnisse harmloser Art. Seine wissenschaftliche Hilfe war selbstlos und zuverlässig ...

Von wissenschaftlicher und menschlicher Bedeutung war der Besuch der großen Engländerin Miß Gertrude Lowthian-Bell, die zweimal nach Babylon und nach Assur kam. Als Angehörige des englischen Adels (ihr Vater war Kohlenmagnat, ihre Verwandten waren Botschafter und hohe Offiziere) hatte sie bei ihren selbständigen Forschungsreisen im Lande überall höchste Förderung und nutzte sie – vom britischen Standpunkt aus selbstverständlich – im hochpolitischen Sinne aus, d. h., sie nahm nicht nur unbekannte Wüstenschlösser auf und besuchte alle interessanten Stätten, sondern eben auch die wichtigen Stämme und Häuptlinge. So wurde sie im Weltkriege und unmittelbar danach die »weiße Königin« des Irak und die Königsmacherin: Den Emir Feisal hat sie zum König des Irak »kreiert«. – Sie paßt neben Koldewey, der, wie wir sahen, im Kleinen gewiß das Zeug zum Politiker hatte, im Großen aber, wie wir alle, abgelehnt haben würde, Machtpolitik zu treiben. Für die Briten war es selbstverständlich, daß sie uns Ausgräber für politische Emissäre hielten. Die werdende Bagdadbahn legte das nahe.

Wir lassen nun drei Besucher ihre Eindrücke schildern. Der reiselustige Generalleutnant E. von Hoffmeister stieg 1908 für zwei Tage bei Koldewey ab:

Allmählich verbreiterte sich die braungelbe, von Segelbooten belebte Wasserfläche bis 1000 m und mehr, und geradeaus tauchte, zwischen Palmen versteckt, eine Reihe niedriger weißer Häuser auf: Tueritsch. Nach Aussage der Bootsleute bildete das Wasser, auf dem wir fuhren, nur einen Kanal und zugleich Arm des Euphrat, den Hindija, neuerdings sei dieser aber zum Hauptstrome geworden. Die schon des öftern zutage getretene Neigung des Euphrat, seine Wassermassen westwärts zu verlegen und durch den Hindija zu führen, hat denn auch, wie ich später von maßgebender Seite hörte, die Regierung veranlaßt, durch kostspielige Dammbauten einzugreifen, um dem alten Strombette mit Babylon und der ansehnlichen Stadt Hilla wenigstens einen Teil des Wassers zu erhalten und den dortigen Anbau zu retten.

Die Bootfahrt mag wohl eine gute Stunde gedauert haben. Kaum hatten wir an der erst vor fünfzehn Jahren erbauten, nach Tueritsch hinüber führenden Schiffsbrücke angelegt, als auch schon der dortige Kaimakam (Ortsvorsteher) in Gehrock und mit zahlreichem Gefolge anrückte, seine Aufwartung zu machen. Polster und Decken wurden herbeigeschleppt, Kaffee und Zigaretten gereicht, und so mußte ich aus Höflichkeit schon eine kurze Rast halten, ehe – jetzt mit Maultieren – der Aufbruch weiter ostwärts erfolgen konnte. Der schwere schlammige Boden war von zahllosen sumpfigen Gräben durchschnitten, und jede Vegetation hörte auf. Große Strecken mußten neben mir die Pilger bis zum Leibe durch das Wasser waten und ihre Eselein hinter sich herziehen. Dazu brannte die Sonne unbarmherzig und machte die Wanderung noch beschwerlicher. Der eigentliche Weg nach Babylon soll über das etwa 10 km südlich davon gelegene, bereits oben genannte Hilla führen; der Saptie *(der Hoffmeister begleitende Gendarm)* sagte aber und beteuerte es feierlich, er wisse einen näheren und besseren. So bogen wir denn, trotz aller Warnungen der erfahrenen Pilgerleute, querfeldein links ab und gerieten richtig bald so zwischen Seen und Sümpfe, daß beide im Verein uns kaum vorwärts kommen ließen und wir erst nach vierstündigem, verzweifeltem Kampfe mit Wasser und Morast den von Palmen besäumten Euphrat erreichten: Drüben befand sich die stattliche Gebäudegruppe der Deutschen Orientgesellschaft.

Da der Euphrat sich, wie erwähnt, für seine Hauptwasser einen andern Weg gewählt hatte, war er hier nur wenige 100 m breit, von geringer Tiefe und mit Sandbänken durchsetzt. Nackte braune Jungen badeten und tummelten sich im Fluß. Ermüdet lagerte ich mich in dem schattigen Palmenhaine am Ufer und wartete fast eine Stunde auf ein Fahrzeug zum Übersetzen. Inzwischen war ich von drüben schon bemerkt worden; denn noch ehe ich in einer endlich herbeigeschafften kleinen Guffa *(einem kreisrunden Boot)* mit meinen Habseligkeiten das jenseitige Ufer erreichte, donnerte mir ein Kanonenschuß entgegen, Leute kamen und trugen mich durchs Wasser ans Ufer, und am Eingang des Gehöftes empfing mich, von zornigen Kaudern umgeben, der Leiter der Ausgrabungen, Professor Koldewey und hieß mich mit herzgewinnender Freundlichkeit willkommen im Deutschen Hause zu Babylon.

Es war vier Uhr geworden, und heiße Stunden lagen hinter mir. Dafür war es hier aber auch herrlich. Ein geräumiges, sauberes Zimmer mit Ausblick auf Palmen, in deren Zweigen bunte Vögel zwitscherten und über denen sich ein tiefblauer Himmel wölbte, ein Bett und Wasser und Seife und – alles deutsch! Mir war unsagbar wohlig zu Mute. Bald kamen auch die beiden andern bei den Ausgrabungen beschäftigten Herren, Reuther und Wetzel, von der Außenarbeit herein, und ein gemütlicher Abend beschloß den ereignisreichen Tag.

Ich bemühte mich gleich um mein baldiges Weiterkommen. Da jedoch wider Erwarten für übermorgen keine Tiere aufzutreiben waren, mußte ich anstatt eines Tages deren zwei in Babylon bleiben, und diese bei meiner vorwärts drängenden Eile sonst unliebsame Störung erlitt ich nur allzugerne, denn wirklich »hier war es gut sein, hier mochte man Hütten bauen«.

Professor Koldewey, ein Braunschweiger aus Blankenburg a. H. und früher Assistent im Berliner Museum, lebt schon zehn Jahre in Babylon und fühlt sich in seiner Ausgrabungstätigkeit, die er in stiller, opferfreudiger Arbeit als seinen Lebenszweck betrachtet, glücklich und zufrieden; er ist ein Herrscher in seinem Reiche. Die Bedeutung dieses vortrefflichen und humorvollen Mannes mit seinem Bergstock, weißen Käppchen und seinem Harem schwanzloser Katzen – ob so von Natur oder durch operativen Eingriff bewirkt, entzieht sich meiner Kenntnis – wird man erst später voll und ganz zu würdigen wissen; auf jeden Fall bleibt sein Name allezeit mit den Ausgrabungen in Babylon verbunden.

Wer nun diese besucht oder die von Assur und Ninive, darf nicht erwarten, Ruinen zu finden wie in Baalbek, Palmyra oder Ägypten, mit Steinbauten und Säulenhallen; denn es sind, wie auch in Merw, nur Reste von Mauern und Pflasterungen aus gebrannten und ungebrannten Ziegeln, die durch Beseitigung einer oft viele Meter tiefen Erdschicht freigelegt wurden und zuerst den laienhaften Beschauer enttäuschen müssen. Wenn man jedoch, das Buch Daniel in der Hand, unter solch sachkundiger, liebenswürdiger und geradezu begeisterter Führung wie derjenigen Koldeweys die weite Trümmerstätte durchwandert, so gewinnt sie besonders durch die biblische Überlieferung Leben und Gestalt, und man kann sich eines tiefen Eindruckes längst vergangener Größe nicht erwehren.

Die bedeutenden Kosten der Ausschachtungen werden zum größern Teile vom preußischen Kultusministerium, zum kleinern von der Deutschen Orientgesellschaft bestritten ...

Nach zwei Rasttagen verließ ich unter den Glück- und Segenswünschen der Zurückbleibenden das gastliche deutsche Heim und zog fast wehmütig aus Babylons Palmen hinaus in die trostlose Landschaft gen Bagdad. Sonst kann man von hier ab Wagen benutzen, jetzt ließen die

Wasserverhältnisse solche nicht zu, und ich mußte mich wieder mit einem Eselein behelfen, das mich denn auch wacker in zehn Stunden über das mir schon bekannte Iskanderia nach Mahmudija trug, wo ich in einem leidlichen Chan die Nacht verbrachte.

In Babylon weilte eine knappe Woche Hanna Schaetti-Guyer, die Schwester des Schweizer Archäologen Samuel Guyer, der bei den Ausgrabungen in Samarra mithalf. Hier ein Auszug aus ihrem Tagebuch:

Montag, 6. Februar 1911.

Auf den 2. Februar wurde die Abfahrt festgesetzt, und früh schon um halb drei Uhr stand der alte Diener der Amerikaner, Schamu, mit einer großen Laterne an der Haustüre als lebendige, sehr laute Weckeruhr. Um halb vier Uhr, nachdem ich mich für die Strapazen der Reise ausgerüstet und Tee aus der Thermosflasche getrunken hatte, ertönte neues Gepolter, und die Herren mit Schamu und mit einem Kuli für mein Gepäck holten mich ab. Durch die mondhellen Gassen, über die Schiffsbrücke (die Stadt der Chalifen, in die der ganze Reichtum des Orients einmal floß, hat keine Steinbrücke) zum Reisewagen mit Maultier-Viergespann. Das Vehikel, das uns aufnehmen soll, sieht nicht sehr vertrauenerweckend aus. »Eine Sardinenbüchse auf Rädern« nennt es Prof. Koldewey. Ganz hoch auf den Rädern sitzt es, wegen der zu erwartenden tiefen Wegfurchen. Flatternde, kurze Vorhänglein rings um das Wagengehäuse, also nicht der geringste Kälteschutz. Gepäck schieben wir unter die Bänke und polstern dieselben und den Fußboden mit allem, was uns zur Verfügung steht, und so rattern wir davon. Diese Sprünge, die unser Wagen macht! Rechts, links, hinauf, hinunter, in wildem Galopp! Wunderschön war der Sonnenaufgang in der Wüste: ein zerfallener Chan mit Türmen, in Gold und Purpur getaucht. Und die sieghafte Sonne verhieß Wärme!

In Mahmudija der erste Halt und frisches Maultiergespann. Wir reckten die steifen Glieder; ich wärmte mich am Mangal *(Kohlenbecken)*, um den einige Araber kauerten. Beim Hocken wird man tatsächlich warm. Man gab uns heißen Tee mit viel Zucker, und ich wurde vollends warm, nachdem ich mit einem der Journalisten eine halbe Stunde vorausmarschiert war.

Endlos dehnte sich die Wüste. Manchmal belebte sie sich durch eine Kamelkarawane und dann durch Pilgerkolonnen, die nach Nedschef und Kerbela zogen ...

Der Weg, wenn man die ausgetretenen Fuß- und Wagenspuren so nennen will, wurde immer schlechter. Selbst den so unverzagt und mit geduldiger Energie trabenden Maultieren wurde es zu bunt, und Schamu und der Treiber baten uns, ein Stück weit zu gehen, weil der Wagen in einen alten Kanal geraten war. Wir waren eben im Land der ältesten und hochberühmten Kanäle! Am Horizont zeichnen sich niedere Hügel ab – Schutthügel. Man sieht oder errät den Lauf einer Stadtmauer, die Konturen des Hügels Babil. Die Kronen einer Palmenreihe zeichnen das Euphratbett. Wir stehen vor Babylon. Das deutsche Expeditionshaus befindet sich am Ostufer des Flusses bei der kleinen arabischen Siedlung Kweirisch, deren Einwohner teilweise vom Raubbau, teilweise vom ehrlichen Verdienst als Arbeiter der Grabung leben. Man sieht niedere, flache Häuser, auf deren Dächern Esel und Menschen spazieren und Ausschau halten, auf der Straße große, schwarze Büffel und sich balgende halbnackte Kinder; dann ein richtiges Palmenwäldchen – und unsere Equipage hält vor einem auffallend gut gebauten, festungsartigen Haus.

An den Wachen vorbei, die um ein Kohlenfeuer lagern, betreten wir den ersten Hof, in welchem Gänse und eine zierliche Gazelle hausen und der zum sogenannten Kavaliersflügel führt, auf dessen Schwelle unser Gastgeber uns herzlich begrüßt. Sein Name ist weltbekannt: Robert Koldewey, der das versunkene Babylon – ein gewaltiges Stück versunkene Kulturgeschichte – lebendig gemacht hat. Es wird türkischer Kaffee gereicht, und dann wird man in die Gastzimmer geleitet. Diese sind sehr hübsch und spartanisch einfach. Punkto Möbel: Bett und Tisch, auf letzterem eine Waschschüssel mit eingegossenem Wasser und ein Schüsselchen mit Trinkwasser. Fertig. – Die Fenster sind so grau, daß Vorhänge sich erübrigen. Die nahen Dorfbewohner können, wenn meine Kerze brennt und es sie interessiert, jede meiner Bewegungen beobachten. Zur Zimmerdekoration dienen Spinnweben, von Koldewey speziell geschützt als Moskitofänger.

Das ganze Haus mit seinen zwei palmbesetzten Innenhöfen ist äußerst praktisch und schön. Gar keine Garnituren und Schnickschnack daran, aber absolute Zweckmäßigkeit, edle Proportionen. Es ist gerüstet für Hitze und Kälte, für Lagerung der wertvollen Funde, für Ansturm von Gästen, für Abwehr von Raubgesindel. Hübsch sind die Zimmerdecken, dunkle Palmstämme, dazwischen weiß. Was die Heizung anbelangt, so gibt es Kohlenbecken, und für sich selbst hat Prof. Koldewey eine Erfindung gemacht, auf die er stolz ist: Unter seinen Schreibtisch wird ein

Robert Koldewey

angezündeter Petrolkocher gestellt, um den Tisch wird ein Wachstuch gespannt mit einer Öffnung für seinen Stuhl, und so kann er stundenlang arbeiten in herrlicher, unterirdischer Wärme.

Prof. Koldewey ist umgeben von einem Stab von jungen Ingenieuren und Archäologen, die sich in die wissenschaftliche Arbeit und die Aufsicht bei den Grabungen teilen. So war die Tafelrunde immer sehr groß und lebhaft. Das Essen wünscht Koldewey so »arabisch« als möglich – er hält auch an Emailtafelgeschirr fest, während die Herren Buddensieg (ein Sachse) und Reuther sich um Reformen bemühen.

Zweieinhalb Tage habe ich unter kundigster Führung die Ruinen durchstreift; die Journalisten zogen schon nach zwölf Stunden ab...

Am letzten Tag nahm ich mir vor, am Euphrat eine Skizze des Expeditionshauses zu machen, und das war für den Saptie, den mir Prof. Koldewey zum Schutze gab, ein Fest; denn nun konnte er kraft seines Amtes die Bewohner von Kweirisch freizügig tyrannisieren. Sobald sich ein Dorfbewohner zeigte, wurde er weggejagt, und trotz meiner Einsprache mußten die wasserholenden Frauen im Gänsemarsch einen großen Umweg um mich machen. Zum Glück gab es eine kleine Ablenkung durch die zierliche Gazelle, die überall dabei sein wollte und uns stets begleitete. Nachdem sie das Euphratwasser beschnuppert, warf sie sich unerlaubterweise ins kalte Naß und schwamm ans andere Ufer, so daß mein Cerberus sie holen und abtrocknen mußte. Abends, in der gemütlichen Rauch- und Plauderstunde, wurden mir hervorragende Typen von Kweirisch, für die ich seit heute morgen Interesse hatte, eingehend geschildert. Besonders der frühere Dorfscheich, der mehrere Morde auf dem Gewissen hat. Als die türkische Polizei anrückte, versteckte er sich in Weiberkleidern bei den Frauen. Man fand ihn nicht. Später traf er mit der feindlichen Familie ein Abkommen, wonach er mit zwölf wertvollen Abbajen (arabischen Mänteln) seine Schuld sühnen sollte. Er lieferte die zwölf Abbajen, aber sie waren auf das Maß eines kleinen Kindes geschnitten und punkto Verzierung wertlos. Das gab aber nicht neuen Krach, sondern sogar die Betrogenen waren voll Bewunderung vor solcher Schlauheit.

Wie jeden Abend nahm auch heute die im Expeditionshaus heimische und weitverzweigte Familie der Knotenschwanzkatzen, Koldeweys spezielle Lieblinge, an der Geselligkeit teil. Sie benehmen sich, ganz dem gelehrten Milieu entsprechend, mit ausdrucksvollem, verstehendem Mienenspiel und vornehmem Schweigen.

Sonntags früh, halb fünf Uhr, wurde ich geweckt zur Heimreise. Im Frühstückszimmer fanden sich Prof. Koldewey und Buddensieg ein, mit guten Räten und Aufträgen für Bagdad, das von Babylon aus ihre Metropole ist. Da war – welch ein Glück für mich – ein Pelzsack von Härles mitzunehmen, den man einem der Expeditionsherren für eine kalte Winterfahrt geliehen hatte. Nun durfte ich ihn benützen. Ferner ließ Koldewey seinem Freund und Leibarzt, Dr. Härle, der ihn mehrmals gemahnt hatte, endlich eine längst besprochene Blinddarmoperation vornehmen zu lassen, sagen, vorderhand sei der strittige Blinddarm noch sein eigenster Besitz, über den nur er, Koldewey, das Recht habe, zu verfügen! – Endlich wurden mir noch verschiedene Uhren ausgehändigt für Bagdad, denn Koldewey ist nicht nur ein weltberühmter Gelehrter, sondern ein ungemein geschickter Mechaniker, dem es ein Vergnügen ist, die Uhren seiner Freunde zu reparieren; auch eine große Puppe für Familie Püttmann mußte mit; diesem Geschöpf hatte Koldewey die Augen wieder eingesetzt.

Die Herren brachten mich zum Wagen – ein letztes Abschiedwinken –, und die knochigen Maultiere zogen den holpernden Wagen an.

Als letzter Besucher erzählt der später durch seine Reisen in Innerasien berühmt gewordene Schwede Sven Hedin von seiner Begegnung mit Koldewey an den Ufern des Euphrat in seinem Buch ›Bagdad–Babylon–Ninive‹.

Wer dieses Buch in der Erwartung zur Hand nimmt, eine ausführliche Schilderung des Anteils der Türkei am Weltkrieg zu finden, wird schon, ehe er bis Bagdad gekommen ist, enttäuscht ausrufen: Aber das ist ja kein Kriegsbuch! Das ist ja nur eine Reisebeschreibung!

Er hat vollkommen recht. Nicht der Krieg lockte mich zu neuen Abenteuern. Davon hatte ich an den europäischen Fronten genug gesehen. Diesmal sehnte ich mich vor allem danach, die Weltreiche des Altertums, Assyrien und Babylonien, und die Ergebnisse der modernen Forschung auf diesem ehrwürdigsten Boden der Erde kennen zu lernen. Ich wollte die altberühmten Städte sehen, die der Spaten der Archäologen jetzt aus vieltausendjährigem Schlummer geweckt hat...

Als wir *am 16. Mai 1916* um fünf Uhr erwachten, waren die Ufer des Schatt el Hilla mit zahlreichen Palmen geschmückt, die ihre dunkelgrünen Federn im Wasser spiegelten. Die Fähre bewegt sich nur langsam vorwärts, denn dieser Arm des Euphrat hat geringe Strömung. Eine feierliche Stimmung weht uns aus den dunkeln Säulenhallen der Palmen entgegen. Ihre Wurzeln saugen ja ihre Kraft aus den Gräbern Babylons, und eine Fülle großer Erinnerungen aus Tausenden von Jahren strömt auf uns ein. In ehrfürchtigem Schweigen fahren wir ihnen entgegen.

Auf dem linken Ufer erhebt sich jetzt über die Palmen hinweg eine scharf abgegrenzte plateauförmige Anhöhe. Das ist Babil, ein Name, der noch heute von den Arabern gebraucht wird, ein Name, der 5000 bis 6000 Jahre alt ist. Wohl ist die Anhöhe nur ein Haufen Trümmer, unter denen der Sommerpalast Nebukadnezars ausgegraben ist. Aber doch steht sie da wie eine Klippe im Meer, über dessen Fläche verheerende Stürme dahingegangen sind.

Noch eine schwache Biegung, und in einem Wald von Palmen zeigen sich die graugelben Lehmhäuser des Dorfes Kweirisch. Die Landschaft ist herrlich und übertrifft alles, was der Euphrat bisher an reizvollen Uferbildern geboten hat. Auch hier knarren die Wasserräder ihre einförmigen Melodien. Graue Büffel nehmen ihr Morgenbad im Moor am Ufer und wühlen in den Schlamm hinein, bis nur Nase und Hörnerspitzen über dem Wasser zu sehen sind. Nahe bei Kweirisch erheben sich runde Schutthaufen – hier beginnt das Trümmerfeld des alten Babylon.

Aus dem dichten Grün tritt ein ungewöhnlich großes, gutgebautes Haus hervor mit zwei Stockwerken. Wachen stehen vor dem Tor. In seiner Nähe landen wir, und an grauen Gartenmauern vorüber führt uns ein Weg hinauf. Zwei Herren in weißer europäischer Kleidung eilen uns entgegen und heißen uns herzlichst willkommen. Der eine von ihnen, ein älterer Mann mit energischen Zügen, mustert uns mit durchdringenden Blicken unter buschigen Augenbrauen. Sein Name ist weltberühmt. Es ist Professor Robert Koldewey, der gelehrte deutsche Assyriologe. Seit zwölf Jahren ist er hier am Werke, die alten Burgen und Paläste von Babylon auszugraben und diese alte Welt aus ihrem langen Schlummer zu wecken. Unterstützt von einem wechselnden Stab junger Archäologen hat er sich wie kein anderer in diese Vergangenheit hineingearbeitet, und Babylon ist die große Liebe seines Lebens geworden. Sein Begleiter ist der Assistent Dr. Buddensieg. Beide Herren tragen nicht wie wir Tropenhelme, sondern schwarze Schaffellmützen, und der Professor mit seinem dichten, graugesprenkelten Bart gleicht so den Gestalten, die man auf den assyrischen Reliefs abgebildet findet.

Es mag überraschen, daß die deutschen Gelehrten während des Weltkriegs auf ihrem Posten geblieben sind. Aber von Gefahren sind sie ja stets umgeben. Ihre Nachbarn, die Araber, sind nichts weniger als zuverlässig, und nicht selten schwirren Gewehrkugeln durch die Fenster oder pfeifen diesen Männern der Wissenschaft um die Ohren, wenn sie draußen auf dem Felde arbeiten. Der Krieg im Irak hatte die Stellung der Deutschen natürlich noch unsicherer gemacht, besonders seitdem die Engländer ihre Operationen gegen Bagdad begonnen hatten.

Aber gerade der Gefahren wegen, die den Früchten der deutschen Arbeit und den großen Sammlungen drohten, ist Koldewey geblieben, obgleich die Ausgrabungen einstweilen nicht fortgesetzt werden. Nur einmal mußten er und Buddensieg Babylon verlassen, als die britische Armee den Dijala überschritt und nur einige Kilometer von Bagdad entfernt stand. Um der Gefangenschaft zu entgehen, flüchteten sie nach Aleppo. Sie kehrten jedoch bald zurück und fanden ihr Haus geplündert, aber nicht von den Engländern, sondern von den benachbarten Arabern. Diese hatten alles mitgenommen, was für sie von Wert war, Proviant, Geschirr, Porzellan, Kochgefäße, Tischzeug und anderes. Der Verlust, den die Deutsche Orient-Gesellschaft dadurch erlitt, betrug etwa 6000

Mark. Aber Koldewey nahm die Sache mit Humor und erzählte mir lachend, die Araberfrauen in Kweirisch stolzierten jetzt in nagelneuen weißen Kleidern umher, die aus deutschen Bett- und Tischtüchern geschneidert seien. Die kostbaren Sammlungen, mit denen die Araber nichts anzufangen wissen, hatten die Diebe unberüht gelassen.

Koldewey führte uns im Schatten der Palmen nach dem deutschen Expeditionshaus, dessen starkes Tor für den Fall einer Belagerung mit Riegeln, Balken und Eisenstangen verrammelt werden kann wie in einer Festung. Es geht nach Norden; einen andern Eingang gibt es nicht. Man gelangt zunächst in einen kurzen Korridor, an dessen Seiten die Wachräume liegen; von hier aus führen Treppen nach dem Haus der Gäste, wo auch wir einquartiert werden. Von einer zweistöckigen Galerie gelangt man in die Zimmer. Alle Fenster haben Gitternetze von feinstem Stahldraht, um Fliegen und Mücken fernzuhalten. Gegen Sandfliegen und Moskitos bieten sie freilich keinen Schutz. Aber diese schlimmsten Plagegeister der Gegend beginnen ihre Tätigkeit erst abends, wenn man nicht zu Hause ist. Den Boden bedecken Strohmatten; die übrige Einrichtung besteht aus einem gewaltigen Topf mit frischem Wasser und einem kleineren mit Trinkwasser. Eine dritte Treppe geht auf das Dach; hier steht eine Reihe primitiv gezimmerter Betten, die wir jedoch nicht benutzen, da wir unsere eigenen mitgebracht hatten.

Von dem mit einer Brustwehr versehenen Dach hat man über die Kronen der größten Palmen hinweg eine großartige Aussicht. Im Süden und Südsüdwesten breitet sich in unmittelbarer Nähe, in Gärten gebettet, das Dorf Kweirisch aus. Im Nordnordosten erhebt sich in einer Entfernung von zweieinhalb Kilometern der Hügel Babil, im Osten ganz nahe der Hügel Kasr und im Südsüdosten, 1400 Meter entfernt, der Hügel Amran. Zwischen Kasr und Amran, ja, man kann sagen, zwischen Babil und einem Punkt 1 Kilometer südlich von Amran ist das ganze Gelände voller Ruinen, die sich auch 4 Kilometer nach Osten erstrecken, wenn man alles mitrechnet, was innerhalb der alten Stadtmauer liegt. Zwischen dem deutschen Hause und dem Ausgrabungsfeld läuft die breite Landstraße nach Hilla.

Auf dem rechten Ufer des Schatt el Hilla sieht man die kleinen Araberdörfer Anana und Sindschar mit ihren Gärten und vor allem zahllose Palmen, die zu einem einzigen Beet üppigen Grüns verschmelzen. Durch die Mitte zieht der Fluß einen blitzenden, schwachgebogenen Strich, und im Osten breitet sich in der Ferne die große Wüste, die am Tage so glühend heiß ist, daß nur Araber barfuß über ihren Lehm und Sand gehen können.

Wir steigen wieder hinab nach dem Gewölbe, wo die Gendarmen sich aufhalten, und betreten den ersten Hof, wo einige Reitpferde stehen und Diener ihre Arbeit verrichten. Dort liegen Schienen und Schwellen für eine Feldbahn, die unter normalen Verhältnissen die Verbindung zwischen dem Trümmerfeld und der Station herstellt und während der Grabungen Schutt fortschafft.

Ein gewölbter Gang, an den Küche und Dienerzimmer stoßen, führt in den innern Hof. Unter einem vorspringenden Dach linker Hand stehen Hunderte von Kisten aufgetürmt, alle voll von Altertümern, die nach Deutschland geschickt werden sollen. Ringsumher liegen mächtige Fragmente von steinernen Menschengestalten, mit Keilschrift bedeckte Steinplatten, Töpfe, Terrakottalampen, Ziegel und anderes, was noch nicht eingepackt ist.

Den Hof verbindet eine Treppe mit den Arbeitsräumen der Archäologen. Auch hier eine Galerie mit auf Säulen ruhender Decke. An den Seiten stehen Regale und Tische mit kleinen Terrakottafiguren, Öllampen, irdenen Gefäßen, Schalen mit und ohne Ornamentik, Fayencestücke mit Gefäßscherben, kleine Pyramiden, Zylinder und Scheiben aus gebranntem Lehm mit Keilschrift, Knochenwirbel von Menschen und Tieren, quadratische Ziegelsteine mit königlichen Stempeln in verschiedener Form und unzähliges andere. Es ist ein vollständiges Museum, das uns einen Begriff gibt von dem hohen Stand der alten babylonischen Kultur.

Professor Koldewey führt uns dann nach der nächsten Höhe, nach Kasr, wo Nebukadnezars Palast und Tempel standen. Durch einen langsam ansteigenden Hohlweg zwischen Hügeln und Haufen von Schutt, Sand, Staub und Ziegelsteinen gelangen wir bald auf den welligen Gipfel, vorüber an einem gigantischen Basaltlöwen, der von hohem Sockel aus die Verwüstung überblickt. An der Straße der Prozessionen bleiben wir stehen.

Um uns herum die schlafende Stadt, die die Forschung unserer Zeit zu neuem Leben ruft. Von seinem Vorgängern nennt Koldewey: Rich, der im Jahre 1811 eine Reise nach Babylon unternahm, Layard (1850), den Verfasser des Buches »Ninive und Babylon«, Oppert (1852–54) und Rassam (1878–79). So verdienstlich und bahnbrechend die Arbeiten der englischen und französischen Archäologen auch sind, so können sie sich doch an systematischer Genauigkeit und Gründlichkeit nicht mit den

Der Basaltlöwe (Zeichnung von Sven Hedin)

deutschen Ausgrabungen messen, die auf Veranlassung der Deutschen Orient-Gesellschaft am 26. März 1899 an der Ostseite von Kasr, nördlich vom Ischtar-Tor, begannen. Koldewey hatte den Platz schon 1887 und 1897 besucht und dabei Stücke emaillierter Ziegelreliefs gesammelt, die der Anlaß zu dem Entschluß wurden, die Hauptstadt des babylonischen Weltreichs auszugraben.

Man arbeitete das Jahr über täglich mit bis zu zweihundertfünfzig Arbeitern, die 3–5 Piaster Tagelohn erhielten. Sie drangen auf breiter Front in die Tiefe; Schutt und Erde wurden auf Feldbahnen fortgeschafft. Ziegelmauern kamen zum Vorschein und wurden bloßgelegt. Die Arbeit war ungeheuer schwer, da die Fundstücke mit einer 12, zuweilen 24 Meter tiefen Schicht von Schutt und Bruchstücken überdeckt waren und die Festungsmauern 17–22 Meter dick sind. Als nach fünfzehnjähriger Arbeit die Ausgrabungen durch den Weltkrieg unterbrochen wurden, hatten die deutschen Forscher, wie sie versicherten, erst die Hälfte ihrer Aufgabe gelöst...

Während meines Aufenthaltes in Babylon stieg das Thermometer gegen Mittag auf 40, am Nachmittag auf über 42 Grad im Schatten. Wenn die Sonne im Zenit stand, war es kaum möglich, sich draußen aufzuhalten und in den Ruinen umherzuklettern, so schlaff fühlte man sich; man war dankbar selbst für jeden glühendheißen Luftzug, der die durchnäßten Kleider durchdrang, und wenn ich mich um diese Stunde zum Zeichnen niedersetzte, wurde mir bald schwarz vor den Augen; ich mußte schleunigst mein Zimmer aufsuchen, um die Kleider vom Leibe zu zerren und ein Bad zu nehmen in Wasser, das, wenn es über Nacht in Lehmkrügen gestanden hatte, in einer Kühle von bestenfalls 25 Grad gehalten werden konnte. Wenn wir uns dann im gemeinschaftlichen Speisesaal versammelten, dessen Fenster und Türen Mückennetze schlossen, war man nicht viel mobiler als die Laubfrösche, die dort stumpfsinnig in den Aquarien hockten. Zum Essen fehlte jeder Reiz, um so stärker war das Bedürfnis zu trinken, Wasser aus porösen Lehmkrügen mit einem Schluck Rotwein oder Himbeersaft. Professor Koldewey hielt es zwar für besser, während der heißen Tagesstunden so wenig wie möglich zu trinken; ich dagegen huldigte dem Grundsatz: Trinke, wenn du durstig bist! Denn sonst trocknet die Haut ein, und man fällt um vor Mattigkeit, wie ich das im Jahre 1895 in der Wüste Taklamakan am eigenen Leibe erfahren habe. Natürlich sind die Ausdünstungsorgane dabei in ununterbrochener Tätigkeit, und solch ein Monate lang anhaltendes Schwitzbad muß, wie Dr. Buddensieg beobachtet hat, sehr ermattend wirken und die Arbeitskraft vermindern. Nach dem Mittagessen blieb einem nichts anderes übrig, als sich, aller Kleidung bar, hinzulegen und sich einer schlaffen Betäubung zu überlassen, die man nicht Schlaf nennen konnte und die durch keine noch so spannende Lektüre zu überwinden war.

Man lebte erst richtig auf, wenn wir uns am Abend in bequemen Stühlen auf der Dachterrasse lagerten, bei strahlendem Mondschein in kühlender Abendluft des Tages Last und Hitze überwanden und froh waren, wenn die Wärme auf etwas über dreißig Grad gesunken war. Dann beschloß Professor Koldewey seine am Tage begonnene Vorlesung über diese ruhmreiche Stätte, die er so liebt, und über die langen Jahre unerschöpflicher Arbeit, die ihn zum Ehrenbürger Babylons gemacht haben. Wenn ich dann mein Bett aufsuchte, lag ich meist noch lange wach. Leise ging eine nächtliche Brise durch die Kronen der Palmen, und die Schatten des vom Monde weiß beleuchteten Mückennetzes flatterten wie im Elfentanz. Es war wie ein Märchen, und ich glaubte in einem Sarkophag von durchsichtigem Alabaster zu liegen und den Flügelschlag der Jahrhunderte über der alten Königstadt rauschen zu hören. Die Fülle historischer Erinnerungen, die Koldeweys Vortrag hervorgezaubert hatte, mischte sich unter die Bilder des Traumes; Löwe, Stier und Drache wurden lebendig und wandelten einher mit den fünfzehn gelben Katzen, die im Hause der deutschen Archäologen allenthalben herumsprangen. Sie waren die Lieblinge Koldeweys, der sie nicht entbehren konnte, und zeichneten sich alle dadurch aus, daß die Spitze ihres Schwanzes zu einer kleinen Öse geflochten war, was ebenso vornehm wirkte wie der Knoten am Schwanz des Drachen von Babel.

Schon in Aleppo hatte mir ein Besucher der Ruinen Babylons versichert, die größte dortige Sehenswürdigkeit sei Professor Koldewey selbst, und diesem Urteil mußte ich zustimmen. Denn der schon bejahrte Gelehrte mit seinem noch immer jugendlichen Wesen, mit seinem tiefen wissenschaftlichen Ernst und seinem behaglichen Humor, die er als unser Dolmetscher am Hofe Asarhaddons, Sardanapals, Nabupolassars und vor allem Nebukadnezars in anregendstem Wechsel anzuwenden wußte, hatte in der ganzen Art, wie er die Dinge sah und wie er selbst lebte, etwas so Charakteristisches, daß ich von seiner Persönlichkeit einen der stärksten Eindrücke mitnahm, den nur ein Mensch auf den andern ausüben kann.

Ebenso unvergeßlich wird mir das Arbeitszimmer des Gelehrten sein, das zu betreten eine Auszeichnung bedeutete, die nur wenigen Fremden zuteil wurde. Es hatte etwas von einer Eremitenklause, in der sich Staub und Tabaksrauch aus den 4 Fuß langen Pfeifen seines Besitzers einträchtig vermischten. Die Fenster waren sorgfältig geschlossen, das eine mit einem Stück Stoff, das andere mit weißem und schwarzem Papier verhängt; wenn man aus diesem mystischen Dunkel wieder ins Helle trat, war man wie geblendet. Alle Ecken und Winkel hingen voller Spinnengewebe, denn die fleißigen Spinnerinnen in ihrer löblichen Arbeit zu stören, hätte der Hausherr nicht übers Herz gebracht. Jedenfalls paßte das Altertümliche dieses Raumes ganz stilgerecht zu dem Ruinenfeld ringsum.

Die Tische bedeckte eine phantastische Sammlung unzähliger Gegenstände. Da waren Federn, Messer und Dolche, Papiere in allen Formaten und Tinte in verschiedenen Farben, Thermometer und alte Briefe, ein Spirituskocher und eine Maultrommel, auf der der große Forscher eine lustige Melodie spielte, Altertümer aller Art, besonders mit Keilschrift bedeckte Zylinder, die noch der Entzifferung harrten. Dann Bücher, Karten und Pläne des Trümmerfeldes, Photographien von Palästen und Tempeln, Kaffeetassen, Gläser und Teller, Toilettesachen und modern arabisches Allerlei. Ein kleines Gestell trug einen Propeller, der, mit Petroleum geheizt, Zugwind hervorbrachte, und daneben lagen zwei Geigen; denn Professor Koldewey studierte Musik, um das musikalische Vermögen der Babylonier beurteilen zu können. Ja, er studierte so ziemlich jede menschliche Wissenschaft, die irgendwie zu der alten babylonischen Kultur in Beziehung stand. In seiner Bibliothek entdeckte man Handbücher der Chirurgie und Anatomie, die er dazu brauchte, um die Darstellung menschlicher Körper in den Plastiken der Babylonier mit der Wirklichkeit vergleichen, ihr Kunstverständnis und ihre Beobachtungsgabe prüfen zu können. Und dickleibige Werke der Zoologie und Paläontologie dienten ihm zur Bestimmung der Tierformen, die sich in Babylon abgebildet finden. Er zeigte mir in seinem eigenen Buche über das wiedererstehende Babylon das Bild eines Drachenfußes verglichen mit dem eines Raubvogels: Die Ähnlichkeit zwischen beiden ist in der Tat schlagend und verrät eine bewundernswerte Naturtreue. Dabei hielt mir der gelehrte Eremit einen kleinen Vortrag über diesen Sirrusch, das Fabeltier, dessen Relief wir am Tor des Ischtar-Tempels gesehen hatten ...

Neben zahlreichen unentbehrlichen Werken über Architektur, Ornamentik und Kunstgeschichte standen sogar astronomische Handbücher, denn die Babylonier waren in der Sternkunde sehr erfahren. Und der Fachwerke über Koldeweys eigene Wissenschaft, die er selbst in so hohem Grade gefördert hat, war kein Ende. Den größten Teil seines einsamen Eremitenlebens verbrachte aber Koldewey nicht in dieser seiner Klause, sondern draußen unter den Ruinen, in der unmittelbaren Gesellschaft der alten Babylonier. Die Wogen des Weltkrieges hatten seine Einsamkeit bis dahin nur ein einziges Mal erreicht. Jetzt hörte er kaum noch das Echo der fernen Schlachten. Im März 1917 aber mußte er Babylon zum zweiten Male verlassen, noch rechtzeitig, ehe Bagdad von den Engländern erobert wurde.

Damit ist die Inventaraufnahme dieser deutschen Studierstube am Ufer des Euphrat noch nicht abgeschlossen. Ein Regal in einer dunklen Ecke war angefüllt mit photographischen Apparaten, Blechbüchsen, Pappkästen mit photographischen Platten und Filmkapseln. Hier stand ein Stoß Mappen mit Zeichnungen von Gebäuden und Mauern, dort lehnten sich Reißbretter und Winkel malerisch an Pantoffel und Schnürstiefel, die auf dem Wege zur Vernichtung verschieden weit vorgeschritten waren. Teppiche waren früher einmal in Gebrauch, jetzt standen sie zusammengerollt in einer Ecke. Mehrere gewaltige, eisenbeschlagene Kisten enthielten die größte Kostbarkeit des Hauses: Manuskripte und Tagebücher, Photographien und Pläne. Falls unvorhergesehene Ereignisse zu schneller Flucht zwingen sollten, stand alles bereit, was in erster Linie mitgenommen werden mußte.

Gewiß hatte keine ordnende Hand das Zimmer Koldeweys berührt, seit die arabischen Plünderer darin aufgeräumt hatten. Inmitten des Wirrwarrs stand das Bett, ebenso verstaubt wie alles andre. Hier hatte der Gelehrte drei Monate lang an Fieber darniedergelegen; jetzt war er Rekonvaleszent. Einen Arzt brauchte er nicht! Er hatte ja seine medizinischen Handbücher, und kein Arzt in der ganzen Welt kannte Babylons Klima so gründlich wie er, und keiner sicherlich war mit den Gebrechen seines Körpers vertrauter als er selbst. Ihm war diese Atmosphäre, die ihn umgab, ein Lebensbedürfnis, und in dieser Einsamkeit fühlte er sich unendlich wohl. Er hätte ja ebensogut nach Hause reisen und andern die Bewachung der Ruinen überlassen können. Aber nein, er wollte nirgends anders als eben in Babylon wohnen!

So lebte und arbeitete der berühmte Forscher, und seine systematischen Ausgrabungen hatten nun eins der alten Gebäude nach dem andern ans Tageslicht gebracht. Wenn aber endlich die Grabungen abgeschlossen sind und die Gelehrten ihrer Wege ziehen, dann bricht das letzte Stadium der Zerstörung an. Dann beginnt aufs neue der Ziegelraub, dann suchen die beutegierigen Araber wieder nach verborgenen Schätzen, dann nagt wieder die Verwitterung an den Ruinen, und Wind und Wetter treiben hier wieder ihr Spiel. Dann schlagen die Wogen des Wüstenmeers zum letzten Male über Babylon zusammen, und neue Jahrtausende ziehen über die öden Hügel.

Fast übersättigt mit Eindrücken überwältigender Art verließ ich am Abend des 18. Mai Babylon. Ein vierspänniger Kerbelawagen, die Postkutsche zwischen Bagdad und Hilla, die besonders von persischen Pilgern nach Kerbela und Nedschef benutzt wird, brachte uns, den Herzog, Rittmeister Schölvinck und mich, in zehnstündiger nächtlicher Fahrt nach Bagdad zurück.

Andrae berichtet über die Zeit nach dem Ausbruch des Ersten Weltkriegs:

Koldewey harrte in Babylon aus, bis 1915 die Briten gegen Bagdad vorrückten und vor dessen Tore gelangten. Babylon war überflügelt, und Koldewey schickte einen wichtigen Teil der Funde auf dem Euphratwege in getreidelten Kähnen erst nach Hit, von wo sie später bis Djerabis (Karkemisch) gelangten und per Bahn nach Konstantinopel expediert werden konnten. Koldewey selbst reiste mit Buddensieg, der dann ebenfalls eingezogen wurde und in englische Gefangenschaft geriet, nach Aleppo, wo man die Wendung der Dinge nach dem Eintreffen des Feldmarschalls v. d. Goltz erfuhr: Die Engländer zurückgegangen und in Kut el Amara eingeschlossen, später gefangen. Sofort kehrt Koldewey zurück und nimmt mutterseelenallein seinen Posten im Kasr wieder ein, jetzt freilich ohne wesentliche Grabungsarbeit, die er allein doch nicht hätte bewältigen können.

Kritisch wurde die Lage für ihn wiederum 1917, als der Engländer mit großer Übermacht gegen die schwachen Türken anrückte und sie am Tigris wie am Euphrat zurückdrückte. General Greßmann, der nach v. d. Goltz' Tode in Bagdad die deutschen Soldaten kommandierte, schickte im letzten Augenblick den Gefreiten Fröschle, einen Palästina-Schwaben, mit einem ortsüblichen Omnibus nach Babylon und ließ Koldewey mit seinem Privatgepäck abholen. Als dieser Wagen in Bagdad ankam, war die Räumung der Stadt im Gang, und wir sahen Koldewey auf der Station Kadimen vergnügt lächelnd in das recht wüste Rückzugsdurcheinander eintreten: »Anderwärts würde man das Unordnung nennen, im

Kriege aber ist dies wohl die Ordnung.« – Er wurde dann wie alle Zivilisten auf die Rückzugsstraße rechts des Tigris über Tekrit nach Mosul gesetzt...

Koldewey gelangte auf dem Landwege in die Heimat und nahm Wohnung in Berlin-Friedenau.

Dank Koldeweys aufopferndem, hartem und unablässigem Einsatz in der monotonen Umgebung Mesopotamiens war die wirkliche Ausdehnung der Stadt Babylon nun endlich bekannt. Von den Ausmaßen der mächtigen Stadtmauern, der Palast- und Tempelbauten hatte man konkrete Vorstellungen gewonnen und konnte jetzt, von den gesicherten Ergebnissen ausgehend, detailliert Vermutungen über das ursprüngliche Aussehen anstellen.

Es war dem gefeierten Ausgräber jedoch längst bewußt, daß er das ältere Babylon nicht hatte erforschen können, sondern nur die Stadt Nebukadnezars, und auch diese trotz der achtzehn Jahre dauernden Kampagne nicht, wie erhofft, vollständig. Die Veränderungen in Koldeweys Verhalten, wie sie die Mitarbeiter nach seinem ersten Heimaturlaub im Jahre 1904 bemerkt hatten, dürften unter anderem mit dieser schmerzenden Einsicht zusammenhängen. Außerdem war es der deutschen Equipe unter Koldewey nicht möglich gewesen, so spektakuläre Funde nach Europa zu melden und zu senden wie einst die Engländer und die Franzosen, als sie die assyrischen Palastanlagen von Nimrud, Ninive und Chorsabad erforschten und riesige Skulpturen, wichtige Tontafelserien und ansprechende, abwechslungsreiche Reliefs entdeckten, die von bedeutenden historischen Begebenheiten erzählten.

Und doch brachten die deutschen Ausgrabungen so viele neue Erkenntnisse, daß die Auswertung aller Resultate noch Jahrzehnte in Anspruch nehmen sollte.

14. Die Ergebnisse

Über die nach Berlin gebrachten Funde und über die Veröffentlichungen der Ergebnisse schreibt Andrae:

Die Kasr-Ausgrabung der ersten vier Jahre hatte unseren kleinen Expeditionshof in Babylon dermaßen mit den Bruchstücken der emaillierten Ziegel von der Prozessionsstraße, dem Ischtar-Tor und der Thronsaalfront angefüllt, daß Koldewey Abhilfe schaffen mußte. Die Berliner Museen regten daher auf seinen Wunsch in Konstantinopel an, diese Massen zur sachgemäßen Behandlung und Zusammensetzung nach Berlin zu verschicken. Eine Anzahl der zusammengesetzten Reliefs sollte sodann an das Konstantinopler Museum geliefert werden. Dieses ging auf ein solches Abkommen ein, und Koldewey erhielt die Erlaubnis zum Abtransport. Er entschloß sich für den Wasserweg: Euphrat abwärts mit den landesüblichen Muheilen, großen Flußseglern, bis Basra. Von da mit deutschem Schiff nach Hamburg, dann über Elbe, Havel, Spree bis vor die Berliner Museen am Lustgarten. Das Risiko ist nicht gering, jedenfalls aber nicht größer als beim Landtransport, bei dem mit viel Bruch zu rechnen war. Erfahrungen, die andere große Ausgrabungen mit ihren mesopotamischen Wassertransporten gemacht hatten, insbesondere die von den Franzosen mit den Funden von Chorsabad (= Dur Scharrukin) *und Babylon,* mahnten zur Vorsicht. Koldewey ließ die Sendung nicht aus den Augen, bis sie an Bord des Seedampfers war. Das hatten die Franzosen unterlassen, indem sie das ganze wertvolle Fundgut den Kelekführern anvertrauten. An einer unbekannt gebliebenen einsamen Stelle des Tigris ging die Sendung *1855* unter, angeblich bei einem Unwetter. Es ist später nichts mehr davon aufgetaucht. Wäre ein Ausgräber dabei gewesen, hätte er sich die Katastrophenstelle gemerkt und Bergungsversuche unternehmen können.

Koldewey verfrachtete fast vierhundert Kisten, jede mit etwa zweihundertfünfzig Ziegelstücken Inhalt, zuerst auf eine Reihe der etwas ungetümlich aussehenden Euphratboote, schlug auf einem derselben sein Stabsquartier auf, bestehend aus ein paar Matten und Decken und dem unvermeidlichen Tschibuk, sowie dem kochen könnenden Diener. – Zwischen den palmenbesetzten Ufern ist das eine Spazierfahrt. Die Palmen aber hören bald unterhalb Hilla, der nahen Kreisstadt, auf, und noch weiter südlich tritt der Fluß in das Hor, d. h. in die ausgebreiteten Sümpfe, deren Fahrwasser naturgemäß untief und nicht markiert ist. Überdies wird das Hor so breit, daß man keine Ufer mehr sieht und richtig navigieren muß. Bei plötzlichen Böen kann es anständige Wellen geben, und Festfahren ist keine Seltenheit. Eine Katastrophenstelle zu markieren, ist so gut wie ausgeschlossen. Das Unternehmen gelang jedoch, und deshalb hat Koldewey kein Aufhebens davon gemacht. In Berlin sind sämtliche Kisten unversehrt angekommen.

Der Inhalt interessiert den Leser gewiß mehr als die große Zahl der langweiligen Kisten. Dazu müssen wir noch einmal zurückblicken auf den Prozeß, den die Ziegelstücke zu durchlaufen hatten, bis sie in die Kisten gelangten. Man kann von einer »Massenware« sprechen, denn es handelte sich um Hunderttausende von Stücken. So aber sah sie der

Ausgräber keineswegs. Für ihn war jedes Stück ein Einzelfund, die Geduld durfte man nicht verlieren. Körbeweise wurden sie täglich aus der Grabung in den Hof hereingebracht, zuerst gewaschen, getrocknet, numeriert, inventarisiert, alsdann gezeichnet und gemalt, soweit sie Relief oder Ornamentteile zeigten. Dann hätten wir sie am liebsten auf lange Tafeln gelegt, um Zusammensetzungen zu versuchen. Das verbot der Zeit- und Platzmangel. Unsere Zeichnungen traten notgedrungen an die Stelle der Originale. Die zeichnerische Zusammensetzung, zuerst des Löwen, dann der Stiere, Drachen, Ornamente, gelang!* Während dieser aufregenden Arbeit hat Koldewey oft davon gesprochen, ja, man kann sagen: geschwärmt, die ganze farbige Pracht müsse im Berliner Museum wieder auferstehen; das ist ja dann auch – freilich erst sechs Jahre nach seinem Tode – geschehen.

Mit den geschilderten Vorarbeiten war der Prozeß noch nicht zu Ende. Jedes Reliefstück erhielt eine Papierhülle mit der Nummer und eine Umschnürung, bevor es mit viel Häcksel in die Versandkisten verstaut wurde. Wir hofften, daß alles in verständige Hände kommen würde und daß uns die Nummern beim endlichen Zusammensetzen in Berlin viel würden helfen können, da nach unseren Fundlisten die Fundorte beieinandergelegener Stücke gesagt hätten, was am wahrscheinlichsten zusammengehört. Unsere Meinung von Berlin war etwas zu hoch. Nur selten hatte man die Nummern beachtet, und erst bei einer zweiten Sendung (im Jahre 1927) gelang es, die notwendige Achtung vor ihrem Wert zu erzielen.

Die Fortsetzung des Prozesses in Berlin bestand darin, daß sämtliche Stücke vier bis sechs Wochen lang in fließendes Wasser gelegt wurden, damit ihnen das verderbliche und ziemlich reichlich vorhandene Kochsalz entzogen würde. Dann folgte eine lange Trocknungsperiode und ein Paraffinieren der Schmelzschicht. So glaubte man sie für die Berliner säurehaltige Luft »akklimatisiert« zu haben. Die Zusammensetzung konnte nun endlich mit den Originalstücken erfolgen; auch dabei gab es Mißleitungen, da es den Ausgräbern erst nach dem Ersten Weltkrieg vergönnt war, Einfluß auf die notwendige und richtige Art der Zusam-

* Von »Wäldern, Bergen, Wasser, Mauern«, die unsere französischen Vorgänger gesehen zu haben meinten, kam uns freilich nichts zu Gesicht. – In Assyrien kommen solche Dinge und Menschendarstellungen dagegen auf Schmelzfarbengemälden vor.

mensetzung zu nehmen. Diese ergab dann das von Koldewey schon dreißig Jahre vorher erträumte Bild der Prozessionsstraße, des Ischtar-Tores und der Thronsaalfront, die bis zum Ausbruch des Zweiten Weltkrieges Millionen von Menschen ins Berliner Museum gezogen haben...

Man kann es tragisch nennen, daß Koldewey die Herausgabe der Hauptwerke von Babylon nicht selbst vollenden durfte. Auch die großen Veröffentlichungen über die Burgen (WVDOG 54 und 55) und über das Hauptheiligtum des Marduk in Babylon, Esangila und Etemenanki (WVDOG 59) mußten posthum erscheinen. Sie sind in der Hauptsache ebenfalls von dem treuen Mitarbeiter Friedrich Wetzel besorgt. Aus Koldeweys eigener Hand haben wir die 1911 erschienenen »Tempel von Babylon und Borsippa« (WVDOG 15), die noch vor der großen Untersuchung von Etemenanki und Esangila verfaßt sind, und das 1918 erschienene »Ischtar-Tor in Babylon« (WVDOG 32). Darüber hinaus – ein besonders glückliches Geschenk – seine zusammenfassende Darstellung: »Das wieder erstehende Babylon«, das 1913 erschien und vier deutsche und eine englische Auflage erlebt hat. – Über die Grabung im »Merkes, der Wohnstadt von Babylon« hat Oscar Reuther im Auftrag Koldeweys den Bericht erstattet in WVDOG 47 (Text- und Tafelband). – Über die »Spätzeit von Babylon« ist ein bereits im Druck befindlicher Band 62 der WVDOG von Fr. Wetzel und E. Schmidt leider 1943 in Leipzig verbrannt.

Bedenkt man die Größe der Aufgabe, so wird es eigentlich selbstverständlich, daß die Bearbeitung und Veröffentlichung der Ergebnisse gar nicht in einer Hand liegen konnte. Es kam nur darauf an, sie geschickt zu verteilen...

Koldeweys Arbeit über den babylonischen Turm erschien 1918 in den MDOG Nr. 59. Hier versuchte er die Grabungsresultate mit den Inschriftenangaben und mit Herodot zu verbinden. Er entschied sich für den »Großen Tempel« auf dem Gipfel des Tempelbergs und für die Unterdrückung der nach oben hin sich verengenden Stufenterrassen, erhielt daher ein gewaltiges kubisches Gebilde. Andere Ergänzer (u. a. Th. Dombart, Moberg) verfuhren umgekehrt und erhielten den Stufenturm mit kleinem Gipfeltempel. Wieder wurde Koldewey unrecht gegeben und seinen Gegnern recht, dieses Mal von der Seite der Inschriftendeutung her. Es stellte sich nämlich späterhin heraus, daß zwei verschiedene Maßeinheiten, eine für unten, eine für oben, in der babylonischen

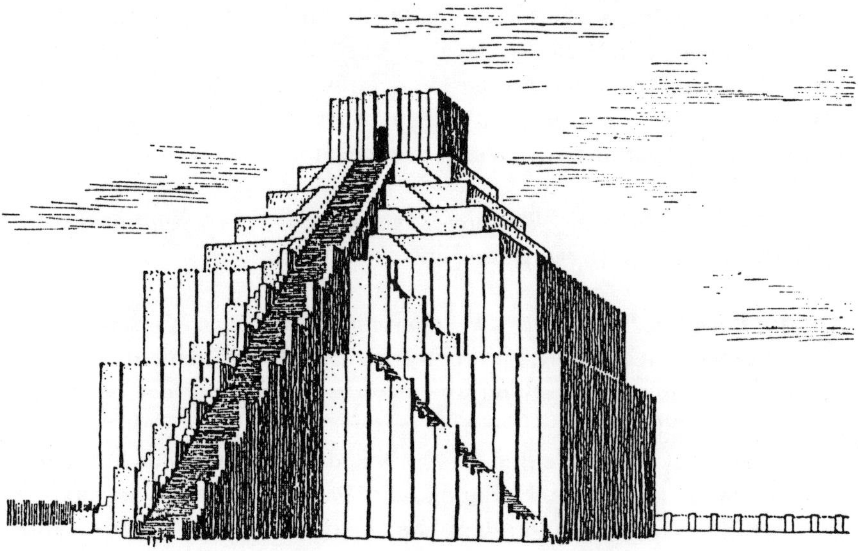

Turm von Babel (Rekonstruktion von Moberg)

Inschrift angegeben waren, so daß der »Große Tempel« oben eben zum kleinen Tempel wurde, der Platz hatte auf der eingeengten obersten Terrasse...

Es ist noch viel am Babel-Turm, dessen Ruine so wenig hergegeben hatte, herum ergänzt worden. Mit mehr oder minder hoher Wahrscheinlichkeit sind seine drei Treppen aufs Massiv hinaufgeführt und verschiedenartige Verbindungen zwischen den Stufenterrassen zum Gipfeltempel hinauf versucht worden. Koldewey hat sich damit nicht bis in alle Einzelheiten festlegen wollen. Der Turm ist seine letzte Ergänzungszeichnung, und wir betrachten sie noch jetzt mit Achtung, auch wenn wir sie uns nicht mehr zu eigen machen können.

Schließlich urteilt Andrae über Koldeweys Veröffentlichungen: Bei Koldeweys Aufnahmeplänen freuen wir uns an der Plastizität der Darstellung, erzielt durch ein äußerst durchziseliertes, durch Strichstärken und Strichlagen erzieltes Unterscheiden der Höhenlagen bis ins kleinste einzelne hinein. Es gehört dazu ein Beherrschen der Feder, wie sie der Kupferstecher beherrschen muß... Ein dargestellter Gebäudekomplex wollte im Grundriß wie im Aufriß plastisch wirken, wie ein Modell, und es sollte mit den einfachsten Mitteln von Hell und Dunkel, von Strichlagen, deren

Stärken sorgfältigst ausgewogen sind, der unmittelbare Eindruck aufs Auge die Körperlichkeit erzeugen ... Alle seine Betrachtungen und Beschreibungen halten sich auf der Höhe vollkommener Sachlichkeit. Das Wörtchen »ich« ist beinahe ängstlich vermieden. Wir fühlen uns von sicherer Hand geführt, hier wie in den Zeichnungen.

Es folgen schließlich einige Kostproben aus Koldeweys Veröffentlichungen, die uns auch Koldeweys sorgfältige und gründliche Arbeitsweise zeigen.

1911 erschien der Bericht über ›Die Tempel von Babylon und Borsippa‹.

Die drei schon äußerlich und auch noch heutzutage am meisten hervorragenden Ruinen sind »Babil« im Norden, »Kasr« in der Mitte und »Amran« im Süden. Babil deckt ein späteres Schloß Nebukadnezars. Auf dem Kasr liegt das alte Schloß, das Nebukadnezar in wesentlicher Erweiterung von seines Vaters, Nabupolassars, Palast erbaute, sowie der Tempel der Ninmach, und unter dem Hügel Amran ruht der größte Tempel Babylons, »Esagila«. Der Amran ist auch derjenige Teil der Stadt, der am längsten und bis in das arabische Mittelalter hinein kontinuierlich bebaut und bewohnt war. In der Nähe, südöstlich, liegen die beiden Tempel »Z« und Epatutila.

Eine sichtbare Gleichmäßigkeit geht durch die Richtung der Gebäude, deren Nordlinie meistens nicht genau, sondern etwas, ungefähr 15°, nach Westen hin abweichend angelegt wurde. Diese Eigentümlichkeit geht auf das Straßennetz von Babylon zurück, dessen Eigenschaften die Grabungen der letzten Jahre im »Merkes« klar ans Licht gebracht haben, und dieses Straßennetz ist im großen ganzen zu Nebukadnezars Zeit dasselbe, wie es zur Zeit der altbabylonischen Könige war. Die Gebäudemauern der oberen Stadtschicht verlaufen durchgängig in derselben Himmelsrichtung wie die 10 und 12 Meter tiefer darunter liegenden.

Die ganze Stadt war durch die äußere Stadtmauer im Osten geschützt und ein innerer kleinerer Teil der Stadt ebenfalls im Osten durch die innere Stadtmauer. Alle diese Ruinen liegen auf dem östlichen, linken Ufer des Euphrat, der auch im Altertum ungefähr an derselben Stelle floß, ursprünglich wohl näher am Kasr und besonders näher an Babil vorbei. Ob die Stadtmauer auf das rechte Euphratufer hinübergriff, läßt sich heute nicht erkennen. Im Süden scheinen einige Mauerreste darauf zu deuten. Sie sind noch nicht ausgegraben.

In der älteren Zeit schloß die innere Stadtmauer an die Befestigung des

Ischtar-Tor. Gesamtansicht mit Schnitt durch die Straße. Die Aufschüttung für die letzte Periode ist heller schraffiert

Kasr an, so daß damals alle hauptsächlichen Baulichkeiten, von denen sich heute noch Reste finden, auf der linken, östlichen Euphratseite lagen. Das änderte sich aber, wie es scheint, in der späteren, nämlich der persisch-griechischen Zeit, wo der Euphrat das Kasr östlich umspülte. Jetzt lag also das alte Schloß Nebukadnezars, das Kasr, mit dem Tempel der Ninmach auf dem rechten, das neue Schloß Nebukadnezars, Babil, und der Tempel Esagila und andere auf dem linken Euphratufer. Diese in den Ruinen noch wohl erkennbaren Zustände lösen die Widersprüche, die sich zwischen die babylonischen, inschriftlichen Quellen, auf die auch Berossos im großen ganzen zurückgeht, und die klassisch literarischen Quellen einzuschieben scheinen; denn letztere berücksichtigen mehr den tatsächlichen Zustand der Stadt zu ihrer Zeit. All das eingehend darzulegen, kann ich hier nicht unternehmen...

Die baulichen Eigentümlichkeiten der ausgegrabenen Tempel sind der Gegenstand dieser Veröffentlichung. Die Beschreibung beschränkt sich auf das Notwendige, das bleibend Wichtige. Eine minutiöse Schilderung sämtlicher Einzelheiten schien mir erfahrungsmäßig entbehrlich. Vom Ninmach-Tempel und vom Tempel »Z« war die Mitteilung eines Plans im gegenwärtigen Zustand nicht erforderlich.

In dieser Publikation sind Esagila und Etemenanki noch nicht beschrieben, weil die Ausgrabungen dieser Bauwerke damals noch andauerten.

Außer der Darstellung des eigentlich Baulichen mußte mir daran liegen, auch einen ungefähren Begriff von dem zu geben, was die Tempel einst beherbergt haben. Es sind infolgedessen von den in oder bei den Gebäuden gemachten Kleinfunden einige Abbildungen gegeben. Eine eingehende Besprechung dieser Gegenstände konnte allerdings nicht erfolgen, wenn ich nicht späteren, zusammenhängenden Veröffentlichungen in störender Weise vorgreifen wollte...

Emach, der Tempel der Ninmach

Die Grabung am Tempel Emach wurde am 1. Januar 1900 begonnen. Am 13. Januar waren die inneren Räume ausgegraben, am 2. April auch die äußere Umgebung...

Name und Bedeutung des Gebäudes sind gesichert durch den im Hauptadyton A_2 in situ gefundenen Gründungszylinder Sardanapals und datierte Tabletten *(Täfelchen)* aus Nebukadnezars Zeit, die in der Füllmasse unter dem untersten Pflaster lagen...

Der Tempel liegt neben dem Südpalast des Kasr und dem Ischtar-Tor, durch das die große von Nebukadnezar mit roten und weißen Quadern gepflasterte Prozessionsstraße Marduks ging...

Das Gebäude besteht aus einem von Zimmern umgebenen Hof, der von Norden her zugänglich ist. Die Mauern sind Lehmziegelmauern (Ziegelmaß: 33 cm □ : 10 cm), zehn Schichten sind einschließlich der Lagerfugen 1,50 m hoch. Nach je neun oder zehn Schichten ist in die Lehmfuge eine Rohr- oder Schilfmatte eingelegt, um die Mauer vor vertikaler Spaltung zu bewahren. Diese Matteneinlagen, die mit der Zeit zu einer weißen Asche verfallen sind, machen sich am Äußern der Mauern überall als weiße horizontale Linien bemerklich. Sie sind auch auf den Photographien wohl zu erkennen... Gegen das Auseinanderweichen der Mauern sind diese in den Zimmern unterhalb des Fußbodens durch eingemauerte Palmbalken, die von einer Wand zur anderen reichen, miteinander verbunden und gesichert. Außerdem ist wohl zu demselben Zwecke das ganze Gebäude mit einer Mauer aus gebrannten Backsteinen, dem »Kisu« *(einer Verstärkungsmauer)* der Inschriften, umzogen. An den Türgewänden und ähnlichen Stellen liegt ein Anker- oder Zargensystem aus Palmbohlen, die an den Ecken übereinander hinübergreifen und diese gegen Ausbrechen sichern sollten... Einfacher Kalkputz, etwa 1 cm stark, der auf einem etwas dickeren Lehmputz aufsitzt, schützt die Lehmwände und macht sich in der Form weißlicher Stellen bemerklich. Der Fußboden bestand im Hof und sämtlichen Räumen aus einer doppelten Lage Ziegel, die in Asphalt verlegt und mit Asphalt überzogen waren. Die Türpfosten bewegten sich, unten mit einem bronzenen Schuh versehen, wahrscheinlich auf großen steinernen Pfannen, die jedoch verschwunden sind. An Ort und Stelle geblieben sind nur die Ummauerungen dieser »Angelsteine« aus gebrannten Ziegeln, die »Angelkapseln«. An den Haupttüren liegen unter dem Fußboden kleine aus sechs Ziegeln zusammengesetzte Kästchen, die wir Opferkapseln genannt haben.

Der Altar. Vor dem Nordtor gerade in der Mitte liegt der Altar, ein quadratischer Pfeiler aus Lehmziegeln, dessen Fundament ebenso tief hinabreicht wie das der Ziegelmauern. Er ist einschließlich seines Fundaments mit Kalk- auf Lehmputz überzogen.

Ihn umgibt eine kleine Area, mit Barnsteinen sorgfältig gepflastert und von hochkantig gestellten Ziegeln umgeben. Die Ziegel tragen den Nebukadnezar-Stempel.

Das Nordtor. Das Gebäude hat nur einen Zugang; das ist ein großes

Plan der Stadtruinen von Babylon

A	*Der Hügel „Amran“.*
ADK	*Altes verfallenes Dorf Kweiresch.*
AE	*Antikes Euphrat-Bett.*
AK	*Alter verfallener Kanal.*
AN	*Alter Kanal „Nil“.*
AS	*Äußere Stadtmauer.*
B	*Der Hügel „Babil“.*
DA	*Dorf Ananeh.*
DD	*Dorf Dschumdschuma.*
DK	*Dorf Kweiresch.*
DS	*Dorf Sindschar.*
E	*Der Euphrat.*
EM	*E-Mach, der Tempel der Ninmach.*
EP	*E-Patutila, der Tempel des Ninib.*
ES	*E-Sagila, der Tempel des Marduk.*
ET	*E-Temenanki, der Turm von Babylon.*
F	*Felder.*
FK	*Farm „Karabet“.*
G	*Grab des „Amran Ibn Ali“.*
GM	*Gartenmauer.*
H	*Der Hügel „Homera“.*
IA	*Die Gegend „Ischin aswad“.*
IS	*Innere Stadtmauer.*
K	*Der Hügel „Kasr“.*
M	*Die Gegend „Merkes“.*
MR	*Mauerreste.*
N	*Der Kanal „Nil“.*
NB	*„Nil“-Brücke.*
NK	*Neuer Kanal.*
P	*Palmen.*
S	*Die Gegend „Sachn“.*
T	*Das griechische Theater.*
TI	*Tempel der Ischtar von Agade.*
W	*Weg.*
WBH	*Weg von Bagdad nach Hilleh.*
Z	*Tempel „Z“ einer uns unbekannten Gottheit.*

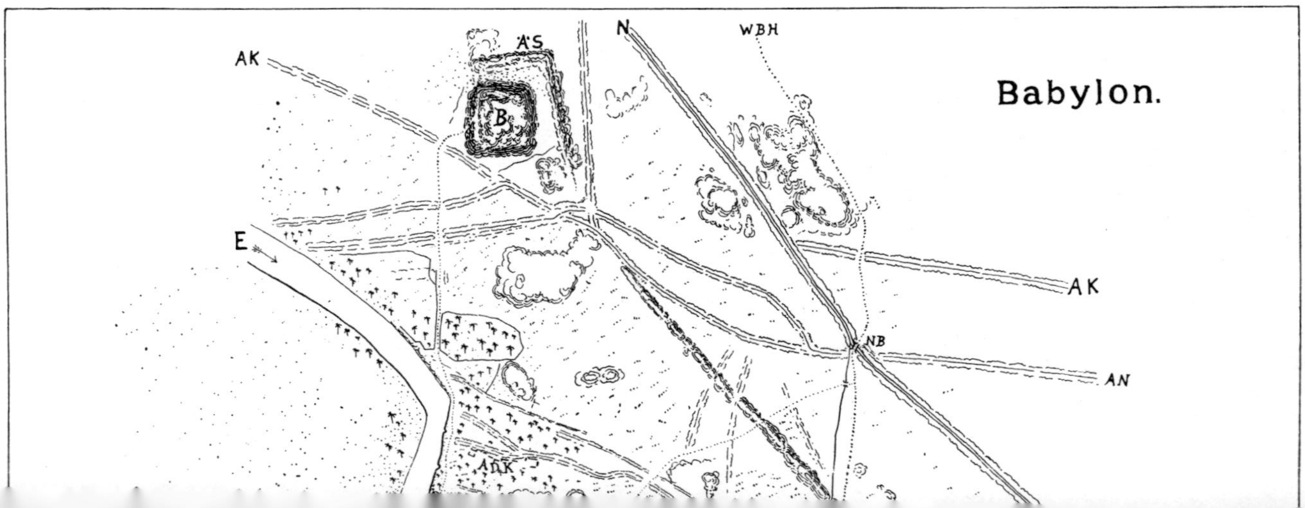

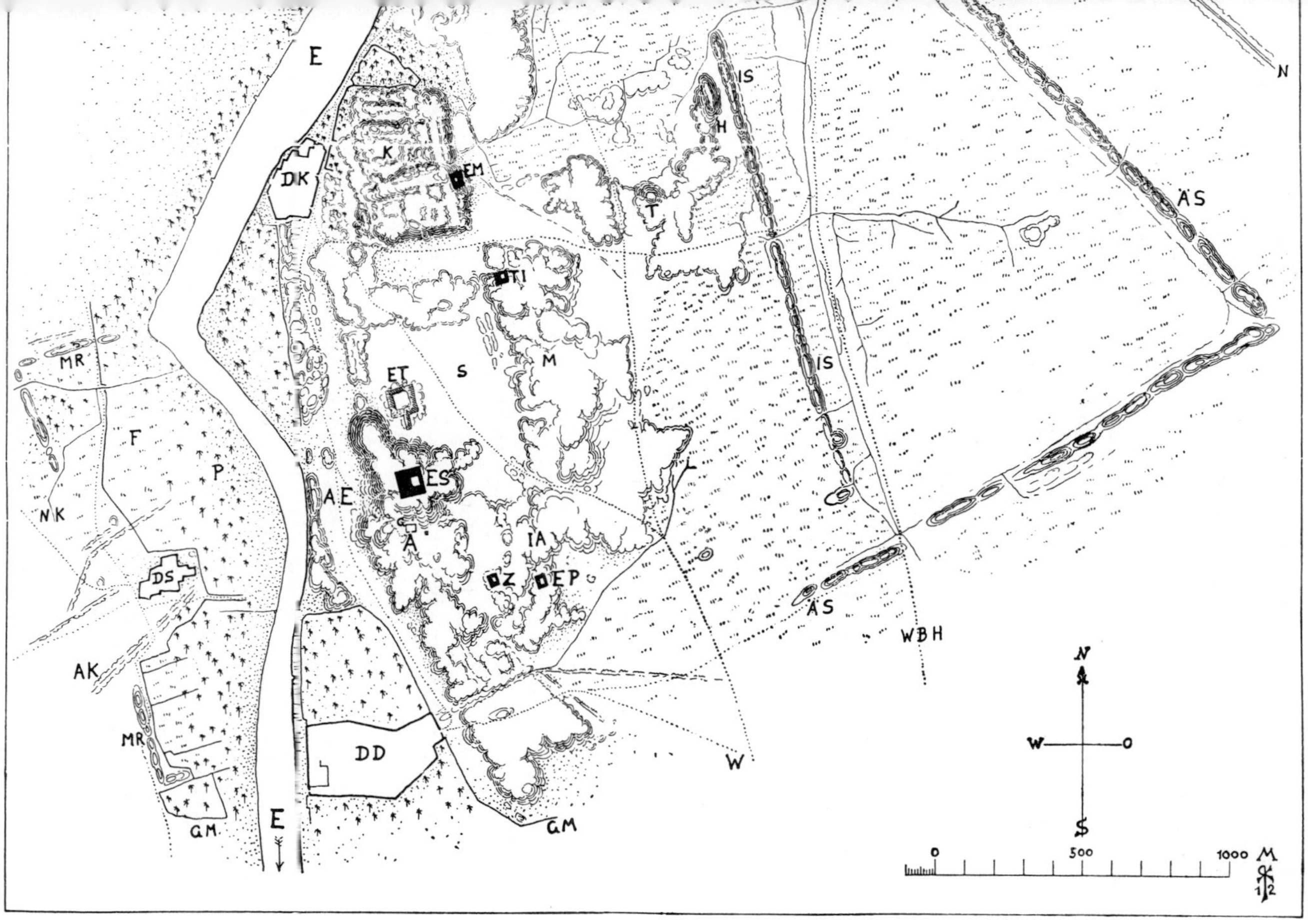

E
DK
K
EM
IS
H
ÄS
T
TI
MR
ET
S
M
IS
F
P
ES
AE
L
NK
A
IA
Z
EP
DS
ÄS
WBH
AK
N
W
O
S
MR
DD
W
E
GM
GM
0
500
1000 M

Tor im Norden. Es ist mit einer zwiefach abgetreppten Umrahmung versehen und wird zu beiden Seiten von je einem stark vortretenden Turm begleitet, der mit zwei senkrechten, doppelt abgestuften Rillen geschmückt ist. Denselben Schmuck tragen zwei weitere Türme, die weniger vorspringend sich an diese beiden anschlossen, während wieder zwei noch weniger vortretende Vorsprünge ohne diesen Schmuck geblieben sind. Diese von Schmucktürmen begleitete Torfront ist durchaus typisch für die Tempeleingänge überhaupt. Ich habe bisher keinen einigermaßen gut erhaltenen Tempel kennengelernt, der dieser Türme entbehrt hätte. Auch der einfache Schmuck der Wand, der aus wenig vorspringenden Pfeilern – oder vielleicht richtiger: Türmen – besteht, findet sich bei den übrigen Tempeln in mehr oder weniger beträchtlichen Abweichungen davon wieder...

In der Tür sind die drei übereinanderliegenden Fußböden, die das ganze Gebäude durchzogen, gut erhalten. Der unterste besteht aus einer doppelten Schicht von in Asphalt verlegten und mit Asphalt überzogenen Barnsteinen von 30 cm im Quadrat, ohne Stempel. Diese Schichten haben sich in der Tür nach oben hin aufgewölbt infolge des ungleichmäßigen Druckes der Wände und der Füllmasse. Das dabei entstandene Dreieck an den Wänden ist durch Asphalt wieder ausgeglichen. Derselbe Zustand wiederholt sich bei der Cellatür. Der mittlere, etwa 2 m höher gelegene, ebenfalls doppelte Fußboden enthält 33 cm im Quadrat messende Ziegel mit siebenzeiligen und vierzeiligen Nebukadnezar-Stempeln. Der oberste Fußboden, wiederum 90 cm höher, hat nur eine Schicht dreiunddreißiger Ziegel mit vierzeiligem Nebukadnezar-Stempel. Der unterste ist gewiß von Nebukadnezar, obwohl die Ziegel noch keinen Stempel tragen. Dagegen rührt der mittlere möglicherweise bereits von Nabonid her; denn im Hof stand ein Mäuerchen, das Ziegel mit dem Nabonid-Stempel enthielt. Allerdings war diese Gegend durch frühere Grabungen dermaßen verunstaltet, daß man die oberen beiden Fußböden nicht wahrnehmen konnte. Die Herkunft des oberen Fußbodens ist unbekannt. Die Räume, die zu diesem Fußboden gehören, sind zum Teil mit Ziegelplatten von 50 cm im Quadrat, die in Kalkmörtel verlegt sind, gepflastert. Das ist sonst ganz die Weise, wie sie in den großen Höfen der Südburg auftritt und dort ohne Zweifel auf Nebukadnezar respektive Nabonid zurückgeht. Aber die Platten in der Südburg tragen ebenfalls Nebukadnezars oder Nabonids Stempel, die ich auf den Platten im Tempel nicht bemerkt habe. Der mittlere Fußboden liegt in der Höhe des

Wiederhergestellte Ansicht vom Ninmach-Tempel

Kalksteinpflasters der benachbarten, von Nebukadnezar erbauten Prozessionsstraße...

Es folgt die Fortsetzung der detaillierten Beschreibung. Dann geht Koldewey zum Tempel »Z« und anschließend zum Ninib-Tempel über:

Epatutila, der Tempel des Ninib

Das Gebäude liegt im Süden des Stadtgebiets in dem Ruinenfelde, welches in der europäischen Literatur nach dem benachbarten Dorfe Dschumdschuma, von den hiesigen Arabern meist Ischin aswad, schwarze Hügel, genannt wird.

Sein Charakter als Tempel wird durch die Turmfront des Eingangs mit dem Altar davor und die Postamentnischen der Cellen erwiesen und durch die an Ort und Stelle gefundenen Nabupolassar-Zylinder bestätigt, die ihn ausdrücklich als Tempel des Ninib bezeichnen.

Wie bei den übrigen Tempeln finden wir auch hier einen von Zimmern umgebenen Hof als Hauptdisposition vor. Aber während am Ninmach-Tempel und am Tempel »Z« für die Anlage des Ganzen die Längsachse maßgebend war, ist es hier die Querachse: Haupteingang und Cellen befinden sich auf den Langseiten des Gebäudes.

Die Konstruktion ist die übliche: Mauern aus Lehmziegeln, in deren Lagerfugen nach je acht oder neun Schichten dicke Lagen von Schilf in gekreuzten und diagonalen Richtungen eingefügt sind; vielleicht waren das geflochtene Matten, aber das läßt sich an der jetzt weiß veraschten Masse nicht mit Sicherheit erkennen. Zehn Ziegelschichten sind 1,30 m hoch. Aus gebrannten Ziegeln bestehen Fußböden, Postamente, Angel- und Opferkapseln und ein Wasserabschlag auf der Ostseite sowie ein Kanal, der aus dem Hof hinausführte. Holzzargen an den Mauerecken, wie sie sonst vielfach vorkommen, habe ich hier nicht bemerkt. Es ist aber nicht ausgeschlossen, daß sie sich zeigen würden, wenn man die Mauern abbräche...

Durch das östliche Tor, in welchem zwei Opferkapseln (1 und 2) ohne Inhalt liegen, betritt man ein Vestibül, dem ein kleines Nebengemach anliegt, wie es fast alle Vestibüle haben. Man ist geneigt, in diesem Nebengemach den Aufenthaltsort des Pförtners zu vermuten. Die Angelkapseln der Türen sind hier, wie bei den übrigen Türen, wo ihr Mauerkörper nicht selbst erhalten ist, an den Leeren ihrer ursprünglichen Ummauerung zu erkennen. An der Hoftür liegen wieder zwei Opferkapseln (7 und 8). Diese enthielten die Reste von zwei unter sich identischen Statuetten aus vergänglichem Material, Puppen, deren Hände aus Holz zum Teil erhalten waren, ebenso wie ein Wehrgehänge mit Gürtel und Dolch und ein langes Schwert aus Kupfer, dazu eine kleine Keule mit Onyxknauf. Sie mögen ungefähr so ausgesehen haben, wie die Abbildung zeigt, und waren demnach bis an die Zähne bewaffnet. Ninib ist der Gott des Krieges!

Die Publikation ›Das Ischtar-Tor in Babylon‹ konnte 1918 veröffentlicht werden.

Eine der größten und eindrucksvollsten Ruinen von Babylon ist das Ischtar-Tor, dessen Name durch die im Schutt des Gebäudes gefundene Inschrift gesichert ist... Das Ischtar-Tor ist eines von den Toren der inneren Stadtmauer, durch welche die Stadt auf dem linken Euphratufer eingeschlossen wurde...

Es sind zwei Torgebäude, die durch Zwischenstücke miteinander in Verbindung gesetzt sind. Das nördliche führt durch die dünnere (Nimitti Bel), das südliche durch die dickere Mauer (Imgur Bel). Das letztere zeigt daher in allen Abmessungen, der Mauerdicke und den Türmen, eine bedeutend größere Stärke, die auf höheres Aufragen des südlichen Tores

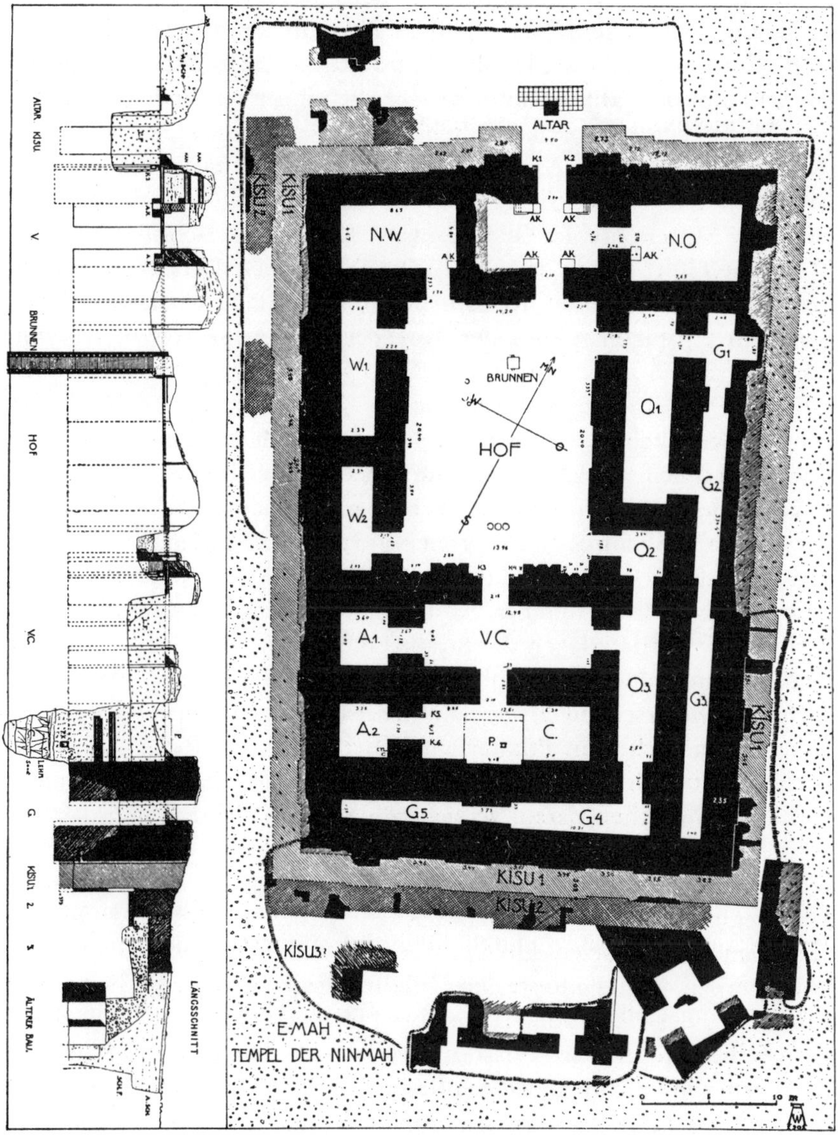

Der Ninmach-Tempel. Grundriß und Schnitt

ebenso unbedingt schließen läßt, wie man annehmen muß, daß die dickere, innere Lehmziegel-Mauer höher war als die äußere, dünnere. Beiden ist die Eigenschaft gemeinsam, daß ihr Eingang durch zwei weit vortretende Türme gedeckt wird und daß unmittelbar hinter dem Eingang ein Binnenraum oder Binnenhof liegt, der nach innen eine zweite Tür enthält. Diese Haupteigenschaften kehren bei allen altorientalischen Toren, die wir bisher kennen (Assur, Chorsabad, Sendschirli u. a.) wieder. Der Binnenraum des nördlichen Tores liegt indessen quer, der des südlichen längs zur Mittelachse der Gesamtanlage. Dieser Unterschied der beiden Torräume findet sich in derselben Weise bei den letzthin ausgegrabenen Toren der südlichen und der östlichen inneren Stadtmauer, so daß wir darin ein Charakteristikum der Tore der inneren Stadt von Babylon erkennen dürfen. Die Tore der äußeren Stadtmauer kennen wir noch nicht. An die Tore treten vier wie die Tore aus gebrannten Ziegeln gebaute Schenkelmauern, durch welche die Verbindung mit den an ihre Enden anschließenden Lehmziegelmauern hergestellt wird.

Vor dem Tore ist durch zwei Verbindungsmauern mit den Bastionen der älteren Grabenmauer ein großer Vorplatz geschaffen. Über diesen Platz und durch die Tore führt die »Prozessionsstraße Marduks« in der gewöhnlichen Breite hinüber. An den mit Zwischenräumen übereinanderliegenden Pflasterlagen der Straße erkennt man am deutlichsten die verschiedenen aufeinander folgenden Epochen der Anlage. Sie lag ursprünglich wahrscheinlich ungefähr in der Höhe der umliegenden Ebene. Denn wenn auch vom Pflaster aus dieser Zeit keine Reste vorhanden sind, so läßt doch die Ausschmückung der Wände mit den Ziegelreliefs wohl mit Sicherheit darauf schließen, daß diese sichtbar und das Tor schon in dieser Tiefenlage benutzbar gewesen sein muß. Diesen Zustand wollen wir die erste Periode nennen, die in den Beginn von Nebukadnezars Regierung (604–561) hinaufreichen wird. Die Straße ist dann in verschiedenen Absätzen durch Aufbringen von Lehm und Sand aufgehöht worden. Geringe Reste eines Pflasters liegen im Hof des Nordtores zunächst in der Höhe von 7,19 m über Null (zweite Periode). Die dritte Periode liegt in größeren Pflasterresten bei einer Höhe von 10,80 m vor. Es ist ein einschichtiges Ziegelpflaster mit Asphaltbeguß. Die Ziegel (33 × 33 cm) tragen drei- und siebenzeilige Nebukadnezar-Stempel. Darunter liegen in den Tordurchgängen schwellenartig noch drei weitere Schichten, deren Fugen aus Lehm über Asphalt gebildet werden. Dieses ist die Pflasterschicht, über welcher sich die nicht emaillierte, aber sorg-

Mutmaßliches Aussehen der Puppen

fältig nachgearbeitete Schicht der Stiere erhob, die die oberste Reihe der nicht glasierten Reliefs bildet. Der Zug der Straße in dieser Höhe ist auch südlich der Ostfront der Südburg entlang bis zum südlichen Ende des Palastes erhalten. Die Straße hat dort eine Breite von 10 m.

Das Pflaster der vierten Periode liegt im Tor in der Höhe von ungefähr +15,40 m. Durch sie wurde auch die flach emaillierte Bilderschicht verdeckt, so daß erst über dieser letzten Erhöhung die reliefiert emaillierten Stiere und Drachen gestanden haben können. Das Pflaster bestand anfangs aus einer einfachen Ziegellage wie das der dritten Periode und führte nach Norden zu in sanftem Gefälle abwärts. Etwas später wurde es durch Steinplatten ersetzt: in der Mitte durch große weiße Kalksteinquadern, zu beiden Seiten durch rote kleinere Brecciaquadern. Beide sind an ihren Seitenflächen mit den in den »Pflastersteinen von Aiburschabu« veröffentlichten Inschriften versehen, wonach sie als »Schadu« und als »Turminabanda«-Platten bezeichnet werden, mit denen Nebukadnezar die Prozessionsstraße Marduks gepflastert habe. Dabei lagen die roten Turminabanda-Platten auf dem Backsteinpflaster auf. Für die Kalksteinplatten wurde, da sie dicker waren, das alte Pflaster aufgenommen, um den Quadern Raum zu schaffen. Wiederum etwas später ist die Straße unter Wiederbenutzung der Steinpflasterung fast horizontal verlegt, wobei die Kalksteinquadern eine Unterschicht von zwei bis drei Schichten aus Ziegelbruch erhielten. Dicht nördlich vor dem Tor liegen noch drei Kalksteinquadern und eine Turminabanda-Platte, im Süden des Tores ebenfalls drei Kalksteinquadern an ihrer alten Stelle. Häufige Turminabanda-Blöcke und namentlich viele kleinere Bruchstücke davon finden sich indessen auf der ganzen Strecke bis zum südlichen Ende der Südburg, wo die Kalksteinreste vollständig aufhören und sich nur die Turminabanda-Reste fortsetzen. Die letzteren finden sich dann gleichmäßig auf der ganzen Trasse der Prozessionsstraße bis zum Haupteingang von Esagila. In dem großen Eingang der Ostfront des Peribolos von Etemenanki liegt noch ein gutes Stück Turminabanda-Pflaster an Ort und Stelle im alten und ursprünglichen Verbande.

Die detaillierte Beschreibung der gewaltigen Anlage enthält auch genaue Angaben über den farbenprächtigen Wandschmuck. Er bestand aus beinahe unzähligen Stieren und Drachen (Sirrusch), angeordnet in horizontalen Reihen an den Wänden, die dem Eintretenden und Vorübergehenden zugewandt waren.

Schließlich macht sich Koldewey Gedanken über die ursprüngliche Gestalt des Tores: Für die Wiederherstellung des Tores in seinem Aufbau, namentlich was die absoluten Höhenmaße anbetrifft, ist man großenteils auf Konjektur angewiesen.

Die Bekrönung der Mauern und Türme bestand höchstwahrscheinlich überall aus abgetreppten Zinnen. Derartige blauglasierte Ziegel, die solchen Zinnen angehörten, haben sich mehrfach unter den Bruchstücken gefunden...

Ein solcher Zinnenkranz bekrönte das ganze Gebäude, zog sich überhaupt auf allen obersten Linien der Tore, der Festungsmauern und auch der Sakralbauten entlang und schmückte wahrscheinlich nicht minder die besseren Privatgebäude. So kann man sich nicht wundern, wenn die Zinne in der nicht gerade formenreichen babylonischen Ornamentik verhältnismäßig häufig wiederkehrt und im Formenschatz des Orients überhaupt bis ins Mittelalter hinein ein immer wieder mit Vergnügen aufgenommenes Motiv abgegeben hat. Mit den Arabern hat sich die abgetreppte Zinne als Schmuckform über Afrika und Spanien verbreitet. Eine ganz analoge Rolle spielt die rechteckige Zinne in der Ornamentik der westlichen, vom griechisch-römischen Kulturkreise abhängigen Welt...

Zur Beurteilung der absoluten Höhen können wir beim nördlichen Tor zunächst den Reliefschmuck zu Rate ziehen. Da immer zwei Reihen – Stiere und Drachen – übereinander eine Einheit bilden, so kann man für den Raum vom Fußboden bis zum Kämpfer des Torbogens nur zwischen zwei oder vier Reihen dieser Darstellungen wählen, und da zwei Reihen ein zu gedrücktes Verhältnis der Tür ergeben würden, so scheint mir die letztere Annahme die wahrscheinlichere.

Über dem Scheitel des Türbogens muß ein entsprechender Platz für die Deckenkonstruktion belassen werden, die gewiß eine nicht geringe Stärke hatte.

Daß das Südtor das Nordtor überragte, geht schon aus den sehr viel stärkeren Maßen seiner Mauern und Türme hervor, liegt auch im Charakter der Befestigungsanlage begründet, wonach die südliche, innere Befestigungslinie die stärkere war...

Wie man sich die absoluten Höhen immer denken und berechnen mag, nie ergibt sich etwas anderes als ein Bau von einer solchen Großartigkeit in der Anordnung der Massen bei leuchtender Farbengebung der einfachen und großen Ornamentik, daß er zu den höchsten Leistungen antiker Kunst schon an sich gerechnet werden muß. Dazu kommt dann noch die eindrucksvolle Vorbereitung durch den Zugang auf der Prozessionsstraße Marduks – die aufsteigend zu ihm hinaufführte –, auf beiden Seiten begleitet von den getürmten Mauern mit dem glänzenden Schmuck der bunten Löwen, so daß dieses einzig in seiner Art dastehenden Zuganges wegen die größte Stadt der antiken Welt sich wohl mit Recht als Babilani »Göttertor« bezeichnen konnte.

Bereits 1913 hatte Koldewey für ein interessiertes Laienpublikum eine zusammenfassende Darstellung der bisherigen Ergebnisse verfaßt: ›Das wieder erstehende Babylon‹. Das vielgelesene Buch erschien 1924 schon in einer 4. ergänzten

Auflage, und kurz vor seinem Tode konnte der Ausgräber in einer 5. Auflage (1925) neueste Erkenntnisse einarbeiten.

Weitere Veröffentlichungen über die immensen Arbeiten und die Auswertungen der Koldeweyschen Ausgrabungen folgten in unregelmäßigen Abständen.

1926 gab Oscar Reuther *das umfangreiche Werk ›Die Innenstadt von Babylon (Merkes)‹ heraus.*

Robert Koldewey weilt nicht mehr unter den Lebenden. Uns, seinen Mitarbeitern, liegt nun die Ehrenpflicht ob, mit ihren besten Kräften sein Werk zu Ende zu führen und damit die Steine zu einem Mal des Gedenkens für den Ausgräber von Babylon zu schaffen. Den Anfang soll der vorliegende Band machen, der erste in der Reihe der Veröffentlichungen der Ergebnisse der Ausgrabungen, bei dem er selbst nicht mehr Hand anlegen konnte. Auch er ist ja zunächst Koldeweys Eigentum. Alles, das Ganze und das Einzelne, habe ich mit ihm während der Grabung und während der Bearbeitung mündlich und schriftlich immer wieder durchgesprochen, mit seinen Augen die Bilder sich zusammenschließen, die Stadt wiedererstehen, sich im Lauf der Zeiten wandeln und vergehen sehen. Wo in einzelnen Punkten unsere Ansichten auseinandergingen, hat Koldewey stets die Meinung des Jüngeren gelten lassen, weil er sich bewußt war, daß das Eindringen in die Einzelheiten bei der Überfülle des Stoffes, die notwendige Kleinarbeit, nicht seine Sache sein konnte und durfte und daß er sich auf die, die er suchen und sehen gelehrt, verlassen konnte. Die größte Genugtuung wäre es mir, wüßte ich, daß ich in seinem Sinne gearbeitet hätte.

Die Grabung auf dem Merkes, deren Ergebnisse dieser Band bringt, hat uns im wesentlichen drei Gewinne gebracht.

Einmal lehrt sie uns das babylonische Wohnhaus kennen, und zwar für eine Zeitspanne von rund zwei Jahrtausenden, von den Tagen Hammurabis bis zum Beginn unserer Zeitrechnung.

Das zweite wichtige Ergebnis ist der Einblick in das babylonische Bestattungswesen und seine Entwicklung und Wandlung während des gleichen Zeitraumes.

Das dritte Hauptergebnis ist das chronologische Gerüst für die Keramik, die Kleinplastik, die Glyptik *(Steinschneidekunst)*, die Goldschmiedekunst und dergleichen Dinge. Das fehlte uns bis dahin in Babylon, weil die an den Palästen, Festungswerken und Tempeln und sonst im Stadtgebiet durchgeführten Arbeiten uns nicht die Gelegenheit boten, in tiefere

Schichten zu gelangen, und sich meist in gestörtem Boden bewegten. Bei der Grabung auf dem Merkes stand die Schichtenbeobachtung im Vordergrund. Dadurch war das anfängliche Grabungsverfahren bedingt, das darauf hinauslief, nicht große Flächen freizulegen und ganze Gebäude oder Gebäudegruppen im Zusammenhang mit ihrer Umgebung zu bearbeiten, als vielmehr in möglichst vielen Wiederholungen die Schichten vor Augen zu führen. So ergab sich neben einer großen Zahl von Kleinfunden aller Art als Wichtigstes deren zeitliche Aufeinanderfolge. Dies Ergebnis der Merkesgrabung wird zugrunde gelegt werden müssen, wenn einmal die Bearbeitung des gesamten in Babylon gefundenen Materials in Angriff genommen werden wird. Im vorliegenden Band, der sich im wesentlichen mit Haus und Grab in Babylon befaßt, nimmt es den geringsten Raum ein. Es ist nur das Gerüst gegeben. Auf die Behandlung im einzelnen, die nur mit der Gesamtheit der Funde zusammen erfolgen kann, habe ich verzichtet.

Das gleiche gilt für das auf dem Merkes gefundene Schriftwerk, das uns die wichtigsten Festpunkte für die Chronologie gegeben hat. Eine Bearbeitung von assyriologischer Seite steht noch aus, und es konnten deshalb nur die Resultate einer vorläufigen Durchsicht mitgeteilt werden...

Eine willkommene Bereicherung unserer Kenntnis des neubabylonischen Kultbaus brachte die Grabung auf dem Merkes mit dem Tempel der Ischtar von Agade. Das diesen behandelnde Kapitel muß somit als Ergänzung zu Koldeweys in dieser Reihe erschienenem Band »Die Tempel in Babylon und Borsippa« gelten...

Lage des Grabungsfeldes im Stadtgebiet und Gang der Ausgrabung

Unter dem Namen »Merkes« verstehen die umwohnenden Araber einen Teil des Stadtgebietes von Babylon, der ziemlich genau die Mitte der Innenstadt einnimmt, wenn man deren Grenzen durch den Zug der inneren Stadtmauer und den Euphrat als gegeben ansieht. Das arabische Wort ›merkez‹ bedeutet auch im Türkischen eine städtische Siedlung, die den wirtschaftlichen oder politischen Mittelpunkt einer Landschaft bildet – man spricht beispielsweise von ›Merkez en-Nasrije‹, d.h. die Stadt Nasrije wird als Zentrum der sie umgebenden gleichnamigen Landschaft bezeichnet. Für Babylon deckt sich diese modern-arabische Benennung im gewissen Sinne mit der eigentlichen Bedeutung der Stelle, die, wie wir nunmehr nach der Ausgrabung wissen, in der Tat den Kern der Wohnstadt im Gegensatz zur Königsburg und zum Tempelgebiet von Esagila bildete. Der Ruine der Königsburg blieb der Name »el Kasr«, das Schloß; die Stelle des Hauptheiligtumes von Babylon, des Marduk-Tempels, ist, wie so oft die Heiligkeit eines Ortes selbst den Wechsel der Religionen überdauert, auch heute noch heiliger Boden: Hier sieht der Muslim das Grab des Hauptheiligen der Gegend, des Amran ibn Ali. Beide Male ist die Überlieferung über das Wesen des Ortes wohl nie unterbrochen gewesen. Daß aber auf dem Merkes seit Menschengedenken nicht Könige und Priester gehaust haben, sondern Bürger, kann durch eine Überlieferung nicht übermittelt worden sein. Die Benennung »Merkes« mag eher einer archäologischen Erkenntnis der Umwohner verdankt werden, denen der abweichende Charakter der Stadtruine hier gegenüber den Stellen, unter denen Monumentalbauten begraben liegen, bei ihren zahlreichen Raubgrabungen auffallen mußte.

Im Bild der Stadtruine ist Merkes eine Hügelgruppe, die, wenn man einige größere Einbuchtungen und Aussprünge außer acht läßt, ein mit der Längsachse ungefähr nordsüdlich gestelltes Rechteck von etwa 1 km Länge und 400 m Breite bedeckt. Die heutigen Grenzen des Gebietes fallen zum Teil mit wichtigen Einschnitten im alten Stadtplan zusammen. Das gilt namentlich für den Westen, wo die den Verlauf der Prozessionsstraße andeutende Senke den Merkes gegen das westlich anstoßende, heute es-Sachn genannte Gebiet des Peribolos von Etemenanki scheidet. Auch im Norden wird der steile Abfall wohl mit einer Hauptlinie des alten Stadtplanes zusammenfallen. Die Grabung hat hier nur festgestellt, daß die Schichten stark fallen; weshalb das so ist, läßt sich bisher nur vermuten. Im Norden und Westen begleiten die Grenzen die höchsten Erhebungen des Geländes, das mit 13,34 m über dem Nullpunkt des Kasr (mittlerer Grundwasserstand im Jahre 1900) gipfelt. Nach Osten fällt das Gelände sanfter ab und verliert sich ohne scharfe Grenze in die angebaute Ebene an der inneren Stadtmauer, nach Süden geht es ebenfalls in flacheren Wellen in das Gebiet der Ischin aswad über. Wind und Regenwasser haben die Oberfläche geformt und in größere von Rinnsalen durchfurchte Hügelrücken und -gruppen zerlegt, in stärkerem Maße im Norden und Westen, weniger ausgesprochen im Süden und Osten. Überall vermissen wir aber die schroffen Bildungen, wie sie den Ruinenhügeln der Monumentalbauten, Babil und dem Kasr, und in etwas abgeschwächtem Maße dem Amran ibn Ali eigen sind. Daß einige der hauptsächlichsten Einschnitte mit dem Verlauf der alten Straßen zusammenfielen, sollten wir im Laufe der Grabung mehrfach, allerdings nicht immer, erfahren. Im kleinen wurde das Aussehen der Oberfläche durch die früheren Raubgrabungen der Araber beeinflußt, die sich namentlich im Süden durch zahlreiche kleine Gruben und Schutthalden bemerkbar machten, bis durch unsere Grabung die Gestalt der Hügelgruppe weit tiefgehender verändert wurde. Verhältnismäßig wenig Brocken gebrannter Ziegel, hin und wieder ein Bruchstück einer Handmühle aus Basalt, zahlreiche Scherben von Gefäßen und Tonsärgen im staubig-lehmigen und durch Salzaustritt verkrusteten Boden geben der Oberfläche einen ähnlichen Charakter, wie ihn die niedrigen Hügelzüge des Stadtgebietes gegenüber den Palastruinen durchgehend besitzen. Der Pflanzenwuchs ist sehr dürftig, dürftiger noch als auf den anderen Ruinenhügeln der Stadt...

Für die Wahl der Stelle, an der wir mit der Grabung einzusetzen gedachten, war die Vermutung maßgebend, daß die höchsten Punkte des heutigen Geländes auch älteren Erhebungen des Stadtgebietes entsprechen würden und daß wir an solchen Stellen am ehesten erwarten durften, Schichten zu erreichen, die anderwärts unter dem Grundwasserspiegel liegen mußten. So wurde das nordwestliche, auf dem Plan durch die Streifen 25, 26, 27 und 28 bezeichnete Stück ausersehen. Da wir es möglichst umgehen wollten, noch unerforschte und vielleicht für eine spätere Grabung von Wichtigkeit werdende Stellen des Ruinengebietes mit Halden zu belegen, wurde ein Grabungsverfahren in Anwendung gebracht, bei der diese fast ganz vermieden werden konnten. Von p 1 des Planes wurden in den eben genannten Streifen nebeneinander vier gleichlaufende, in einzelne Gruben zerlegte Suchgräben nach Westen gezogen. Jede fertig bearbeitete und bis zum Grundwasser hinabgeteufte Grube konnte den Schutt aus der nächsten aufnehmen. Damit kam zu dem Vorteil, daß kein unausgegrabenes Gelände durch Halden bedeckt wurde, der zweite – wirtschaftliche – der kürzesten Erdbewegung, aber auch der Nachteil, daß die gefundenen Gebäuderuinen nicht stehenbleiben konnten, sondern als Bruchstücke aufgenommen und dann abgebrochen werden mußten. Das erschwerte die Aufnahmen, weil es die Möglichkeit benahm, unmittelbare Messungen zu machen und Nachprüfungen des früher Aufgenommenen vorzunehmen. Für die Schichtenbeobachtung war das Verfahren hingegen günstig, da uns dabei das gleiche Bild in häufiger Wiederholung vor Augen geführt wurde. Das Maß der einzelnen Gruben setzten wir auf 7 m im Quadrat fest. Zwischen zwei Gruben blieb jedesmal ein Erdsteg von 3 m Stärke stehen, der bei der großen Festigkeit des Bodens nach unserer Erfahrung auch dem Druck einer lockeren Erdschüttung von mehr als 10 m Höhe ausgesetzt werden konnte, zumal im unteren Teil der Gruben die Arbeitertreppen den Querschnitt verstärkten. Die Gräben oder Grubenreihen wurden mit Zwischenräumen von 13 m angelegt, die später in Arbeit genommen werden konnten, wenn der Ausfall der Grabung das notwendig machen sollte. Das war der erste Abschnitt der Arbeit, die am 3. Oktober 1907 mit den Gruben 25 p 1, 26 p 1, 27 p 1 und 28 p 1 einsetzte und am 31. Oktober 1908 im wesentlichen abgeschlossen war. Das Ergebnis war neben der Ausbeute an Einzelfunden hauptsächlich der Überblick über die Wohnschichten von der Hammurabi-Zeit bis in die parthische Zeit mit ihren Häusern und Gräbern und damit die Möglichkeit, diese Dinge, die Töpferware usw., zeitlich festlegen zu können.

Die Erkenntnis, daß eine Bebauungsschicht, wie nach Lage der Dinge vorauszusehen war: die neubabylonische, besonders großzügig und gut gebaute Häuser enthielt, leitete zum zweiten Abschnitt der Ausgrabung. Es ließ sich nunmehr mit Sicherheit erwarten, daß nach Freilegung der noch fehlenden Teile ein gutes Stück der Nebukadnezar-Stadt vor unsern Augen stehen und damit eine fühlbare Lücke unserer bisher auf Palast- und Tempelbau beschränkten Kenntnis der neubabylonischen Architektur ausgefüllt werden würde. Von den in Arbeit befindlichen Suchgräben wurde nur der im Planstreifen 26 mit auf 5 m verringerter Breite weiter nach Westen bis zur Prozessionsstraße vorgeschoben und währenddessen die stehengebliebenen Streifen zwischen ihnen bis zur neubabylonischen Schicht bearbeitet. Im April 1909 besaßen wir die vollständigen Grundrisse dreier Häuser, darunter eines sehr großen, und die hauptsächlichsten Teile von vier weiteren mit Stücken der die Häuserblöcke scheidenden Straßen.

Dasselbe Verfahren kam dann im Nordosten des anfänglichen Grabungsfeldes zur Anwendung. Ein Suchgraben im Planstreifen q 2 wurde nach Norden über den Abfall des Merkes-Hügels in die Ebene bis zum Grundwasser durchgeführt und gleichlaufend zu diesem drei weitere Gräben gelegt, die aber nur bis zur neubabylonischen Schicht bearbeitet wurden. Es stellte sich bald heraus, daß sich das nicht über eine gewisse Grenze nach Norden fortsetzen ließ, da die neubabylonische Schicht in 20 und 19 q des Planes unter den Grundwasserspiegel hinabsinkt. Gearbeitet wurde hier vom 1. Mai 1909 bis zum April 1910.

An die zwischen den Häuserblöcken festgestellten Straßen knüpften wir dann im dritten Grabungsabschnitt an und verfolgten die Häuserfronten mit engen Stollen. Auf diese Weise wurde ein beträchtliches Stück des Straßennetzes der Nebukadnezar-Stadt wiedergewonnen. Es war sicher, daß bei dieser Art der Arbeit auch etwa vorhandene öffentliche Bauten gefunden werden mußten. Anfang November 1910 stießen wir auf die Westfront eines Gebäudes, das sich sehr bald durch seine Außengliederung als Tempel zu erkennen gab, und zwar, wie der in situ gefundene Zylinder Nabonids lehrte, als das Heiligtum der Ischtar von Agade. Die völlige Freilegung des Tempels und seiner Umgebung bildete mit der weiteren Verfolgung des Straßennetzes das Ziel der mit verringerter Arbeiterzahl weitergeführten Merkes-Grabung bis zum September 1912.

Die Schichten

Die Grabung auf dem Merkes hat uns in Schichten hinabgeführt, die an keiner anderen Stelle des Ruinengebietes von Babylon erreicht worden sind und die auch zur Zeit auf dem Merkes nicht wieder erreicht werden könnten, es sei denn, dem Ausgräber stünden Motorpumpen zum Absaugen des nachdringenden Grundwassers zur Verfügung. Der Grundwasserstand ist in der Gegenwart wesentlich höher, als er im alten Babylon war, und ist seit der Fertigstellung des Stauwehrs des Hindija-Armes wieder beträchtlich gestiegen. Unsere Grabung fiel gerade in die günstigste Zeit, als der Grundwasserspiegel infolge des jahrelangen, durch den Dammbruch am Hindija verursachten Trockenliegens des Hilla-Armes des Euphrats verhältnismäßig tief stand. Bis in die ältesten Schichten oder gar auf den gewachsenen Boden konnten wir des Grundwassers wegen nicht vordringen, da es in den für die Grabung günstigsten Jahren 1907 bis 1912 in Höhe der Wohnschicht vom Ende des dritten und Anfang des zweiten Jahrtausends stand. Selbstverständlich liegen ältere Schichten darunter, und die Zeugen der vorgeschichtlichen Besiedlung, Feuerstein- und Obsidianwerkzeuge, sind durch Brunnengrabungen alter Zeit oder mit dem Aushub von Lehm zum Zwecke der Ziegelherstellung in die oberen Schichten, ja auf die Oberfläche des Hügels selbst gelangt. Die Tatsache, daß auf dem Merkes allein die Schichten aus dem Anfang des zweiten Jahrtausends über den heutigen Grundwasserspiegel hervorragen, beweist, daß die Siedlung, der sie angehören, zu ihrer Zeit auf einem

Hügel lag, der sich sicher ziemlich hoch über den damaligen Euphratspiegel erhob. Da aber Hügel im Alluvialland nicht natürlichen Ursprungs sind, sondern menschlicher Siedlungstätigkeit ihren Ursprung verdanken, können wir als ziemlich sicher annehmen, daß an der Stelle des Merkes überhaupt das älteste, vorgeschichtliche Babylon liegt. Der Fluß hat in den Jahrtausenden sein Bett beträchtlich aufgehöht und im Hin- und Herwandern auch das Gelände zu seinen Seiten. Er fließt auf einem Damm, den er sich selbst gebaut hat. Damit ist auch das Grundwasser gestiegen, und heute ragt vom Babylon Hammurabis tatsächlich nur die Kuppe, die sich an der Stelle des Merkes erhob, über den Grundwasserspiegel hervor. Durch Tontafeln mit den Daten der Könige der ersten Dynastie von Babylon: Samsuiluna, Ammiditana und Samsuditana waren gleich zu Beginn der Grabung die ältesten erreichbaren Schichten bestimmt. Für die jüngste Schicht der Oberfläche gab die völlige Abwesenheit islamischer und sassanidischer Töpferei die Gewißheit, daß der Merkes zur Partherzeit seine letzte und augenscheinlich ziemlich dürftige Besiedlung erfahren hat. In den rund zwei Jahrtausenden, die die von uns durchschnittenen Schichten umfassen, ist der Boden um 15 m aufgehöht worden – und zwar 15 m im Höchstfall, an anderen Stellen nur um 10 m.

Um zu verstehen, wie eine so gewaltige Anhöhung des Bodens durch menschliche Siedlungstätigkeit entstehen kann, muß man sich den Lebensgang einer babylonischen Stadt vergegenwärtigen. Der Baustoff der Häuser ist Lehm in Gestalt von lufttrockenen Ziegeln, ein Material, das gegenüber Bruch- oder Haustein oder gebrannten Ziegeln eine größere Mauerstärke bedingt und damit eine größere Masse von Schutt beim Zerfall der Häuser ergibt. Die Masse des Lehms, der in diesen steckte, war indessen allein nicht hinreichend, um ein solches Wachstum der Hügel zu verursachen. Wenn man die Bauten auf ihre mutmaßliche Höhe ergänzt und die Menge des in ihnen verbauten Lehmes berechnet, so erreicht man bei weitem nicht die Masse, deren der Hügel zu seinem Wachstum bedurfte. Durch Sandstürme, wie man wohl denken möchte, ist nichts oder doch verschwindend wenig herzugetragen worden. Im Gegenteil: Sturm und Regen haben nach dem Ende der Bewohnung die obersten Schichten weggetragen und in Staubform auf den umgebenden Niederungen abgelagert, im größten Maßstabe nach dem endgültigen Aufhören der Besiedlung nach der Partherzeit, aber auch früher schon, wenn Zeiten der Verödung das Leben unterbrachen. Dann bildeten sich Lager von Scherben und Ziegelbrocken, d. h., die Teile, die der Wind nicht wegtragen und der Regen nicht auflösen konnte, blieben liegen. So ist die Ruine also heute bedeutend niedriger als vor zweitausend Jahren. Erklärt sich das Wachsen des Hügels also nicht aus dem Lehmschutt der verfallenen Häusergenerationen allein, so müssen außerdem Erdmassen hinaufgetragen worden sein. Einen nicht unbeträchtlichen Beitrag zum Aufbau lieferten die Abfallstoffe der langen Reihe von Menschengeschlechtern, die durch Jahrtausende all ihren Kehricht, Asche, Scherben und Unrat jeder Art auf den Straßen und den unbebaut liegenden Stellen ablagerten. So wuchsen namentlich die Straßen in die Höhe. Dadurch waren aber die Anwohner gezwungen, ihre Häuser künstlich aufzuhöhen, sollten deren Höfe und Räume gegenüber den Straßen nicht immer tiefer zu liegen kommen. Das ist eine der Hauptursachen für das Anwachsen des Hügels. Denn die dazu nötigen Erdmassen konnten nicht immer in unmittelbarer Nachbarschaft des Bauplatzes entnommen, sondern mußten sicher oft herzugetragen werden. Vielfach lieferte allerdings der Hügel selbst dazu wie zur Herstellung neuer Ziegel den Stoff, und Neubauten bedeuteten jedenfalls nicht immer einen Zuwachs an Masse. In Zeiten politischen und damit wirtschaftlichen Tiefstandes und wenig dichter Besiedlung ist das Wachstum des Hügels wohl nur ganz langsam vor sich gegangen. Man kann also nicht einfach sagen: Jedes Jahrhundert Besiedlung hat den Hügel um 70 cm wachsen lassen, weil er in zwanzig Jahrhunderten um 14 m höher geworden ist...

Wie man aus dem, was ich oben ausgeführt habe, ersehen kann, liegen die Schichten im allgemeinen nicht säuberlich durch genau bestimmbare Grenzen geschieden übereinander. Solche darf man nur erwarten, wenn ein elementares Ereignis das Leben auf dem Hügel einmal unterbrach, wenn Krieg und Brand die Bauten in Asche legten. Sonst ging das Wachstum dauernd, aber nicht gleichmäßig vor sich. Neue Häuser wurden neben ältere, noch bewohnte gebaut, und über deren Ruinen wieder neue. Die Häuser hatten aber eine ganz verschiedene Lebensdauer, und man braucht nur an eine unserer alten Städte zu denken, wo neben einem gotischen Bau ein Barockhaus steht oder ein ganz modernes Gebäude, um das ganz selbstverständlich zu finden. Anders war es in Babylonien auch nicht, wie uns durch die Grabung auf dem Merkes besonders klar geworden ist. An einigen Stellen sind sich die Bebauungen schneller gefolgt als an anderen. Dort wuchs der Boden naturgemäß rascher in die Höhe als da, wo ein festes altes Haus mehrere Häusergenerationen überlebte und, immer wieder verjüngt, mehrere Jahrhunderte hindurch bewohnt wurde. Eine Kennzeichnung der Häuser ihrem Entstehungszeitalter nach hätte sich im einzelnen also gar nicht durchführen lassen, zumal ein Unterschied in der Bautechnik der verschiedenen Zeiten bis auf gewisse Ausnahmen nicht besteht...

Bei der Bezeichnung der Schichten habe ich für die älteste uns zugänglich gewordene den Ausdruck »Hammurabi-Schicht« gewählt, obwohl die von uns gefundenen Tontafeln, soweit sie bisher untersucht worden sind, nur Herrscher nennen, die nach Hammurabi regiert haben. Mir schien diese Bezeichnung handlicher und einprägsamer als »Schicht der ersten Dynastie von Babel«. Für die nächstjüngere, von der Hammurabi-Schicht durch eine scharfe, nur durch einen gewaltsamen Eingriff in das Leben der Stadt erklärbare Grenze geschiedene Schicht ist die Benennung nach dem herrschenden Volk als »kassitisch« ja längst üblich. Was dann in allmählichem Übergang folgt und die Zeit bis zur Zerstörung der Stadt durch Sanherib umfaßt, habe ich als »mittelbabylonisch-assyrisch« zusammengefaßt. Von einer »assyrischen Schicht« schlechthin zu sprechen, widerstrebt mir, da das den Eindruck erwecken könnte, als sei der assyrische Einfluß im ersten Drittel des ersten Jahrtausends auch kulturell allein maßgebend gewesen. Die »neubabylonische« Schicht setzt mit dem Wiederaufbau Babylons nach der im Schichtenbefund mit aller wünschenswerten Deutlichkeit gekennzeichneten sanheribischen Zerstörung ein. Tontafeln mit Daten des Schamaschschumukin bezeichnen den Beginn einer neuen Besiedlung nach einer Zeit der Verödung. Eine scharfe Grenze der mächtigen neubabylonischen Schicht gegen die »persische« ist nicht vorhanden, wie diese auch ihrerseits in die »seleukidische« und diese wiederum in die »parthische« allmählich hineinwächst...

Das Straßennetz der neubabylonischen Stadt

Der politische Aufstieg Babylons unter Nabupolassar und namentlich Nebukadnezar muß eine geradezu fieberhafte Bautätigkeit in Babylon ausgelöst haben. Die Bevölkerung wuchs sicher nicht nur unter den günstigen wirtschaftlichen Verhältnissen an Zahl – sie wurde auch reicher. Der einzelne beanspruchte mehr Platz zum Wohnen als in den kümmerlichen Jahrhunderten der Assyrerherrschaft. Der Bau der äußeren Stadtmauer ist dafür ebenso ein Beweis wie die Wohnhausbauten der Bürger, die wir durch unsere Grabung auf dem Merkes und nördlich vom Peribolos von Etemenanki kennengelernt haben. Der Merkes wurde – sicher in überraschend kurzer Zeit – dicht mit stattlichen Wohnhäusern besetzt. Die Könige bauten der Ischtar von Agade einen Tempel, und die königlichen Ziegeleien gaben den Baulustigen allem Anschein nach Backsteine zum Pflastern ihrer Häuser ab.

Eine großzügige Neuanlage des Straßennetzes fand indessen nicht statt. Man hielt sich an das, was vorhanden war, und die alten Straßenzüge behielten ihre Geltung. Einige dieser alten Straßen haben wir ja bis in die Zeit der ersten Dynastie nachweisen können. Unbebaut war der Merkes ja auch nicht, als das Baufieber einsetzte, und das unbebaute Gelände sicher nicht herrenlos. Mußten die alten Häuser großartigeren Bauten Platz machen – die Straßenfluchten lagen fest, so wie sie sich im Laufe von zwei Jahrtausenden mit allmählichen kleinen Verschiebungen herausgebildet hatten. Wäre das nicht der Fall gewesen, so wäre Nebukadnezars Babylon wohl eine Schachbrettstadt geworden, eine Vorläuferin der hippodamischen Stadt, wie man Herodots Beschreibung meist verstanden hat und wie es die ägyptischen Königsstädte des Alten Reiches und Dur Scharrukin gewesen sind ...

Die Häuserfronten zeigen als einziges belebendes Element die der neubabylonischen Privatarchitektur eigene Gliederung durch sägezahnförmig vorspringende Mauerzacken. Ursprünglich auf mauertechnischen Voraussetzungen beruhend, werden diese Zacken zweifellos als gliederndes und belebendes Etwas empfunden und auch da angewendet, wo sie aus dem Grundriß nicht oder doch nicht in so großer Zahl bedingt sind. Sie ersetzen im neubabylonischen Wohnhausbau das Rillen- und Stabwerk der Monumentalarchitektur und waren für die Erscheinung des Straßenbildes bestimmend. Ich werde bei der Beschreibung der Häuser noch eingehender darauf zurückkommen.

Nach der Beschreibung des Straßenplanes wendet sich Reuther den einzelnen Bauten zu:

Haus I

Typisch im ganzen wie im einzelnen ist die Plangestaltung des Hauses. Den Kern bildet der rechteckige, nahezu quadratische Hof I 4. An seine Südseite legt sich der große Hauptraum I 5, an drei Seiten von insgesamt sieben kleinen Gemächern umgeben, die in drei getrennte Gruppen zerfallen, jede in sich und mit dem Hauptraum verbunden. Dies war offen-

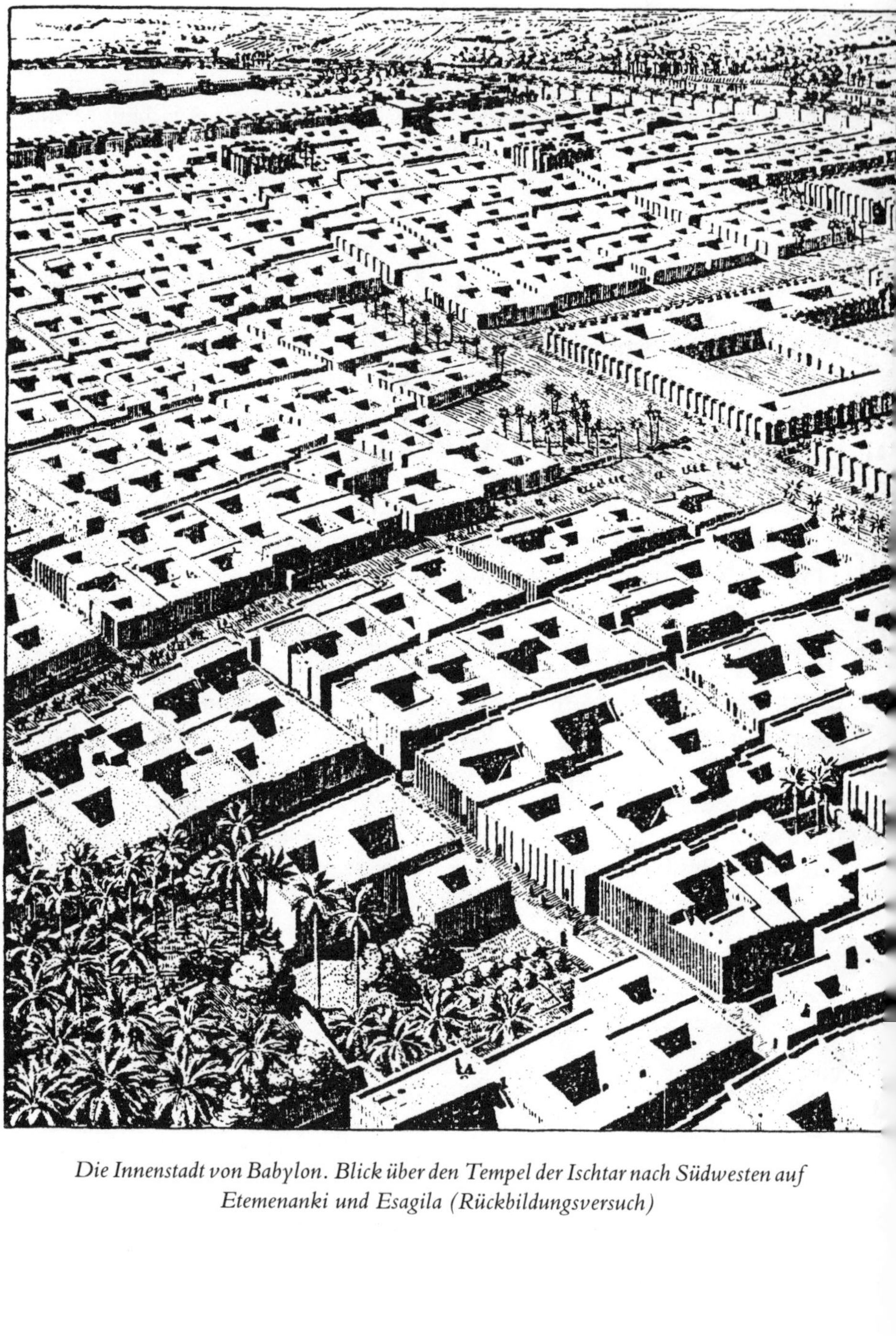

Die Innenstadt von Babylon. Blick über den Tempel der Ischtar nach Südwesten auf Etemenanki und Esagila (Rückbildungsversuch)

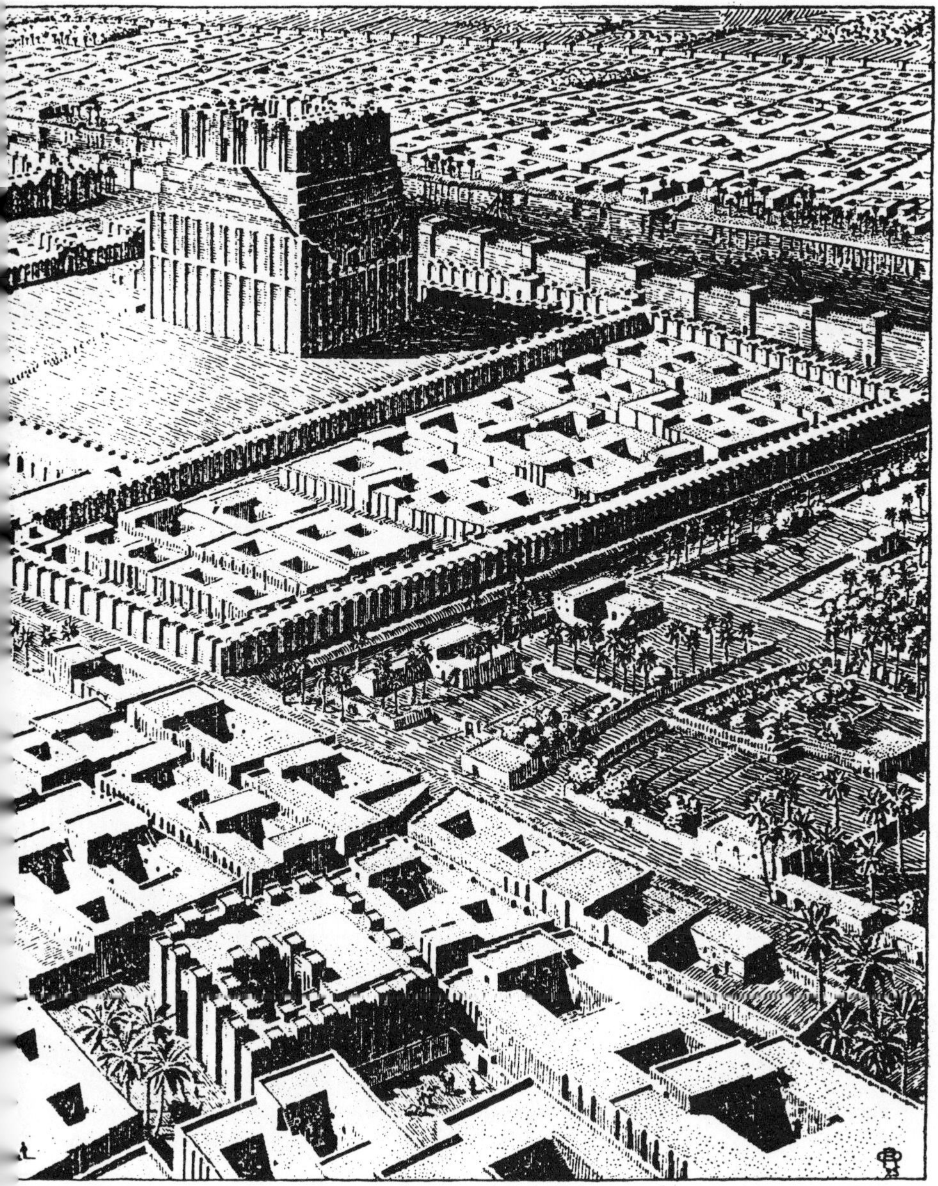

bar der Schwerpunkt der ganzen Anlage. Gegenüber, auf der Nordseite des Hofes, liegt eine gesonderte Gruppe kleinerer Gelasse um den Raum I 16, den man vielleicht als kleinen Nebenhof anzusehen hat. Zwei untereinander verbundene und nur vom Hof aus zugängliche Zimmer I 14 und 15 begrenzen diesen im Westen, und ihnen entspricht ein ebenfalls nur von ihm aus betretbarer Raum im Osten, auf den nach Norden der wiederum in sich geschlossene aus drei Räumen bestehende Eingangstrakt folgt. Die siebzehn oder sechzehn Gemächer, die das Haus umfaßt, sondern sich also in fünf ungleiche, aber selbständige Teile, die nur über den Hof hinweg in Verbindung stehen. Bis auf die drei kleinen Gemächer I 12, I 17 und I 18 ist der Raumtypus stets der gleiche, der quer zum Hof gelagerte und durch Türen in einer Breitseite zugängliche Rechteckraum, der den babylonischen Grundriß in Wohnhaus, Palast und Tempel beherrscht. Weiter sind es noch zwei Dinge, die an dem Grundrißbild auffallen. Einmal die Art der Verbindung der Mauern. Sie kreuzen sich nie, sondern versetzen sich gegeneinander. Man hat den Eindruck, als seien die rechtwinkligen Räume in eine Masse hineingeschnitten, so wie sie gebraucht wurden, und als seien die Mauern das, was von der Masse übrigblieb. Das zweite, was auffällt, sind die Massen der Mauern im Verhältnis zum umbauten Raum. Sie sprechen, stellt man einen der Grundrisse der Hammurabi-Zeit zum Vergleich, im Planbild ganz gewaltig mit und beanspruchen nahezu die Hälfte der bebauten Fläche...

Das »Große Haus« III

Kurz nach dem Beginn der Merkes-Grabung im November 1907 führten uns die Ost-West-Gräben 26 und 27 über ein Gebäude, das sich gegenüber den übrigen von der Grabung festgestellten Ruinen durch größere Mauerstärken und sorgfältige Bauweise auszeichnete. Die zuerst freigelegten Grundrißstreifen ergaben noch keinen klaren Überblick über die Ausdehnung des Baues, doch ließ sich erkennen, daß wir es nicht mit einem Monumentalbau, etwa einem Tempel, zu tun hatten, sondern mit einem Privathause von ungewöhnlichen Abmessungen. Der Schichtenbefund ließ erkennen, daß das Gebäude, wenn nicht aus der Zeit Nebukadnezars selbst, so doch aus der neubabylonischen Periode stammte und somit ein wünschenswertes Objekt für die Erweiterung unserer Kenntnis des Stadtbildes in dieser jüngsten und letzten Glanzzeit Babylons darstellte, für die wir bis dahin nur auf die offizielle Baukunst, die Tempel und

Front des Hauses I nach dem Mittelweg mit der vorgelegten Straßentreppe (Rückbildungsversuch)

Paläste, angewiesen waren. So wurde das Haus III die Veranlassung zur weiteren Ausgrabung der neubabylonischen Schicht auf dem Merkes, der Verfolgung des Straßennetzes und der Entdeckung des Ischtar-Tempels. Im zweiten Grabungsabschnitt 1908 und 1909 wurde der Grundriß in seinen wesentlichen Teilen klargestellt, und kleinere Nachuntersuchungen beantworteten noch offene Einzelfragen so weit, daß er fast vollständig gesichert ist. Da, wie ich schon auseinandergesetzt habe, die früher freigelegten Teile nicht mehr da waren, als der Rest ausgegraben wurde, ließen sich Maße nur in beschränktem Umfang nehmen. Der Grundriß setzt sich zusammen aus den in den verschiedenen Grabungsabschnitten gewonnen Einzelergebnissen.

Das Haus umschließt außer einem großen Haupthof, der allein fast so viel Fläche einnimmt wie die ganze Nordhälfte des Hauses II, noch zwei Nebenhöfe und nicht weniger als zweiundzwanzig Zimmer. Kann man in den Häusern I und II Wohnungen des »guten Mittelstandes« sehen, so gehörten die Besitzer des Hauses III sicher den vornehmen Ständen an. Daß der Bauherr ein einflußreicher Mann gewesen sein muß, erhellt schon daraus, daß er die Eigentümer der im Norden auf der anderen Seite der Straße gelegenen Häuser V und VI anscheinend veranlassen konnte, ihre Straßenfluchten zurückzuziehen und ihre Grundstücke zu verkleinern, nur damit er einen repräsentativen Vorplatz vor der Eingangsfront seines Hauses anlegen konnte.

Gebaut ist das Haus wie alle anderen aus Lehmziegeln und Lehmmörtel mit Schilfzwischenlagen und Holzverankerungen. Aus gebrannten Ziegeln bestehen wie immer die Fußböden, aus deren Behandlung man, je nachdem sie asphaltiert oder ausgegipst sind, Schlüsse auf die Art der Zimmerbenutzung ziehen kann. Aus Backsteinen bestand auch die Regenrinne, die das flache Dach entwässerte, in der Südmauer, d. h. da, wo die größte zusammenhängende Dachfläche lag. Die gemauerte Abfallrinne selbst ist zerstört. Erhalten ist nur ihr Unterbau, der als kubischer, mit Asphalt gemauerter Klotz die ganze Mauerdicke durchsetzt... Das Haus steht auf einer künstlich angeschütteten Terrasse, und zwar auf der Stelle, die in den früheren Perioden fast durchgängig unbebaut geblieben war...

Die drei nach den Straßen gelegenen Fronten des Hauses zeigen in schöner und besonders regelmäßiger Ausbildung die charakteristischen Zacken über der glatt durchgehenden Terrassenmauer. Die das Grundstück begrenzenden Straßenfluchten schneiden sich an der Nordostecke

Haus III von Nordwesten (Rückbildungsversuch)

unter 99° und an der Südostecke unter 84°. Bei der Wahl der allgemeinen Richtung der Innenmauern hat man indessen auf keine der drei Fluchtlinien Rücksicht genommen, sondern eine Annäherung an eine nordsüdliche Orientierung angestrebt, eine Erscheinung, die sich bei fast allen Häusern bemerken läßt. So entstand die größte Abweichung – über 10° – zwischen der Nordsüdachse des Hauses und seiner Ostflucht, und an dieser mußte der Richtungsunterschied durch eine besonders starke Zahnung der Außenfront sichtbar werden. Einen Anblick von höchster Eigenart muß diese über 40 m lange Ostfront mit ihren vierundvierzig Sägezähnen geboten haben. Einen ähnlichen architektonischen Eindruck kann man heute in den Straßen syrischer, irakischer und persischer Städte haben, wo die Obergeschosse der Häuser – gleichfalls zum Zwecke des Richtungsausgleichs – sägezahnartig vorspringen. An einen Zusammenhang wird man dabei nicht denken dürfen, doch sieht man daraus, wie die gleiche Forderung der Rechtwinkligkeit der Innenräume unter den gleichen Bedingungen – bei einem nicht rechtwinklig angelegten Straßennetz – sich einen ähnlichen formalen Ausdruck verschafft...

Emaschdari, der Tempel der Ischtar von Agade

Die inschriftliche Bestätigung, daß es sich bei dem Gebäude um einen Tempel handelte, erhielten wir erst, nachdem die Ausgrabung im wesentlichen beendet war, durch den in situ gefundenen Zylinder Nabonids. Wir waren uns indessen über die Art des Bauwerks sofort im klaren, als im November 1912 beim Suchen der später von uns mit »Weg hinter dem Tempel« bezeichneten Straße die Westfront mit ihren Turmvorsprüngen ausgegraben wurde. Als bald darauf der Kisu und das getürmte Tor an der Südseite ans Licht kamen, waren alle Zweifel behoben.

Der Ischtar-Tempel bildet im Straßennetz der Nebukadnezar-Stadt eine Insula für sich. Allseitig umziehen ihn Straßen, die sich aber längs seiner Nord- und Südfront so verbreitern, daß man auch sagen kann, der Tempel stehe auf einem Platze. Das muß zuzeiten noch stärker hervorgetreten sein, als das im Osten anstoßende Gelände noch nicht völlig zugebaut war, sondern einen Vorplatz mit einem breiten Zugang vom »Mittelweg« bildete. Es ist indessen nicht gelungen, diesen Platz dauernd von der Bebauung freizuhalten. Kleine Hütten und Häuser richteten sich hier ein, die in späterer Zeit namentlich an die Südostecke des Tempels so dicht herantraten, daß nur noch eine schmale Gasse übrigblieb.

Hof und Cellafront des älteren Ischtar-Tempels (Rückbildungsversuch)

In allen baulichen Eigenschaften deckt sich das Gebäude mit den anderen seiner Art, die wir bisher in Babylon gefunden haben. Darüber hat Koldewey im 15. Band dieser Veröffentlichungen bereits ausführlich berichtet...

Vergleicht man den Ischtar-Tempel mit den Wohnhäusern, so fallen diesen gegenüber zunächst die unverhältnismäßig großen Mauerstärken und kleinen Räume auf. Ein babylonischer Tempel ist ein ungleich massiveres bauliches Gebilde als ein Wohnhaus, obwohl auch bei diesem die von Mauern bestandene zur umbauten Fläche wie 7:8 stehen kann. Beim Ischtar-Tempel beträgt dies Verhältnis hingegen nahezu 7:4. Im übrigen glaubt man aber eine Verwandtschaft festzustellen: Beide besitzen den Binnenhof, beiden ist die Querlage des wichtigsten Raumes gemeinsam, beim Wohnhaus des normalerweise auf der Südseite gelegenen Hauptraumes, beim Tempel der im Verhältnis allerdings ungleich kleineren Cella und ihres Vorraumes. Insbesondere scheint beim Ischtar-Tempel die Cellagruppe mit ihrer durchgeführten Dreiteilung der beim Wohnhausgrundriß oft beobachteten Gepflogenheit zu entsprechen, die Hinterräume zu dreien oder in drei Gruppen um den Hauptraum zu legen. Ob ein Zusammenhang zwischen Tempel und Wohnhaus besteht, ob das Haus des Gottes sich aus dem Wohnbau entwickelt hat, möchte ich indessen in Frage stellen. Mir scheint, daß der Tempel auf eine andere Ahnenreihe zurückblickt und daß das Wohnhaus nur in zweiter Linie bei der Entwicklung seines Raumgefüges mitgewirkt hat und sich vornehmlich im Vorhandensein des Binnenhofes zu erkennen gibt.

Reuther gibt nach der eingehenden Beschreibung der Bauten eine Übersicht über die verschiedenen Begräbnisarten, die man nach dem Befund der Ausgrabungen in Babylon angewendet hatte. Die Gräber waren im allgemeinen nicht reich an Beigaben. Doch fand man allerlei Schmuck – Halsketten, Fibeln, Ohrringe, Arm- und Beinspangen –, daneben recht viele Tongefäße, selten jedoch die berühmten Siegel und Siegelzylinder, ebenso selten Waffen, was bei dem friedlichen Charakter der babylonischen Bürger nicht wundernimmt.

Auch außerhalb der Gräber kamen Gegenstände zum Vorschein. Unter den Kleinfunden nehmen die Tontäfelchen den größten Raum ein. Außerdem stießen die Ausgräber auf verschiedene Gefäße, Lampen, Waffen, Schmuckstücke, Rollsiegel, nachchaldäische Münzen und anderes.

1930 erschien, von Friedrich Wetzel *herausgegeben, der Band ›Die Stadtmauern von Babylon‹.*

Als weiteren Band in der Reihe der Veröffentlichungen der Ergebnisse der Ausgrabung von Babylon, bei denen Robert Koldewey nicht mehr mitwirken konnte, lege ich hier »die Stadtmauern von Babylon« vor.

Wenn auch während der Grabung und während der Anfangszeit der Bearbeitung alles mit Koldewey durchgesprochen worden ist, so habe ich doch bei der abschließenden Fertigstellung seinen Rat und seine Mitwirkung sehr schmerzlich vermißt. Ich selbst habe zwar den größeren Teil an Ort und Stelle unter seiner Leitung ausgraben und untersuchen dürfen. Manches aber war schon früher erledigt worden, so daß ich mich für diese Teile der Maueruntersuchung, da gerade Lehmziegelmauern sehr rasch wieder verfallen und verwehen, nur auf die Vorarbeiten anderer Herren stützen konnte.

Einiges, was noch näher untersucht werden sollte, ist durch den vorzeitigen Abbruch der Grabung unerforscht geblieben. Möge es einer besseren Zukunft vorbehalten bleiben, nochmals eine Untersuchung anstellen zu können, um auch an diesem Teile das Lebenswerk Koldeweys, die Erforschung Babylons, zum restlosen Abschluß zu bringen...

Eine Betrachtung der verschiedenen Zeiten und der ganz verschiedenen Stellen der Maueruntersuchung könnte den Anschein erwecken, als ob regel- und systemlos bald hier und dort gegraben worden wäre. Dem ist natürlich nicht so.

Die Grabung mußte stets mit der jeweils zur Verfügung stehenden Zeit rechnen und hatte auch neben den großen Aufgaben, der Freilegung der Burgen, der Untersuchung der Tempel und der Wohnviertel, meist nur eine geringe Arbeiterzahl für die Stadtmaueruntersuchung zur Verfügung. So ist mit Ausnahme der Freigrabung des Ischtar-Tores und einer ausgedehnteren Untersuchung des Nordschenkels der inneren Stadtmauer im Bereiche des Kasr meist nur mit wenig Arbeitern gegraben worden. Die Untersuchung mußte sich auch im allgemeinen mit Kantenforschung entlang der Mauerwände begnügen. Stets wurde dabei nach dem jeweiligen Stande unseres Wissens das zur Zeit wichtigste Problem angegriffen, um soviel als möglich neue Erkenntnis zu erlangen. War dabei an einem Punkte eine gewisse Klarheit erlangt, so wurde an einer anderen Stelle versucht, Bestätigung oder weitere Aufklärung zu erhalten. So erklärt sich das anscheinend regellose Springen vom Nordschenkel zum Ostschenkel usf.

Ferner mußte bei der Grabung an den Stadtmauern auch noch auf die jetzigen Felder- und Wegeverhältnisse Rücksicht genommen werden.

Viele Stellen, so hauptsächlich am Nord- und am Südschenkel der inneren Stadtmauer, sind jetzt bebautes Land. Hier konnte man also nur zu gewissen Jahreszeiten Untersuchungen anstellen, wobei oft genug unsere Suchlöcher rasch wieder eingefüllt werden mußten. Auch die kleinen Bewässerungsrinnen für die Felder waren uns z. B. im Osten oft hinderlich. Die Wege oder besser gesagt die getretenen Pfade verlangten gleichfalls Berücksichtigung. Rote Laternen, um Bauarbeiten anzuzeigen, konnten wir nicht aufstellen. Sie wären ohne genügende Bewachung sofort von einem Liebhaber mitgenommen worden. Das Risiko, daß ein einsamer Wanderer in der Dämmerung in solch ein Suchloch fiel und daß sich daraus unliebsame Forderungen an die Expeditionskasse ergeben hätten, mußten vermieden werden. Ganz besonders störend war dies bei der Untersuchung des nördlichen Tores im Ostschenkel und des Tores im Südschenkel der inneren Stadtmauer. Die Grabung konnte an diesen Stellen nur mit besonderen Schwierigkeiten zu den erreichten Ergebnissen kommen. Es ist gewiß eine sehr lehrreiche Beobachtung, daß die modernen Wege noch jetzt den antiken Mauerzug da kreuzen, wo man einst das Stadtgebiet verließ. Die mächtigen Torbauten ergeben ja durch ihre größere kubische Masse höhere Schutthügel. Verständlich wäre es also, wenn nach Verfall der Tore der Weg sich eine andere Richtung, und sei es auch nur in einem Bogen um die Torruine herum, gesucht hätte. Aber bei beiden Toren führt der moderne Weg genau durch die Torachse. Das ist im ersten Falle der Wagenweg, der das Dorf Kweirisch mit der Bagdad-Hilla-Straße verbindet und, diese kreuzend, zu den östlichen Feldern führt. Im anderen Falle ist es der Weg, der jetzt noch die Wallfahrer von Hilla oder vom Dorfe Dschumdschuma zum Heiligtume des Amran ibn Ali führt. Die Gewohnheit hat sich also als die stärkere Macht erwiesen, und die zweifellos anfänglich hohen Schutthügel sind durch dauerndes Begehen flacher geworden.

Ein anderes Hindernis bildeten moderne Palmenpflanzungen. Sie störten uns bei der Untersuchung der nördlichen Vorstadtmauer, bei den Grabungen an den nördlichen Anschlußstücken der Nabonid-Mauer und der älteren Kaimauern ans Kasr. Jedesmal wurde die Geistlichkeit mobil gemacht, und wir mußten, um Zwistigkeiten zu vermeiden, nachgeben.

Bei der Forschung an den Flußmauern war der jeweilige Grundwasserstand zu beachten. Seit dem Bruche des Hindija-Wehres war von Jahr zu Jahr weniger Wasser den Euphrat herabgekommen. Schließlich brachten nur die Monate nach der Schneeschmelze in den armenischen Bergen noch für kurze Zeit einen spärlichen Wasserlauf im sonst trockenen Flußbett an uns vorbei. Die für das Landvolk immer bedrohlichere Lage hatte für uns den Vorteil, daß im Zusammenhang damit der Grundwasserstand immer stärker sank und etwa im September bis Dezember den tiefsten Stand erreichte. Zu diesen Zeiten mußten wir versuchen, an den alten Wassermauern tief zu kommen. Auch bei der Brückengrabung konnten dann viele Erkenntnisse gewonnen werden.

In einem einleitenden Kapitel über die Baumaterialien heißt es:

Bis zur Zeit Nebukadnezars ist ganz allgemein in Babylon der Lehmziegel das Baumaterial für Mauern, Tempel und Paläste. Nur für die Pflasterung der Höfe, auch der flachen Dächer und Abdeckung der Mauerkrone und für Bauten, die mit Wasser in Berührung kamen – das sind hauptsächlich Fluß- und Grabenmauern, dann die kleineren Entwässerungskanäle und die Dachtraufen –, wird der gebrannte Ziegel verwandt. Ihn bezeichnet Koldewey meist mit Barnstein. Auch der Babylonier unterscheidet stets zwischen ›libittu‹ = Lehmziegel und ›agurru‹ = Barnstein.

Der große Fortschritt zu Nebukadnezars Zeit besteht darin, daß der König auch für die Aufführung seiner Burgen Barnstein verwendet. Aber für die Tempel bleibt wohl aus Überlieferungstreue der Lehmziegel in Verwendung.

Der Lehmziegel hat eine durchaus andere Beschaffenheit seines Materials nötig als der zum Brennen bestimmte Formling. Wird ein Lehmziegel gebrannt, so ergibt das einen gebrannten Lehmziegel, aber keinen Barnstein. Das hängt mit dem verschiedenen Sandgehalt des Rohmaterials zusammen.

Nach genügender Durcharbeitung des mit Wasser vermischten Lehms, dem auch stets etwas Häcksel beigemischt wird, wird das Material in Holzrahmen geformt. Wenn es genügend angezogen hat, wird es auf ausgebreitete Schilfmatten unter sorgfältiger Abwehr der direkten Sonnenbestrahlung langsam getrocknet. Direkte Sonneneinwirkung würde eine zu rasche Austrocknung der Oberfläche und dadurch ein Reißen des Ziegels verursachen. Ob sich in der babylonischen Literatur Angaben über die Bereitung der Lehmziegel finden, weiß ich nicht. Jedenfalls gelten aber hier genau dieselben Bedingungen, die Vitruv im dritten Kapitel seines zweiten Buches über die Baukunst festlegt. Er stellt da die Forderung auf, die Formlinge im Frühling oder im Herbst streichen zu lassen, damit sie langsam ohne Unterbrechung abtrocknen können. Als die weitaus dauerhaftesten werden die bezeichnet, die zwei Jahre vor der Verwendung gestrichen sind, da vor dieser Frist eine innerliche organische Trocknung und Erhärtung nicht einzutreten vermöge.

Das Format der babylonischen Lehmziegel beträgt durchweg 33 bis 34 cm im Quadrat – also etwa Königsfußmaß – bei einer Dicke von 8 bis 12 cm.

Die Barnsteine wurden in Babylon folgendermaßen hergestellt: Nachdem der Formling an der Luft getrocknet ist, wird er in Feldöfen gebrannt. Wie ein babylonischer Ziegelofen beschaffen war, wissen wir nicht. Bei den verschiedenen Ausgrabungen ist noch keiner gefunden worden. Wir werden aber kaum weit fehlgreifen, wenn wir ihn uns ganz ähnlich vorstellen wie die jetzigen arabischen Ziegelbrennöfen. Sie werden in großer Zahl die Stadt umgeben haben. Als Brennmaterial dient jetzt das Gestrüpp und hauptsächlich die ausgegrabenen Wurzeln der Wüstenkräuter. Immerhin bleibt es einigermaßen fraglich, woher bei der Hochkonjunktur des Ziegelbaues unter Nebukadnezar das viele Brennmaterial beschafft worden ist. Die primitive Art der Ziegelöfen erklärt die unterschiedliche Beschaffenheit der Ziegel. Sie äußert sich in der Verschiedenheit der Farbe und Härte und auch darin, daß Ziegel, die allzusehr der Flamme ausgesetzt waren, teilweise verschlackten. Stellenweise ist Verflüssigung eingetreten, und die Ziegelmasse hängt dann in Tropfen herab.

Auch für die gebrannten Backsteine ist der Königsfuß (32 bis 33 cm) das Einheitsmaß. Die Höhe beträgt 8 bis 10 cm.

Als Mörtel wird Lehm verwendet, und zur besseren Verankerung der Mauer gegen ungleichmäßiges Sichsetzen werden entweder in alle Lagerfugen oder meist in Abständen von acht bis zehn Schichten Lagen von gespaltenen und breitgeklopften Schilfrohren oder aus diesem Material geflochtene Matten eingelegt. Diese sind im Mörtel stets noch gut im Abdruck zu erkennen. Sie selbst sind meist zu einer weißlichen Schicht verwest. Als Mörtel für Barnsteinmauern wurde Lehm, Asphalt und bei den späteren Bauten Nebukadnezars Kalk verwendet. Auch dabei finden sich stets Schilf- oder Matteneinlagen. Nur bei den Fluß- und Grabenmauern nahm man ausschließlich Asphalt. Als Herkunftsort des Asphaltes wird wohl hauptsächlich Hit, ein paar Tagereisen oberhalb Babylons am Euphrat, in Betracht kommen. Der Asphalt wurde heißflüssig auf die soeben verlegte Ziegelschicht aufgetragen. Aber die nächsthöhere Ziegelschicht wird nicht unmittelbar darauf gelegt. Es wird vielmehr eine dünne Lage Lehm aufgetragen, und erst darauf kommen die Ziegel der höheren Schicht. Auch hier findet man in gewissen Abständen Zwischenlagen von gespaltenem Schilf oder Matten. Der Asphaltmörtel verkittet also nur die Ziegel der einzelnen Schicht unter sich, bindet sie aber nicht mit der darüberliegenden Schicht.

Als Putz dient ebenfalls Lehmmörtel, der meist in dicken Schichten aufgetragen ist. Vielleicht war darauf eine dünne Schicht Gipsmörtel verstrichen. An den Stadtmauern war davon nichts zu bemerken. Man kann es nur aus anderen Beobachtungen schließen. Die Wassermauern werden schwerlich Verputz gehabt haben. Er wäre doch immer wieder vom Wasser abgefressen worden. Auch Asphaltanstrich ist sicher nicht vorhanden gewesen. Davon hätten sich Spuren erhalten müssen...

Die Lehmziegelmauern sind der Zerstörung durch Wind und Regen anheimgefallen. Fehlt die ständige Überwachung solcher aus Lehmziegeln errichteter Bauten, so reißen die zwar seltenen, aber doch oft heftigen Regengüsse tiefe Furchen in die Wände, und Schuttmassen bilden sich zu beiden Seiten. Der Wind, der ständig gegen den unteren Teil der Mauer Staub in feinerer oder gröberer Beschaffenheit anbläst, höhlt die Mauer aus und bringt sie schließlich zu Fall. Der Teil der Mauer aber, der unter dem Schutt seines eignen Verfalls verborgen liegt, ist geschützt. Niedrige Dämme, die nun nur noch langsam weiter von Wind und Regen abgetragen werden, zeigen den einstigen Verlauf der Mauer an. Nur größere Ereignisse wie z. B. die Verlegung des Euphratlaufes in vorgriechischer Zeit vermögen den Ruinenzustand solcher Lehmziegelmauern stärker zu beeinflussen. So ist die gänzliche Vernichtung der Lehmziegelmauern des Nordschenkels der inneren Stadtmauer zu erklären.

Der Unterschied zwischen dem eigentlichen Lehmziegelmauerwerk und dem Verfallschutt ist an der verschiedenartigen Festigkeit des »Erdreiches« zu erkennen, und der erfahrene Ausgräber und Arbeiter fühlt das schon mit der Hackenspitze. Auch der Pflanzenwuchs macht einen Unterschied. Die eigentliche Mauer ist meist weniger davon bedeckt als der Verfallschutt, so daß man oft schon am Verlauf des Pflanzenwuchses Mauerkanten und Turmvorsprünge erkennen kann. Ferner lassen sich nach Regentagen und bei günstiger Sonnenbeleuchtung manchmal Mauern vom Verfallschutt durch Verschiedenheit der Färbung der Hügeloberfläche unterscheiden und bis in alle Einzelheiten messen – immer vorausgesetzt, daß nicht eine Überlagerung mit späteren Wohnschuttschichten stattgefunden hat.

Die Mauern aus Barnsteinen dagegen haben durch all die Jahrhunderte hindurch schon zu Zeiten des Verfalls und des Niederganges der Stadt und dann ganz besonders seit der gänzlichen Verödung Babylons als Steinbruch gedient. Die Ziegelräuber gingen dabei meist so vor, daß sie im Inneren des Mauerwerkes größere Gruben aushöhlten und nur eine dünne Außenschale gegen das Hereinbrechen der Füllmasse und in Abständen Querversteifungen stehen ließen. War das anstehende Erdreich fest, so ist wohl auch die Barnsteinmauer in der gesamten Breite abgebaut worden. Die entstandenen »Leeren« füllten sich mit dem Ziegelbruch, den man nicht mehr verwerten wollte, und bald ebnete der Wind und der Regen die Gruben wieder völlig ein. So kann es vorkommen, daß von einer Barnsteinmauer, ist sie nur genügend frühzeitig abgebaut worden, jetzt keine Spur mehr an der Oberflächengestaltung zu erkennen ist. Das ist in Babylon der Fall bei fast sämtlichen Graben- und Flußmauern. Sehr oft ist nun besonders in den tiefer gelegenen Schichten die gegen die ursprüngliche Mauer aus Barnsteinen anstoßende Erdmasse in ihrer Form gut erhalten geblieben. Das baldige Wiedereinfüllen der Raubgruben und der dadurch gegebene Schutz der Erdmassen gegen Einwirkung von Wind und Wetter begünstigte die Erhaltung. Die »Erdkanten« oder »Erdabdrücke«, an denen noch manchmal die einzelnen Ziegel und die Fugen zu erkennen sind und an denen auch hie und da noch Reste von Asphalt hafteten, haben uns vielfach geholfen, die Mauerrichtung zu bestimmen und auch öfter Turmecken und dergleichen zu messen gestattet...

Noch seien hier kurz ein paar babylonische Ausdrücke zusammengestellt, die, da sie im Verlaufe der Untersuchung immer wieder verwendet werden, einer Erklärung bedürfen. Der Babylonier bezeichnet die Stadtmauer mit ›duru‹. Die Vormauer nennt er ›schalchu‹. Mit ›karu‹ bezeichnet der Babylonier ausschließlich eine Ufermauer, sei es die eines Grabens, sei es die eines Flusses. Der doppelte Mauerring von Babylon hat für die Hauptmauer, den duru, den Namen Imgur Ellil, und für die Vormauer, den schalchu, den Namen Nimitti Ellil. Früher wurden die beiden Namen gelesen: Imgur Bel und Nimitti Bel, und in dieser Form finden sie sich in der älteren Literatur und also auch in unseren früheren Berichten benutzt.

Der Mauerring der neubabylonischen Zeit

Das Stadtgebiet, das jetzt durch die innere Stadtmauer umschlossen wird, bildet ein etwas verschobenes Viereck. Der Euphrat durchfloß es von Norden nach Süden und teilte die Stadt in eine größere Osthälfte und in eine kleinere Westhälfte. Die Flußrichtung bestimmte die Richtung der Hauptstraßenzüge, die Lage und Richtung des Peribolos von Etemenanki und so fort.

Da die Grabung bisher sich nur mit den östlich des Euphrat gelegenen Ruinen befassen konnte, so beziehen sich die nachfolgenden Ausführungen nur auf die östliche Stadthälfte.

Auf der Landseite umziehen die Stadt zwei Lehmziegelmauern mit einem Zwischenraum von 7,20 m. Die dickere innere – der duru von Babylon, Imgur Ellil – ist 6,50 m stark. Sie hat abwechselnd stärker und schwächer vortretende Kavaliertürme in etwa gleichmäßigen Abständen von 18 bis 19 m. Die äußere dünnere – der schalchu von Babylon, Nimitti Ellil – ist nur 3,70 m stark und trägt ebenfalls, aber gleichmäßige Kavaliertürme in regelmäßigen Abständen. Daß diese beiden Lehmziegelmauern mit den in vielen Inschriften genannten berühmten Mauern von Babylon Imgur Ellil und Nimitti Ellil gleichzusetzen sind, ist fast mit Sicherheit anzunehmen. Bauurkunden in situ freilich sind nirgends der Mauer entnommen worden, die dazu nötige Zerstörung längerer Strekken ist infolge des vorzeitigen Grabungsschlusses unterblieben.

Vor den beiden Lehmmauern liegt ein etwa 20 m breiter Umgang, gestützt durch eine Kaimauer aus Barnsteinen, die die Böschung eines 80 m breiten nassen Grabens bildet. Die Gegenböschung war nicht mit einer Mauer befestigt. Diese Kaimauer stammt nach in situ gefundenen reichlichen Bauziegelinschriften von Nabupolassar. Sie verläuft glatt und ist an den Ecken abgerundet. Die außen daran anstoßende Erneuerungs- und Verstärkungskaimauer stammt nach den Ziegelstempeln von Nebukadnezar. Sie trägt große und in weiten Abständen einseitig nach außen in den Graben stark vortretende Basteien. Diese Basteien erwähnt Nebukadnezar in seinen Bauinschriften: z. B. Langdon Neb. Nr. 9 Kol. I 47: »Seine (des Grabens) Böschung baute ich mit Barnsteinen und Asphalt. ›zarati‹ an der großen Mauer, die wie ein Gebirge unbeweglich ist, stellte ich aus Asphalt und Barnsteinen her.«, und CT XXXIII pl. 14/15 Z. 51; »Ich baute die mächtigen Ufermauern mit ›dimatim azatim‹ (vorspringenden Basteien) in Barnstein und Asphalt ...« Vielleicht war diese Kaimauer aus gebrannten Steinen nur das Fundament für eine Lehmziegelmauer, die natürlich schwächer und niedriger als die beiden Hauptmauern gewesen sein muß. Erhalten hat sich von einer derartigen Mauer nichts.

An der Nordseite vor der Südburg und noch etwas über diese nach Osten hinaus hat Nebukadnezar diese Kaimauer noch einmal weiter nach Norden vorgeschoben.

Die Flußseite der Oststadt war nur durch eine Kaimauer gedeckt. Auch hier stammt die ältere von Nabupolassar und die daran angelehnte Verstärkung von Nebukadnezar. Später wurde auch die Flußseite durch eine richtige Festungsmauer mit abwechselnd stärker und schwächer vortretenden Kavaliertürmen und einem davorgebauten Kai geschützt. Sie wurde dabei gleichzeitig etwas weiter nach Westen zu in den Fluß vorgeschoben. Vielleicht ist auch diese Mauer schon von Nebukadnezar begonnen worden, aber erst durch Nabonid vollendet, wie aus dessen in der Mauer verbauten Ziegeln zu entnehmen ist. Wahrscheinlich reichte sie nach Norden bis zum Hügel Babil und ebenso im Süden über den Graben der inneren Stadt hinweg bis zum Anschluß des Südschenkels der äußeren Stadtmauer an den Euphrat. Sie gehört also strenggenommen nicht mehr zur Befestigung der inneren Stadt, sondern bildete mit der äußeren Stadtmauer, dem »Osthaken«, ein Befestigungswerk. Wir haben uns gewöhnt, sie mit »Nabonid-Mauer« zu benennen.

Im Norden und Westen der Südburg haben die Erweiterungen des Palastes durch Nebukadnezar und dessen mächtige Befestigungsanlagen im Flusse wesentliche Verschiebungen veranlaßt.

Die Flußmauer ist im Gebiete der inneren Stadt fast vollständig erforscht worden. Sie hat viele Pforten, aber nur ein Tor, das im Zuge der Prozessionsstraße auf die Euphratbrücke zuführte: das Brückentor.

In der Südfront ist bisher ein Tor freigelegt worden, doch könnte noch ein zweites in ihr gesessen haben. Im Osten sind zwei Stadttore ausgegraben worden, ein weiteres kann nicht vorhanden gewesen sein. In der Nordfront sitzt das Ischtar-Tor, daneben könnte noch ein zweites vorhanden gewesen sein. Wir haben also sicherlich mindestens vier, möglicherweise sechs Tore in der östlichen Stadthälfte. Dazu tritt das »Brückentor« in der Flußmauer.

Der Süd- und der Ostschenkel auf der Landseite verlaufen in der Idee geradlinig, die kleinen beobachteten Abweichungen können auf Absteck- oder Meßfehlern beruhen. Der nördliche Schenkel ist entlang des Kasr etwas nach Norden herausgedreht. Am Flusse folgte die Kaimauer und später die Nabonid-Festungsmauer naturgemäß dem Flußlaufe; diese Mauern zeigen also eine mehrfach geknickte Linie...

Die Brücke

Als wir bei der Grabung entlang der Kante der Nabonid-Mauer auf ein Tor stießen, fand sich vor dessen westlichem Durchgang Mauerwerk, das seiner anderen Bauart und seines kleineren Ziegelformates wegen nicht zur Toranlage gehören konnte. Es drängte sich sofort die Vermutung auf, wir könnten hier auf die hochberühmte steinerne Brücke gestoßen sein. Denn das Tor lag im Zuge der Prozessionsstraße und führte auf den Euphrat, hier war also die gegebene Lage für den Flußübergang...

Der Euphratlauf der neubabylonischen Zeit liegt jetzt trocken. Dadurch war die Untersuchung der Brückenpfeiler, zumal bei dem ungewöhnlich tiefen Grundwasserstande vom Sommer und Herbst 1910, möglich. Der alte Lauf des Euphrat ist durch unsere Untersuchung der verschiedenen Flußmauern von Nabupolassar, von Nebukadnezar und von Nabonid unzweifelhaft festgelegt; er war aber auch schon vor diesen Untersuchungen ungefähr im Gelände zu erkennen...

Dicht vor diese Landungsanlage in der »Arachtu-Mauer« legt sich der östliche Landpfeiler der Steinbrücke. Er verstärkte die Mauer um etwa 1,65 m und baucht sich im Zuge der Prozessionsstraße in flacher Kurve aus, so daß er 6,60 m an der breitesten Stelle vorgreift. Von seiner Vorderfläche ist im Tordurchgang des späteren Brückentores ein Stück erhalten. Es zeigt die starke Böschung der Wand und ist, da es offenbar nicht zu lange Zeit dem Wasser ausgesetzt war, gut erhalten. Die Strompfeiler der Brücke sind 9 m dick und 21 m lang. Sie stehen 9 m auseinander und sind stark geböscht, 20 cm aufs steigende Meter. Ihre Ziegel haben das kleinere Format (31 zu 31 cm) und keine Stempel, was darauf schließen läßt, daß die Brücke von Nabupolassar oder aus Nebukadnezars Frühzeit stammt... Die Seiten der Pfeiler sind gebogen und laufen vorn in eine Spitze zusammen, die sich gegen den Strom, gegen Norden, wendet. Die Rückseite stellt ebenfalls eine flache Bodenlinie dar. Der Pfeilergrundriß bildet also die Wasserlinie eines Schiffes nach...

Ganz anders gestaltet ist Pfeiler 7, der jenseitige Landpfeiler. Er ist nur etwa 6 m breit. Nach Osten, gegen den Fluß hin, ist seine Grundrißgestalt in den unteren Schichten rechteckig mit scharfen Ecken an den Seitenwänden. Die Wandfläche ist geböscht. In den oberen Schichten hat der

Pfeiler abgerundete Ecken und senkrechte Wände. An der Westseite griff der Mauerklotz ins Erdreich ein. Er zeigt die ungleichmäßige Begrenzung des Mauerwerkes und die schlechten Kanten der Wände. Die Breite dieses Landpfeilers gibt nun wohl auch die Breite der Brückengangbahn, die danach höchstens etwa 5 m gewesen sein wird. Die Strompfeilerlänge von 21 m überschritt also die Breite der Gangbahn beträchtlich. Kann man die erhaltenen Stücke der Strompfeiler in etwa die gleichen Abstände bringen, so ergibt sich zwischen Pfeiler 6 und dem Landpfeiler ein größerer Abstand. Vielleicht lag hier eine Vorrichtung, um die Brücke zeitweilig für den Verkehr zu sperren, etwa in Gestalt eines ausfahrbaren Joches auf einem Boote. Herodots Beschreibung würde damit gut in Einklang zu bringen sein.

Die Breite des Flusses zur neubabylonischen Zeit ergibt sich aus dem Abstand zwischen Brückentor und westlichem Landpfeiler mit 115 m. Das ist geringer als die heutige Flußbreite bei Babylon, die sich zwischen 150 m und 200 m bewegt. In alter Zeit floß eben weniger Wasser an Babylon vorbei, da die vielen Kanäle beträchtliche Mengen ableiteten.

Im Kapitel »Schlußbetrachtung« lesen wir:

In den allerältesten Zeiten scheint das jetzige Babylon aus zwei getrennten Teilen bestanden zu haben. Im Süden lag das Marduk-Heiligtum Etemenanki, der Turm, erst alte Wohnburg, dann Götterberg, umgeben von einer »Stadtmauer«, etwa von der Größe des Temenos von Etemenanki. Dazu trat dann Esagila als Erscheinungstempel, der im weiteren Verlauf immer mehr in den Vordergrund rückt, als der Turm exklusiv priesterlich wurde. Das Heiligtum muß offenbar im Süden und Osten durch unzugängliche Gebiete, im Westen durch den Euphrat für genügend geschützt gegen feindliche Angriffe erachtet worden sein. Der eigentliche Zugang zu diesem babylonischen Haupttheiligtume war nur von Norden her möglich, etwa im Zuge der jetzigen Prozessionsstraße. Zum Schutze dieses Zuganges diente die im Gebiet der jetzigen Südburg befindliche Niederlassung. Die Örtlichkeit wird in den Inschriften als »irsit babil« bezeichnet, und ihre Befestigung umschloß die eigentliche Königsburg im Westen unmittelbar am Euphrat und das damals noch nicht von der Burg eingenommene Gelände zwischen ihr und der Prozessionsstraße und dem Ninmach-Tempel.

Die Erinnerung an diesen früheren Zustand hat sich durch alle Zeiten erhalten, so daß z. B. Asarhaddon in seinen Ziegelstempeln berichtet, er habe Babylon und Esagila neu erbaut ...

Ansicht des Südschenkels der inneren Stadtmauer (Rekonstruktion)

Sehr frühzeitig dehnte sich dann das Stadtgebiet nach Osten zu aus, die jetzt als Merkes und Ischin aswad bezeichneten Gebiete traten hinzu, und all dies wurde durch einen gemeinsamen Mauerring zu einer einheitlichen Befestigungsanlage zusammengeschlossen. Wann dies geschah, ist zur Zeit noch unbekannt. Darüber Aufklärung zu erhalten, ist möglich, wenn eine spätere Untersuchung an den Stadtmauern tiefer graben kann, als es uns der damalige Grundwasserstand erlaubte.

Auch die kurze Notiz Adadapaliddins (1083–1062) über Arbeiten an der Mauer bringt uns zunächst nicht weiter. Waren aber bisher erst seit Asarhaddons Restaurationsarbeiten an den Stadtmauern von Babylon (678 oder 677) die Namen Imgur Ellil und Nimitti Ellil für den doppelten Mauerzug bekannt, so wird jetzt für den duru der Name Imgur Ellil bereits vierhundert Jahre früher bezeugt.

Durch die Grabung ist ja überhaupt eine Reihe topographischer Fragen endgültig beantwortet worden, die früher lebhaft umstritten waren. Die Ausdehnung der Stadt hatte durch die übertreibenden Berichte der griechischen Schriftsteller und durch die anscheinend diese Berichte bestätigenden Ergebnisse der französischen Expedition und Opperts Bericht hierüber phantastische Ausmaße fälschlicherweise bekommen.

Jetzt kennen wir die innere Stadt Babylon mit ihrem dreifachen Mauerring, den doppelten Lehmmauern (duru Imgur Ellil und schalchu Nimitti Ellil) und der Grabenmauer (kar agurri). Vier der zu dieser großartigen Festungsanlage gehörigen Tore sind bestimmt worden, und von einem kennen wir den Namen: dem Ischtar-Tor, dem Tor der Semiramis Herodots. Ferner sind die Flußmauern erforscht, und dadurch ist eine weitere vielumstrittene Frage endgültig gelöst worden, nämlich die nach der Lage und dem Verlaufe des Arachtu. Die Kaimauer des Arachtu ist auf eine große Länge ausgegraben worden und durch die vielen Inschriftziegel in ihr ein Zweifel an der Gleichsetzung nicht mehr möglich. Der Arachtu floß westlich der Königsburg, dann westlich entlang des Peribolos von Etemenanki und westlich des Hauptheiligtums von Babylon Esagila. Seine Gleichsetzung mit dem Euphrat ist dadurch zur Gewißheit erhoben.

Ganz besonders wichtig aber ist die Auffindung und Untersuchung der Brücke, der ältesten Steinbrücke der Welt, soviel wir bisher wissen. Gewiß erklärt die Tatsache, daß es etwas ganz Ungewöhnliches war, mit Steinpfeilern im Strombett zu bauen, auch den etwas sonderbaren Ausdruck in den Keilschrifttexten: ›makat abarti Purati‹, Pfeiler des Überschreitens des Euphrats statt des sonst gebräuchlichen Ausdrucks für Brücke ›titurru‹, mit dem man eben wohl immer den Gedanken an eine Schiffbrücke verband. (Oder Brücke auf Holzjochen?)

Wir wissen nun, wie Nebukadnezars ungeheurer Bauwille die Grenzen der Königsburg, der Zitadelle der Stadt Babylon, immer weiter vorschob, den Rahmen des »irsit Babil« sprengte und über die innere Stadtmauer nach Norden hinausgriff. So saß wie vor ihm in Dur Scharrukin (Chorsabad) die Zitadelle rittlings auf der Linie der Stadtmauer. Der Zugang zum Ischtar-Tor wurde zwischen Hauptburg und den östlichen Ausfallvorwerken zu einem schwer passierbaren Hohlwege.

Die Macht des Königtums vermehrte den Volksreichtum der Stadt. Daher sprengten die bürgerlichen Ansiedelungen den Rahmen der inneren Festungslinie, und Vorstadtsiedelungen größeren Umfanges entstehen. Auch sie sucht Nebukadnezar in das Befestigungswerk einzuziehen. Die Vorstadtmauer in den nördlichen Gärten ist wohl der Rest dieser Umwallung einer Vorstadtsiedelung.

Aber die Sorge, seine Stadt unangreifbar zu machen, »Schlachtensturm von Imgur Ellil fernzuhalten«, treibt den König zu immer umfassenderen Maßnahmen. Der »Osthaken« legt davon Zeugnis ab. All die gewaltigen Festungsanlagen erregten die Bewunderung der Alten Welt. Ihr Ruhm wuchs mit der Entfernung, so daß auch gewaltige Übertreibungen der Maße geglaubt wurden, ja so fest im Gedächtnis der Menschen durch die fortwährende Wiederholung sich einprägten, daß kein Zweifel an ihnen laut wurde durch all die Jahrhunderte.

Vor unserer Grabung machte große Schwierigkeit die Ausdeutung der literarischen Angaben, insbesondere die Unstimmigkeit zwischen keilinschriftlichen Berichten und den Erzählungen der griechischen Schriftsteller, weil man die Möglichkeit einer starken Verschiebung des Euphratlaufes nicht erkannt hatte, jedenfalls nicht in Betracht zog. Jetzt liegen ja die Ruinen der zwei Königsschlösser Babil und Kasr beide auf dem östlichen Ufer des Flusses, wie in Nebukadnezars Tagen. Aber zwischen der neubabylonischen Zeit und jetzt liegt eine Periode, nämlich die Zeit der persischen und griechischen Könige, wo der Fluß ganz wesentlich sein Bett verändert hatte, wo er zwischen Babil und Kasr stark nach Osten ausbog und dann die Ost- und Südseite des Kasr mehr oder weniger unmittelbar bespülte. Der Durchbruch des Euphrat durch die Kaimauer muß südlich von Babil erfolgt sein, da Babil nie auf dem westlichen Euphratufer gelegen haben kann, es müßte sonst die in dieser

Beziehung gut erhaltene »äußere Stadtmauer« die Durchbruchstelle aufweisen.

Man wird nicht erwarten dürfen, daß die Grabung überall den Verlauf des Flusses in persisch-griechischer Zeit hat feststellen können. Viele Gebiete, die dafür in Frage kämen, sind ja von der Grabung noch gar nicht in Angriff genommen worden. Aber der ungefähre Verlauf ist doch gut bestimmbar. Der Fluß hatte zwischen Babil und Kasr die Nabonid-Kaimauer durchbrochen, dann vielleicht auch viel von den Mauern der nördlichen Vorstadt vernichtet. Sicher ist dies bei der östlichen Strecke des Nordschenkels von Imgur Ellil und Nimitti Ellil. Südlich des Kasr wandte sich der Euphrat wieder westlich, um in sein altes Bett einzumünden. Alexander der Große wollte ja Etemenanki wieder aufbauen und ließ zunächst den ungeheuren Schutt abkarren. Der Schutt liegt in der Hügelgruppe Homera am Ostschenkel der inneren Stadtmauer. Den Beweis dafür möge man bei Koldewey im »wieder erstehenden Babylon« S. 299 bis 301 nachlesen. Die Ablagerung des Schuttes gerade hier gibt ebenfalls einen Anhalt für den Verlauf des Flusses. Eine Betrachtung des Geländes bei günstigem Stande der Vegetation läßt die ungefähren Ufer des hier wohl ziemlich breiten und mehr seenmäßigen Wasserlaufes gut erkennen, eine Beobachtung, die W. Andrae erst bei seinem letzten Besuche in Babylon 1926/27 nachgeprüft und bestätigt hat.

So wird es verständlich, daß Herodot, Ktesias und die anderen griechischen Schriftsteller alle von zwei königlichen Palästen, die auf verschiedenen Seiten des Flusses lagen, sprechen...

Im eigentlichen Babylonien war vor unserer Ausgrabung fast nichts über Festungsbau bekannt. Und nun die Fülle neuer Erkenntnis! Koldewey war sich der Wichtigkeit dieser topographischen und baugeschichtlichen Untersuchungen ganz bewußt und hat sie, obwohl die Ausbeute an Kleinfunden und Schriftwerk naturgemäß gering war, neben den großen Aufgaben der Untersuchung der Königsschlösser, der Tempel, des Stadtgebietes, ständig gefördert und auch trotz mancher Widerstände verfolgt. Hoffen wir, daß die bisher noch ungeklärten Punkte einmal durch eine Nachuntersuchung erforscht werden können, um das Lebenswerk dieses so zähen Forschers zu vollenden.

1931 und 1932 kamen, vom selben Herausgeber betreut, die beiden Bände ›Die Königsburgen von Babylon‹ heraus (Band I: ›Die Südburg‹; Band 2: ›Die Hauptburg und der Sommerpalast Nebukadnezars im Hügel Babil‹).

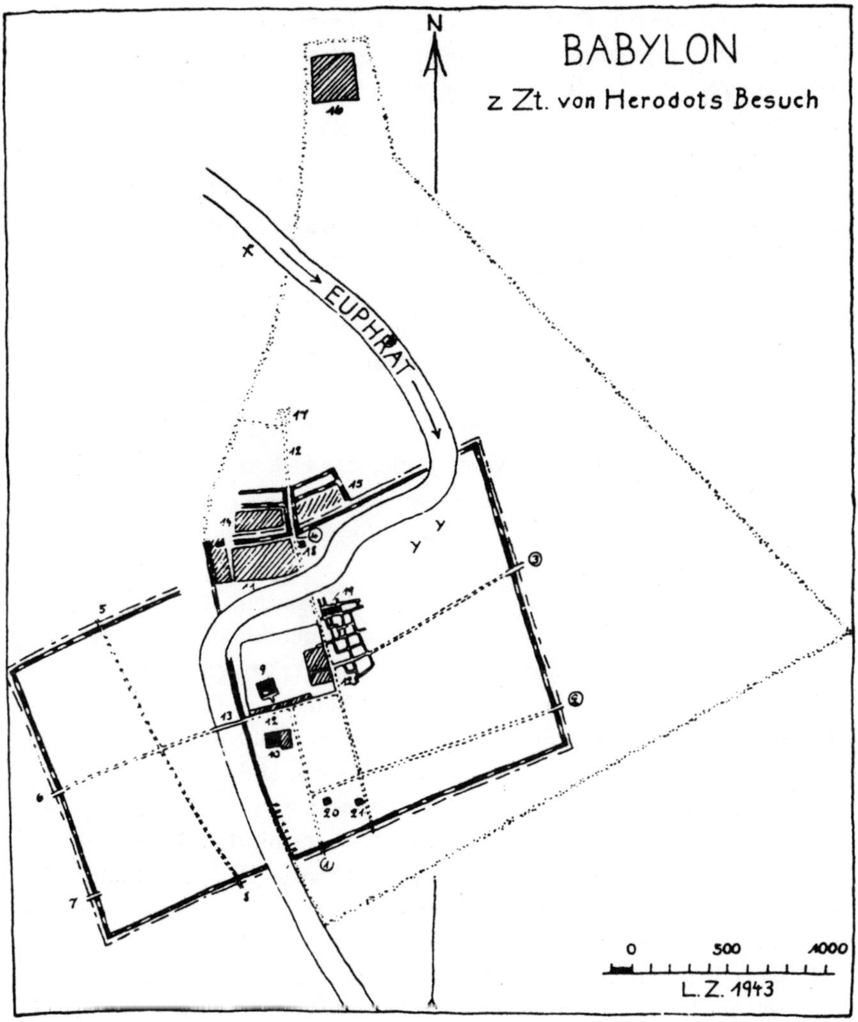

1. Urasch-Tor – 2. Zababa- oder Ninurta-Tor – 3. Gischschu- oder Marduk-Tor – 4. Ischtar-Tor (zu Herodots Zeit Semiramis-Tor) – 5. Enlil-Tor – 6. Sin-Tor (Nannar-Tor) – 7. Adad-Tor (Akuber-Tor) – 8. Schamasch-Tor – 9. Etemenanki-Zikurrat – 10. Esangila-Tieftempel – 11. Kasr-Südburg – 12. Prozessions-Straße – 13. Euphrat-Brücke – 14. Kasr-Hauptburg – 15. Östliches Vorwerk – 16. Babil – 17. Neujahrs-Festhaus – 18. Ninmach-Tempel – 19. Ischtar-Tempel – 20. Tempel Z – 21. Ninib- oder Ninurta-Tempel

Robert Koldewey ist am 4. Februar 1925 von uns gegangen. Bis in die letzten Tage seines langen und schweren, mit standhafter Geduld ertragenen Leidens hat er an der Auswertung der Grabungsergebnisse gearbeitet. So war bei seinem Tode das Manuskript über die Königsburgen in Babylon fast vollständig abgeschlossen...

Der Text und die Zeichnungen von Koldeweys Hand zeigen noch einmal seine vorbildliche Schärfe in der Beobachtung der Tatsachen und sein feinwägendes Gefühl in der Würdigung des Überlieferten. Seine künstlerische Anschauungs- und Gestaltungskraft hat das Bild von der Königsburg, der größten Weltstadt des Altertums, vor unsern Augen wieder neu erstehen lassen und die toten Ruinen zu neuem Leben erweckt.

Der Band erscheint zu der Zeit, wo in den Neubauten der Staatlichen Museen in Berlin die Prozessionsstraße, das Ischtar-Tor und Teile der Außenwand des Thronsaales in Originalgröße und mit den wieder zusammengefügten alten Ziegelsteinen in ihrer unerhört farbigen Leuchtkraft wiedererstanden sind...

Den Namen der »Südburg« haben wir, um eine einfache Bezeichnung der Örtlichkeit zu schaffen, gleich zu Anfang der Ausgrabungen demjenigen Teile des Kasr gegeben, der südlich einer kräftigen, die Gesamtruine von Ost nach West durchschneidenden Senke lag. Letztere barg, wie sich später herausstellte, die Ruine der inneren Stadtmauer, Imgur Ellil und Nimitti Ellil, die hier, von Osten her kommend, endigte.

Die Ausgrabung hat dann weiter ergeben, daß in der Tat die Südburg den südlichen Teil des großen Palastes darstellt, mit dem Nebukadnezar im Laufe seiner Regierung schließlich das ganze Kasr überbaute. Die Südburg ist der ältere Teil dieser Gesamtbauten, die von den Griechen dann später als Akropolis bezeichnet wurden...

Es ist wahrscheinlich, daß der Palast des Königs von Babylon von jeher an dieser Stelle gestanden hat, und es wird eine reizvolle Aufgabe für eine zukünftige Ausgrabung sein, die ja wiederum mit erweiterten technischen Hilfsmitteln wird rechnen können, hier in größerer Tiefe, als die uns das vordringende Grundwasser gestattete, die Paläste der alten babylonischen Könige, einen unter dem anderen, wieder aufzudecken bis auf die Zeiten Hammurabis.

Das Älteste, was wir hier ans Licht bringen konnten, geht allerdings nur bis auf den Assyrer Sargon (709–705). Von ihm stammt an der Nordwestecke die Mauerecke mit dem runden Turm, eine Kaimauer, innerhalb der damals Imgur Ellil und Nimitti Ellil lagen. An den Turm setzen die in mehreren Bauperioden jedesmal etwas weiter in den Fluß vorgeschobenen Kaimauern Nabupolassars (625–604) an, die er hier als Ufermauern des Arachtu nach Süden zu abführte. Sie ergeben die Grenze, über die hinaus nach Westen der Palast Nabupolassars nicht reichen konnte, der den Ausgang für die großen Neubauten Nebukadnezars (604–562) abgegeben hat. Er reichte im Osten bis zu der von Nord nach Süden durch die Südburg hindurch laufende Straße. Erhalten sind davon wahrscheinlich die Fundamente, auf denen ursprünglich Lehmziegelmauern standen. Der Platz östlich vor dem Palaste war von einem Zingel *(Burgmauer, Peribolos)* umgeben, von dem sich an der Ostfront zwei Stücke, das eine mit dem »Bogentor«, erhalten haben.

Nebukadnezar erneuerte zunächst den Palast seines Vaters, indem er die Lehmziegelmauern durch solche aus gebrannten Ziegeln ersetzte. Zudem wurde der Zingel ausgebessert und gegen Westen bis zum Anschluß an die zu derselben Zeit errichtete jüngere Grabenmauer, die sogenannte »Grabenmauer Imgur Ellils«, verlängert. Das alles geschah noch auf der Geländehöhe des alten Palastes.

Darauf setzte die große Erweiterung des Palastes ein, dessen Fußboden zugleich auf eine größere Höhe gebracht wurde, was wiederum eine Erhöhung und Überbauung des Zingels bedingte. Das geschah in mehreren aufeinanderfolgenden Bauabschnitten.

Zuerst wurde der große, östlich vom alten Palaste gelegene, vom Zingel umschlossene Platz, ›irsiti Babili‹, der bis dahin entweder frei oder nur mit Einzelgebäuden geringerer Ausdehnung besetzt war, nach einem groß angelegten einheitlichen Plane vollkommen ausgebaut. Die Verbindung dieses neuen Teils mit dem alten wurde vorläufig durch Rampen bewerkstelligt, die von der neuen Geländehöhe im Osten zu der alten im Westen hinabführten.

Nachdem dann dieser neue Palastteil fertiggestellt und in Benutzung genommen war, wurde auch der alte Palast auf die neue Höhe gebracht und nach Westen erweitert bis zu der jetzigen Palastgrenze. Zwischen ihm und der jüngeren Grabenmauer Imgur Ellils verblieb ein leerer Raum, der vielleicht mit Gartenanlagen gefüllt war.

Von ziemlich durchgreifenden Erneuerungsarbeiten Neriglissars (559–556) zeugen Reste der höher gelegenen Palastteile im Westen.

Nabonid (555–539) legte einen neuen Plattenfußboden in den östlichen Höfen, dessen Reste erhalten sind und welche beweisen, daß bis dahin die Höhenverhältnisse des ganzen Baus im wesentlichen sich nicht geändert hatten.

Auch das letzte bedeutende Gebäude, ein Marmorbau mit persischen Säulen, den vielleicht Artaxerxes II. (404–359) errichtet hatte, steht auf derselben allgemeinen Geländehöhe in dem Zwischenraum zwischen dem Palast und der jüngeren Grabenmauer Imgur Ellils.

In parthisch-sassanidischer Zeit diente der große »Haupthof« als stark benutzter Begräbnisplatz...

Der Palast der Südburg
Allgemeines

Der Palast der Südburg stellt sich als ein ins Riesenhafte vergrößertes Wohnhaus dar. Zu einem babylonischen Haus gehört notwendig der Hof, der Hauptraum oder Saal an seiner Südseite und Nebenräume um diesen und um den Hof herum. Eine Vergrößerung kann bis zu einem gewissen Grade durch räumliche Erweiterung des Hofes und des Saales erfolgen und durch Auswachsen der Nebenräume zu besonderen Häusern, die wieder ihre eigenen Höfe haben, darüber hinaus durch Vermehrung der Höfe, gewissermaßen durch Aneinanderreihen von solchen, bisweilen vergrößerten Einzelhäusern.

Das alles zeigt sich sehr klar am Palastgrundriß. Es sind fünf große Höfe geschaffen: der Osthof, der Mittelhof, der Haupthof, der Westhof und der Anbauhof. An diesen liegt jedesmal im Süden der große Saal, im Osthof zwei kleinere, im Haupthof der gewaltige Thronsaal, im Anbauhof, der der späteste in der Baufolge ist, der komplizierte Saal der entwickelteren Raumkunst. Die Nebenräume sind zu einzelnen Häusern zusammengefaßt, die von Gassen aus, jedes einzelne für sich, zugänglich gemacht sind. Jedes dieser Einzelhäuser hat wieder sein Höfchen mit dem Saal im Süden, und dazu die nötigen Nebenräume. Sie entsprechen vollkommen den gewöhnlichen Häusergrundrissen im Merkes. Eindrucksvoll tritt dabei das Typische und damit der starke Gegensatz zu anderen, westlichen, namentlich griechischen Hausgrundrissen hervor, wie sie z. B. in Priene auftreten. In Priene liegt immer der Langraum des Oecus im Norden eines sekundären Hofes, d. h. eines Hofes, der sich im Laufe der Entwicklung aus dem Zusammentreten von Nebenräumen oder dem Abschluß gegen das Nachbargrundstück erst gebildet hat, in Babylon immer der Querraum im Süden eines primären Hofes, also eines

Rekonstruktion des Perserbaus

von Anfang an umschlossenen Hofes, in welchem ursprünglich der Querraum allein lag und der im Laufe der Entwicklung durch Hinzutreten von Nebenräumen sich verkleinerte. Denn darin liegt das eigentlich Trennende bei diesen beiden Grundrißarten, daß das babylonische Haus ursprünglich nichts war als ein ummauerter Hof für das Vieh mit einem Querraum darin für den Besitzer. Dieser Urgrundriß ist allerdings bisher nirgends erhalten aufgefunden, und selbst die alten prähistorischen Grundrisse in Fara oder El Hibba zeigen schon entwickeltere Formen. Aber man kann darauf schließen aus den mit größerer Pietät und Beharrlichkeit bewahrten altertümlichen Anordnungen bei den babylonischen Tempeln einerseits und auf der anderen Seite aus der Verwendung dieser Urhausform bei den heutigen Arabern dieser Gegenden.

Nur einige von den Einzelhäusern, wie 2, 23, 24 u. a., sind in sich vollständig abgeschlossen, die meisten durch Türen gruppenweise miteinander verbunden, so z. B. die ganze Reihe im Süden des alten Palastes: 40, 41, 42 und 43.

Die großen Höfe sind durch monumentale Toranlagen miteinander verbunden, deren drei östliche vor den beiden westlichen außerdem durch Schmucktürme ausgezeichnet sind. Der Hauptzugang liegt im Osten von der Prozessionsstraße her. Größere Zugänge waren außerdem für den Anbauhof von Westen her durch einen besonderen Torturm angeordnet und für den Mittelhof von Norden her, wo durch die westlichen Pforten in der inneren Stadtmauer die Verbindung mit der »Hauptburg« erfolgte. Kleinere Pforten führen im Norden sechs, im Osten drei, im Süden zwei und im Westen noch eine in den Palast. Die übrigen sechs kleinen Durchlässe im Süden sind nur für Wasserabflüsse bestimmt gewesen.

Durch die glatt durchlaufende Ostmauer des alten Palastes ist die östliche, amtliche Hälfte der Anlage von der westlichen, privaten, getrennt. Innerhalb der ersteren steigert sich die Größe der Einzelheiten vom Osthof bis zum Haupthof, wo die dem Mitteleingang gegenüberliegende Wandnische den gewaltigen, 52 m langen und 17 m breiten Saal als Thronsaal deutlich genug bezeichnet. Seine Hoffront war mit einer Reihe ornamentaler Palmen oder Säulen mit Volutenkapitellen in bunten Emailziegeln verziert, unten schritten bunt reliefierte Löwen. Auch im Mittel- und Osthof waren die Tortürme mit derartigen Löwen ausgestattet.

Hinter dem Saal liegen einfache, aber große Räumlichkeiten, die bei dessen Benutzung als Voraufenthalt zur Geltung kamen: Der König von seiner westlichen Wohnung her und der Erste des Reiches von seiner östlichen hatten hierzu unmittelbaren Zutritt. Der Saal im Mittelhof, kleiner als der Thronsaal, aber immer noch stattlich, gehörte gewiß diesem Stellvertreter des Königs, Großvezir oder wie man ihn benennen will, mit dessen dahinter liegender Privatwohnung er in unmittelbarer Verbindung stand. Neben dem Saal liegen ein paar große Zimmer, die mit dem Torraum zwischen Ost- und Mittelhof zusammenhingen. Hier spielten sich wohl die großen Staatsgeschäfte des Reiches einschließlich der Gerichtsbarkeit ab; es war die eigentliche »Hohe Pforte« des babylonischen Reiches. Staatsgeschäfte intimerer, vielleicht weniger umfangreicher Art mögen sich in dem Nebenraum des Tores zwischen Mittel- und Haupthof abgespielt haben, der zwischen dem König und seinem Statthalter lag.

Die beiden Säle im Osthof sind bedeutend kleiner, die dahinter liegenden Wohnungen schmächtiger. Die Geschäfte, die schon hier, im ersten

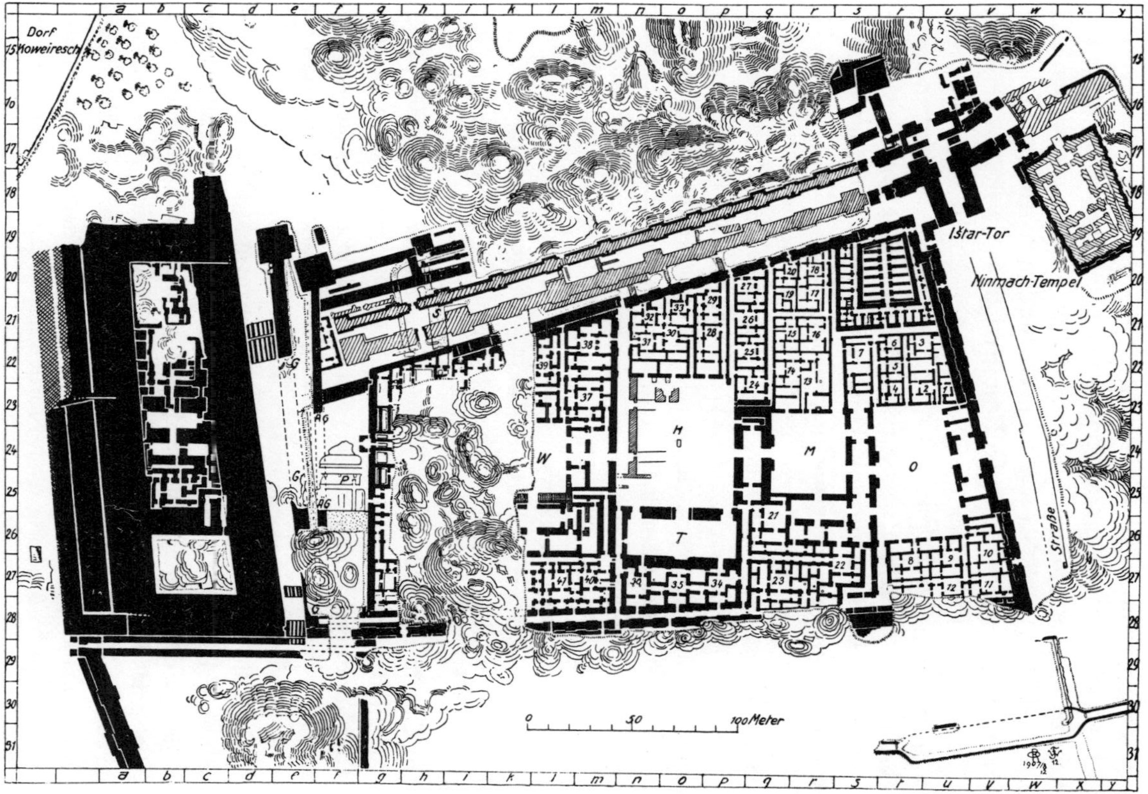

Gesamtplan der Südburg

Hof, von diesen Beamten erledigt werden konnten, waren offenbar von geringerer Bedeutung. An der Nordseite dieses ersten Hofes öffnen sich nur die Eingänge zu den Gassen für die kleinen dort liegenden Häuser.

Im Mittelhof läßt die breite Straße zum Gewölbebau auf den regen Verkehr in dieser Richtung schließen. Dort wurden die zahlreichen kleineren Geschäfte der Reichsverwaltung erledigt, an denen eine große Zahl außerhalb des Palastes wohnender Beamten beteiligt war. Nur die in den kleinen Häusern im Norden des Osthofes wohnenden hatten nahe Verbindung mit dem Gewölbebau.

Nördlich am Mittelhof liegen zwei, am Haupthof drei gleichmäßig große Räume, die nicht nur vom Hofe, sondern auch von den dahinter liegenden Wohnungen aus erreichbar sind.

Der westliche, private Palastteil wird nicht nur, wie schon gesagt, durch die gerade durchlaufende Trennungsmauer räumlich von dem offiziellen Teil geschieden, sondern zeigt, wie man auf den ersten Blick wahrnimmt, auch innerlich eine große Verschiedenheit in der Anordnung und Gestalt der Räumlichkeiten. Er teilt sich in die zwei Teile am »Westhof« und am »Anbauhof«. Jeder der beiden großen Saalbauten hat ein Hinterzimmer und auf jeder Schmalseite ein Nebenzimmer, der Anbausaal noch dazu einen ebenso großen Vordersaal, der sich in besonders prächtigem Bogen von 11 m Spannweite gegen den Hof zu öffnet. Es fragt sich, wie man diese Gleichheiten und diese Unterschiede deuten darf.

Man könnte an Winter- und Sommerhaus denken, wie es der König von Schamal hatte (Koldewey, Architektur von Sendschirli, S. 168). Aber der Sommerpalast des Königs war, wie ich an anderer Stelle glaubhaft machen werde, auf dem Hügel Babil. Ich glaube vielmehr, und das Folgende wird meine Ansicht stützen, daß es sich um die Wohnung des Königs und die der Königin handelt. Hinter beiden Saalbauten liegt eine Reihe von sechs, fast schablonenhaft gleichartig ausgebildeten Häusern, 40 bis 45, von denen jeder Saal, wie die beiden Hauptsäle, sein Hinterzimmer hat. Jedes Haus, mit Ausnahme von 44?, hat einen Ausgang nach Süden zu dem Zwischenraum an dem Zingel, der Gasse an der Burgmauer, von wo man durch die Mauerpforte im Turm I nach außen gelangen konnte, und einen Ausgang nach Norden in den langen Quergang, der zwischen den großen Sälen und den Häusern verläuft. Die Ausgänge führen stets durch einen kleinen Raum mit doppeltem Verschluß wie durch ein Thyroreion, das wir im folgenden immer mit Türgelaß bezeichnen werden. Das sieht ganz aus wie sechs gleichmäßige Familienhäuser und läßt, zusammen mit dem Saalbau der Königin, vielleicht mit Recht, auf eine Art heptogamischen Eheglücks des Königs schließen. Durch eine in der Dicke der Wand angebrachte Doppeltür konnte der König von seinem Binnensaal in den diese sämtlichen sieben Frauenwohnungen miteinander verbindenden Quergang gelangen, nicht so die Königin, die nur von einem Seitenzimmer des Saales aus durch ein Türgelaß hinaus konnte. Dagegen konnte die Königin vom Vordersaal aus direkt in den Garten gehen, der westlich des Palastes bis zur Grabenmauer Imgur Ellils sich ausdehnte. Die letzten der Frauenwohnungen, 45 und 44, sind von den übrigen völlig geschieden, die übrigen vier miteinander durch Türen derart verbunden, daß man, ohne aus der Haustür treten zu müssen, von einer Wohnung zur anderen gelangen konnte.

Ein Raum von einiger Bedeutung liegt im Norden des »Westhofes«, umgeben von Amtsräumen, die auch vom Hofe aus zugänglich sind, etwa »das Ministerium des Königlichen Hauses«. Die ihm angehörenden Minister mögen in den dahinter liegenden Häusern ihre Wohnung gehabt haben. Sie zeigen eine starke Abstufung in der Größe: Die beiden östlichen sind bedeutend weiträumiger als die westlichen.

Ein besonders großes Haus (46) nimmt die Nordseite des »Anbauhofes« ein. Sein Saal steht in direkter Verbindung mit dem Amtsraum am Hofe, wo der Vorstand der Verwaltung des Hofs der Königin amtierte.

Der Ausgang nach Westen wird durch einen stark vortretenden Torturm besonders hervorgehoben. Von hier aus gelangte man zunächst in den Garten und dann wahrscheinlich durch ein Tor in der nördlichen Zwischenmauer ins Freie. In dem Garten bauten sich später die persischen Könige einen Marmorkiosk, in dem Empfänge auch außerhalb des eigentlichen Palastes stattfinden konnten, genau so wie im »Kiosk der Botschafter« im alten Palast in Konstantinopel.

Klarheit über alle Einzelheiten der gewaltigen, über sechshundert Zimmer enthaltenden Anlage ist nicht zu erwarten, schon deshalb nicht, weil fast überall die Zerstörung bis unterhalb des Fußbodens vorgedrungen ist. Kein Raum ist in ursprünglichem Zustande vorgefunden. Die Mauern selbst sind meistens bis tief in die Fundamente hinab von den neuzeitlichen Ziegelräubern abgebrochen, so daß jetzt nur das Erdreich noch steht, welches die jetzt verschwundene Mauer einst umgab. Was daher hier über die Bedeutung der verschiedenen Abschnitte geäußert ist und noch wird, muß also ganz als Vermutung bewertet werden. Literarische

Nachrichten über Vorgänge in der Palasthaltung sind äußerst spärlich. Am besten eingeführt in ähnliche Zustände wird man ohne Zweifel durch das Buch Esther, dessen historische Glaubwürdigkeit Gunkel mit Recht hervorgehoben hat.

Von den vier Inschriften, die sich auf die Südburg beziehen, sei die wortreichste zitiert; es spricht Nebukadnezar:

Große Steinplatteninschrift Kol. VIII 9 (Übersetzung von Fr. Delitzsch): »Vordem, von Urzeit her bis zur Regierung Nabu-aplam-usurs *(Nabupolassars)*, Königs von Babil, des Vaters, meines Erzeugers, hatten die vielen Könige, meine Vorgänger, deren Namen Gott zur Königsherrschaft berufen, in ihren Lieblingsstädten, welchen Ort immer sie liebten, sich Paläste gebaut, Wohnung genommen, ihren Besitz darin aufgehäuft, aufgestapelt ihr Eigentum. Am Feste des Neujahrs, des Auszugs des Götterherrn Marduk, kamen sie nach Babil herein. Seit Marduk mich zur Königsherrschaft berufen, Nabu, sein wahrer Sohn, sein Reich [mir] übertragen, liebe ich gleich meinem teuren Leben ihre glänzende Gestalt, ließ Babil und Barzip *(Borsippa)* von keiner Stadt überstrahlen. In Babil, meiner Lieblingsstadt, die ich liebe, war der Palast, das Haus des Anstaunens des Volkes, der Mittelpunkt des Landes, die glänzende Stätte, der Wohnsitz der Majestät, auf dem Babilplatze in Babil, von Imgur Ellil bis zum Ostkanal Libilchigalla, vom Euphratufer bis Aiburschabu, welchen Nabu-aplam-usur, König von Babil, der Vater, mein Erzeuger, aus Luftziegeln gebildet und in ihm gewohnt hatte – infolge Hochwassers war sein Fundament schwach geworden, und infolge der Auffüllung der Straße (sulu) von Babil waren jenes Palastes Tore zu niedrig geworden. Seine Luftziegelwände riß ich nieder, legte seinen Grundstein bloß und erreichte die Tiefe der Wasser, angesichts der Wasser gründete ich fest sein Fundament und führte ihn mit Asphalt und Backsteinen hoch auf gebirgsgleich. Mächtige Zedern ließ ich lang hinlegen zu seiner Bedachung. Zederne, kupferbezogene Türflügel, Schwellen und Angeln aus Bronze richtete ich in seinen Toren auf. Silber, Gold, Edelgestein, alle erdenkbare Kostbarkeit, Herrlichkeit, Besitz, Eigentum, wie es der Erhabenheit würdig ist, stapelte ich in ihm auf, häufte einen mächtigen Reichtum, den königlichen Schatz, darin auf.«

In der Nordostecke der Südburg befindet sich ein Gebäude, das eine Ausnahmestellung unter allen Bauten der Burg und sogar der ganzen Stadt einnimmt: der Gewölbebau, den die Ausgräber als die hängenden Gärten der Semiramis angesehen haben.

Gewölbebau, Schnitt durch die östlichen Zentralkammern

Die Anlage im allgemeinen. Der Bau selbst ist mit Ausnahme der Nord- und Ostseite ziemlich genau nach den Himmelsrichtungen orientiert. Da der Zingel um etwa 12 Grad von der Nordrichtung abweicht, so hat der Grundriß, der sich an die Mauer anlehnt, eine trapezförmige Gestalt angenommen, bei der die Nordost- und die Südwestecke einen rechten, die Südostecke einen spitzen und die Nordwestecke einen stumpfen Winkel bildet. Die Anlage besteht aus einem zentralen Teil (dem Mittelbau), der zu beiden Seiten eines Mittelganges je sieben von diesem aus zugängliche Kammern enthält und nur durch eine einzige Tür von Süden her betreten werden kann. Um diesen Mittelbau führt auf allen vier Seiten ein schmaler Umgang, und an diesem liegen im Westen, Süden und dem südlichen Teil der Ostseite gleichmäßig große Kammern. Im Norden und im nördlichen Teil der Ostseite werden diese Kammern gleichsam durch die Mauer des Zingels ersetzt. Die östlichen Kammern sind im untersten Geschoß, das allein erhalten ist, durch die Verstärkungsmauer, die innerhalb hinter den Zingel gelegt ist, zum Teil abgeschnitten. Man muß sich aber vorstellen, daß sie in den oberen Geschossen voll, wie die übrigen Kammern, hervortreten. In den drei Ecken liegen jedesmal vier miteinander in Verbindung stehende kleinere Kammern. Eine der südlichen enthält die Treppe zum unteren Geschoß.

Zwei Türen führen von Süden her in den Bau. Eine Pforte in dem östlichen Zingel leitete vielleicht direkt von außen in die dortige Kammerreihe und eine ebensolche Pforte an der nördlichen Ecke in den Umgang um den Mittelbau.

Alles, was an Ruinen erhalten ist, liegt tiefer als das Pflaster im Mittel- und Osthof...

Die Mauern sind gleichmäßig bis auf +0,70 m hinunter fundamentiert, wo sie ohne irgend einen Fundamentabsatz endigen, so wie die Mauern der übrigen Südbauten auch. Die Fundamentsohle liegt also nur wenig höher als die des angrenzenden Zingels, die an der Nordostecke bei +0,40 m festgestellt wurde. Der Grund ist Wohnschutt. Hausmauern sind allerdings, infolge der geringen Ausdehnung der freigelegten Tiefen, nicht herausgekommen.

Die Mauern, die die Gebäude des Mittelbaus tragen, sind von den sie einschließenden vier Mauern durch eine durchgehende Stoßfuge getrennt. Selbst die letzten Gewölbe im Norden und Süden stehen mit ihrer äußeren Seite noch auf gesonderten Längsmauerstücken, die sich an die Umfassungsmauer anlehnen. Diese Anordnung gab der Gesamtheit der Zentralgewölbe die Möglichkeit, sich innerhalb der sie umschließenden Umfassungswände in senkrechter Richtung frei zu bewegen, was wieder darauf schließen läßt, daß ihnen eine ganz anders geartete Last aufgelegt war als dem übrigen Bau. Überall sonst sind nur die Tonnengewölbe selbst mit ihren Stirnmauern außer Verband gelassen. Dennoch bemerkt man deren Spur, die sich auf den Stirnwänden eingedrückt haben, an den Kammern der Westseite.

Es sind nur einfache, halbkreisförmige Tonnengewölbe verwendet. Jede Komplizierung ist, nolens volens, vermieden. Das Handwerk war noch nicht soweit gediehen, daß es irgendwelche Durchdringung von verschieden verlaufenden Tonnen oder auch nur die Gehrung, von Kuppeln ganz zu schweigen, hätte bewerkstelligen können. Man muß immer bedenken, daß dieses der erste Bau in der babylonischen Baugeschichte ist, bei dem eine durchgängige Überwölbung sämtlicher Räume als Unterbau für eine lastende Erdschüttung gewagt worden ist...

Schnitt durch die östlichen Zentralkammern (Wiederherstellungsversuch)

Die Wiederherstellung erhebt nicht den Anspruch, in allen Teilen ein genaues Bild des Gebäudes wiederzugeben. Das würde schon wegen der großen Anzahl von Einzelheiten, für die gar keine Andeutungen vorliegen, unmöglich sein. Denn keine von den antiken Quellen bemüht sich, eine wirkliche Beschreibung des Gebäudes zu geben, sondern jede greift nur einige wenige von den Haupteigenschaften heraus.

Die Zeichnung gibt den von Nord nach Süd geführten Querschnitt so, daß davor der östliche Teil abgeschnitten wird, dessen Grundriß, gleichsam auf das Erdreich aufgezeichnet, im Vordergrunde erscheint. Hier erkennt man rechts die beiden Pforten der Burgmauer und des zum Ischtar-Tor führenden Verbindungsstückes, welche Zugang wahrscheinlich zu dem Umgang des ersten Stockwerks von außen boten.

Der Baumwuchs des Gartens ist, um den Einblick nicht zu erschweren, möglichst leicht gehalten. Nach Curtius Rufus standen hier Bäume von 50 Fuß Höhe; die eingezeichnete Palme ist von dieser Höhe und 8 Ellen Umfang, also ungefähr 1,20 m Durchmesser. Ein solcher Baum, keine Palme, denn Palmen von dieser Dicke gibt es nicht, würde, wenn man die Dickenzunahme zu 4 cm in zehn Jahren annimmt, ungefähr dreihundert Jahre alt gewesen sein, und der Gewährsmann des Curtius, als welchen man Kleitarchos annimmt, würde somit einen Baum gemessen haben, der noch von den Gärtnern Nebukadnezars gepflanzt war. Diese Angabe gehört also zu den wenigen, die nicht gerade als übertrieben gelten dürften. Dagegen ist der häufige Hinweis auf Berge und Wälder und Wiesen, das Hervorheben der Gebirgsähnlichkeit und die Befriedigung, mit der die königliche Perserin, für die der Garten angelegt sein soll, auf die so glücklich nachgeahmten Gebirgsfluren ihrer Heimat blickte, ohne Zweifel darauf berechnet, die Verhältnisse scheinbar ins Riesenhafte zu vergrößern. Wenn man die einzelnen Ausdrücke für sich nimmt, stellt sich heraus, daß sie ebensowohl auf die gewöhnlichen Abmessungen, wie sie im Gewölbebau vorliegen, bezogen werden können...

Schluß: Die Bedeutung des Gewölbebaus liegt in der planmäßigen Verwendung des Gewölbes zur Bedeckung sämtlicher Räume eines Gebäudes und namentlich zum Tragen einer großen Last, was vorher, soweit unsere Kenntnis reicht, noch niemals versucht war. Die Anlage eines Gartens auf diesen Gewölben war ein technisches Wagnis, von dem sich erst im Laufe der Zeit herausstellen konnte, ob es gelungen war. Nachdem sich dann aber einmal erwiesen hatte, daß der Garten ohne Schädigung des Gebäudes bestehen konnte, verbreitete sich der Ruhm dieser hängenden Gärten durch Vermittlung der griechisch-römischen Literatur über die Erde. Je größer der zeitliche Zwischenraum wurde, der seit Nebukadnezar verstrichen war, desto phantastischer wurden die Vorstellungen, die man sich von diesem Weltwunder machte. In einem mittelalterlichen Epos des 12. Jahrhunderts, Floire et Blanceflor (Ed. Du Mesnil, Paris 1856, I. Version von 1629 ff., vgl. O. Soehring, Werke bildender Kunst in altfranzösischen Epen, Erlangen 1900, S. 18) nahmen sie die Gestalt eines turmartigen Palastes in Babylon an, in dem sich das Wasser vom dritten Stockwerk an nach unten verteilte. In neuerer Zeit versuchte man, den Bau allein nach den Maßen und Beschreibungen der schriftlichen Quellen wiederherzustellen, was nur zu einem Gebäude führen konnte, das in den Abmessungen weit übertrieben und seiner Anlage nach vollkommen unverständlich bleiben mußte.

Der Haupthof der Südburg bildet einen gewaltigen Platz von 55 m Breite und 60 m Länge. Die ganze Breite im Süden wird vom Thronsaal eingenommen.

Die farbigen Ziegelornamente

Auf der Ruine sowohl des Thronsaales als auch der Räume hinter ihm und des Haupthofes sind viele Bruchstücke von emaillierten Ziegeln gefunden worden, die von der Wandbekleidung stammen und zum Teil gelbe und weiße Relieflöwen, zum Teil auf dunkelblauem Grund farbige ornamentale Flachdarstellungen zeigen. Die letzteren bestehen in großgeometrischen Bändern, in Friesen von aneinander gereihten Palmetten, Rosetten und säulenförmigen Gebilden, die in großen zweifach übereinandergestellten Voluten endigen.

Seit der Zerstörung der Wände, auf welchen sie gesessen hatten, sind diese Ziegelbruchstücke durch die mehrfach wiederholte Beraubung der Ruine derart durcheinandergewürfelt, daß sie meistens ganz ohne jeden Zusammenhang im Schutt herumlagen. Nur an einer Stelle, etwa 7 m vor der Nordfront des Thronsaales, der westlichen Tür schräg gegenüber, lagen sie noch in ihrer ursprünglichen Fallage da. Ein ungefähr 1 qm großes Wandstück hatte sich von der Mauer gelöst, war mit der Glasurfläche nach vornüber gefallen und lag auf dem unteren Teil der schräg der Wand vorgelagerten Schutthalde 1 m über dem Tonplattenfußboden Nebukadnezars. Es wird demnach an der Wand zum mindesten 7 oder 8 m hoch gesessen haben. Dieses Stück bildet die Grundlage für die Wiederherstellung, die im übrigen durch verschiedene einzeln und zerstreut gefundene Bruchstücke mit Sicherheit ergänzt werden konnte. Danach gehören die von Voluten gekrönten Stämme mit dem Palmettenfries darüber zusammen. Wohin ein kleinerer Fries gehörte, ließ sich nicht feststellen. Die Relieflöwen saßen wahrscheinlich am unteren Teil der Wand.

Jede Farbe ist von der angrenzenden durch eine schwarze Linie getrennt, die technisch begründet ist.

Im zweiten Band der ›Königsburgen von Babylon‹ heißt es:

Der Palast der Hauptburg
Allgemeines

Der Name Hauptburg für den mittleren Teil des Kasr ist im Beginn der Ausgrabung ziemlich willkürlich gewählt, um ebenso wie bei der Südburg die schon damals unterschiedlich gut hervortretenden Abteilungen des Kasr leicht und sicher bezeichnen zu können. Der Name ist indessen, wie sich nach der Grabung herausgestellt hat, auch insofern innerlich berechtigt, als Nebukadnezar hier etwas geleistet hat, dessen er sich in seinen Inschriften besonders rühmt. Der Palast war noch glänzender ausgestattet und mit noch besserem Material gebaut als die Südburg.

Die großartigen Bauten der Südburg, wie sie in Königsburgen I beschrieben worden sind, genügen Nebukadnezar noch nicht. Er sagt (St. Langdon, Die neubabylonischen Königsinschriften Nr. 14, K. II 23): »In Babylon war mein Herrschersitz für meinen königlichen Schatz nicht ausreichend. Weil Ehrfurcht vor Marduk, meinem Herrn, in meinem Herzen wohnt, so änderte ich in Babylon, meiner wohlverwahrten Stadt, die ich lieb habe, zur Vergrößerung meines Königssitzes seine Straße nicht, riß sein Heiligtum nicht ein, dämmte seinen Kanal nicht ab: Bezüglich des neuen Wohnsitzes nahm ich weit und breit Rücksicht, 490 Ellen Landes seitwärts von Nimitti Ellil, die Wallmauer Babylons zu schützen, baute ich zwei gewaltige Ufermauern aus Asphalt und Brandziegeln, eine Veste bergehoch; zwischen ihnen errichtete ich ein Bauwerk aus Brandziegeln, oben darauf erbaute ich eine große Burg zur Residenz meiner königlichen Majestät aus Asphalt und Brandziegeln hoch emporragend.«

Der Palast liegt also nördlich außerhalb der inneren Stadtmauer. Das hatte zudem den Erfolg, daß an dieser Stelle die innere Stadtmauer Imgur Ellil und Nimitti Ellil gegen direkten feindlichen Angriff gesichert war.

Die Außenwand des Thronsaals

Unter den erwähnten zwei Mauern ist sicher die Mauer in den Quadraten d/r 8 des Planes gemeint, die dann nach Süden umbiegt und, die nach Norden verlängerte Prozessionsstraße im Westen begleitend, bis an die westliche Bastei der Grabenmauer vor dem Ischtar-Tore geführt ist. Die Angaben über die Länge der zwei einschließenden Mauern sind in den keilschriftlichen Quellen verschieden. So spricht Nebukadnezar an anderer Stelle von 400 und auch von 360 Ellen. Ob diese Maßangaben sich auf die verschiedenen Längen der Ost- und Nordmauer beziehen oder ob es eine andere Bewandtnis damit hat, möge hier dahingestellt sein.

Die Lage

Diese Mauern, also im Süden die Grabenmauer Imgur Ellils, im Osten die Prozessionsstraße, im Norden die Nordmauer und im Westen die allerdings noch nicht ausgegrabenen, aber doch gewiß anzunehmenden Flußmauern, umschlossen einen freien Raum, der mit Mauerwerk aus Bruchziegeln und Kalkmörtel bis zu einer Höhe von +8,05 m gleichmäßig ausgemauert wurde, eine Terrasse, auf die die Palastmauern aufsetzten. Nur im Norden blieb Raum für einen vom Euphrat her eingreifenden offenen Kanal von 13 m Breite, der später durch einen sehr viel schmaleren überdeckten Kanal ersetzt wurde, so daß nun der Platz um den Palast bis unmittelbar an die Nordmauer heranreichte. Von diesem Westostkanal liefen weitere Kanäle nach Süden, von denen zwei in dem Raum östlich vor dem Palast ausgegraben sind. Sie versorgten durch eingemauerte Schöpfbrunnen das Palastgebiet mit fließendem Flußwasser.

Das Handwerkliche

Der Palast ist nicht vollständig ausgegraben, leider, denn er bildet zweifellos den Gipfelpunkt von dem, was Nebukadnezars Architekten in diesem Fache leisten konnten …

Nebukadnezar rühmt sich der ganz besonderen Schnelligkeit bei der Errichtung dieses Baues, der danach in 15 Tagen fertig geworden sein soll. Ebendasselbe wird von Berossos (bei Josephus, Antiquitates 10, 11) hervorgehoben, der wohl die Inschrift Nebukadnezars kannte. Jedenfalls wurde diese Angabe geglaubt und erlangte ihren berechtigten Ruhm. Ganz unmöglich, wie jeder es anfangs auffassen wird und wofür ich es früher gehalten habe, ist es vielleicht nicht. Es müßten eben verschiedene unerläßliche Bedingungen dazu erfüllt worden sein. Das gesamte Material an Ziegeln und Mörtel muß fertig vorbereitet dagelegen haben. Vor allen Dingen müßte eine ungeheure Menge von Arbeitern in Betrieb gesetzt worden sein, die dann allerdings so enge aneinandergestellt werden mußten, daß fast auf jeden Quadratmeter ein Maurer kam. Alles das sowie das regelmäßige und fortdauernde Zubringen des Materials stellte an die Arbeiterorganisation die allerhöchsten Anforderungen. In letzter Beziehung mögen die damaligen Unternehmer aus der schier ununterbrochenen Bautätigkeit ihres großen Königs eine dazu erforderliche Erfahrung und Schulung wohl gewonnen haben.

Zur Erleichterung der Vorstellungsschwierigkeiten kann man, ohne der Inschrift Gewalt antun zu müssen, annehmen, daß die Zeitangabe sich auf die Fertigstellung des Rohbaus ohne die Ausstattung an künstlerischen Wandbekleidungen und dergleichen bezogen habe, und zwar von der Oberfläche der Fundamentterrasse bis zum Dach.

Der Bau steht jetzt noch zum Teil bis zu einer Höhe von +15,36 m an und zeigt bis dahin keine Spur des Freibaus. Dieser konnte vielmehr erst oberhalb dieser Höhe, die der des großen Steinpflasters am Ischtar-Tor fast genau gleichkommt, beginnen. Danach sind auf die Höhe des Baues von der Fundamentterrasse bis zum Fußboden ungefähr 7½ m, und von da bis zum Dach mindestens noch einmal 7½ m, im ganzen also über 15 m zu rechnen.

Bei der Nordostecke stand das schon erwähnte Rundbild eines großen Löwen aus Basalt: Der Löwe schreitet über einen liegenden Mann hinweg, der mit seiner Rechten an die Flanke, mit seiner Linken nach der Schnauze des Tieres greift. Die Schnauze ist abgeschlagen. Das Rundbild steckt noch in der Bosse. Koldewey hält es trotz seines durch die Unfertigkeit bedingten altertümlichen Aussehens für schwerlich älter als Nebukadnezar.

Außerdem kamen Diorit-Statuen, Stelen und andere Stücke aus vorchaldäischer Zeit zum Vorschein. Hier, in diesem Palast, befand sich das ›Museum‹ Nebukadnezars und seiner Nachfolger.

Das westliche Vorwerk im Fluß

Westlich von der Südburg, also im alten Euphratbett, ist ein merkwürdiger Bau aufgedeckt worden, dessen Umfassung aus ungeheuren, bis zu 22 m dicken Mauern besteht.

Der Oberbau ist in nicht allzu weit zurückliegender Zeit durch die modernen Ziegelräuber abgetragen worden, so daß die jetzige Oberfläche des Geländes aus vielen Erhebungen und Vertiefungen besteht. Außerdem erschwerten moderne junge Palmenpflanzungen unsere Untersuchung, die nur mit sehr wenig Einsteiglöchern und vielen Tunnels geführt werden konnte. Das, was wir erforscht haben, ist überall solides, kompaktes Mauerwerk aus guten Nebukadnezar-Ziegeln (meist mit dreizeiligem Stempel) in Asphalt.

Zwischen der früheren westlichen Südburggrenze, der jüngeren Grabenmauer Imgur Ellils, und dem Vorwerk ist ein schmaler Wasserlauf belassen worden, der im Süden und im Norden etwa da, wo die nördliche Lehmziegelmauer Nimitti Ellil auftritt, durch Quermauern abgeriegelt war. In diesen Quermauern sind Wasserdurchlässe angeordnet. Das südliche Verschlußstück ist 7,58 m dick und ist mit Nuten beiderseits in das Mauerwerk eingelassen. Im Osten ist die Nut ins Südburgmauerwerk eingehauen, im Westen ist sie im Mauerwerk des Vorwerks ausgespart. Die vier Durchlaßöffnungen sind dreieckige Schlitze, durch Vorkragen der Ziegelschichten gebildet.

In der davorliegenden Mauer des Libilchigalla-Kanals sind die Schlitze rechteckig und mit dicken Kalksteinquadern überdeckt. Kurz nördlich dieses südlichen Verschlußstückes ist noch eine schmälere, 5,32 m dicke Abschlußmauer ohne Nuten eingefügt ...

Der Sommerpalast Nebukadnezars im Hügel Babil
Der Hügel Babil

Die äußere Stadtmauer, der »Osthaken«, die von Südosten herkommt, biegt in z 30, nicht weit von ihrem nördlichen Ende, nach Norden um, wendet sich in t 2 nach Westen und schließt in g 3 an die Kaimauer an, die das linke Euphratufer, mindestens so weit der Palast reichte, begleitete. In diesem durch die Festungsmauer gebildeten Haken liegt der Hügel »Babil«. Er birgt die Ruinen eines Schlosses Nebukadnezars, das in der Inschrift K. B. III 2, S. 30, Kol. III 11–29 besprochen wird.

Der Hügel, der den altberühmten Stadtnamen bis auf unsere Tage herübergerettet hat, erhebt sich in einem Quadrat von ungefähr 250 m Seitenlänge bis zu 25 m über die Ebene. Von allen Ruinenhügeln Babylons macht er heute noch den stärksten Eindruck der Erhebung, da seine Ränder ziemlich steil abfallen. Seine Oberfläche ist durch die Raubgräben neuzeitlicher Ziegelräuber stark zerklüftet. Diese haben die Mauern des Gebäudes zum Teil bis zu großer Tiefe abgebaut. So standen die ursprünglich von Mauerwerk ausgefüllt gewesenen, tiefen Raubgräben jetzt leer da und ermöglichten schon vor unserer Ausgrabung die Eintragung einiger Mauerzüge in die anfängliche Geländezeichnung des Planes. Sie waren indessen zu gering im Umfang, als daß sie einen klaren Einblick in die Wesenheit der Ruine hätten gewinnen lassen können. Auch brachte es die Umständlichkeit der Vermessung mit sich, daß diese voneinander durch förmliche Gebirge getrennten Grundrißteile nicht mit der Genauigkeit aufgenommen werden konnten, die später durch die Ausgrabung geschaffen wurde.

Ein besonders tiefer und breiter Graben der beschriebenen Art zieht sich an der westlichen Front des Hügels entlang und setzt sich auch nach Norden noch weiter fort bis zum unmittelbaren Anschluß an den Osthaken (s. Quadrate g 4/17). In ihm darf man ohne Zweifel die Spur der Kaimauer erkennen, die den Palast gegen den Euphrat hin deckte.

Parallel mit diesem sehr deutlich ausgeprägten Raubgraben verläuft eine ebenfalls mächtige Vertiefung von ähnlicher Tiefe und Breite, aber mit unregelmäßigeren Rändern von Norden nach Süden. Diese rührt davon her, daß die Konstruktion des Palastfundamentes in dieser Gegend die Ziegelräuber veranlaßte, nicht nur die eigentlichen Palastmauern, sondern auch das zwischen diesen aufgeführte Füllmauerwerk räuberisch zu beseitigen. Dazu lag mehr im Innern des Hügels keine Veranlassung vor, da im übrigen die Füllung zwischen den Mauerfundamenten in den tieferen Teilen nur aus Geröll und Erde besteht.

Zwischen den beiden genannten, kräftigen grabenförmigen Vertiefungen befindet sich ein Grat aus Erde, der im ganzen unberührt stehengeblieben ist; nur zeigen seine ursprünglich dem anliegenden Mauerwerk entsprechend mehr glatten Ränder infolge der auf beiden Seiten vorgenommenen Abgrabungen jetzt zerrissene und unregelmäßige Steilabfälle. An einer Stelle, bei der Höhe 11,95, bemerkt man einige Lehmziegelschichten, die späteren Zeiten angehören werden. Dieser Grat, der noch bis zu einer Höhe von 19,60 m über Null ansteht, bezeichnet, wie es scheint, den Zwischenraum zwischen der vorhin genannten Kaimauer und dem eigentlichen Palastbau.

Ähnliche, besonders tief reichende und weiträumige Ausraubungen erkennt man an der südlichen und auch noch an der östlichen Stirnseite, aber nicht an der nördlichen. Man wird indessen gut tun, daraus nicht etwa den Schluß zu ziehen, daß die solide Ausmauerung der Fundamente an den Randpartien des Palastes nur an diesen drei Seiten bestanden haben sollte, während die nördliche ihrer entbehrte. Denn im Norden lagen doch wohl dieselben Gründe zu einer solchen Verstärkung der Terrassenkanten vor wie im Süden, Osten und Westen. Es werden vielmehr im Norden andere Verhältnisse der Ruinenbildung die Ausraubung an dieser Stelle in dem Umfang der West-, Süd- und Ostseite verhindert haben, oder eine solche Ausraubung hat bereits in viel früherer Zeit an dieser Stelle stattgefunden, und ihre Spuren sind dann durch spätere Schuttanhäufungen verdeckt worden. Die Grabung, die bekanntlich leider nicht vollendet werden konnte, hat darüber noch keine Aufschlüsse bieten können.

Die eigenartige Zerklüftung der Hügeloberfläche, die ja in ganz ähnlicher Weise auch auf dem Kasr beobachtet werden kann, ist eine Folge der Art und Weise, wie die Ziegelräuber bei ihrer Arbeit verfahren. Sie lag in den Händen einzelner armer Araber aus dem benachbarten Dorfe Birnun, die in geschäftlicher Verbindung mit wohlhabenden Unternehmern in Hilla und in starker Abhängigkeit von diesen standen. Jeder dieser Araber legte, wenn er ein geeignetes Stück Mauerwerk entdeckt hatte, auf dieses gleichsam Beschlag und trug, von oben her anfangend, die Ziegel Schicht für Schicht ab. Dabei hielt er sich immer genau im Umfang der zuerst in Angriff genommenen Mauerstrecke, die gewöhnlich nur wenige Geviertmeter betrug. So entstand allmählich ein zu immer größerer und beträchtlicher Tiefe abgeteufter Schacht von der Breite der abgetragenen Mauer, dessen Seiten von der fest anstehenden Fundamentfüllmasse gebildet wurden.

Die Ziegel von Babil lösen sich besonders leicht voneinander ab, da der Kalkmörtel, in dem sie größtenteils vermauert waren, sich im Laufe der Zeit und infolge seiner eigenartigen Beschaffenheit in eine lockere, kristallinische Masse verwandelt hatte. Trotzdem gab es beim Ausbrechen vielen aus kleinen zerbrochenen Ziegelstücken bestehenden Abfall. Dieser mußte aus der Arbeitsstelle, abgesehen von den guten gewonnenen Ziegeln, andauernd fortgeschafft werden und wurde in nächster Nähe wieder abgelagert. Dazu eigneten sich immer besonders diejenigen Stellen, die bereits zu einer so großen Tiefe ausgeraubt waren, daß dort eine weitere Arbeit nicht mehr zu lohnen schien. Allein die Ansichten über die Abbauwürdigkeit haben sich im Laufe der Zeit geändert. Was früher als nicht mehr lohnend aufgegeben war, wurde in einer späteren Zeit doch wieder aufgenommen. Dadurch ist dann das Gebiet zum zweiten Male durchwühlt, und der Hügel erhielt infolgedessen den Beinamen »Mudschelibe«, d. h. die Umgekehrte, ein Beiname, der gelegentlich auch auf das Kasr angewendet wird, wo ganz ähnliche Verhältnisse auftreten.

Die Ziegel wurden auf Eseln fortgeschafft, meist bis zur nächsten Landestelle am Euphrat, von wo sie zu Schiffen in die Ortschaften am Fluß und namentlich nach Hilla überführt wurden. Hier dienten die gut und vollständig erhaltenen, die wegen ihrer großen Festigkeit den modernen Fabrikaten gegenüber besonders geschätzt wurden, hauptsächlich als Fußbodenbelag für Zimmer, Höfe und Treppen, während der Ziegelbruch zum Bau der Häusermauern, in Lehmmörtel, verwendet wurde. Lange Jahre hindurch wurden die Ziegel in großen Massen zum Bau des Hindija-Wehres bei Museijib verwendet. Dort mauerte man aus ihnen mit Zement große Blöcke, die man dann fertig in den Euphrat versenkte. Da die Ingenieure erklärten, ohne die Ziegel von Babil den Bau nicht fortführen zu können, so hat es lange gedauert, bis es der türkischen Regierung endlich gelang, dieser wissenschaftsfeindlichen Industrie ein Ende zu bereiten. Der Kleinbetrieb der Ausraubung, namentlich auf dem Kasr, hörte dagegen mit dem Tage des Beginns unserer Ausgrabungen auf.

In die durch die Ziegelräubereien entstandenen Schächte kann man von oben zum Teil bis zu 10 oder 15 m Tiefe hinabsehen und gewinnt von hier aus einen guten Einblick in den handwerklichen Aufbau der Palastfundamente.

Die ganze Hügeloberfläche besteht der Hauptsache nach aus Ziegelbrocken, von denen viele die erkennbaren Stempel Nebukadnezars und die Kalkmörtelreste ihrer einstigen Fugen zeigen. Aber es finden sich auch ziemlich viele Reste von Asphaltmörtel auf den Steinen. Sie rühren zum Teil vom Fußbodenbelag her, zum Teil aber dürften sie von Mauerteilen stammen, die, wie wahrscheinlich die allertiefsten Schichten, in Asphalt gemauert waren. Soweit die Grabung Mauern freigelegt hat, waren diese immer in Kalkmörtel verlegt.

Der Plan

Von den Transporten der Ziegelräuberei rühren die Pfade her, die noch jetzt auf den Hügel führen: einer von Süden und zwei von Westen her, wie sie auf dem Plane angegeben sind. Der Pfad am Fuße des Hügels im

Norden führt von dem Dorfe Birnun zu dem großen Wege Bagdad–Hilla hinüber.

Die Ebene unmittelbar am Hügelfuß ist an drei Seiten unbebaut. Nur an einigen Stellen entwickelt sich der übliche Wüstenwuchs an »Schok«, einer Mimose, und an »Agul«, dem bekannten stacheligen Kamelkraut. Westlich stehen Felder, die vom Nilkanal her durch kleine im Plan oben links angegebene Kanäle bewässert werden.

Im Norden treten die niedrigen Dämme, die von der Ausraubung des Osthakens an dieser Stelle herrühren, ziemlich dicht an den Palasthügel heran. Es verbleibt da nur ein Stück Ebene von 30 bis 50 m Breite.

Dicht bei der Südwestecke streicht der Doppeldamm eines älteren Großkanals vorbei, der dem alten Nilkanal einmal eine neue Wasserzufuhr vom Euphrat her verschafft hatte. In seinem Bett verläuft ein kleiner neuzeitiger Kanal, der durch ein Wasserhebewerk (»Dschird«) am Euphrat gespeist wird. Er dient zur Bewässerung der Felder, die hier zwischen den Kanaldämmen liegen.

Die Aussicht

Von den höchsten Punkten des Hügels, die ungefähr der Plattform des Daches auf dem alten Nebukadnezar-Palast entsprechen, genießt man den schönsten, umfassendsten und lehrreichsten Überblick über Babylon und seine Umgebung.

Im Norden sieht man die Palmen von Mohawil, und wenn die Beleuchtung günstig ist, soll man auch den Tell Ibrahim, das alte Kutha, den Horizont überragend erblicken können. Ähnlich ist bei einem bestimmten Stand der Sonne die Kuppel der Moschee von Kerbela sichtbar. Fast zu Füßen des Hügels fließt der ruhige Fluß zwischen den Palmengärten, die seine Ufer begleiten. Deutlich erkennt man die niedrigen, geradlinigen Ruinendämme des Osthakens, wie sie im Winkel nach Osten vorspringen und wie seine Schenkel oberhalb und unterhalb der Stadt an den Euphrat anschließen. Über den Horizont im Osten ragt der Stadthügel und der Tempelturm von Oheimir, dem alten Kisch, empor. Im Süden blickt über die Palmengärten von Hilla die Zikurrat von Borsippa. Die Hügel Amran ibn Ali und das Kasr kann man noch gerade oberhalb der Kronen der Kweirischer Palmen erkennen. Der im übrigen ja eigentlich unbedeutende Hügel Homera, das alte Griechenviertel, tritt kräftig und in seiner charakteristischen roten Farbe aus der Ebene der Stadt hervor.

Nach alledem kann man sich einen Begriff davon machen, was alles die Zeitgenossen Nebukadnezars von hier aus übersehen konnten und wie Alexander dem Großen von diesem selben Standpunkte aus die Riesenstadt, die er gern zum Mittelpunkt der Welt gemacht haben würde, erschienen sein muß.

Der Nebukadnezar-Palast
Das Handwerkliche

Der Palast ist auf der gleichen Ebene wie die übrige Stadt gegründet. Bis zu den untersten Schichten der Fundamente haben wir allerdings nicht vordringen können. Die tiefsten Teile, die wir erreicht haben, liegen in der südöstlichen Ecke bei ungefähr 8 m über Null. Die gesamten Innenräume sind mit einem Aufbau aus gebrannten Ziegeln bis zu der offenbar von Anfang an vorgesehenen Höhe von + 21,20 m über Null ausgefüllt. Bis zu dieser Höhe sind also die Außen- und Innenmauern des Palastes als Fundamentmauern zu werten.

Die Mauern bestehen aus gebrannten Ziegeln, die durchgängig 33:33:7 bis 8 cm messen. Der Ton ist fein, gleichmäßig rein und von rötlicher bis braunroter Farbe. Die Ziegel haben eine ähnliche Farbe und Beschaffenheit wie die des westlichen Anbaus der Südburg; während die gelben, glashart gebrannten Ziegel der Hauptburg das letzte zu sein scheinen, was Nebukadnezar in diesem Fache geleistet hat.

Die Ziegel tragen den dreizeiligen oder den siebenzeiligen scharf geschnittenen Nebukadnezar-Stempel. Sie liegen in grauem Kalkmörtel, der im Laufe der Zeit vielfach in einen bröckeligen, kristallinischen Zustand übergegangen ist. Infolgedessen lösen sich beim Ausnehmen die Ziegel leicht voneinander, ohne zu zerbrechen. Auch diese Art von Mörtel nähert sich seiner Beschaffenheit nach dem der Südburg in ihren nicht jüngsten Teilen und steht im Gegensatz zu dem sehr weißen und gut gehärteten Mörtel der oberen Teile der Hauptburg und der Ergänzung der westlichen Südburg durch Neriglissar.

Die Füllmauern. Die Zwischenräume zwischen den Fundamentmauern sind in den mittleren Teilen des Palastes anders behandelt als in den Randpartien: in den ersteren lockerer, in den letzteren fester. Offenbar sollten sie dem Schub der hoch aufgeschichteten Palastterrasse einen kräftigen Widerstand entgegensetzen. Ohne diese Vorsicht würden die lockeren Erdmassen des Innern die verhältnismäßig schwachen Außenmauern auseinandergedrückt haben. In ähnlicher Weise sind in der Südburg bei deren Höherführung die Randpartien fest ausgemauert, während die Füllung zwischen den Fundamenten der inneren Teile nur aus lockerem Sand und aus Erde besteht.

Die Füllung der mittleren Teile kann man an den Höfen, den Sälen und den daranliegenden Räumlichkeiten gut beobachten: Sie besteht aus lokker aufgeschichtetem Ziegelbruchschotter. Hier und da bemerkt man unregelmäßige Schichten von Kalkmörtel dazwischen. Es ließ sich nicht ausmachen, ob diese Mörtelschichtungen in guter Absicht eingelegt sind, um dem Schotter besseren Zusammenhalt zu geben, oder ob sie etwa nur beiseitegetane Mörtelmengen vorstellen, deren man im Augenblicke nicht mehr bedurfte.

Oben auf diesem Schotter liegen zehn bis zwölf Schichten regelmäßigen Mauerwerks in guten Ziegeln, aber mit sehr dicken Lagerfugen, deren Höhe ungefähr der Ziegeldicke gleichkommt. Sie dienen als unmittelbares Fundament für den darauf liegenden Fußboden. Da diese Schichten ebenfalls ein willkommenes Objekt für die Ziegelräuber boten, so sind sie bis auf wenige Reste verschwunden.

Während man sich im westlichen Kreise der alten Kultur bei Fundamentierungen überall die größte Mühe gibt, das Erdreich, auf dem ein Bau stehen soll, möglichst widerstandsfähig und unnachgiebig zu machen, laufen in Babylon alle Gründungsarbeiten darauf hinaus, daß man den Untergrund unter allen Umständen als nachgiebig ansah und demgegenüber nur darauf Bedacht nahm, daß den Mauern bei diesen Bewegungen in senkrechter Richtung ihre aufrechte Stellung gewahrt werde. Diesem Zwecke dient das nagelförmige, nach unten zugespitzte Fundament von Borsippa, am Postament der Cella, ebenso wie die häufige Gleitfuge und das Mantelfundament bei den Postamenten am Ischtar-Tor. Hier, am Palast von Babil, tritt eine neue Art und Weise hinzu: Einer etwaigen Neigung der Mauern zum Schiefwerden ist dadurch entgegengearbeitet, daß in Höhe des Fußbodens, also am oberen Ende des Fundamentes, eine Platte von zwölf dicken Ziegelschichten gelegt ist, die eine Verschiebung dieser Mauerteile nicht aufkommen ließ, während sie der senkrechten Bewegung der Mauern, also deren Sackung, insofern kein Hindernis bereitet, als sie ja mit ihnen nicht im Verband gemauert ist.

Der Fußboden, der sich ebenfalls nur an wenigen Stellen noch erhalten hat, bestand, wie im Nordwesten zu sehen, zum Teil, und wahrscheinlich in den untergeordneten Räumen, aus gewöhnlichen Ziegeln in einer

Schicht, die, als eine zweite als Erneuerung darauf gelegt wurde, mit Asphalt übergossen ist, wie das an den übrigen Palästen genauso vorkommt. Große Ziegelplatten, wie in der Südburg, habe ich hier nicht bemerkt.

Steinplatten. Außer dieser einfachen Ziegelpflasterung müssen andere Räume, die besseren und wahrscheinlich die Höfe, mit Steinplatten belegt gewesen sein, von denen sich verhältnismäßig viele gefunden haben. Sie haben bei einer Dicke von 15 bis 20 cm die übliche Größe von 66 cm im Quadrat, soweit sie nicht später einmal durch Abarbeitung verkleinert worden sind. Ihre nicht sehr glatt gearbeiteten, gestockten Seitenflächen treten spitzwinklig zusammen und waren mit Asphalt vergossen, von dem sich hier und da Reste an den Steinen fanden. Auf einer Schmalseite, also einer nach dem Versetzen der Steine nicht mehr sichtbaren Stelle, steht die übliche Inschrift: »Nebukadnezar, König von Babylon, Sohn Nabupolassars, Königs von Babylon«, in zwei Zeilen. Das Material ist meistens feiner, weißer Sandstein oder weißer Kalkstein, seltener roter Sandstein mit gelben Adern. Es ist möglich, daß diese verschiedenen Materialien auf verschiedene Räumlichkeiten einheitlich verteilt waren; es ist aber auch möglich, daß die Steinpflasterung überhaupt nur in den Zugängen, den Toren oder den Wegen verwendet wurde. Wir wissen das nicht, denn keine einzige dieser Steinplatten ist an Ort und Stelle gefunden.

Aus nachbabylonischer Zeit liegt eine Fußbodenerneuerung im Saal des Osthofes und im östlichen Eingang. Es sind wenige Reste eines Estrichs in drei Schichten, wie er für die klassische Mittelmeerzeit bezeichnend ist: eine Unterschicht aus grobem Ziegelschotter mit Kalkmörtel von 12 cm Höhe, darauf eine feinere Schicht ähnlicher Art von 2 cm Höhe und darauf die 2 bis 3 mm dicke sorgfältige Deckschicht aus weißem oder rot oder gelb gefärbtem Putz, der ziemlich groben Kies beigemischt enthält. Namentlich diese letztere Schicht ist in ihrer Wesenheit ganz übereinstimmend mit griechischem Putz aus der besten Zeit, wie er etwa auf dem Fußboden des Tempels von Ägina liegt. Unschwer erkennt man in den drei Schichten dieses babylonischen Estrichs »statumen«, »rudus« und »nucleus« der Vitruvianischen »ruderatio« (Vitruv VII 1, 3). Genau denselben Estrich hatte das Gebäude des Artaxerxes im Westen der Südburg. Bei den mannigfachen Beziehungen, die zwischen den persischen Königen und der griechischen Kunst auftreten, kann diese Übereinstimmung nicht auffallen. Man darf daher diesen nach griechischer Art zubereiteten Estrich sehr wohl auf die Bautätigkeit der persischen Könige in Babylon zurückführen, wenn es auch nicht ausgeschlossen ist, daß er von einer Erneuerung in der Zeit Alexanders oder dessen Nachfolger herrühre.

Vom Oberbau ist nichts erhalten mit Ausnahme einiger emaillierter Reliefziegel. Ihre sehr geringe Anzahl läßt erkennen, daß sie hier nicht in demselben Maße Verwendung gefunden haben wie auf dem Kasr. Es könnte sogar sein, daß diese wenigen Bruchstücke nur in späterer Zeit hierher verschleppt worden sind.

Nach Diodor II 8 enthielt dieser Palast keine Ziegelreliefs, sondern Bildwerke aus Erz: Standbilder des Ninos und der Semiramis und des Zeus Belos sowie Kampf- und Jagddarstellungen, diese also wohl in Relief.

Die Anlage im allgemeinen

Obwohl nur der mittlere Teil und ein Stück im Südosten ausgegraben ist, so läßt sich doch eine vorläufig in mancher Beziehung nicht ungenügende Vorstellung von der Anlage des Palastes gewinnen.

Namentlich die beiden großen Höfe, die wir den Ost- und den Westhof nennen wollen, haben sich gut erhalten. An ihrer südlichen Seite liegen, wie das nicht anders zu erwarten ist, die großen Saalanlagen, zwischen beiden Höfen die Verbindungs- und Durchgangsräumlichkeiten, und im Osten war ersichtlich der Hauptzugang angeordnet, von dem verschiedene Räume, wenn auch nicht gerade das äußerste Eingangstor, zu erkennen sind. Im Süden schließen sich gegen Osten, durch einen langen schmalen Gang von der Hauptanlage getrennt oder mit ihr verbunden, ähnlich wie im mittleren Teil der Südburg, Nebenanlagen an, die offenbar zu in sich mehr oder weniger abgeschlossenen Häusern vereinigt sind. Dasselbe war, wie es scheint, im Norden der Fall.

So haben wir also eine fast genaue Wiederholung der Palastanlage auf dem Kasr vor uns, wie denn auch Nebukadnezar in seiner auf den vorliegenden Palast bezüglichen Inschrift, der sogenannten Parallelinschrift ausdrücklich hervorhebt, daß er ihn nach dem Muster des Palastes in Babylon gebaut habe. Diese Ähnlichkeit wird bei näherer Betrachtung der einzelnen Räume, besonders der Säle, noch stärker hervortreten...

Nebukadnezar hatte sich im Hügel »Babil« einen Palast geschaffen, der, weniger ausgedehnt als der alte in der Südburg, diesem gegenüber bestimmte und beabsichtigte Vorzüge besaß. Für große Staatsrepräsentation war er in dem Maße wie die Südburg nicht geschaffen. Die Säle und die Höfe haben viel geringere Ausdehnung, die Nebenbaulichkeiten sind lange nicht so zahlreiche wie dort. Aber der Palast lag hoch und frei, auf 20 m hohem Unterbau, im Norden der Stadt, wo die von Norden her wehenden, besonders trockenen Sommerwinde von Sippar her zuerst ihn treffen in reinem Zuge aus der gewaltigen Ebene, ohne durch den Dunst der Millionenstadt verunreinigt zu sein. Trotz dieser Absonderung genoß er noch volle Sicherheit durch den Umschluß der äußeren Stadtmauer. Die Nähe des Flusses bewahrte ihm dabei dieselben Vorteile, die in dieser Beziehung die beiden älteren Paläste besaßen, nur daß die kühlen Fluten des Stromes von Sippar seine Mauern eher bespülten, als sie in die Stadt überhaupt eintraten.

Erst 1938 konnte Wetzels Band ›Das Hauptheiligtum des Marduk in Babylon, Esagila und Etemenanki‹ erscheinen.

Der vorliegende Band der WVDOG ist unter erschwerenden Umständen zustande gekommen. Der eigentliche Bearbeiter, Dr. Fr. Wetzel, litt, als er denselben in Angriff nahm, bereits an erheblichen Augenbeschwerden, die schließlich zu seiner völligen Erblindung führten. Die Hauptergebnisse der Grabungen an dem bedeutendsten aller Tempel Babylons, am Marduk-Tempel, waren größtenteils seiner aufopferungsvollen Tätigkeit in tiefen Schächten und finsteren Stollen zu verdanken, und ihre Durcharbeitung und Verbindung mit den Untersuchungen anderer Expeditionsteilnehmer wie W. Andraes, K. Müllers und ganz besonders denen Robert Koldeweys, des eigentlichen Wegbereiters dieser Forschung, lagen naturgemäß in seiner Hand. Ohne seine Erkrankung und Erblindung hätte sich wohl auch das Zusammenwirken mit dem philologischen Bearbeiter leichter gestalten lassen. Professor Dr. F. H. Weissbach in Markkleeberg bei Leipzig hat sich in dankenswerter Weise der Aufgabe unterzogen, alle auf das Marduk-Heiligtum bezüglichen Texte durchzusehen und in neuer Bearbeitung mit ausführlichen Erläuterungen vorzulegen. Von beiden Seiten her ist versucht worden, eine Verbindung zwischen den philologischen und den Ausgrabungsergebnissen herzustellen. Dadurch sind neue Erkenntnisse gewonnen worden, die wiederum zu neuem Durchdenken einladen mögen. Das soll diese Veröffentlichung, in der alle tatsächlichen Unterlagen zusammengestellt sind, den Fachgenossen ermöglichen...

Noch immer nicht kann diese ausgedehnte und nicht eben ganz einfache Untersuchung des Marduk-Tempels, soweit die Deutsche Orient-Gesellschaft sie betrieben hat, als abgeschlossen gelten ... Es muß der Zukunft überlassen bleiben, die bedeutsamen, von den Verfassern hervorgehobenen Fragen, die gerade der Haupttempel von Babylon noch an uns stellt, einer Beantwortung zuzuführen ...

Unter den Einzelaufgaben, die in Babylon zu lösen waren, bildete eine der wichtigsten die Untersuchung von Esagila und Etemenanki, dem Hauptheiligtum des Stadtgottes Marduk, mit dem dazugehörigen Hochtempel, dem sogenannten babylonischen Turm. Es war dies aber auch eine der allerschwierigsten Aufgaben ...

Nachdem Koldewey den Verlauf der »großen Prozessionsstraße Marduks«, von der ein größeres Stück am »Kasr«, nördlich des Ischtar-Tores, freigelegt worden war, nach Süden zu durch mehrere Suchschnitte bis an die nördlichen Ausläufer des Hügels »Amran ibn Ali« festgestellt hatte, war er der festen Überzeugung, daß unter dem Hügel Amran Anfangs- oder Endpunkt der Neujahrsprozession liegen müsse. So fest war diese Überzeugung, daß er sich durch alle Abmahnungen von seiten der Europäer wie der einheimischen Arbeiter nicht darin beirren ließ, obwohl unerhört hohe Schuttschichten zu überwinden waren. Acht Monate mühseligster Arbeit, bei der etwa 30 000 cbm ausgehoben wurden, brachten endlich November 1900 den Erfolg: Das in der Tiefe von 20 m unter der Hügeloberfläche aufgedeckte Gebäude aus dicken Lehmziegelmauern erwies sich durch bauliche Merkmale, wie Türme und Rillenwerk an den Hoffronten und die »Scheintür« mit dem Postament davor, als ein Kultraum, und die gestempelten Ziegel seines Fußbodens trugen den Namen: Esagila.

Die Freigrabung wurde damals nicht über die erste Grube hinaus ausgedehnt, die oben 40 m im Quadrat maß, unten entsprechend der Tiefe trotz fast senkrechter Wände etwas weniger. Bei der Wiederaufnahme der Untersuchung im Jahre 1910 wurde eine andere Arbeitsweise befolgt, über die hier einige Worte erlaubt sein mögen, da wir diese anderswo erprobte Art an dieser Stelle erstmalig in größtem Umfange angewendet haben und da sie sich durch die Ersparnis an Zeit und Kosten in manchen Fällen zur Nachahmung empfehlen dürfte.

Sobald wir in unserem Suchgraben, den ich, um die Tempelaußenmauer zu finden, senkrecht zur Richtung der Flußmauern nach Osten anlegte, auf die gesuchte Mauer stießen, haben wir deren Kante in unterirdischen

Stollen von etwa 0,60 m Breite und etwa 1,50 m Höhe verfolgt. In Abständen von ungefähr 10 bis 15 m wurden schmale Einsteigschächte angelegt, mit stufenförmigen Absätzen von etwa Mannshöhe an einer Seite, die den Arbeitern beim Hinaufreichen der Schuttkörbe bis an die den Schutt abbefördernde Feldbahn als Standplatz dienten. Es ist klar, daß ein solches bergwerkartiges Verfahren auch seine Nachteile hat. Durch die Enge der Stollen und das mangelnde Tageslicht, für das die Öllämpchen nur einen spärlichen Ersatz bieten, wird nicht nur die Aufsicht über die Arbeit, sondern auch – worauf ich im Verlauf wiederholt hinzuweisen genötigt sein werde – die Genauigkeit der Messungen, namentlich auf größere Entfernungen hin, erheblich erschwert. Dazu kommt, daß auf diese Weise nur eine der tieferen Schichten genauer erforscht werden kann, unter bewußtem Verzicht auf die Beobachtung der Schichten, die über und unter den Stollen liegen.

Mit diesem, Zeit und Erdaushub sparenden Verfahren gingen wir also zunächst um den ganzen Bau herum und dann in der gleichen Weise auch ins Innere. So gelang es uns, einen großen Teil des Grundrisses zu gewinnen. Selbstverständlich wurde dieses Verfahren jedoch nur bis an die Grenze derjenigen Gebäudeteile fortgesetzt, die Koldewey einer umfassenderen Untersuchung durch die Ausdehnung der im Jahre 1900 begonnenen Tiefgrabung vorbehalten hatte...

Was bisher von Etemenanki erforscht worden ist, ist folgendes:

Bei Gelegenheit der Untersuchung des Doppelhügelzuges westlich der »Sachn«, zwischen dem »Kasr« und »Amran ibn Ali«, fanden wir zu Anfang 1908 eine dicke, beiderseits mit einem »Kisu« verbrämte, turmbewehrte Lehmziegelmauer. Eine kurze Untersuchung an Innen- und Außenkante schloß sich an, die den monumentalen Charakter dieser Mauer sicherstellte. Schon früher waren bei Gelegenheit der Untersuchung an der Prozessionsstraße im Osten der »Sachn« in einzelnen Suchschnitten ebenfalls Reste von Lehmziegelmauern gefunden worden. Im Norden der »Sachn« sah man noch die verwehten Gräben, wo offenbar nicht allzulange vor unserem Grabungsbeginn Mauern aus gebrannten Steinen entfernt worden waren; offenbar auch dies die Spuren des »Kisu« (d. h. der Verbrämung) eines riesigen Zingels, der an allen vier Seiten einstmals die von den Arabern »Sachn«, d. h. Pfanne oder Moscheehof, genannte Ebene umgab. Mit wenigen Arbeitskräften wurden dann an allen Seiten die Lehmmauern dieses Zingels in schmalen Gräben oder Stollen untersucht.

Im Jahre 1913 ging dann Koldewey an die Untersuchung der Ruine, die in der Südwestecke des so erforschten Zingels liegt und die die kümmerlichen Reste der Zikurrat darstellte, des »Turmes von Babel«. Erst in diesem Jahre bot der Stand des Grundwassers die Möglichkeit eines Erfolges. Durch den Bruch des Hindija-Stauwehres bei Museijib war das Wasser des Euphrats in jährlich größerem Ausmaß von Babylon in den Hindija abgewandert, und dadurch war auch das Grundwasser ständig gesunken. Stand im Jahre 1900 das mittlere Grundwasser auf unserem angenommenen Nullpunkte, so konnten wir 1913 noch 4 m tiefer dringen.

Die Ruine zeigte einen inneren, etwa 60 zu 60 m messenden Kern aus Lehmziegeln und darum herum einen breiten, mit Schutt und Wasser gefüllten Graben mit einem südlichen Ansatz. Hier hatte die türkische Regierung vor kurzem die Ummantelung des Baues abbrechen lassen, um die gebrannten Steine, aus denen sie bestand, zu gewinnen; dabei hatte sie das Grundwasser durch viele Hebewerke (»Dscherids«) soweit als möglich abgesenkt. Jetzt (1933), nach dem Neubau des Wehres bei Museijib, wird das Wasser zwischen Hilla- und Hindija-Arm verteilt, der Babylon-Arm hat ständig Wasser, und dadurch ist das Grundwasser so gestiegen, daß die Ruine wieder eine Wasserfläche geworden ist, eine Untersuchung also jetzt vollständig unmöglich wäre.

Das Haupttheiligtum von Babylon, als dessen Pfleger sich Nebukadnezar II. in allen seinen Inschriften rühmt, besteht aus zwei getrennten Anlagen, zwischen denen die Prozessionsstraße in ihrer ostwestlichen Strecke auf das Brückentor zu verläuft. Südlich von dieser Straße liegt der Tieftempel Esagila, der aus zwei Teilen besteht, dem Hauptbau als eigentlichem Esagila und dem östlichen Anbau.

Nördlich der Straße liegt der Hochtempel Etemenanki, »die Zikurrat von Babylon«, inmitten eines großen, etwa 400 zu 400 m messenden Zingels.

Ob der Tieftempel ebenfalls in einem besonderen Zingel lag, kann mit aller Sicherheit weder bejaht, noch verneint werden. Jedenfalls ist sicher, daß eine solche etwa anzunehmende Einschließung nicht direkt an den Zingel von Etemenanki angeschlossen haben kann. Die südliche Wand dieses Zingels ist an allen dafür in Frage kommenden Stellen gut erhalten und untersucht worden. Und da wir im Westen von der Flußmauer einen Stollen bis an die Westmauer von Esagila vorgetrieben haben, so hätten wir darin Reste einer solchen Zingelanlage finden müssen.

Der Turm zu Babel (Rekonstruktionsversuch von Koldewey)

Wir haben daher auf unseren Gesamtplänen und in den Modellen im Irak-Museum zu Bagdad und in den Staatlichen Museen zu Berlin einen solchen besonderen Zingel um Esagila nicht angedeutet...

Die älteste Anlage wird sich viel enger um eine Zikurrat, die vielleicht in ihren Abmessungen kleiner war, herumgelegt haben... Diese Uranlage, die ja durch die gründliche Zerstörung durch die Assyrer wohl bis auf geringe Spuren vernichtet worden war, wurde zur Zeit der Neugründung erweitert...

Die hier vorgetragenen Gedanken über das Werden der großen Anlage um die Zikurrat von Etemenanki stützen sich, ich wiederhole das, auf nur geringfügige Beobachtungen. Eine Bestätigung wäre nur zu erlangen, wenn man an einigen wichtigen Stellen tiefer graben könnte. Das ist aber, seitdem durch die Flußregelung das Grundwasser wieder bedeutend gestiegen ist, wohl für sehr lange Zeit ausgeschlossen.

DER TEILWEISE WIEDERAUFBAU BABYLONS

15. Ruhige Jahre

Obwohl 1917 nach Koldeweys Ansicht erst etwa die Hälfte der für notwendig oder wünschenswert befundenen Arbeiten auf dem Gelände der alten Stadt Babel abgeschlossen war, wurden für Jahrzehnte – in nennenswertem Umfang – keine Ausgrabungen mehr unternommen, ganz im Gegensatz zu andern Orten in Mesopotamien, denken wir nur an die für unsere Kenntnisse der sumerischen Epoche hochbedeutende und erfolgreiche Untersuchung der alten Stadt Ur durch Sir Charles Leonard Woolley. Man hatte vorläufig für längere Zeit genug damit zu tun, die Ergebnisse Koldeweys zu verarbeiten, war sich freilich bewußt, daß bis jetzt fast nur das chaldäische Babylon bekannt geworden war, denn das alte Babel – die Stadt Hammurabis – lag nach wie vor zum größten Teil unerreichbar unter dem Grundwasserspiegel.

Diese Auswertung regte zu vielen imposanten Rekonstruktionsversuchen auf dem Papier an. Und wie wir bereits gelesen haben, konnten in Berlin die farbigen Ziegelsteinwände des Ischtar-Tors, der Prozessionsstraße und der Thronsaalfront im ursprünglichen Glanz wieder erstrahlen.

Die kritischen Auseinandersetzungen mit den vielfältigen Ergebnissen der Koldeweyschen Grabungen führten selbstverständlich dazu, daß nicht alle Vorschläge des Ausgräbers in ihrer ursprünglichen Konzeption überleben konnten. Ausschnitte aus zwei Büchern werden dies aufzeigen.

Ein wichtiges Werk ist sicher das Babylonbuch von ECKHARD UNGER, *das 1931 erschien. Daß der Assyriologe Unger gelegentlich gegen den Archäologen Koldewey stichelt, braucht uns nicht zu verwundern, denn der impulsive, tatkräftige Ausgräber machte sich nicht selten, wie wir bereits gelesen haben, über die bedächtige Arbeitsweise und das vorsichtige Verhalten seiner assyriologischen Kollegen lustig.*

Wenn der moderne Reisende eine Stadt besuchen will, greift er, um sich zu orientieren, zu einem Reiseführer. Man wird sich wundern zu hören, daß es schon in Babylonien und Assyrien derartige ›Baedeker‹ oder Stadtbeschreibungen gegeben hat. So habe ich für die Geburtsstadt von Assyrien, Assur, die in dem heutigen Ruinenhügel Kalat Schergat wiederentdeckt worden ist, eine Stadtbeschreibung nachweisen können,

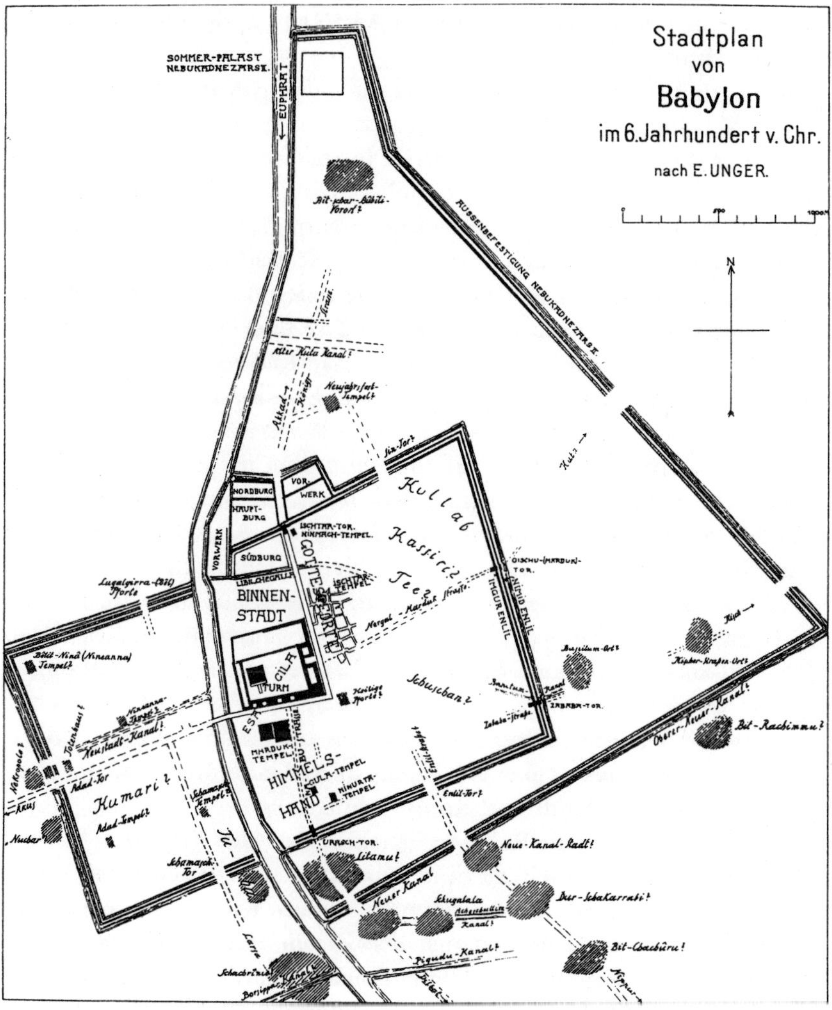

von der sich mehrere Abschriften auf Tontafeln in Keilschrift haben ermitteln lassen, die sich gegenseitig ergänzen und vorläufig einen lükkenlosen Text von 183 Zeilen ergeben haben. Er enthält eine Aufzählung aller in religiöser Hinsicht wichtigen Bauwerke und Örtlichkeiten von Assur. Profane Gebäude, Örtlichkeiten, Straßen und Brücken sind nicht im Texte genannt, selbst nicht der Königspalast, der nur deshalb erwähnt wird, weil ein Tempel darin gelegen hat. Dieser antike Führer diente demnach nur rein religiösen Interessen und war für die Priester und die Pilger bestimmt.

Gleichartige »Stadtbeschreibungen« sind auch von allen andern Großstädten Mesopotamiens zu erwarten und von der Hauptstadt Babylon auch tatsächlich aufgefunden worden. Die Stadtbeschreibung von Babylon konnte ich ebenfalls zusammenstellen. Hier war jedoch die Aufgabe weit schwieriger, weil es mindestens sechs antike Tafeln dieser Beschreibung gegeben hat, von denen nur Bruchteile vorliegen. Sie lassen im ganzen immerhin 215 Zeilen Text in zehn großen Abschnitten erkennen, die zwischen sich zum Teil leider noch größere Lücken aufweisen. Trotzdem ist schon ziemliche Klarheit über das Stadtbild von Babylon gewonnen. Einer der Abschnitte bringt eine wichtige statistische Übersicht über die »innerhalb des Weichbildes der Stadt« vorhandenen Örtlichkeiten, und damit ist die wesentliche Orientierung über die ganze Stadtanlage erreicht. Es fehlen zum Teil nur noch die Eigennamen verschiedener Gebäude, sowie Angaben über ihre genauere Lage. Alles dies enthielt jene antike Stadtbeschreibung. Die Existenz solcher Stadtbeschreibungen, die einen festbestimmten, gleichsam amtlichen Wortlaut besaßen, ist eine bisher unbekannte Tatsache, aber von größter Tragweite; dadurch, daß auch von andern größeren Städten des Landes solche Beschreibungen bekannt werden, wird die Kenntnis der babylonischen und assyrischen Städte bis ins kleinste erlangt. So wird man zuletzt über Mesopotamien besser Bescheid wissen, als man jemals über die Städte des klassischen Altertums, Griechenlands und Roms, erhoffen kann...

Konservativ, durch die Religion geheiligt, bewahrt man nicht nur die Städtebilder nach Möglichkeit in der ehemaligen vorgeschriebenen Gestalt, sondern man beschreibt sie auch immer wieder von neuem in wortgetreuen Kopien, die sich aus allen Zeiten, namentlich aus dem 1. Jahrtausend, erhalten haben. Diese Kopien wurden gleichfalls vom Schreiber für ›das Leben seiner Seele‹ angefertigt. Sie haben das Andenken an das Bild der Stadt dauernd aufrecht erhalten und bis auf den heutigen Tag, bis in die spätesten Zeiten der Nachwelt, getreu bewahrt. Die zusammenfassende Übersicht der Stadtbeschreibung von Babylon zeigt nun folgendes Bild der Binnenstadt:

»Zusammen 53 Heiligtümer der Großgötter innerhalb von Babylon;
55 Zellen des Gottes Marduk;
2 Heerstraßen;

3 Flußläufe;
8 Stadttore;
24 Straßen von Babylon;
300 Zellen der Igigi (= Himmelsgötter);
600 Zellen der Annunnaki (= Unterweltsgötter);
180 Altäre (Sitze) der (Kriegs- und Liebes-)Göttin Ischtar;
180 Sitze des Lugaldingirra (= Wettergott Adad) und Meschlamtaëa (= Pestgott Nergal);
12 Altäre des Sibitti (= Siebengottheit, Plejaden);
6 Altäre der ›Schwänze‹ (= Sternbild Fische);
4 Altäre des Tiranna (= Regenbogen);
2 Altäre des ›Festgottes‹;
innerhalb des Weichbildes der Stadt.« ...

Es ist sehr wohl möglich, daß bei dem Funde von weiteren hierzu gehörenden Stücken der Stadtbeschreibung eine teilweise andre Aufreihung der jetzt nur lose aneinander schließenden Abschnitte erfolgen kann. Vorläufig jedoch wird die hier gewählte Anordnung zu gelten haben. Man sieht, daß auch in der Stadtbeschreibung von Babylon die profanen Bauten, öffentliche Amtsgebäude, nicht einmal der Palast des Königs irgendeine Berücksichtigung erfahren haben. Alles ist auf das religiöse Moment eingestellt ...

Zu den wichtigsten topographischen Urkunden für Babylon gehören ferner Stadtkarten, die die Babylonier ebenfalls von ihren Städten anzulegen wußten, und von denen sich auch für Babylon wenigstens zwei Fragmente erhalten haben, erstens ein Plan vom Stadtschloß und ein weiterer von der ›Neustadt‹, dort, wo das Schamasch-Tor und der Vorort Tuba gelegen hat. Letzterer Stadtplan gibt eine Illustration zur Beschreibung der Vororte, sein Text aber die Maße der Stadtmauern.

Von besonderem Wert, der seither fast nicht berücksichtigt oder erkannt worden ist, sind ferner die zahlreichen Privaturkunden, interessante Verträge über Haus- und Felder-Verkäufe und Vermietungen innerhalb und außerhalb der Stadt Babylon ...

Neben den rein topographischen, den Handels- und Baugeschichtsquellen sind es endlich auch religiöse Texte mannigfacher Art, aus denen sich vielerlei für das Stadtbild gewinnen läßt. Das sogenannte ›Neujahrsfestritual‹ enthält das Programm für den Festakt im Tempel Esagila, innerhalb und außerhalb von Babylon, ein Frühlingsfest, an dem der Gott

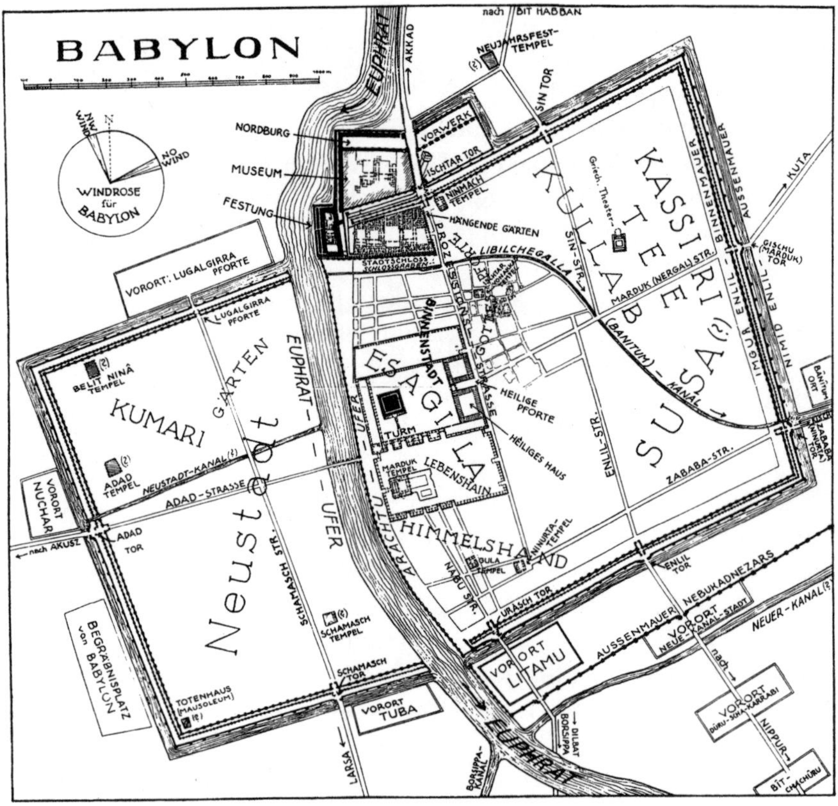

Plan der Stadt Babylon nach Unger

Nebo von der Nachbarstadt Borsippa den Stadtgott Marduk von Babylon besuchte, und das vom 4. bis zum 11. Nisan, im Monat März–April, währte. Auch die andern Götter Babyloniens kamen herbei, um ihrem Hauptgotte zu huldigen. Es war das Fest der Tag- und Nachtgleiche, an dem der Tag, repräsentiert durch Marduk, die Tagessonne, und die Nacht, repräsentiert durch die Nachtsonne, Nebo, einander die Waage hielten. Ein entsprechendes Fest fand im Ulul, im Herbst, statt, d. h. im VI. Monat, wo die ›Heilige Pforte‹ für den Durchzug der Götter geöffnet wurde, während sie sonst vermauert war. Ein anderer Text gibt das Programm für alle Feste, die innerhalb des Jahres in Babylon stattfanden. Die Opfer, speziell die Rauchopfer, die im VIII., IX. und X. Monate in Babylon dargebracht wurden, verzeichnet ein weiterer Text in Berlin, zu dem J. P. Morgan in New York ein wertvolles und ergänzendes Duplikat besitzt. Zahlreiche sonst wenig bekannte Tempel und Verehrungsstätten in Babylon werden hier genannt...

Aus allen diesen zum Teil recht verschiedenartigen Dokumenten ergeben sich die wichtigsten Aufschlüsse über die Namen der Tempel, Kapellen, Zellen, Tore, Paläste von Babylon, daneben aber auch vorzügliche Angaben und Hinweise auf ihre Bedeutung, über die Eigenart der Gottheiten und über die Lage der Bauten selbst. Die Beschreibung der Babylonier, die sie von ihrer Stadt Babylon hinterlassen haben, gibt natürlich ein weit reichhaltigeres Bild vom einstigen Zustande der Stadt, als die Ausgrabungen haben vermitteln können. Diese gingen leider in der Hauptsache mehr darauf aus, die Gebäude festzustellen und die Ruinen aus Lehm(!) zu erhalten, als die Mauern nach den vorhandenen Gründungsurkunden zu untersuchen, die erst die volle Bedeutung und den Namen des Bauwerkes bieten. Diese Konservierung der Ruinen – in einem Lande ohne Fremdenverkehr – verhinderte die sofortige Identifizierung der meisten Gebäude in Babylon. Aber das vorhandene Urkundenmaterial hat selbst diesen Mangel ausgeglichen und ermöglichte eine erfolgreiche Untersuchung, so daß über das Stadtbild von Babylon eine ausreichende Klarheit gewonnen worden ist. Die Untersuchung stützt sich natürlich auch auf die Ausgrabungen, hier aber nur insoweit, als die Ausgrabungen wenigstens die Existenz eines Stadttores, eines Tempels oder einer Straße nachgewiesen haben. Name und Bedeutung derselben hat in den meisten Fällen erst die Urkundenforschung gebracht, die aber seither das umfangreiche Material wenig beachtet hatte. Ein großer Teil von der ›Stadtbeschreibung von Babylon‹ lag schon seit 1896, d. h. schon drei Jahre vor dem Beginn der Ausgrabung von Babylon, publiziert zur Verfügung der gelehrten Welt und hätte, wenn er ausgenutzt worden wäre, der Ausgrabung wichtige Fingerzeige vermitteln können.

Gegenüber den Originalzeugnissen der Stadtbeschreibung der Babylonier muß man zunächst bei den fremden Berichten, namentlich soweit sie den griechischen und römischen Schriftstellern entstammen, größere Vorsicht anwenden. Ihre Mitteilungen werden zum größten Teile erst richtig verständlich, wenn die Keilschrifturkunden vorher die topographischen Tatsachen genau festgestellt haben. Diese Texte sind älter, bewegen sich durchaus im eigenen Milieu, während die Griechen als Ausländer den babylonischen Dingen fremd gegenüberstanden. Sie machten sie sich aber verständlich dadurch, daß sie analoge griechische Verhältnisse verglichen; doch beruhen diese Vergleiche auf subjektiv empfundenen Gedanken. Herodot bedurfte z. B. der eingehenden Instruktion seitens der Babylonier, die er, soweit er sie verstanden zu haben glaubte, auch mitteilt. Aber schon allein die Eigennamen, z. B. die Namen der Götter, mit Ausnahme des einfachen Wortes Bel, waren ihm nicht mundgerecht geworden, so daß er sie nicht mitteilt, sondern die griechischen angeblichen Äquivalente dafür einsetzt. Daher ist es nicht möglich, einzig und allein aus den Mitteilungen der griechischen Schriftsteller sichere Schlußfolgerungen für die Topographie Babylons zu ziehen. Seine angeblich phantastischen Zahlen beweisen, daß Herodot sie ebenfalls von den Babyloniern erhalten hatte; denn diese liebten es, runde, mystische Zahlangaben zu machen, die mit den wirklichen Verhältnissen nichts zu tun hatten. Wie die Maßangaben für den Umfang der Ringmauern von Babylon zeigen, haben hierbei die Babylonier selbst Zahlen mitgeteilt, die sogar hinter der Wirklichkeit erheblich zurückbleiben. Weder Bescheidenheit, noch Anmaßung hat die Babylonier bewogen, die Zahlen zu gering oder zu groß anzugeben. Bestimmend war allein nur die durch die Überlieferung geheiligte mystische Zahl. Auch in der griechischen Berichterstattung über Babylon steckt daher ein gut Teil der babylonischen Überlieferung selbst.

1956 erschien ein kleines Werk des 1949 verstorbenen Ordinarius für Baugeschichte an der Technischen Hochschule in Danzig, Fritz Krischen, *über Weltwunder der Baukunst in Babylonien und Ionien. Es behandelt selbstverständlich den Turm von Babel, die hängenden Gärten und die Stadtmauern.*

Unsere Kenntnis des babylonischen Turmes beruht auf vier Quellen: 1. auf der biblischen Legende, 2. auf der griechischen Überlieferung, vor allem der Beschreibung Herodots, 3. auf keilschriftlichen Dokumenten, namentlich einer Tafel, die nach dem Schreiber Anu-Bel-Schunu benannt ist, und 4. schließlich auf den ausgegrabenen Resten.

Die biblische Legende, die dem Turm seine ungeheure Popularität verschafft hat, gibt allerdings für die Wiederherstellung am wenigsten aus. Auch ist in ihr der Sinn des Baues völlig ins Gegenteil verkehrt: Nicht um einen Ausbruch frevelhaften Übermutes, der den Himmel stürmen wollte, handelte es sich, sondern um ein Bauwerk großartiger Frömmigkeit, ein Gebet an den Himmelsgott, zur Erde niederzusteigen, geradezu um eine Verkörperung der Bitten, die auch der Anfang des Vaterunsers ausspricht. Wenn die Juden, von Nebukadnezar aus ihrer

Heimat verschleppt und gezwungen, Ziegel zu streichen und zu seinen Bauten herbeizuschleppen, kein besonders freundliches Verständnis dafür aufbrachten, so ist das leicht nachzufühlen. Sie haben den Turmbau als einen noch nie dagewesenen Frevel gebrandmarkt; und doch war dieser Bau keineswegs etwas grundsätzlich Neues, da er höchst wahrscheinlich an der geweihten Stätte eines älteren Tempelturmes neu aufgeführt ward und vielleicht in den wesentlichen Zügen mit jenem übereinstimmte. Auch waren Tempeltürme dieser Art, Zikurrat genannt, über das ganze Land Sinear, das untere Mesopotamien, verbreitet und werden den ins Exil geführten Juden wohl nicht nur in Babylon zu Gesicht gekommen sein. Alle diese Türme, soweit wir ihre Ruinen kennen, stellten gewissermaßen stilisierte Berge dar, die auf ihrem Gipfel einen Himmelstempel trugen und durch eine große Freitreppe es dem Gotte ermöglichten, herniederzusteigen. Schillerte der Gipfel des Turmes grünlichblau, waren die untersten beiden Absätze, der stilisierte Gottesberg, bräunlich in gebranntem Backstein, so möchten wir für die Region dazwischen, die sog. Stufenpyramide, ein Drittes, etwa das leuchtende Weiß eines Gipsüberzuges annehmen, so daß ein Farbenspiel entsteht, das einen Maler wie Turner hätte begeistern können: Niemand könnte so wie er die Vision des Turmes aus dem Gelb des Staubes und Grau des Dunstes aufsteigend schildern, wie sie sich bis zu dem reinen Azur des heißen Himmels erhebt, dessen strahlende Kuppel über Stadt und Strom, Palmenhaine und weites Fruchtland gespannt ist...

Daß wir die vorliegende, im wesentlichen als gesichert erscheinende Rekonstruktion der Öffentlichkeit vorlegen können, verdanken wir in erster Linie Robert Koldewey, dessen Scharfblick in der besagten Ruine die Überbleibsel der hängenden Gärten erkannt und ihre weitgehende Übereinstimmung mit den Angaben der alten Überlieferung nachgewiesen hat. Koldewey hat auch selber schon eine Rekonstruktion gezeichnet; mit ihr haben sich alle neueren Versuche, auch der unsrige, auseinanderzusetzen. Wir werden diese Besprechung später einmal für sich allein ausführlich vornehmen*, können aber auch an dieser Stelle, um dem Leser die notwendige Aufklärung zu geben, auf eine kurze Kritik nicht verzichten: Was Koldewey in übrigens sehr anschaulicher Weise darstellt, ist eigentlich nichts weiter als ein Hof mit terrassenförmig sanft ansteigenden Gartenanlagen. Aber kein Betrachter würde vermuten, daß sich

* Dazu ist es infolge des Todes des Verfassers nicht mehr gekommen.

darunter ein gewölbter Keller befindet, da dessen Mauerwerk nichts, auch gar nichts mit den Terrassen darüber zu tun hat. Man hätte die Gartenanlagen ebensogut auf dem platten Boden aufschütten können. Von den eigentümlichen Syringes, die der Überlieferung nach wie Orgelflöten sich gegenseitig übersteigernd die Gartenanlagen tragen, ja sie erst zu »hängenden« machen sollen, ist in dieser Entwurfszeichnung keine Spur zu sehen. Wenn aber jemand in der von uns gegebenen Rekonstruktion Anstoß an den schlanken Verhältnissen der Syringes nehmen sollte, sei er daran erinnert, daß um dieselbe Zeit ähnlich schlanke Proportionen in der älteren jonischen Baukunst, die doch mit der babylonischen innigst zusammenhängt, gewagt werden. Überhaupt befindet sich der hängende Garten – mag der Gedanke auch noch so singulär sein – doch nicht als ein ganz fremder in einer weiteren Umwelt. Zweifellos haben die Architekten, die hier den Wünschen einer königlichen Frau Gestalt gaben, aus zeitgemäßen Vorstellungen und allgemein verbreiteten Baugepflogenheiten heraus gearbeitet. Man wird gewiß den Vergleich nicht ganz von der Hand weisen zwischen einer (etwas jüngeren) persischen »Apadana« (Festsaal), in der ein ganzer Säulenwald zwischen Ecktürmen und hohen Palastmauern aufragte, und dem babylonischen Weltwunder, in dem ein wirklicher Wald zwischen turmhohen Mauermassiven emporstieg. Jedenfalls kann es unsere Herstellung nur bestätigen, wenn das Ergebnis, das unvoreingenommen aus den besonderen Gegebenheiten gewonnen ist, sich in die allgemeine Entwicklung einfügt ...

Babylon war anerkanntermaßen die größte und stärkste befestigte Stadt des alten Orients, mächtiger noch als Ninive ... Charakteristisch für die babylonische Befestigungsweise ist, wie wir sehen werden, die massenhafte und dichte Anordnung von sogenannten Kavaliertürmen, Türmen, die auf der Mauer »reiten« und beiderseits vorspringen. Ihr Zweck war zunächst nicht, das benachbarte Mauerstück zu flankieren, um den unten anstürmenden Feind seitlich mit Geschossen zu bestreichen, sondern lediglich den breiten Wehrgang aufs wirksamste zu sperren, so daß ein hinaufgestiegener Feind immer nur ein kleines Stück in Besitz nehmen und daselbst nochmals bekämpft werden konnte.

Noch vor wenigen Jahren bot die Stätte des alten Babylon einen enttäuschenden Anblick. Kurz und bündig heißt es: Wer heute nach Babylon kommt, sieht – besonders in der Regenzeit und in der Zeit danach – nicht mehr als ein riesiges Loch voll Wasser *(H. H. Schmid, 1975).*

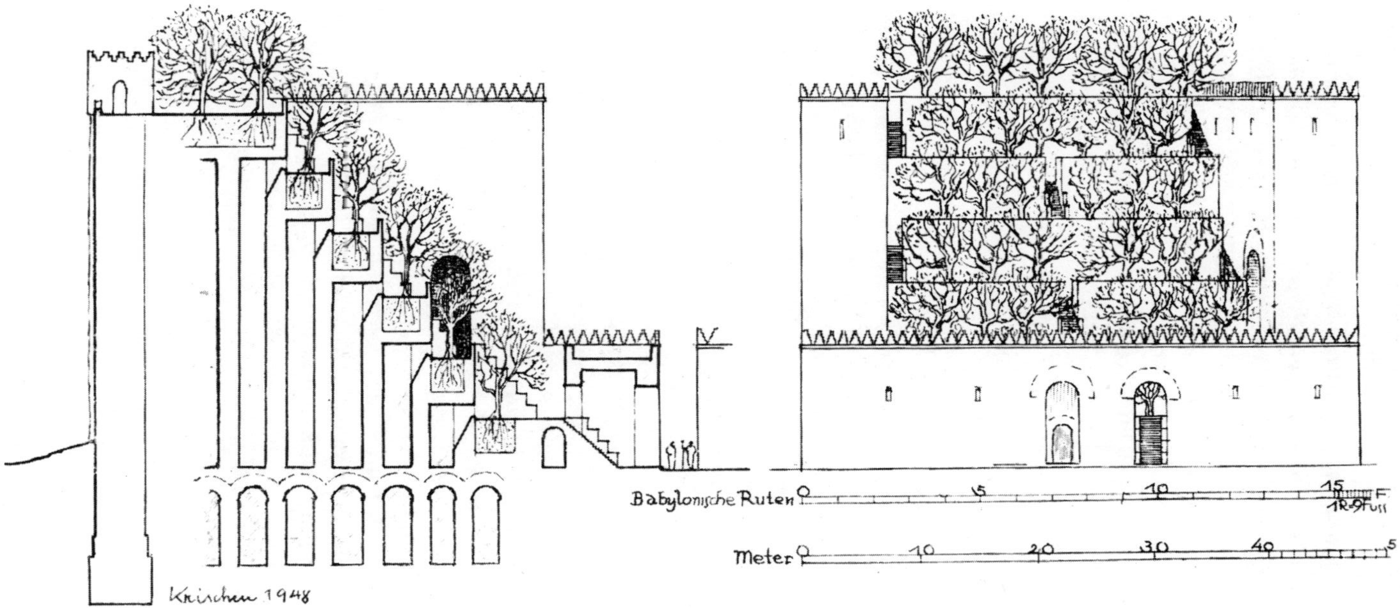

Die Hängenden Gärten. Schnitt und Ansicht (Rekonstruktion von Krischen)

Touristen besuchen den Irak selten. Wenn doch einige kamen und glaubten, ähnlich imposante Herrlichkeiten vorzufinden wie an den Ufern des Nils – etwa wie die Pyramiden bei Gise, die gut erhaltenen Heiligtümer in Theben und Edfu oder die Felsentempel von Abu Simbel –, sahen sie sich verständlicherweise arg getäuscht; die kreuz und quer durchwühlten Erdhügel, die eher unansehnlichen, massigen Mauerreste und die vielen zum Teil mit Wasser angefüllten Löcher vermochten sie, falls sie sich nicht bereits eingehend mit der Fachliteratur auseinandergesetzt hatten, kaum zu begeistern.

16. Babylon im alten Glanz

Seit 1958 nahmen die Verantwortlichen des Iraks die Forschungen und die Restaurierung der Ruinen Babylons wieder auf. Irakische und ausländische Archäologen sowie weitere Fachleute arbeiten seit dem Ende der siebziger Jahre sogar an einem auf mehrere Jahre angelegten Großprojekt: an der Entsalzung des Bodens und der Entfernung des Espartograses – Salz und Gras beschädigen die ausgegrabenen Ruinen –, an der Beseitigung der gewaltigen Schutthügel, an der Wiederfreilegung und an der teilweisen Rekonstruktion der wichtigsten Bauten, etwa des Süd- und des Sommer-Palastes, des Ischtar-Tempels, des Ischtar- und des Ninurta-Tores, der Prozessionsstraße, ausgewählter Teile der Mauern, des griechischen Theaters, der Euphrat-Brücke und einiger Wohnhäuser. Vielleicht werden die untern beiden Stockwerke des berühmten Turmes wiederaufgebaut. Im Jahre 1978 waren siebenundzwanzig Fachleute und etwa siebenhundertfünfzig Arbeiter auf dem Gelände der alten Stadt tätig. Das Projekt wurde ausführlich in der Zeitschrift ›Sumer‹ von 1979 (= Band 35) vorgestellt.

Die Iraker möchten Babylon, wenigstens teilweise, im alten Glanz wiedererstehen lassen. Vor allem sollten die ganze Anlage und die Größe der Weltstadt gut erkennbar werden. Der Irak hätte dann eine Touristenattraktion, die mit den ägyptischen Altertümern konkurrieren könnte. Und das in recht kurzer Zeit bereits Erreichte ist tatsächlich beeindruckend. Die für den Besucherstrom notwendigen Einrichtungen sind nach dem Willen der Projektleitung an sinnvollen Stellen vorgesehen – im Gegensatz zu andern alten Orten der Welt.

Daß natürlich nur das chaldäische, d. h. das jüngste – allerdings wohl prächtigste – Babel zu bewundern sein wird, dürfte allen bewußt sein, die eifrig an dem gewaltigen Projekt arbeiten. Erst wenn man das Problem des zu hohen Grundwasserspiegels zu lösen vermag, können die älteren Siedlungen genauer erforscht werden; Hammurabis Babylon und der vorsemitische Ort harren ja noch der

Der Turm von Babel, die Flußmauer und die Brücke (Rekonstruktion von Krischen)

Untersuchung. Immerhin hat man jüngst sogar Zeugnisse menschlichen Lebens bis in eine Tiefe von 27 m festgestellt.

Bei den intensiven Forschungen werden auch alte Fragen neu geprüft. Dabei kam man auf den Gedanken, daß die berühmten hängenden Gärten ursprünglich über dem auffallend massiv gebauten sogenannten Vorwerk angelegt worden waren. Erst als man den Euphrat in der Perserzeit um die Ost- und Südseite des Palastes herumgeleitet hatte und die alte Gartenanlage dadurch ohne genügende Wasserzufuhr war, könnte über dem Gewölbebau, den Koldewey als Unterbau der Gärten ansah, ein Ersatz geschaffen worden sein.

Zu den jüngst ausgegrabenen Bauten gehört der Tempel des Gottes Nabu-Sa-Nari im Norden des Etemenanki. Es dürfte sich um eines der größten und am besten erhaltenen Bauwerke handeln; Mauern stehen an einigen Stellen noch bis zu einer Höhe von 4,5 m. Zum Vorschein kamen hier viele Keilschrift-Texte. Ein kostbar ausgestattetes Grab aus der Partherzeit wurde beim Süd-Palast gefunden. Goldschmuck und eine Krone aus Gold und Silber lagen in einem Sarkophag aus der Zeit Nebukadnezars.

Die Aufzählung der neuesten Grabungsergebnisse ließen sich fortsetzen; es zeigt sich – was Koldewey zutreffend festgestellt hat –, daß es in Babylon noch manches zu erforschen und zu entdecken gibt.

WORTERKLÄRUNGEN

Die Umschrift arabischer und altorientalischer Namen und Begriffe in eine heutige europäische Sprache stellt ein leidiges, unlösbares Problem dar. Die unterschiedliche Schreibweise desselben Wortes bei verschiedenen Autoren – z. B. Hilla, Hillah, Hella, Helle, Hille, Hilleh – wurde, so gut es möglich und sinnvoll war, vereinheitlicht. Dem deutschsprachigen Leser soll die hier gewählte Schreibung in der Regel eine annäherungsweise richtige Aussprache ermöglichen.

Adad (Hadad): Wettergott.
Agurru: gebrannter Ziegel (= Barnstein).
Aiburschabu (›der Feind soll nicht darauf gehen‹): die Prozessionsstraße in Babylon.
Akar Kuf: s. Dur Kurigalzu.
Amran: einer der Ruinenhügel Babylons, genannt nach Amran ibn Ali, dessen Grab sich auf diesem Hügel befindet.
Asphalt: s. Bitumen.
Assur (Aschur): Hauptgott der gleichnamigen Stadt und Reichsgott der Assyrer.
Assur (Aschur): die erste Hauptstadt des assyrischen Reichs; heute Kalat Schergat.
Babel: Name Babylons im Alten Testament.
Babil (von ›Babel‹): der heutige Name eines der Ruinenhügel von Babylon.
Barnstein: gebrannter Ziegel.
Basra (Bassorah): Stadt am Schatt el Arab, d. h. zwischen der Vereinigung der beiden Flüsse Euphrat und Tigris und dem Persischen Golf.
Bel (Belos, Belus): heißt ›Herr‹ und wird in Babylon als Synonym für Marduk verwendet.
Belit (Beltis): ›Herrin‹, für ›Göttin‹.
Birs Nimrud: s. Borsippa.
Bitumen: Erdpech, Asphalt; wurde als Mörtel verwendet.
Borsippa: babylonische Stadt; heute Birs Nimrud.
Chorsabad: s. Dur Scharrukin.

Dschumdschuma: Ruinenhügel Babylons und Name eines Dorfes daneben.

Dur(u): Stadtmauer.

Dur Kurigalzu (›Festung Kurigalzu‹): kassitische Stadt mit gut erhaltener Zikkurat; heute Akar Kuf.

Dur Scharrukin (›Sargonsburg‹): assyrische Stadt; heute Chorsabad.

Emach: Tempel der Göttin Ninmach in Babylon.

Enlil (Ellil): Herr der Naturgewalten und Stadtgott von Nippur.

Epatutila: Tempel des Ninib in Babylon.

Esa(n)gila (›Haus, das das Haupt erhebt‹): Tempel des Marduk in Babylon.

Escarpe: Grabenwand.

Etemenanki (›Haus des Fundamentes von Himmel und Erde‹): die Zikkurat von Babylon, der Turm von Babel.

Euriminanki: die Zikkurat von Borsippa.

Ezida: Tempel des Nabu in Borsippa.

Hilla: jüngere Stadt südlich von Babylon.

Homera (die ›Rote‹): Ruinenhügel in Babylon.

Imgur Enlil (früher ›Imgur Bel‹ gelesen): Name der Hauptmauer (duru) Babylons.

Irsit Babil: ›Platz Babel‹.

Ischtar: Göttin der Liebe und des Krieges.

Ischtar-Tor: das mehrmals umgebaute Stadttor, durch das die Prozessionsstraße führte; eine verkleinerte Rekonstruktion des spätesten Stadiums steht heute im Vorderasiatischen Museum in Ost-Berlin.

Kalach (Kalchu): assyrische Stadt; heute Nimrud.

Kalat Schergat: s. Assur.

Karu: Ufermauer.

Kasr (›Burg‹): einer der Ruinenhügel Babylons.

Kisch: babylonische Stadt; heute El Oheimir.

Kisu: Verstärkungsmauer.

Kujundschik: s. Ninive.

Kweirisch: Dorf bei den Ruinen von Babylon.

Libilchigalla: Kanal in Babylon.

Libittu: Lehmziegel.

Löwe: Wahrzeichen der Göttin Ischtar.

Marduk (Merodach): Stadtgott Babylons.

Mudschelibe (die ›Umgestürzte‹): Name des Ruinenhügels, der auch Kasr heißt.

Nabu (Nabo, Nebu, Nebo): Gott der Weisheit und der Schreiber, Sohn des Marduk, Stadtgott von Borsippa.

Nebi Junus: s. Ninive.

Nimitti Enlil (früher ›Nimitti Bel‹ gelesen): Name der Vormauer (schalchu) Babylons.

Nimrod: der sagenhafte, im Alten Testament genannte Herrscher von Babylon, Uruk, Akkad und der Gründer von Ninive.

Nimrud: Einige Orte werden heute mit Nimrod in Verbindung gebracht, so die assyrische Stadt Kalchu (heute Nimrud) und die Ruinen der babylonischen Stadt Borsippa (heute Birs Nimrud).

Ninive: Hauptstadt Assyriens; heute Kujundschik und Nebi Junus.

Ninmach: Muttergottheit.

El Oheimir: s. Kisch.

Peribolos: Ringmauer.

Prozessionsstraße (Aiburschabu): die berühmteste aller Straßen Babylons; sie führte von Norden her durch das Ischtar-Tor nach Süden; über diese Prachtstraße zogen die Götterbilder während der Prozession des Neujahrsfestes.

Schalchu: Vormauer, d. h. Teil des doppelten Mauerrings von Babylon.

Schamasch: Sonnengott und Gott der Gerechtigkeit.

Schinar (Sinear): Name für Babylonien im Alten Testament.

Semiramis: Sammuramat war die Gemahlin des assyrischen Königs Schamschi-Adad V. und wurde in der griechischen Überlieferung zu einer legendären Gestalt.

Sin: Mondgott.

Sinear: s. Schinar.

Sirrusch: Fabelwesen (Drache), das Wahrzeichen des Gottes Marduk.

Stier: Wahrzeichen des Gottes Adad.

Zikkurat: mehrstöckiger Tempelturm, gekrönt von einem kleineren Heiligtum, am besten sind die Z. von Ur und von Tschoga Zanbil (Elam) erhalten; am berühmtesten ist die Z. von Babylon: der Turm von Babel.

Zingel: Ringmauer.

LITERATURANGABEN

Nur die im Text erwähnten, also nur die wichtigsten Werke zur Erforschungs- und Ausgrabungsgeschichte und nur wenige der unzähligen Arbeiten zur Geschichte Babylons können hier angeführt werden.

W. F. AINSWORTH, Researches in Assyria, Babylonia and Chaldaea, London 1838

W. F. AINSWORTH, A Personal Narrative of the Euphrates Expedition, London 1888

W. ANDRAE, Der Babylonische Turm, Die Bauwelt 16, 9 (1925), 213–215

W. ANDRAE, Babylon. Die versunkene Weltstadt und ihr Ausgräber Robert Koldewey, Berlin 1952

W. ANDRAE, Lebenserinnerungen eines Ausgräbers, Berlin 1961

D'ANVILLE, L'Euphrate et le Tigre, Paris 1779

R. D. BARNETT, Charles Bellino and the Beginnings of Assyriology, Iraq 36 (1974), 5–28

ABBÉ J. DE BEAUCHAMP, Voyage de Bagdad à Bassora le long de l'Euphrate, Journal des Sçavans, Paris 1785

ABBÉ J. DE BEAUCHAMP, Mémoire sur les Antiquités Babyloniennes qui se trouvent aux environs de Bagdad, Journal des Sçavans, Paris 1790

BENJAMIN VON TUDELA, The Itinery of Benjamin of Tudela, ed. by M. N. Adler, London 1907

J. S. BUCKINGHAM, Travels in Mesopotamia, London 1827

W. BUDGE, By Nile and Tigris, London 1920

F. R. CHESNEY, The Expedition for the Survey of the Rivers Euphrates and Tigris, London 1850

F. R. CHESNEY, Narrative of the Euphrates Expedition, London 1868

Q. CURTIUS RUFUS, Geschichte Alexander des Großen, übers. von H. Schönfeld, München 1954

DIODOR VON SIZILIEN, Geschichtsbibliothek, übers. von A. Wahrmund, Berlin 1912

TH. DOMBART, Alte und neue Ziqqurat-Darstellungen zum Babelturm-Problem, Berlin 1929

R. W. EHRICH (Hrsg.), Chronologies in Old World Archaeology, Chicago 1965

J. Eldred, in: R. Hakluyt, The Principal Navigations, Voyages, Traffiques and Discoveries of the English Nation, London 1589

Emmanuel de St. Albert, in: D'Anville, Mémoire sur la Position de Babylone, Paris 1761

Flavius Josephus, Jüdische Altertümer, übers. von H. Clementz, Halle a. d. S. 1900

J. B. Fraser, Travels in Koordistan, Mesopotamia etc., London 1840

G. F. Grotefend, Praevia de cuneatis quas vocant inscriptionibus Persepolitanis legendis et explicandis relatio, Göttingen 1802

G. F. Grotefend, Beiträge zur Erläuterung der persepolitanischen Keilschrift, Hannover 1837

S. Hedin, Bagdad, Babylon, Ninive, Leipzig 1918

H. V. Hilprecht, Die Ausgrabungen in Assyrien und Babylonien, Leipzig 1904

E. v. Hoffmeister, Kairo–Bagdad–Konstantinopel, Leipzig/Berlin 1910

Herodot, Historien, übers. von A. Horneffer, Stuttgart 1963

Ibn Hauqal, Configuration de la Terre, trad. par H. Kramers et G. Wiet, Beirut/Paris 1964/5

G. Keppel, Personal Narrative of a Journey from India to England, London 1827

R. Kittel, Die orientalischen Ausgrabungen und die ältere biblische Geschichte, Leipzig 1908

E. Klengel, Reise in das alte Babylon, Leipzig ³1977

E. Klengel-Brandt, Der Turm von Babylon, Leipzig/Wien 1982

J. Klima, Gesellschaft und Kultur des alten Mesopotamien, Prag 1964

R. Koldewey, Die Pflastersteine von Airburschabu in Babylon, WVDOG 2 (1901)

R. Koldewey, Die Tempel von Babylon und Borsippa, WVDOG 15 (1911)

R. Koldewey, Das Ischtar-Tor in Babylon, WVDOG 32 (1918)

R. Koldewey, Das wieder erstehende Babylon, Leipzig 1925

R. Koldewey, Heitere und ernste Briefe aus einem deutschen Archäologenleben, hrsg. von E. Schuchhardt, Berlin 1925

W. König, Neun Jahre Irak, Brünn/München/Wien ³1940

F. Krischen, Weltwunder der Baukunst in Babylonien und Jonien, Tübingen 1956

W. H. Lane, Babylonian Problems, London 1923

A. H. Layard, Niniveh und Babylon, übers. von J. Th. Zenker, Leipzig 1856
A. H. Layard, Autobiography and Letters, London 1903
S. Lloyd, Foundations in the Dust, The Story of Mesopotamian Exploration, London 1980
S. Lloyd, Die Archäologie Mesopotamiens, München 1981
W. K. Loftus, Travels and Researches in Chaldaea and Susiana, London 1857
J. de Mandeville, Die Reisen des Ritters John Mandeville durch das Gelobte Land, Indien und China, übers. von T. Stemmler, Stuttgart 1966
B. Meissner, Babylonien und Assyrien, Heidelberg 1920/25
B. Meissner, Könige Babylons und Assyriens, Leipzig 1926
R. Mignan, Travels in Chaldaea, London 1829
H. Minkowski, Der Turm zu Babel, Bilder aus 1000 Jahren, Berlin 1960
E. L. Mitford, A Land-March from England to Ceylon, London 1884
W. Nagel, Wo lagen die ›Hängenden Gärten‹ in Babylon? MDOG 110 (1978), 19–28
J. P. Newman, The Thrones and Palaces of Babylon and Nineveh, New York/Cincinnati 1876
C. Niebuhr, Reisebeschreibung nach Arabien und andern umliegenden Ländern, Kopenhagen 1774
J. Oates, Babylon, Bergisch Gladbach 1983
J. Oppert, Expédition scientifique en Mésopotamie, Paris 1863
J. Otter, Voyage en Turquie et en Perse, Paris 1748
A. Parrot, Archéologie mésopotamienne, Les étapes, Paris 1946/53
A. Parrot, Sumer und Akkad, München 1983
Petachja ben Jakob, Pethahiah of Ratisbon, Travels, transl. by Benisch, London 1861
R. K. Porter, Reise in Georgien, Persien, Armenien, dem alten Babylonien usw., Weimar 1823/33
H. Rassam, Asshur and the Land of Nimrod, New York 1897
L. Rauwolff, Itinerarium oder Rayssbüchlein, Lauingen 1583
O. E. Ravn, Herodotus' Description of Babylon, Kopenhagen 1942
H. C. Rawlinson, On the Birs Nimrud, or the Great Temple of Borsippa, Journal of the Royal Asiatic Society 18 (1860), 1ff.
G. Rawlinson, A Memoir of Major-General Sir Henry Creswicke Rawlinson, London 1898
O. Reuther, Die Innenstadt von Babylon (Merkes), WVDOG 47 (1926)

C. J. Rich, Memoir on the Ruins of Babylon, London [3]1818
A. Rosenberg (Hrsg.), Der babylonische Turm. Aufbruch ins Maßlose, München 1975
H. Schaetti-Guyer, Reise durch Mesopotamien, Zürich 1968
H. Schiltberger, Reisebuch, hrsg. von V. Langmantel, Tübingen 1885
H. Schmid, Ergebnisse einer Grabung am Kernmassiv der Zikurrat in Babylon, Baghdader Mitteilungen 12 (1981), 87–137
H. H. Schmid, Die Steine und das Wort. Fug und Unfug biblischer Archäologie, Zürich 1975
F. Schmidtke, Der Aufbau der babylonischen Chronologie, Münster 1952
H. Schmökel, Funde im Zweistromland, Göttingen 1963
Strabon, Erdbeschreibung, übers. von A. Forbiger, Berlin 1856–60
J.-B. Tavernier, Les six voyages de J.-B. T., Paris 1681
E. Unger, Babylon. Die heilige Stadt nach der Beschreibung der Babylonier, Berlin/Leipzig 1931
P. della Valle, Viaggi, Brighton 1843
Vincenzo Maria di S. Caterina da Siena, Il Viaggio all' Indie Orientali, Venedig 1683
F. Wetzel, Die Stadtmauern von Babylon, WVDOG 48 (1930)
F. Wetzel (Hrsg.), Die Königsburgen von Babylon, von R. Koldewey, WVDOG 54/55 (1931/32)
F. Wetzel und F. H. Weissbach, Das Hauptheiligtum des Marduk in Babylon, Esagila und Etemenanki, WVDOG 59 (1938)
F. Wetzel, Babylon zur Zeit Herodots, ZA 48 (1944), 45–68
F. Wetzel, Assur und Babylon, Berlin 1949
D. J. Wiseman, Mesopotamian Gardens, Anatolian Studies 33 (1983), 137–144
L. Woolley, Mesopotamien und Vorderasien, Baden-Baden 1961

Abkürzungen

MDOG: Mitteilungen der Deutschen Orient-Gesellschaft
Sumer: Journal of Archaeology and History in Arab World, Baghdad
WVDOG: Wissenschaftliche Veröffentlichungen der Deutschen Orient-Gesellschaft
ZA: Zeitschrift für Assyriologie

QUELLEN- UND BILDNACHWEIS

Texte

Herausgeber und Verlag danken den genannten Verlagen für die freundliche Abdruckgenehmigung von Textauszügen aus den dort erschienenen Büchern bzw. Veröffentlichungen:

Walter Andrae, Babylon. Die versunkene Weltstadt und ihr Ausgräber Robert Koldewey. Berlin 1952, © Verlag Walter de Gruyter, Berlin.

Wallis Budge, By Nile and Tigris. London 1920, © John Murray Publishers Ltd., London.

Q. Curtius Rufus, Geschichte Alexanders des Großen, übersetzt von H. Schönfeld. München 1954, © Artemis Verlags-GmbH., München.

Herodot, Historien, übersetzt von A. Horneffer. Stuttgart 1971, © Alfred Kröner Verlag, Stuttgart.

Sven Hedin, Bagdad, Babylon, Ninive. Leipzig 1918, © Verlag F. A. Brockhaus, Wiesbaden.

E. v. Hoffmeister, Kairo – Bagdad – Konstantinopel. Leipzig/Berlin 1910, © Verlag G. B. Teubner, Stuttgart.

Robert Koldewey, Heitere und ernste Briefe aus einem deutschen Archäologenleben, herausgegeben von E. Schuchardt. Berlin 1925.

Robert Koldewey, Das Ischtar-Tor in Babylon. WVDOG 32/1918, © Akademie-Verlag, Berlin.

Robert Koldewey, Die Tempel von Babylon und Bosippa. WVDOG 15/1911, © Akademie-Verlag, Berlin.

Fritz Krischen, Weltwunder der Baukunst in Babylonien und Jonien. Tübingen 1956, © Ernst Wasmuth Verlagsbuchhandlung, Tübingen.

O. Reuther, Die Innenstadt von Babylon (Merkes). WVDOG 47/1926, © Akademie-Verlag, Berlin.

Hanna Schaetti-Guyer, Reise durch Mesopotamien. Zürich 1969, © Juris-Druck & Verlag, Zürich.

E. Unger, Babylon. Die heilige Stadt nach der Beschreibung der Babylonier. Berlin/Leipzig 1931, © Verlag Walter de Gruyter, Berlin.

F. Wetzel, Die Stadtmauern von Babylon. WVDOG 48/1930, © Akademie-Verlag, Berlin.

F. Wetzel, Hg., Die Königsburgen von Babylon, von Robert Koldewey, WVDOG 54, 55/1931, 1932, © Akademie-Verlag, Berlin.

F. Wetzel, F. H. Weissbach, Das Hauptheiligtum des Marduk in Babylon, Esagila und Etemenanki. WVDOG 59/1938, © Akademie-Verlag, Berlin.

Abbildungen

W. Andrae, Babylon. Die versunkene Weltstadt und ihr Ausgräber Robert Koldewey, Berlin 1952: 143

D'Anville, L'Euphrate et le Tigre, Paris 1779: 49

J. S. Buckingham, Travels in Mesopotamia, London 1827: 51, 75, 77, 79, 99

F. R. Chesney, The Expedition for the Survey of the Rivers Euphrates and Tigris, London 1850: 135

S. Hedin, Bagdad, Babylon, Ninive, Leipzig 1918: 197

G. Keppel, Personal Narrative of a Journey from India to England, London 1827: 110

R. Koldewey, WVDOG 15 (1911): 212/213, 215, 217, 219

R. Koldewey, WVDOG 32 (1918): 178/179, 209

R. Koldewey, WVDOG 47 (1926): 232/233, 235, 237, 239

R. Koldewey, WVDOG 48 (1930): 251, 289

R. Koldewey, WVDOG 54 (1931): 255, 260/261, 265, 267, 271, 287

F. Krischen, Weltwunder der Baukunst in Babylonien und Jonien. Tübingen 1956: 171, 297, 299

A. H. Layard, Niniveh und Babylon, Leipzig 1856: 97, 104, 105, 114

S. Lloyd, Die Archäologie Mesopotamiens, München 1981: 59, 91, 191

R. Mignan, Travels in Chaldaea, London 1829: 81, 85, 87, 89, 93, 95

H. Minkowski, Der Turm zu Babel, Berlin 1960: 42

J. P. Newman, The Thrones and Palaces of Babylon and Nineveh, New York/Cincinnati 1876: 125, 137, 139

J. Oates, Babylon, Bergisch Gladbach 1983: 130

O. E. Ravn, Herodotus' Description of Babylon, Kopenhagen 1942: 207

C. J. Rich, Memoir on the Ruins of Babylon, London 1818: 61, 63, 68/69, 71, 73

E. Unger, Babylon. Die heilige Stadt nach der Beschreibung der Babylonier, Berlin/Leipzig 1931: 292

W. Wetzel, Babylon zur Zeit Herodots, ZA 48 (1944): 255

Hilda und Manfred Salemke stellten aus ihrem Archiv die Vorlage für die Karte von Johann Herbinius auf Seite 6/7 zur Verfügung.

Die Karten, die auf den Vorsatzblättern und auf Seite 11 wiedergegeben sind, zeichnete Hilda Salemke nach einem Entwurf des Herausgebers im Auftrag des Verlags.

Das Bild auf dem Schutzumschlag gibt das Gemälde »Der Turmbau zu Babel« von Pieter Brueghel dem Älteren wieder.

Herausgeber und Verlag danken den Verlagen Walter de Gruyter, Berlin *(Andrae)*, F. A. Brockhaus, Wiesbaden *(Hedin)*, Akademie Verlag, Berlin-Ost *(Koldewey), Ernst Wasmuth Verlagsbuchhandlung, Tübingen (Krischen)*, Thames and Hudson Ltd, London *(Lloyd, Oates)*, Rembrandt-Verlag, Berlin *(Minkowski)*, Hilda und Manfred Salemke, Karlsruhe *(Herbinius)* und dem Museum Boymans-van-Beuningen, Rotterdam *(Pieter Brueghel)* für die freundliche Abdruckgenehmigung.

REGISTER DER WICHTIGSTEN NAMEN UND BEGRIFFE

C

D

E

J

K

INHALT

CIP-Kurztitelaufnahme der Deutschen Bibliothek

Babylon / Rudolf Fischer. –
Stuttgart: Thienemann, Edition Erdmann, 1985.
(Entdeckungsreisen in die Vergangenheit)
ISBN 3 522 60630 2
NE: Fischer, Rudolf (Hrsg.)

Umschlag- und Einbandgestaltung besorgten
Hilda und Manfred Salemke in Karlsruhe.
Gesetzt in der Bembo, zehn Punkt,
von Utesch Satztechnik GmbH in Hamburg.
Gedruckt auf holzfreiem Werkdruckpapier
und gebunden in Cotona-Leinen
von Freiburger Graphische Betriebe in Freiburg.

Ankara
HETHITER
Halys
Kayseri
Konya
Urfa
Nisibis
Aleppo
Latakia
Der ez Zor
Chabur
Mari
Anah
Hit
MITTEL-
MEER
Damaskus
SYRISCHE WÜSTE
Amman
Jerusalem
Petra
ROTES MEER
DER
VORDERE
ORIENT